Verwaltungsgerichtliche
Zwangsvollstreckung gegen den
Staat als Hoheitsträger

Europäische Hochschulschriften Recht

European University Studies in Law

Publications Universitaires Européennes de Droit

Band/Volume 6727

Johannes Pötzl

Verwaltungsgerichtliche Zwangsvollstreckung gegen den Staat als Hoheitsträger

PETER LANG

Bibliografische Information der Deutschen Nationalbibliothek
Die Deutsche Nationalbibliothek verzeichnet diese Publikation in der Deutschen Nationalbibliografie; detaillierte bibliografische Daten sind im Internet über http://dnb.d-nb.de abrufbar.

Zugl.: Potsdam, Univ., Diss., 2022

517
ISSN 0531-7312
ISBN 978-3-631-89598-6 (Print)
E-ISBN 978-3-631-89730-0 (E-PDF)
E-ISBN 978-3-631-89731-7 (EPUB)
DOI 10.3726/b20569

Diese Publikation wurde begutachtet.

www.peterlang.com

Inhaltsverzeichnis

Literatur- und Quellenverzeichnis

Alexy, Robert: Theorie der Grundrechte, 5. Auflage, Baden-Baden 2006 (zit.: *Alexy*, Theorie der Grundrechte).

Anders, Monika, Gehle, Burkhard (Hrsg.): Zivilprozessordnung, 80. Auflage, München 2022 (zit.: *Bearbeiter*, in: *Anders/Gehle*).

Augsberg, Steffen: Grenzen und Gefahren kommunaler Extremismusbekämpfung, DRiZ 2018, S. 254–257.

Bachof, Otto: Die verwaltungsgerichtliche Klage auf Vornahme einer Amtshandlung: Zugleich eine Untersuchung über den öffentlichrechtlichen Folgenbeseitigungsanspruch nach Aufhebung eines rechtswidrigen Verwaltungsaktes, 2. Auflage, Tübingen 1968 (zit.: *Bachof*, Verwaltungsgerichtliche Klage).

Baer, Susanne: Vermutungen zu Kernbereichen der Regierung und Befugnissen des Parlaments, Der Staat 40 (2001), S. 525–552.

Bank, Wilfried J.: Zwangsvollstreckung gegen Behörden: die Handhabung der zivilprozessualen Vollstreckungsnormen bei der Zwangsvollstreckung aus allgemeinen Leistungsurteilen gegen Verwaltungsträger, Berlin 1982 (zit.: *Bank*, Zwangsvollstreckung).

Bauer, Horst: Gerichtsschutz als Verfassungsgarantie, Zur Auslegung des Art. 19 Abs. 4 GG, Berlin 1973 (zit.: *Bauer*, Gerichtsschutz).

Bäumerich, Maik: Güterichter und Verfahrensrecht – Zum Begriff der Rechtsprechung nach Art. 92 GG, Zeitschrift für Schiedsverfahren 2015, S. 237–242.

Becker-Eberhard, Ekkehard: Anmerkung zu der Entscheidung BGH, Beschluss vom 05. November 2004 – IXa ZB 32/04 –, in: *Lindenmaier-Möhring*, Kommentierte BGH-Rechtsprechung 2/2005, S. 30–31.

Berkemann, Jörg: Machtlose Verwaltungsgerichte? § 172 VwGO als Prüfstein für das Verhältnis von Justiz und Exekutive, DÖV 2019, S. 761–773.

Bettermann, Karl August, Nipperdey, Hans Carl, Scheuner, Ulrich: Die Grundrechte, Handbuch der Theorie und Praxis der Grundrechte, Dritter Band, 2. Halbband, Rechtspflege und Grundrechtsschutz, 1959, Titel des Beitrags: Schutz der Grundrechte in der ordentlichen Gerichtsbarkeit (zit.: *Bearbeiter*, in: *Bettermann/Nipperdey/Scheuner*, Grundrechte).

Bickenbach, Christian: Die Einschätzungsprärogative des Gesetzgebers: Analyse einer Argumentationsfigur in der (Grundrechts-)Rechtsprechung des Bundesverfassungsgerichts, Tübingen 2014 (zit.: *Bickenbach*).

Bleckmann, Albert: Die Struktur des allgemeinen Gleichheitssatzes, Köln 1995 (zit.: *Bleckmann*).

Brand, Peter-Andreas: Die internationale Anerkennung und Vollstreckung verwaltungsgerichtlicher Entscheidungen, IPRax 2020, S. 210–214.

Brandner, Thilo: Grenzen des ministeriellen Weisungsrechts gegenüber nachgeordneten Behörden?, DÖV 1990, S. 966–970.

Brandts, Ricarda: Die Gewaltenteilung funktioniert, juris – die Monatszeitschrift jM 2019, S. 261–263 (zit.: *Brandts*, jM 2019).

Britz, Gabriele: Der allgemeine Gleichheitssatz in der Rechtsprechung des BVerfG, Anforderungen an die Rechtfertigung von Ungleichbehandlungen durch Gesetz, NJW 2014, S. 346–351.

Brocker, Lars: Die Vollstreckung gegen den Staat – Grundsätze und „toxische" Fälle, juris – die Monatszeitschrift, jM 2019, S. 155–159.

Brockmann, Tim, Lücke, Felix: Einsatz von Zwangsmitteln gegenüber Amtsträgern, DÖV 2021, S. 392–397.

Brodführer, Michael: Bewusste Lücken im Gesetz und der Verweis auf „Wissenschaft und Praxis", Baden-Baden 2010 (zit.: *Brodführer*, Lücken).

Bücking, Alois: Die öffentliche Hand als Partei in zivil- und arbeitsgerichtlichen Prozessen, Köln 1964 (zit.: *Bücking*, Öffentliche Hand).

Calliess, Christian, Ruffert, Matthias (Hrsg.): EUV, AEUV, Das Verfassungsrecht der Europäischen Union mit Europäischer Grundrechtecharta, 6. Auflage, München 2022 (zit.: *Bearbeiter*, in: *Calliess/Ruffert*).

Clemens, Thomas: Die Verweisung von einer Rechtsnorm auf andere Vorschriften – insbesondere ihre Verfassungsmäßigkeit –, AöR 111 (1986), S. 63–127.

Debus, Alfred G.: Verweisungen in deutschen Rechtsnormen, Berlin 2008 (zit.: *Debus*, Verweisungen).

Desens, Marc: Bindung der Finanzverwaltung an die Rechtsprechung, Tübingen 2011 (zit.: *Desens*).

Detterbeck, Steffen: Streitgegenstand und Entscheidungswirkungen im Öffentlichen Recht, Grundlagen des Verfahrens vor den allgemeinen Verwaltungsgerichten und vor dem Bundesverfassungsgericht, Tübingen 1995 (zit.: *Detterbeck*, Streitgegenstand).

Dörr, Oliver: Der europäisierte Rechtsschutzauftrag der Gerichte, Art. 19 Abs. 4 GG unter dem Einfluß des europäischen Unionsrechts, Tübingen 2003 (zit.: *Dörr*, Rechtsschutzauftrag).

Dreier, Horst (Hrsg.): Grundgesetz-Kommentar, Band I, Präambel, Art. 1–Art. 19, 3. Auflage 2013, Band III, Art. 83–Art. 146, 3. Auflage 2018, Tübingen (zit.: *Bearbeiter*, in: *Dreier*).

Dürig, Günter, Herzog, Roman, Scholz, Rupert: Grundgesetz Kommentar, Band III, Art. 17–Art. 28, Band IV, Art. 29–Art. 67, Band VI, Art. 87a–Art. 106b, Stand: 95. Ergänzungslieferung Juli 2021, München (zit.: *Bearbeiter*, in: *Dürig/Herzog/Scholz*).

Durner, Wolfgang: Reformbedarf in der Verwaltungsgerichtsordnung, NVwZ 2015, S. 841–845.

Dütz, Wilhelm: Rechtsstaatlicher Gerichtsschutz im Privatrecht: zum sachlichen Umfang der Zivilgerichtsbarkeit, Bad Homburg/Berlin/Zürich 1970 (zit.: *Dütz*, Gerichtsschutz).

Endemann, Wilhelm: Der Deutsche Civilprozess, Erläuterungen des Gerichtsverfassungsgesetzes und der Civilprozessordnung des Deutschen Reichs sammt Einführungsgesetzen, Dritter Band, Berlin 1879 (zit.: *Endemann*, Civilprozess).

Epping, Volker, Hillgruber, Christian (Hrsg.): Beck'scher Online Kommentar Grundgesetz, 50. Edition, Stand: 15. Februar 2022, München (zit.: *Bearbeiter*, in: *Epping/Hillgruber*).

Eyermann, Erich, Fröhler, Ludwig (Hrsg.): Verwaltungsgerichtsordnung, Kommentar, 16. Auflage, München 2022 (zit.: *Bearbeiter*, in: *Eyermann*).

Falk, Theodor: Die Anwendung der Zivilprozessordnung und des Gerichtsverfassungsgesetzes nach § 173 Verwaltungsgerichtsordnung, zugleich ein Beitrag zur Verweisungslehre, München 1975 (zit.: *Falk*, Anwendung der Zivilprozessordnung).

Findeisen, Ben: Verschulden in der Zwangsvollstreckung, Berlin 2014 (zit.: *Findeisen*).

Fischer, Nikolaj: Vollstreckungszugriff als Grundrechtseingriff: Zugleich eine Kritik der Hyperkonstitutionalisierung einfachen Verfahrensrechts, Frankfurt am Main 2006 (zit.: *Fischer*, Vollstreckungszugriff).

Forsthoff, Ernst, Simons, Tula: Die Zwangsvollstreckung gegen Rechtssubjekte des öffentlichen Rechts, Berlin 1931 (zit.: *Forsthoff/Simons*, Zwangsvollstreckung).

Gärditz, Klaus F. (Hrsg.): VwGO Kommentar, 2. Auflage, Köln 2018 (zit.: *Bearbeiter*, in: *Gärditz*).

Gatz, Stephan: Vorläufiger Rechtsschutz nach § 123 VwGO, Zeitschrift für die Anwaltspraxis 2019, S. 523–530.

Gaul, Hans Friedhelm, Schilken, Eberhard, Becker-Eberhard, Ekkehard: Zwangsvollstreckungsrecht, 12. Auflage, München 2010 (zit.: *Gaul/Schilken/Becker-Eberhard*, Zwangsvollstreckungsrecht).

Gaul, Hans Friedhelm: Rechtsverwirklichung durch Zwangsvollstreckung aus rechtsgrundsätzlicher und rechtsdogmatischer Sicht, ZZP 135 (1999), S. 135–184.

Görres-Gesellschaft und Verlag Herder, Staatslexikon, Recht Wirtschaft Gesellschaft, Zweiter Bd., Eid – Hermeneutik, 8. Auflage, Freiburg/Basel/Wien 2017 (zit.: *Bearbeiter*, in: Görres-Gesellschaft).

Grote, Rainer: Der Verfassungsorganstreit. Entwicklung, Grundlagen, Erscheinungsformen, Tübingen 2010 (zit.: *Grote*, Verfassungsorganstreit).

Gundlach, Ulf, Frenzel, Volkhard, Schmidt, Nikolaus: Die Zwangsvollstreckung gegen die öffentliche Hand, Insolvenz & Vollstreckung (InVo) 2001, S. 227–234.

Habscheid, Walther: Urteilskritik durch am Verfahren „beteiligte“ Rechtsanwälte und Richter, NJW 1999, S. 2230–2233.

Hau, Wolfgang, Poseck, Roman (Hrsg.): Beck'scher Online Kommentar Bürgerliches Gesetzbuch, 60. Edition, Stand: 01. November 2021, München (zit.: *Bearbeiter*, in: *Hau/Poseck*).

Hecker, Wolfgang: Verweigerung der Stadthallennutzung gegenüber der NPD, NVwZ 2018, S. 787–791.

Heckmann, Dirk: Der Sofortvollzug staatlicher Geldforderungen, Berlin 1992 (zit.: *Heckmann*, Sofortvollzug).

Herberger, Maximilian, Martinek, Michael, Rüßmann, Helmut, Weth, Stephan (Hrsg.): juris Praxiskommentar BGB, Band 2: Schuldrecht, 7. Auflage, München 2014 (zit.: *Bearbeiter*, in: *Herberger/Martinek/Rüßmann/Weth*).

Hidien, Jürgen, Jürgens, Andreas (Hrsg.): Die Besteuerung der öffentlichen Hand, Verwaltungs- und Steuerrecht der öffentlichen Unternehmen und der juristischen Personen des öffentlichen Rechts, München 2017 (zit.: *Bearbeiter*, in: *Hidien/Jürgens*).

Hofmann, Monique: Tagungsbericht „Rechtsstaat außer Kontrolle?“, NVwZ 2020, S. 530–532.

Jarass, Hans D., Pieroth, Bodo: Grundgesetz für die Bundesrepublik Deutschland, Kommentar, 16. Auflage, München 2020 (zit.: *Bearbeiter*, in: *Jarass/Pieroth*).

Jarass, Hans D.: Charta der Grundrechte der Europäischen Union: GRCh, Kommentar, 4. Auflage, München 2021 (zit.: *Jarass*, Grundrechte-Charta).

Kaerkes, Christian: Anmerkung zu VG Stuttgart, Beschluss vom 21.01.2020 – 17 K 5255/19, ZUR 2020, S. 245.

Kalenborn, Tristan: Die praktische Konkordanz in der Fallbearbeitung, JA 2016, S. 6–12.

Karpen, Hans-Ulrich: Die Verweisung als Mittel der Gesetzgebungstechnik, Berlin 1970 (zit.: *Karpen*, Verweisung).

Kaufmann, Marcel: Untersuchungsgrundsatz und Verwaltungsgerichtsbarkeit, Tübingen 2002 (zit.: *Kaufmann*, Untersuchungsgrundsatz).

Kempny, Simon, Lämmle, Martina: Der „allgemeine Gleichheitssatz“ des Art. 3 I GG im juristischen Gutachten – Teil 1: Persönlicher Anwendungsbereich, JuS 2020, S. 22–26.

Kempny, Simon, Lämmle, Martina: Der „allgemeine Gleichheitssatz“ des Art. 3 I GG im juristischen Gutachten – Teil 2: Ungleichbehandlung, Rechtfertigung, JuS 2020, S. 113–117.

Kempny, Simon, Lämmle, Martina: Der „allgemeine Gleichheitssatz“ des Art. 3 I GG im juristischen Gutachten – Teil 3: Rechtfertigung, Rechtsfolgen, JuS 2020, S. 215–221.

Kempny, Simon, Reimer, Philipp: Die Gleichheitssätze, Versuch einer übergreifenden dogmatischen Beschreibung ihres Tatbestands und ihrer Rechtsfolgen, Tübingen 2012 (zit.: *Kempny/Reimer*, Gleichheitssätze).

Klinger, Remo: Anmerkung zum Urteil des EuGH vom 19. Dezember 2019 – C-752/18, ZUR 2020, S. 367–368.

Klinger, Remo: Neue Wege effektiver Vollstreckung verwaltungsgerichtlicher Urteile, NVwZ 2019, S. 1332–1335.

Knopp, Lothar, Hofmann, Monique: Wider den Rechtsstaat – Politik kontra Gerichtsbarkeit, NVwZ 2020, S. 982–988.

Kopp, Ferdinand, Schenke, Wolf-Rüdiger: Verwaltungsgerichtsordnung, Kommentar, 28. Auflage, München 2022 (zit.: *Bearbeiter*, in: *Kopp/Schenke*).

Kring, Jennifer: Die Zwangsvollstreckung von Gerichtsurteilen gegenüber der öffentlichen Hand – Zwangshaft für Behördenleiter, NVwZ 2019, S. 23–28.

Kröger, Klaus: Widerstandsrecht und demokratische Verfassung, in: Recht und Staat, Bd. 399, Tübingen 1971, S. 1–23 (zit.: *Kröger*, Widerstandsrecht).

Lange, Hans-Friedrich: Die Nichtanwendung von Urteilen des BFH durch die Finanzverwaltung – Nichtanwendungserlass und Nichtveröffentlichung, NJW 2002, S. 3657–3661.

Larenz, Karl: Methodenlehre der Rechtswissenschaft, 6. Auflage, Berlin/Heidelberg/New York 1991 (zit.: *Larenz*, Methodenlehre).

Leisner, Walter: Die allgemeine Bindung der Finanzverwaltung an die Rechtsprechung, Zur »normgleichen Präjudizienwirkung« höchstrichterlicher Urteile, Wiesbaden 1980 (zit.: *Leisner*, Bindung der Finanzverwaltung).

Leisner, Walter: Effizienz als Rechtsprinzip (Recht und Staat in Geschichte und Gegenwart), Tübingen 1971 (zit.: *Leisner*, Effizienz als Rechtsprinzip).

Lex, Adrian: Der Staat als „Ehrenmann"? Zur Vollstreckung verwaltungsgerichtlicher Leistungsurteile gegen die öffentliche Verwaltung, VBlBW 5/2021, S. 187–193.

Lichtenberg, Werner: Der Grundsatz der Waffengleichheit auf dem Gebiet des Verwaltungsprozessrechts, Münster 1974 (zit.: *Lichtenberg*, Waffengleichheit).

Lind, Franziska, Priebe, Anne Sophie: Zur Zwangshaft gegen (deutsche) Amtsträger, insbesondere zu der Entscheidung des EuGH C-752/18, Deutsche Umwelthilfe e. V. gegen Freistaat Bayern, ZEuS 3/2020, S. 429–464.

Lüke, Gerhard: Betrachtungen zum Prozeßrechtsverhältnis, ZZP 108 (1995), S. 427–454.

Mayer, Otto: Deutsches Verwaltungsrecht, Band I, 3. Auflage, Berlin 1924/1961 (zit.: *Mayer*, Deutsches Verwaltungsrecht).

Michaelis, Lars Oliver: Grundsatz der Verhältnismäßigkeit – Gebrauchsanweisung für die Waage der Justitia, JA 2021, S. 573–578.

Miedtank, Werner: Die Zwangsvollstreckung gegen Bund, Länder, Gemeinden und andere juristische Personen des öffentlichen Rechts, Göttingen 1964 (zit.: *Miedtank*, Zwangsvollstreckung).

Mishra, Robin: Zulässigkeit und Grenzen der Urteilsschelte, Berlin 1997 (zit.: *Mishra*, Urteilsschelte).

Möllers, Christoph: Dogmatik der grundgesetzlichen Gewaltengliederung, AöR 132 (2007), S. 493–538.

Nolte, Jakob Julius: Die Eigenart des verwaltungsgerichtlichen Rechtsschutzes: Grund und Grenzen der Anwendung des Zivilprozessrechts im Verwaltungsprozess, Tübingen 2015 (zit.: *Nolte*, Verwaltungsgerichtlicher Rechtsschutz).

Offerhaus, Klaus: Entscheidungswerkstatt Bundesfinanzhof und Gedanken zu gesetzlichen Veränderungen, Die Steuerberatung 1998, S. 437–443.

Pechstein, Matthias, Nowak, Carsten, Häde, Ulrich (Hrsg.): Frankfurter Kommentar zu EUV, GRC und AEUV, Band 1 (EUV, GRCh), 1. Auflage, Tübingen 2017 (zit.: *Bearbeiter*, in: Frankfurter Kommentar).

Pestalozza, Christian: Art. 19 IV GG - nur eine Garantie des Fachgerichtsweges gegen die Verletzung von Bundesgrundrechten i.S. der Art. 1-17 GG, NVwZ 1999, S. 140 –143.

Pietzner, Rainer: System der verwaltungsgerichtlichen Vollstreckung, in: Planung - Recht - Rechtsschutz. Festschrift für Willi Blümel zum 70. Geburtstag am 6. Januar 1999, hrsg. von *Klaus Grupp und Michael Ronellenfitsch*, Tübingen 1999, S. 443–466 (zit.: *Pietzner*, in: Festschrift *Blümel*).

Pitschas, Rainer: Der Kampf um Art. 19 IV GG. Funktionsgrenzen des „Neuen Steuerungssystems" in der Verwaltungsgerichtsbarkeit, Zeitschrift für Rechtspolitik 1998, S. 96–103.

Pitschas, Rainer: Verwaltungsverantwortung und Verwaltungsverfahren. Strukturprobleme, Funktionsbedingungen und Entwicklungsperspektiven eines konsensualen Verwaltungsrechts, München 1999 (zit.: *Pitschas*, Verwaltungsverantwortung).

Posser, Herbert, Wolff, Heinrich Amadeus (Hrsg.): Beck'scher Online Kommentar Verwaltungsgerichtsordnung, 60. Edition, Stand: 01. Oktober 2019, München (zit.: *Bearbeiter*, in: *Posser/Wolff*).

Poster, Dominic: Durchsetzung und Vollstreckung von Forderungen gegen die öffentliche Hand, Hamburg 2019 (zit.: *Poster*, Durchsetzung).

Rauscher, Thomas, Krüger, Wolfgang (Hrsg.): Münchener Kommentar zur Zivilprozessordnung mit Gerichtsverfassungsgesetz und Nebengesetzen, Band 1, §§ 1–354, Band 2, §§ 355–945b, 6. Auflage, München 2020 (zit.: *Bearbeiter*, in: Münchener Kommentar zur ZPO).

Redeker, Konrad, von Oertzen, Hans-Joachim: Verwaltungsgerichtsordnung, 17. Auflage, Stuttgart 2021 (zit.: *Bearbeiter*, in: *Redeker/v. Oertzen).*

Reichelt, Hugo: Verwaltungsgesetzbuch für Preußen. Systematische Zusammenstellung der wichtigsten Verwaltungsgesetze und Verordnungen für Praxis und Unterrichtszwecke, Berlin 1914 (zit.: *Reichelt*, Verwaltungsgesetzbuch für Preußen).

Reimer, Philipp: Sind alle Menschen den juristischen Personen des öffentlichen Rechts gleich? – Zur Frage des persönlichen Anwendungsbereichs von Art. 3 Abs. 1 GG im Falle des BVerfG, Beschluss vom 18.12.2012 – 1 BvL 8/11, 22/11 –, DVBl 2013, S. 496–499.

Remien, Oliver: Rechtsverwirklichung durch Zwangsgeld: Vergleich - Vereinheitlichung - Kollisionsrecht, Tübingen 1992 (zit.: *Remien*, Zwangsgeld).

Remmert, Barbara: Die Rechtsschutzgarantie des Art. 19 IV 1 GG, Jura 2014, S. 906–915.

Rennert, Klaus: Verwaltungsgerichte pflegen Rechtsfindung im Diskurs, juris – die Monatszeitschrift, jM 2019, S. 174–175.

Roth, Wolfgang: Die Zwangsvollstreckung verwaltungsgerichtlicher Entscheidungen und Vergleiche gegen Behörden, VerwArch 91 (2000), S. 12–40.

Ruffert, Matthias: Europarecht: Zwangshaft für Politiker, JuS 2020, S. 700–702.

Rupp, Hans Heinrich: Zur neuen Verwaltungsgerichtsordnung: Gelöste und ungelöste Probleme, AöR 85 (1960), S. 301–336.

Sachs, Michael, Jasper, Christian: Der allgemeine Gleichheitssatz. Das Eingriffsmodell zu Art 3 I GG als Abwehrrecht, S. 769–775.

Sachs, Michael: Fachgerichtliche Abhilfemöglichkeit bei Verletzung des Anspruchs auf rechtliches Gehör. Zur verfassungsrechtlichen Gewährleistung fachgerichtlichen Rechtsschutzes bei Verstößen gegen den Anspruch auf rechtliches Gehör (Art. 103 I GG). Entscheidungsbesprechung zu BVerfG, Beschluss vom 30.04.2003 - 1 PBvU 1/02, JuS 2003, S. 914–916.

Sachs, Michael: Zur dogmatischen Struktur der Gleichheitsrechte als Abwehrrechte, DÖV 1984, S. 411–419.

Säcker, Franz Jürgen, Rixecker, Roland, Oetker, Harmut, Limperg, Bettina (Hrsg.): Münchener Kommentar zum Bürgerlichen Gesetzbuch, Band 7, §§ 705–853, 8. Auflage, München 2020 (zit.: *Bearbeiter*, in: Münchener Kommentar zum BGB).

Sahl, Jan Christian: Aufrechnung zwischen Hoheitsträgern: zur Zulässigkeit der Aufrechnung im deutschen und europäischen Mehrebenensystem, Berlin 2019 (zit.: *Sahl*, Aufrechnung).

Schink, Alexander: Die Verpflichtung zur Fortschreibung von Luftreinhalteplänen in der Verwaltungsvollstreckung, DVBl 2016, S. 1557–1564.

Scherer, Gerhard: Die Durchsetzung von Verwaltungsgerichtsurteilen gegenüber einer widerstrebenden Behörde, Heidelberg 1949 (zit.: *Scherer*, Die Durchsetzung von Verwaltungsgerichtsurteilen).

Schladebach, Marcus: Praktische Konkordanz als verfassungsrechtliches Kollisionsprinzip, Der Staat 53 (2014), S. 263–283.

Schlick, Wolfgang: Die Rechtsprechung des BGH zu den öffentlich-rechtlichen Ersatzleistungen – Teil 2: Amtshaftung, NJW 2009, S. 3487–3495.

Schneider, Hans: Widerstand im Rechtsstaat, Schriftenreihe der Juristischen Studiengesellschaft Karlsruhe, Heft 92, Karlsruhe 1969 (zit.: *Schneider*, Widerstand im Rechtsstaat).

Schoch, Friedrich, Schneider, Jens-Peter (Hrsg.): Verwaltungsrecht, Kommentar, Band Verwaltungsgerichtsordnung, Stand: 42. Ergänzungslieferung Februar 2022, München (zit.: *Bearbeiter*, in: *Schoch/Schneider*, VwGO).

Schwarze, Jürgen, Becker, Ulrich, Hatje, Armin, Schoo, Johann (Hrsg.): EU-Kommentar, 4. Auflage, Baden-Baden 2019 (zit.: *Bearbeiter*, in: *Schwarze/Becker/Hatje/Schoo*).

Sodan, Helge, Ziekow, Jan (Hrsg.): Verwaltungsgerichtsordnung: VwGO, Großkommentar, 5. Auflage, Baden-Baden 2018 (zit.: *Bearbeiter*, in: *Sodan/Ziekow*).

Spindler, Wolfgang: Der Nichtanwendungserlass im Steuerrecht, DStR 2007, S. 1061–1066.

Stamm, Jürgen: Die Prinzipien und Grundstrukturen des Zwangsvollstreckungsrechts, Ein Beitrag zur Rechtsvereinheitlichung auf europäischer Ebene, Tübingen 2007 (zit.: *Stamm*).

Stein, Friedrich, Jonas, Martin: Kommentar zur Zivilprozessordnung: ZPO, Band 8: §§ 802a–915h, 23. Auflage, Tübingen 2017 (zit.: *Bearbeiter*, in: *Stein/Jonas*).

Stein, Friedrich: Grenzen und Beziehungen zwischen Justiz und Verwaltung, Tübingen 1912 (zit.: *Stein*, Justiz und Verwaltung).

Ule, Carl Hermann: Verfassungsrecht und Verwaltungsprozeßrecht, DVBl 1959, S. 537–545.

Vogel, Hans-Jochen: Gewaltenvermischung statt Gewaltenteilung?, NJW 1996, 1505–1511.

V. Mangoldt, Herrmann, Klein, Friedrich, Starck, Christian: Kommentar zum Grundgesetz, Band 1, Art. 1–Art. 19, Band 2: Art. 20–Art. 82, Band 3: Art. 83–Art. 146, 7. Auflage, München 2018 (zit.: *Bearbeiter*, in: *v. Mangoldt/Klein/Starck*).

V.Münch, Ingo, Kunig, Philip: Grundgesetz Kommentar, Band 1, Präambel–Art. 69, Band 2, Art. 70–Art. 146, 7. Auflage, München 2021(zit.: *Bearbeiter*, in: *v. Münch/ Kunig*).

Vorwerk, Volkert, Wolf, Christian (Hrsg.): Beck'scher Online Kommentar Zivilprozessordnung, 44. Edition, Stand: 01. März 2022, München (zit.: *Bearbeiter*, in: *Vorwerk/Wolf*).

Voßkuhle, Andreas, Kaiser, Anna-Bettina: Grundwissen – Öffentliches Recht: Der allgemeine Justizgewährungsanspruch, JuS 2014, S. 312–314.

Voßkuhle, Andreas, Kaufhold, Ann-Katrin: Grundwissen – Öffentliches Recht: Der Grundsatz der Gewaltenteilung, JuS 2012, S. 314–316.

Voßkuhle, Andreas, Kaufhold, Ann-Katrin: Grundwissen – Öffentliches Recht: Das Rechtsstaatsprinzip, JuS 2010, S. 116–119.

Voßkuhle, Andreas, Schemmel, Jakob: Grundwissen – Öffentliches Recht: Die Bundesregierung, JuS 2020, S. 736–740.

Voßkuhle, Andreas: „Integration durch Recht" - Der Beitrag des BVerfG, JZ 2016, S. 161–168.

Voßkuhle, Andreas: Bruch mit einem Dogma: Die Verfassung garantiert Rechtsschutz gegen den Richter, NJW 2003, S. 2193–2200.

Voßkuhle, Andreas: Der Grundsatz der Verfassungsorgantreue und die Kritik am BVerfG, NJW 1997, S. 2216–2219.

Voßkuhle, Andreas: Rechtsschutz gegen den Richter. Zur Integration der Dritten Gewalt in das verfassungsrechtliche Kontrollsystem vor dem Hintergrund des Art. 19 Abs. 4 GG, München 1993 (zit.: *Voßkuhle*, Rechtsschutz).

Voßkuhle, Andreas: Rechtsstaat und Demokratie, NJW 2018, S. 3154–3159.

Waldhoff, Christian: Polizeirecht: Waffenrechtliche Unzuverlässigkeit wegen NPD-Funktionsträgerschaft, Verwaltungsrechtliche Unzuverlässigkeitstatbestände und Verfassungswidrigkeit nicht verbotener politischer Parteien, JuS 2019, S. 1230–1232.

Walz, Christian: Das Ziel der Auslegung und die Rangfolge der Auslegungskriterien, ZJS 2010, S. 482–490.

Weber, Klaus: Creifelds kompakt, Rechtswörterbuch, 3. Edition, München 2020 (zit.: *Bearbeiter*, in: *Creifelds*).

Wettlaufer, Arno: Die Vollstreckung aus verwaltungs-, sozial- und finanzgerichtlichen Titeln zugunsten der öffentlichen Hand, Berlin 1989 (zit.: *Wettlaufer*, Vollstreckung aus verwaltungs-, sozial- und finanzgerichtlichen Titeln).

Wieser, Eberhard: Begriff und Grenzfälle der Zwangsvollstreckung, Köln 1995 (zit.: *Wieser*, Begriff und Grenzfälle der Zwangsvollstreckung).

Will, Martin: Die Vollstreckung verwaltungsgerichtlicher Allgemeiner Leistungsurteile auf Aufstellung bzw. Fortschreibung von Luftreinhalteplänen, Verw Arch 110 (2019), S. 280–327.

Will, Martin: Effektive Zwangsmittel zur Durchsetzung verwaltungsgerichtlicher Leistungsurteile gegenüber Behörden, NJW 2000, S. 963–965.

Windthorst, Kay: Der verwaltungsgerichtliche einstweilige Rechtsschutz. Zugleich eine Untersuchung des Erkenntnis- und Steuerungspotenzials der Rechtsdogmatik, Tübingen 2009 (zit.: *Windthorst*, Einstweiliger Rechtsschutz).

Wolf, Christian, Müller, Christian: Nebenpflichtenkanon bei der Forderungspfändung, NJW 2004, S. 1775–1780.

Wysk, Peter (Hrsg.): Verwaltungsgerichtsordnung: VwGO, 3. Auflage, München 2020 (zit.: *Bearbeiter*, in: *Wysk*).

Zöller, Richard: Zivilprozessordnung: ZPO, 34. Auflage, Köln 2022 (zit.: *Bearbeiter*, in: *Zöller*).

Wegen der verwendeten Abkürzungen wird verwiesen auf *Kirchner, Hildeberdt*: Abkürzungsverzeichnis der Rechtssprache, 10. Auflage, Berlin 2021.

A. Einleitung

„EU-Justiz zu Zwangshaft für Politiker: Markus Söder kommt um den Knast wohl herum" (*Müller-Neuhof*, Der Tagesspiegel vom 14. November 2019), *„Wetzlar lässt die NPD nicht in die Stadthalle"* (Die Welt vom 24. März 2018), *„Beugehaft für Kretschmann – Wer Recht bricht, muss büßen"* (taz, die tageszeitung vom 09. September 2019).

Noch im Jahr 1960 verzichteten juristische Kommentierungen mehrheitlich vollständig auf die Erläuterung der – durch die Frage der Zwangshaft angesprochenen – Vorschrift des § 172 der Verwaltungsgerichtsordnung. Die Kommentatoren waren geleitet durch die Vorstellung, von der Vorschrift werde voraussichtlich kein Gebrauch gemacht. Dahinter steht offenbar die Annahme, im Rechtsstaat befolgten Behörden verwaltungsgerichtliche Entscheidungen stets und ausnahmslos.

Diese Auffassung lassen die zitierten Pressestimmen der jüngeren Vergangenheit fast als „rechts-romantisch" erscheinen. Dem Leser und der Leserin stellen sich intuitiv eher folgende Fragen: Sind ausführende Gewalt und Politik in bestimmten Fällen dazu befugt, Entscheidungen von Verwaltungsgerichten nicht zu befolgen oder sind sie an Gerichtsentscheidungen gebunden? Aus welchen Gründen bleibt ein solches Verhalten der Verwaltung ohne rechtliche Folgen? Können leitende Verwaltungsbeamte oder sonstige Amtsträger tatsächlich in Zwangshaft genommen werden?

Die – als neu empfundenen – Fälle des „Nichtbefolgens" verwaltungsgerichtlicher Entscheidungen durch den Staat haben den zuvor nur vereinzelt geführten Diskurs wiederbelebt. Sie sind Anlass für diese Arbeit (hierzu unter B.I). Deren Ziel und Gegenstand ist die Untersuchung der Verfassungsmäßigkeit der §§ 170, 172 VwGO. Sind die Regeln über die verwaltungsgerichtliche Zwangsvollstreckung aus grund- und staatsrechtlicher Sicht unbedenklich und – falls nein – wo liegen Lösungs- und Optimierungschancen?

Die Problematik der verwaltungsgerichtlichen Zwangsvollstreckung wurde erstmals im Jahr 1949 – damals war die Verwaltungsgerichtsordnung noch nicht in Kraft – von *Scherer* behandelt.[1] Prägend waren ferner die Arbeiten von *Miedtank*[2] (*„Die Zwangsvollstreckung gegen Bund, Länder, Gemeinden und andere juristische Personen des öffentlichen Rechts"*) aus dem Jahr 1964 und von *Bank*[3] (*„Zwangsvollstreckung gegen Behörden: die Handhabung der zivilprozessualen Vollstreckungsnormen bei der Zwangsvollstreckung aus allgemeinen Leistungsurteilen gegen Verwaltungsträger"*) aus dem Jahr 1982. Die Problematik fand in der Literatur nur

---

1 *Scherer*, Durchsetzung von Verwaltungsgerichtsurteilen.
2 *Miedtank*, Zwangsvollstreckung.
3 *Bank*, Zwangsvollstreckung.

nachrangig Aufmerksamkeit. Wohl erst anlässlich der jüngst in größerer Zahl und Intensität aufgetretenen Anwendungsfälle in der Rechtsprechung hat sich auch die Literatur eingehender mit der Thematik befasst, dies vor allem in Form von Beiträgen in Fachzeitschriften.

Die jüngste Presseberichterstattung bezieht sich auf spektakuläre Vollstreckungsverfahren, in denen Gemeinden und Länder sich weigerten und nach wie vor weigern, verwaltungsgerichtliche Entscheidungen umzusetzen. Bei näherer Betrachtung zeigt sich, dass die Problematik der Zwangshaft zwar die Aufmerksamkeit auf das Thema der verwaltungsgerichtlichen Zwangsvollstreckung gegen den Staat als Hoheitsträger lenken mag. Die wesentlichen Rechtsfragen, die eine sachgerechte Auseinandersetzung mit der Vollstreckung gegen Behörden untersuchen und beantworten muss, bleiben dabei allerdings unberücksichtigt.

Die Verwaltungsgerichtsordnung regelt die Zwangsvollstreckung gegen den Staat als Hoheitsträger aus verwaltungsgerichtlichen Titeln in den § 170 VwGO, § 172 VwGO und § 167 VwGO. § 172 VwGO betrifft die Zwangsvollstreckung wegen titulierter Handlungen, Duldungen und Unterlassungen („Erzwingungstitel"), § 170 VwGO die Zwangsvollstreckung gegen den Staat aus Geldleistungstiteln. § 167 VwGO erklärt unter den dort genannten Voraussetzungen das Achte Buch der Zivilprozessordnung für anwendbar.

Es liegt deshalb nahe, dass sich eine Untersuchung der Vorschriften über die verwaltungsgerichtliche Zwangsvollstreckung an der in der Verwaltungsgerichtsordnung vorgefundenen Differenzierung zwischen der Vollstreckung aus verwaltungsgerichtlichen Geldleistungstiteln einerseits und aus Erzwingungstiteln andererseits ausrichtet.

Vor allem die verwaltungsgerichtliche Erzwingungsvollstreckung nach § 172 VwGO bedarf präziser rechtlicher Betrachtung. § 172 VwGO beschränkt sich auf mittelbaren Beugezwang in Form eines Zwangsgeldes, das der Höhe nach begrenzt ist. Die Funktionsweise des § 172 VwGO bedingt es, dass die Verwaltung Gerichtsentscheidungen unbeachtet lässt und diese nicht umsetzt. § 172 VwGO wirft damit grundlegende Rechtsfragen auf mehreren Ebenen auf.

Das Nichtbefolgen verwaltungsgerichtlicher Entscheidungen wird auch als *„politisch gewollter Rechtsbruch"*[4] und als *„verfassungsfeindlich"*[5] bezeichnet. Hier geht es um das Zusammenspiel von Exekutive und Judikative im gewaltenteiligen Staat. Maßt sich die Verwaltung Kompetenzen an, die das Grundgesetz

---

4 Bayerischer VGH, Beschluss vom 09. November 2018 – 22 C 18.1718 –, Rn. 182, zit. nach juris; EuGH, Urteil vom 19. Dezember 2019 – C-752/18 –; im Ansatz auch GA *Saugmandsgaard Øe*, Schlussantrag vom 14. November 2019, BeckRS 2019, 27863, Rn. 40, 49.

5 Vgl. *Augsberg*, DRiZ 2018, 254 (257): *„Wer die eigene politische Auffassung zur überpositiven, selbst höchstgerichtliche Entscheidungen überwindenden Leitlinie bestimmt, ist nicht nur rechtsstaats- und demokratiefern, sondern verfassungsfeindlich."*

ausschließlich der Judikative zuordnet und ist dieses Verhalten darum aus dem Blickwinkel der Gewaltenteilung zu beanstanden (hierzu unter D)? Vergleichbares gilt aus einer Rechtsstaatsperspektive. Mitunter ist von einem „rechtsstaatlichen Kulturbruch"[6] die Rede oder wird eine „*Erosion des Rechtsstaats*"[7] diagnostiziert. Schließlich ist wirksamer Rechtszwang „*Indiz für die Funktionsfähigkeit einer Rechtsordnung*".[8] Andere halten diese Einschätzungen für ein „*Herbeireden*" des „*Endes des Rechtsstaates*".[9]

Daneben nimmt der Wirksamkeitsaspekt eine zentrale Stellung ein. Der Vollstreckungsgläubiger hat gegen den Staat einen Anspruch auf möglichst wirksame Vollstreckung. Verletzt § 172 VwGO diese Gewährleistung und falls ja, in welchen Fällen (hierzu unter E.II)? Gleiches gilt für § 170 VwGO, der die Vollstreckung aus verwaltungsgerichtlichen Geldleistungstiteln regelt. Auch hier stellt sich die Frage, ob die Vorschrift die Anforderungen des Art. 19 Abs. 4 Satz 1 GG wahrt (hierzu unter E.III).

Weil § 170 VwGO, § 172 VwGO und die parallelen Vorschriften in der Zivilprozessordnung – § 882a ZPO und §§ 887 ff. ZPO – sowohl mit jeweils unterschiedlichen Mechanismen arbeiten als auch unterschiedliche Rechtsfolgen auslösen, stellen sich ferner Fragen der Gleichbehandlung des Vollstreckungsgläubigers i.S.v. Art. 3 Abs. 1 GG (hierzu unter E.IV).

Die rechtliche Untersuchung der genannten Schwerpunkte setzt umfassende Vorarbeiten voraus (hierzu unter B.II, B.III, B.IV und C). Die Arbeit wird zunächst die Funktionsweise der §§ 170 und 172 VwGO herausstellen, soweit sie für die verfassungsrechtliche Beurteilung erforderlich ist. Dogmatische Einzelheiten der einzelnen Vollstreckungstatbestände werden eher nachrangig beleuchtet. Ein zentraler Schwerpunkt wird in einer Typisierung der Erscheinungsformen des behördlichen Nichtbefolgens in tatsächlicher Hinsicht liegen (hierzu unter C.II). Denn nur auf Grundlage der Kenntnis der tatsächlichen Erscheinungsformen des Nichtbefolgens kann eine Beurteilung der §§ 170, 172 VwGO am Maßstab von Art. 19 Abs. 4 Satz 1 GG und Art. 3 Abs. 1 GG erfolgen. Insoweit spielt auch der Anwendungsbereich

---

6 *Klinger*, ZUR 2020, 363 (367).

7 *Klinger*, ZUR 2020, 363 (367); *Gärditz, Klaus F.*: Jeder ist abhängig vom Rechtsstaat, Legal Tribune Online vom 17. Juli 2018, abrufbar unter *https://www.lto.de/recht/hintergruende/h/verweigerung-justiz-entscheidungen-gerichte-rechtsstaat-vertrauen-unabhaengigkeit-justiz/#:~:text=Justizverweigerung%20als%20Inszenierung%20Jeder%20ist%20abh%C3%A4ngig%20vom%20Rechtsstaat&text=Aus%20politischem%20Opportunismus%20werden%20gerichtliche,G%C3%A4rditz.*, zuletzt abgerufen am 22. Juli 2022; *Gaugele, Jochen, Sanches, Miguel:* Papier warnt vor einer „Willkürherrschaft" in Deutschland, Interview mit *Hans-Jürgen Papier*, Berliner Morgenpost vom 13. Oktober 2018.

8 *Stamm*, S. 6.

9 *Rennert*, jM 2019, 174 (175).

des § 172 VwGO (hierzu unter B.IV.4.b)) – eine der umstrittensten Fragen im verwaltungsgerichtlichen Vollstreckungsrecht – eine entscheidende Rolle.

Mit der Frage des Anwendungsbereichs des § 172 VwGO verwandt ist der Gehalt der Vorschrift des § 167 Abs. 1 Satz 1 VwGO. Danach gilt, soweit sich aus der Verwaltungsgerichtsordnung nichts anderes ergibt, für die Vollstreckung das Achte Buch der Zivilprozessordnung entsprechend. Die Untersuchung wird sich eingehend der Rechtsnatur, der Anwendbarkeit und den Voraussetzungen sowie der Rechtsfolgen des § 167 Abs. 1 Satz 1 VwGO widmen (hierzu unter B.IV.3). Denn die Vorschrift ist Schaltstelle zwischen den Normen zur verwaltungsgerichtlichen Zwangsvollstreckung einerseits und den – für die Vollstreckung zwischen Privaten gedachten – zivilprozessualen Vollstreckungsvorschriften der §§ 887 ff. ZPO. Sie hat darum entscheidende Bedeutung für die möglichen Vollstreckungsmaßnahmen im Bereich der Verwaltungsgerichtsordnung.

Abschließend wird ein letzter Schwerpunkt auf denkbaren Lösungsansätzen liegen. Welche Zwangsmittel, die ein Hoheitsträger gegen andere Hoheitsträger anwenden kann, sind am Maßstab des Art. 19 Abs. 4 Satz 1 GG geboten? Welche Möglichkeiten gibt es, damit das Instrument der verwaltungsgerichtlichen Zwangsvollstreckung gegen den Staat als Hoheitsträger künftig im Sinne des Art. 19 Abs. 4 Satz 1 GG funktionieren kann?

Sind die Vollstreckungsvorschriften der Verwaltungsgerichtsordnung tatsächlich die „*Vollendung des Justizstaats*"?[10] Oder handelt es sich um ein stumpfes Schwert, das dringend der Novellierung bedarf?

---

10 Vgl. *Miedtank*, Zwangsvollstreckung, S. 105.

B. Grundlegung – Beteiligte, Zwecke und verfassungsrechtliche Determinanten, normative Bestandsaufnahme

I. Anwendungsfälle

Sichtbar werden die Probleme der verwaltungsgerichtlichen Zwangsvollstreckung gegen den Staat als Hoheitsträger bei politisch oder gesellschaftlich brisanten Themen. Sie treten aber auch in anderen Fällen in Erscheinung, vor allem bei kleineren Selbstverwaltungskörperschaften.[11] Ferner sind Nichtbefolgensfälle zu verzeichnen insbesondere im Beamtenrecht,[12] im Immissionsschutzrecht,[13] im Informationsrecht,[14] im Sozialrecht[15] und in weiteren Rechtsgebieten.[16] Es handelt

---

11 Etwa Gemeinden oder Universitäten, vgl. *Sahl*, Aufrechnung, S. 80. Empirische Erhebungen zu der verwaltungsgerichtlichen Zwangsvollstreckung gegen den Staat als Hoheitsträger sind, soweit ersichtlich, nicht vorhanden.

12 Verpflichtung zu amtsangemessener Beschäftigung: VG des Saarlandes, Beschluss vom 14. Juli 2009 – 2 N 466/09 –; Übertragung eines bestimmten Dienstpostens: Niedersächsisches OVG, Beschluss vom 12. September 2006 – 5 OB 194/06 –; Thüringer OVG, Beschluss vom 18. Januar 2010 – 2 VO 327/08 –; Neuerteilung einer dienstlichen Beurteilung: VGH Baden-Württemberg, Beschluss vom 25. Juni 2003 – 4 S 118/03 –, 1. Orientierungssatz, zit. nach juris; Neubescheidung einer Bewerbung auf Besetzung eines Dienstpostens: BVerwG, Beschluss vom 21. Dezember 2001 – 2 AV 3/01 –, NVwZ-RR 2002, 314.

13 Nutzung einer Sportanlage nach 22 Uhr: OVG NRW, Beschluss vom 10. Juli 2006 – 8 E 91/06 –; Vollstreckung einer einstweiligen Anordnung zur Einhaltung von Baulärmgrenzen: VGH Baden-Württemberg, Beschluss vom 29. Mai 2015 – 10 S 835/15 –; Nichterteilung der Zulassung zur Abfallverbringung: OVG des Landes Sachsen-Anhalt, Beschluss vom 27. Oktober 2020 – 2 L 8/20 –, beckRS 2020, 29261.

14 An ein Bundesministerium gerichtetes Auskunftsersuchen wegen Kraftfahrzeug-Abschalteinrichtungen: OVG Berlin-Brandenburg, Beschluss vom 03. Juli 2020 – OVG 6 S 24/20 –.

15 Vollstreckung einer einstweiligen Anordnung zur Zuweisung eines Kita-Platzes: Niedersächsisches OVG, Beschluss vom 15. November 2019 – 10 OB 210/19 –; Zahlung von Schulkosten im Rahmen der Eingliederungshilfe: VG Aachen, Beschluss vom 29. Januar 2010 – 2 M 23/09 –, zit. nach juris.

16 Gerichtliche Verpflichtung zum Erlass eines Verwaltungsakts gegenüber einem Dritten und anschließendes behördliches Nichtbefolgen: OVG NRW, Beschluss vom

sich sämtlich um Fälle im Bereich der Einzelzwangsvollstreckung. Innerhalb dieses breiten Spektrums müssen „klassische Fälle" des Nichtbefolgens von verwandten Fallgestaltungen abgegrenzt werden. Dies soll im Folgenden, auch im Sinne einer weiteren Themenkonkretisierung, geleistet werden.

1. Klassische Fallgestaltungen

Wenn Fallgestaltungen hier als „klassisch" bezeichnet werden, sind damit jene Fälle gemeint, in denen der Staat den gegenüber ihm ergangenen verwaltungsgerichtlichen Entscheidungen nicht nachkommt. Es handelt sich dabei immer um Fallgestaltungen mit mindestens drei Beteiligten.[17] Im Bereich der Erzwingungsvollstreckung zählen hierzu die Stadthallenfälle (Alexanderplatz,[18] Wetzlar[19]) und die Aufstellung von Luftreinhalteplänen,[20] wobei insbesondere die Fälle um die Landeshauptstadt Stuttgart[21] und die Landeshauptstadt München[22]

---

20. Februar 1992 – 10 E 1357/91 –, zit. nach juris; a.A. OVG des Saarlandes, Beschluss vom 22. März 1985 – 2 W 419/85 –, zit. nach juris: keine Verpflichtung, Vollzugsmaßnahmen zu ergreifen; Änderung der Rechtsprechung allerdings mit Beschluss vom 21. Dezember 2010 – 2 E 291/10 –, zit. nach juris; Nichterteilung der Genehmigung für eine Werbeanlage: BGH, Urteil vom 30. Oktober 1961 – III ZR 196.59; Lieferung von Trinkwasser: Bayerischer VGH, Beschluss vom 07. März 2002 – 4 C 02.188 –; Verurteilung einer Gemeinde zu Wiederherstellung des ursprünglichen Zustands einer Straße: Bayerischer VGH, Beschluss vom 02. April 2001 – 8 C 01.587 –; Unterlassungspflichten im Zusammenhang mit der Nutzung eines Truppenübungsplatzes („Bombodrom" Wittstocker Heide): OVG Brandenburg, Beschluss vom 20.Dezember 2001 – 3 E 87/01 –, NVwZ-RR 2002, 904 mit Verweis auf Urteile vom 24. März 1999, 3 A 55/97 und 3 A 60/97; siehe hierzu auch BVerwG, Urteil vom 14. Dezember 2000, 4 C 12/99 und 4 C 13/99, BVerwGE 112, 274.

17 Siehe hierzu unter B.II.2. Die Beteiligung weiterer Personen ist durchaus denkbar, vgl. etwa zur Vollziehung einer einstweiligen Anordnung zur Einhaltung von Baulärmgrenzen VGH Baden-Württemberg, Beschluss vom 29. Mai 2015 – 10 S 835/15 –.

18 OVG Berlin, Beschluss vom 04. November 1998 – 3 S 15.98 – und BVerfG, Beschluss vom 09. August 1999 – 1 BvR 2245/98 –, NVwZ 1999, 1330 (1331).

19 BVerfG, Einstweilige Anordnung vom 24. März 2018 – 1 BvQ 18/18 –, NVwZ 2018 (819).

20 Luftreinhalteplan Hamburg: Hamburgisches OVG, Beschluss vom 14. Februar 2017 – 1 So 63/16 –; Luftreinhalteplan Darmstadt: Hessischer VGH, Beschluss vom 11. Mai 2016 – 9 E 448/16 –; Luftreinhalteplan Frankfurt am Main: Hessischer VGH, Urteil vom 10. Dezember 2019 – 9 A 2691/18 –.

21 VGH Baden-Württemberg, Beschluss vom 24. April 2018 – 10 S 421/18 –, Rn. 3, zit. nach juris und VGH Baden-Württemberg, Beschluss vom 14. Mai 2020 – 10 S 461/20 –, Rn. 22, zit. nach juris.

22 Bayerischer VGH, Beschluss vom 09. November 2018 – 22 C 18.1718 – und EuGH, Urteil vom 19. Dezember 2019 – C-752/18 –.

Aufmerksamkeit erregt haben. Im Bereich der Vollstreckung verwaltungsgerichtlicher Geldleistungstitel sind Anwendungsfälle deutlich seltener festzustellen. Hier sei, nicht minder spektakulär, die Vollstreckung gegen eine Kommune trotz deren Zahlungsunfähigkeit genannt.

(1) Vollstreckung gegen die Gemeinde Niemegk
Die Gemeindeverwaltung hatte gegenüber dem späteren Vollstreckungsgläubiger, einem Unternehmen, einen Abwasseranschlussbescheid in sechsstelliger Höhe erlassen. Auf die Anfechtungsklage des Unternehmens, das den Anschlussbeitrag beglichen hatte, hob das Verwaltungsgericht sechs Jahre später den Bescheid auf. Auf die im Jahr 2008 erhobene Rückzahlungsklage i.H.v. EUR 644.000,- verurteilte das Verwaltungsgericht die Gemeinde zur Rückzahlung.[23] Auf den Antrag des Vollstreckungsgläubigers benachrichtigte das Verwaltungsgericht die Gemeinde mit Beschluss vom 21. Januar 2009 über seine Absicht, die Vollstreckung aus dem Urteil zu verfügen und forderte sie auf, binnen einer Frist von 14 Tagen ab Zustellung die Vollstreckung durch Zahlung abzuwenden. Beide Urteile waren im Zeitpunkt der Stellung des Vollstreckungsantrags rechtskräftig. Mit Beschluss vom 20. Februar 2009 ordnete das Verwaltungsgericht die Zwangsvollstreckung an und erließ zugunsten des Vollstreckungsgläubigers einen Pfändungs- und Überweisungsbeschluss. Die etwaigen Forderungen der Gemeinde gegen ihre Bank aus dem bestehenden Kontokorrentverhältnis würden gepfändet. Die hiergegen erhobene Beschwerde der Gemeinde wies das Oberverwaltungsgericht zurück[24] und das Konto wurde gepfändet. Die Kommunalaufsicht und das Ministerium des Innern und für Kommunales Brandenburg hatten jedenfalls vor der Pfändung nicht gehandelt, weil die Gemeinde sie erst kurz vor der Durchführung der Vollstreckung unterrichtet hatte.[25]

(2) Luftreinhalteplan München
In mehreren Straßen der Landeshauptstadt München war der in der Luftqualitätsrichtlinie[26] festgelegte Grenzwert für Stickstoffdioxid mitunter deutlich überschritten. Auf die Klage der Deutschen Umwelthilfe verurteilte das Verwaltungsgericht München im Jahr 2012 den Freistaat Bayern rechtskräftig, den Luftreinhalteplan

---

23 Vgl. Der Tagesspiegel vom 09. April 2009, abrufbar unter *https://www.tagesspiegel.de/themen/brandenburg/bankrott-von-schuld-und-schulden-niemegk-ist-pleite/1492582.html*, zuletzt abgerufen am 22. Juli 2022.

24 Vgl. zum Sachverhalt OVG Berlin-Brandenburg, Beschluss vom 07. April 2009 – OVG 9 L 29.09 –.

25 Vgl. Der Tagesspiegel vom 09. April 2009, Fn. 23.

26 Richtlinie 2008/50/EG des Europäischen Parlaments und des Rates vom 21. Mai 2008 über Luftqualität und saubere Luft für Europa, ABl. 2008 L 152/1. Deutschland hat die Richtlinie mit der 39. Verordnung zur Durchführung des Bundes-Immissionsschutzgesetzes umgesetzt.

für München so zu ändern, „*dass er die erforderlichen Maßnahmen zur schnellstmöglichen Einhaltung des Grenzwerts für Stickstoffdioxid in dieser Stadt enthält*".[27] Zu solchen Maßnahmen hätten Fahrverbote gehört.

Das Verwaltungsgericht und – im Rahmen des Beschwerdeverfahrens – der Verwaltungsgerichtshof drohten dem Freistaat mehrfach Zwangsgelder an für den Fall, dass er die gerichtlich auferlegten Maßnahmen nicht bis Juni 2017 ergreife.[28] Eines der angedrohten Zwangsgelder setzte das Verwaltungsgericht fest, namentlich mit Beschluss vom 26. Oktober 2017 i.H.v. EUR 4.000,-.[29] Das Land ließ (auch) den Festsetzungsbeschluss rechtskräftig werden und beglich das Zwangsgeld.[30] Daraufhin stellte die Deutsche Umwelthilfe am 21. November 2017 einen weiteren Antrag auf verwaltungsgerichtliche Zwangsvollstreckung und beantragte sinngemäß, den Freistaat durch Zwangshaft eines Amtsträgers, hilfsweise durch Festsetzung eines Zwangsgeldes von bis zu EUR 25.000,-, zur Einhaltung des gerichtlichen Urteils anzuhalten. Weiter hilfsweise beantragte sie die erneute Festsetzung des angedrohten Zwangsgelds i.H.v. EUR 4.000,- bzw. die erneute Androhung eines Zwangsgelds i.H.v. EUR 4.000,-. Zur Begründung trug sie vor, der Festsetzungsbeschluss vom 26. Oktober 2017 habe zu keiner Änderung des Verhaltens des Landes geführt.

Mit Beschluss vom 29. Januar 2018 drohte das Verwaltungsgericht dem Land erneut ein Zwangsgeld i.H.v. EUR 4.000,- an, falls es nicht innerhalb von vier Monaten nach Zustellung die Öffentlichkeitsbeteiligung zur Vorbereitung einer weiteren Fortschreibung des Luftreinhalteplans einleite. Im Übrigen, also auch hinsichtlich der Festsetzung von Zwangshaft, lehnte es den Antrag ab.[31] Mit weiterem Beschluss vom selben Tage setzte es ein zweites Zwangsgeld i.H.v. EUR 4.000,- fest mit der Anordnung, dass das Land dieses innerhalb von zwei Wochen nach Unanfechtbarkeit auf ein näher bezeichnetes Konto der Staatsoberkasse Bayern einzuzahlen habe.[32] Der Verwaltungsgerichtshof wies die von dem Land gegen die vorgenannten beiden Beschlüsse erhobenen Beschwerden zurück.

Gegen den Beschluss vom 29. Januar 2018, mit dem das Verwaltungsgericht den Antrag auf Androhung von Zwangshaft abgelehnt hatte, erhob auch die Deutsche Umwelthilfe Beschwerde. Weil der Verwaltungsgerichtshof nicht davon ausging,

---

27 VG München, Urteil vom 09. Oktober 2012 – M 1 K 12.1046 –, zit. nach juris.

28 Androhung des ersten Zwangsgeldes i.H.v. EUR 10.000,- im Jahr 2016 von VG München, Beschluss vom 21. Juni 2016 – M 1 V 15.5203 –; im Beschwerdeverfahren abgeändert durch den Bayerischen VGH, Beschluss vom 27. Februar 2017 – 22 C 16.1427 –, zit. nach juris.

29 VG München, Beschluss vom 26. Oktober 2017 – M 19 X 17.3931 –, zit. nach juris.

30 Vgl. hierzu Bayerischer VGH, Beschluss vom 09. November 2018 – 22 C 18.1718 –, zit. nach juris.

31 VG München, Beschluss vom 29. Januar 2018 – M 19 X 17.5464 –, zit. nach juris.

32 VG München, Beschluss vom 29. Januar 2018 – M 19 X 18.130 –, zit. nach juris.

dass das Land der gerichtlichen Verurteilung nachkomme, legte er dem Europäischen Gerichtshof die Frage vor, ob ein deutsches Gericht unionsrechtlich berechtigt bzw. verpflichtet ist, in einer solchen Konstellation gegenüber Amtsträgern eines deutschen Bundeslandes Zwangshaft anzuordnen und ob diese Anordnung unionsrechtlich geboten sei.[33] Im Jahr 2018 erklärten Landesvertreter, darunter der Ministerpräsident, öffentlich, keine Fahrverbote einzuführen.[34] Dies war auch Gegenstand von Kabinettsbeschlüssen.[35] Am 31. Oktober 2019 wurde die 7. Fortschreibung des Luftreinhalteplans für die Landeshauptstadt München erlassen, die diese Erklärung im Wortlaut wiedergab.[36]

Auf das Vorabentscheidungsersuchen des Verwaltungsgerichtshofs erging am 19. Dezember 2019 ein Urteil des EuGH, der feststellte, dass das Unionsrecht dahin auszulegen ist, dass im Fall der beharrlichen Weigerung einer nationalen Behörde zur Erfüllung einer unionsrechtlich determinierten Pflicht nur dann Zwangshaft gegen Amtsträger verhängt werden kann, wenn das innerstaatliche Recht eine hinreichend präzise und vorhersehbare Rechtsgrundlage gibt und wenn die damit verbundene Einschränkung des Rechts auf Freiheit denVoraussetzungen des Art. 52

---

33 Bayerischer VGH, Beschluss vom 09. November 2018 – 22 C 18.1718 –, zit. nach juris.

34 Vgl. Regierungserklärung des Ministerpräsidenten *Söder* vom 18. April 2018, abrufbar unter *https://www.bayern.de/das-beste-fuer-bayern/*, zuletzt abgerufen am 22. Juli 2022: *„Ich sage ganz klar: Bayern ist Autoland. Ich bekenne mich ausdrücklich zum Auto, nicht nur als Wirtschaftsfaktor, sondern auch als Ausdruck individueller Mobilität. Wir wollen keine Fahrverbote, sondern setzen auf den Ausbau des Öffentlichen Nahverkehrs und der Elektromobilität.“*

35 Vgl. für die Luftreinhalteplanung in Bayern bereits im Jahr 2017, vgl. Bericht aus der Kabinettssitzung vom 18. Juli 2017, Punkt 1, abrufbar unter *https://www.bayern.de/bericht-aus-der-kabinettssitzung-vom-18-juli-2017/#1*, zuletzt abgerufen am 22. Juli 2022, und Bericht aus der Kabinettssitzung vom 12. Februar 2019, Punkt 2, abrufbar unter *https://www.bayern.de/bericht-aus-der-kabinettssitzung-vom-12-februar-2019/?seite=1617*, zuletzt abgerufen am 22. Juli 2022: *„Da sich die in München erfassten Messwerte für Luftschadstoffe deutlich gebessert haben und Fahrverbote für Diesel-Fahrzeuge unverhältnismäßig sind, wird der neue aktualisierte Luftreinhalteplan keine Fahrverbote vorschlagen. Die Staatsregierung greift damit die Ergebnisse aktueller Messungen und auch die darauf basierende Haltung der Landeshauptstadt München auf. Fahrverbote für Hauptverkehrsadern wie z.B. den Mittleren Ring sind ungeeignet; zu erwartende Verlagerungen des Verkehrsaufkommens in umliegende Wohngebiete hinein sind unbedingt zu vermeiden.“*

36 Der Luftreinhalteplan in Gestalt der 7. Fortschreibung (Oktober 2019) ist abrufbar unter *https://www.muenchen.de/rathaus/Stadtverwaltung/Referat-fuer-Gesundheit-und-Umwelt/Luft_und_Strahlung/Luftreinhalteplan.html*, zuletzt abgerufen am 22. Juli 2022. Der Luftreinhalteplan in Gestalt der 7. Fortschreibung (Oktober 2019) nimmt den in Fn. 35 zitierten Wortlaut auf, vgl. dort S. 61 f.

Abs. 1 GRCh genügt.[37] Nach Fortsetzung des Beschwerdeverfahrens Anfang 2020 wies der Verwaltungsgerichtshof die Beschwerde der Deutschen Umwelthilfe mit Beschluss vom 09. November 2018 als unbegründet zurück.[38]

(3) Luftreinhalteplan Stuttgart

Die Historie der Umsetzung der Luftreinhalteplanung für die Stadt Stuttgart reicht zurück bis in das Jahr 2005. Seinerzeit erhob ein Stuttgarter Bürger erstmals Klage auf Erlass eines Luftreinhalte- und Aktionsplanes, weil der seit dem Jahr 2005 geltende Immissionsgrenzwert für Feinstaub nicht eingehalten war. Das Verwaltungsgericht Stuttgart verurteilte das Land Baden-Württemberg mit Urteil vom 31. Mai 2005 zur Aufstellung eines Luftreinhalteplans, der geeignete Maßnahmen festlege, um u.a. die Gefahr der Überschreitung der Feinstaubwerte zu verringern.[39] Der Luftreinhalteplan war im Jahr 2006 mit 36 Maßnahmen in Kraft getreten.

Nach Eintritt der Rechtskraft des Urteils stellte der Kläger einen Vollstreckungsantrag. Daraufhin drohte das Verwaltungsgericht[40] dem Regierungspräsidium Stuttgart mit Beschluss vom 14. August 2009 ein Zwangsgeld an für den Fall, dass dieses seiner Verpflichtung aus dem Urteil nicht bis zum 28. Februar 2010 nachkomme.[41] Weil seit Beginn des Jahres 2010 auch ein Immissionsgrenzwert für Stickstoffdioxid einzuhalten war, nahm das Regierungspräsidium im Februar 2010 eine erste Fortschreibung vor, mit der u.a. ein Lkw-Durchfahrtsverbot, Fahrverbote für Kraftfahrzeuge und Geschwindigkeitsbeschränkungen auf bestimmten Hauptverkehrsstraßen angeordnet wurden.

Nachdem auch diese Maßnahmen in der Folgezeit nicht zu einer Einhaltung der Immissionsgrenzwerte für Feinstaub und Stickstoffdioxid führten, erhob ein anderer Stuttgarter Bürger zwei weitere Klagen,[42] die jeweils mit einem Prozessvergleich endeten und die in einer zweiten Fortschreibung des Luftreinhalteplans im Oktober 2014 mündeten. Als weitergehende Luftreinhaltemaßnahmen sah der Plan u. a. weitere Geschwindigkeitsbegrenzungen an Steigungsstrecken sowie eine Verkehrsverflüssigung auf einer Bundesstraße vor. Auch diese Maßnahmen führten zu keiner nennenswerten Reduzierung der Grenzwerte.[43]

Daraufhin erhob der private Kläger des Klageverfahrens aus dem Jahr 2005 eine weitere Klage auf Ergänzung des Luftreinhalteplans um die erforderlichen

37 EuGH, Urteil vom 19. Dezember 2019, C-752/18, zit. nach juris.

38 Bayerischer VGH, Beschluss vom 09. November 2018 – 22 C 18.1718 –, zit. nach juris.

39 VG Stuttgart, Urteil vom 22. Mai 2005 – 16 K 1120/05 –, zit. nach juris.

40 Es handelt sich um den Luftreinhalteplan für den Regierungsbezirk Stuttgart/Teilplan Landeshauptstadt Stuttgart. Im Folgenden wird zur besseren Verständlichkeit die Formulierung „Luftreinhalteplan“ oder „Luftreinhalteplan Stuttgart“ verwandt.

41 VG Stuttgart, Beschluss vom 14. August 2009 – 13 K 511/09 –, zit. nach juris.

42 Vgl. hierzu VG Stuttgart, Urteil vom 26. Juli 2017 – 13 K 5412/15 –, Rn. 7, zit. nach juris.

43 Vgl. zum Ganzen VG Stuttgart, Beschluss vom 19. Dezember 2017– 13 K 14557/17 –, zit. nach juris.

Maßnahmen zur schnellstmöglichen Einhaltung der Feinstaubgrenzwerte und der Stickstoffdioxidgrenzwerte.

Im November 2015 schaltete sich die Deutsche Umwelthilfe ein. Sie erhob Klage mit dem Antrag, das Land zu verurteilen, den Luftreinhalteplan für die Stadt Stuttgart so fortzuschreiben, dass dieser die erforderlichen Maßnahmen zur schnellstmöglichen Einhaltung der Stickstoffdioxidgrenzwerte enthält.

Währenddessen schlossen der private Kläger und das Land am 26. April 2016 einen Prozessvergleich, mit dem dieses sich verpflichtete, den Luftreinhalteplan u.a. dahin fortzuschreiben, bei Eintreten bestimmter Voraussetzungen mindestens eine rechtmäßige verkehrsbeschränkende Maßnahme für den betroffenen Stadtbereich zu ergreifen, die geeignet ist, eine Reduzierung des dortigen Verkehrsaufkommens um ca. 20 % gegenüber vergleichbaren Tagen zu bewirken. Im Rahmen des daraufhin erarbeiteten Entwurfs der dritten Fortschreibung des Luftreinhalteplans Anfang Mai 2017 sah das Land als Maßnahme u.a. die Anordnung eines Zusatzzeichens *„Nur für Diesel bis einschließlich Euro 5/V“* und *„Lieferverkehr frei“* vor.

In der mündlichen Verhandlung des von der Deutschen Umwelthilfe angestrengten Klageverfahrens erklärten Landesvertreter im Juli 2017, dass diese Maßnahme nach den Ermittlungen der Gutachter des Landes zu Verlagerungsverkehren führe, die möglicherweise nicht vollständig kompensierbar seien. Sollte dies nach abschließender Prüfung der Gutachter der Fall sein, könne die Maßnahme nicht in rechtlich zulässiger Weise umgesetzt werden und sei beabsichtigt, die Maßnahme aus dem Entwurf der Fortschreibung herauszunehmen.

Auf die Klage der Deutschen Umwelthilfe verurteilte das Verwaltungsgericht Stuttgart das Land mit Urteil vom 26. Juli 2017, den Luftreinhalteplan so fortzuschreiben, dass dieser die erforderlichen Maßnahmen zur schnellstmöglichen Einhaltung des Stickstoffdioxidgrenzwerts enthält.[44] Die hiergegen von dem Land erhobene Sprungrevision blieb im Wesentlichen ohne Erfolg.[45]

Am 05. September 2017 beantragte der private Kläger die Vollstreckung aus dem zwischen ihm und dem Land geschlossenen Prozessvergleich. Daraufhin drohte das Verwaltungsgericht diesem mit Beschluss vom 19. Dezember 2017 die Festsetzung eines Zwangsgelds i.H.v. EUR 10.000,- an für den Fall, dass es der Verpflichtung aus dem Vergleich nicht bis zum 30. April 2018 nachkomme.[46] Die von dem Land gegen den Androhungsbeschluss erhobene Beschwerde wies der Verwaltungsgerichthof als unbegründet zurück.[47]

Im Anschluss an den Erlass des Urteils aus dem Juli 2017, mit dem die Deutsche Umwelthilfe obsiegt hatte, beantragte auch sie die Vollstreckung. Das

44 VG Stuttgart, Urteil vom 26. Juli 2017 – 13 K 5412/15 –, zit. nach juris.

45 BVerwG, Urteil vom 27. Februar 2018 – 7 C 30/17 –, BVerwGE 161 (201).

46 VG Stuttgart, Beschluss vom 19. Dezember 2017 – 13 K 14557/17 –, zit. nach juris.

47 VGH Baden-Württemberg, Beschluss vom 24. April 2018 – 10 S 421/18 –, zit. nach juris.

Verwaltungsgericht Stuttgart forderte das Land mit Beschluss vom 26. Juli 2018 auf, seiner Verpflichtung bis zum 31. August desselben Jahres nachzukommen und drohte ihm für den Nichtbefolgensfall ein Zwangsgeld i.H.v. EUR 10.000,- an.[48] Dieses Zwangsgeld setzte das Gericht anschließend fest und drohte dem Land unter Fristsetzung bis zum 16. November 2018 die Festsetzung eines weiteren Zwangsgeldes i.H.v. EUR 10.000,- an.[49]

Am 03. Dezember 2018 trat die 3. Fortschreibung des Luftreinhalteplans in Kraft. Darin enthalten war als geplante Maßnahme die Einführung eines ganzjährigen Verkehrsverbots für alle Kraftfahrzeuge mit Dieselmotoren unterhalb der Abgasnorm Euro 5/V in der Umweltzone Stuttgart ab dem 01. Januar 2019. Weitergehende Ausführungen zur Aufnahme eines Verkehrsverbots auch für Dieselfahrzeuge mit der Abgasnorm Euro 5/V enthielt die 3. Fortschreibung nicht.

Auf den erneuten Antrag der Deutschen Umwelthilfe drohte das Verwaltungsgericht mit Beschluss vom 26. April 2019 dem Land für den Fall, dass dieses dem Urteil aus dem Juli 2017 nicht bis zum 1. Juli 2019 nachkomme, die Festsetzung eines Zwangsgeldes i.H.v. EUR 10.000,- an.[50] Mit der 3. Fortschreibung des Luftreinhalteplans für den Regierungsbezirk Stuttgart/Teilplan Landeshauptstadt Stuttgart habe der Vollstreckungsschuldner die ihm im Urteil des Verwaltungsgerichts Stuttgart aus dem Juli 2017 auferlegte Verpflichtung nicht vollumfänglich umgesetzt. Die hiergegen gerichtete Beschwerde des Landes wies der Verwaltungsgerichtshof im Juni 2019 als unbegründet zurück.[51] Mit Beschluss vom 18. Juli 2019 setzte das Verwaltungsgericht Stuttgart das im Beschluss vom 26. April 2019 angedrohte Zwangsgeld i.H.v. EUR 10.000,- fest.[52]

Am 02. August 2019 leitete die Deutsche Umwelthilfe das nunmehr dritte Vollstreckungsverfahren ein. Während des verwaltungsgerichtlichen Vollstreckungsverfahrens trat am 18. November 2019 die 4. Fortschreibung des Luftreinhalteplans in Kraft. Mit Beschluss vom 21. Januar 2020 setzte das Verwaltungsgericht Stuttgart gegen des Land ein nunmehr deutlich verschärftes Zwangsgeld i.H.v. EUR 25.000 EUR,- fest, das binnen zwei Monaten an die Deutsche Kinderkrebsstiftung zu zahlen war.[53] Die Deutsche Umwelthilfe hatte allerdings auch hier Zwangshaft

48 VG Stuttgart, Beschluss vom 26. Juli 2018 – 13 K 3813/13 –, zit. nach juris. Die gegen diesen Beschluss erhobene Beschwerde hat der VGH Baden-Württemberg mit Beschluss vom 09. November 2018 – 10 S 1808/18 –, zit. nach juris, zurückgewiesen.

49 VG Stuttgart, Beschluss vom 21. September 2018 – 13 K 8951/18 –, zit. nach juris. Die gegen diesen Beschluss erhobene Beschwerde hat der VGH Baden-Württemberg mit Beschluss vom 09. November 2018 – 10 S 2316/18 –, zit. nach juris, zurückgewiesen.

50 VG Stuttgart, Beschluss vom 26. April 2019 – 17 K 1582/19 –, zit. nach juris.

51 VGH Baden-Württemberg, Beschluss vom 28. Juni 2019 – 10 S 1429/19 –, zit. nach juris.

52 VG Stuttgart, Beschluss vom 18. Juli 2019 – 17 K 4427/19 –, zit. nach juris.

53 VG Stuttgart, Beschluss vom 21. Januar 2020 – 17 K 5255/19 –, zit. nach juris.

u.a. gegen den Ministerpräsidenten oder die Festsetzung eines Zwangsgeldes beantragt, das für jeden Tag der Zuwiderhandlung an die Deutsche Umwelthilfe selbst zu zahlen sei. Ihre Anschlussbeschwerde und die Beschwerde des Landes wies der Verwaltungsgerichtshof mit Beschluss vom 14. Mai 2020 zurück.[54]

Mit Klage vom 19. Juni 2020 erhob das Land eine Vollstreckungsabwehrklage zum Verwaltungsgericht Stuttgart mit dem Antrag, die Zwangsvollstreckung aus dem Urteil vom 26. Juli 2017 (in der durch das Urteil des Bundesverwaltungsgerichts vom 27. Februar 2018 abgeänderten Fassung) für unzulässig zu erklären. Gleichzeitig begehrte es die vorläufige Einstellung der Zwangsvollstreckung bis zu einer Entscheidung über die Vollstreckungsabwehrklage. Den Antrag auf Eilrechtsschutz lehnte das Verwaltungsgericht Stuttgart ab.[55]

(4) Stadthalle Wetzlar

Viele Kommunen sprechen zunächst eine Nichtzulassung für die Nutzung einer kommunalen Einrichtung aus, um politisch Akzente zu setzen oder Kritikern entgegenzukommen, und erst aufgrund einer verwaltungsgerichtlichen Entscheidung gezwungenermaßen kommunale Einrichtungen zur Verfügung stellen. Anders aber im Fall Wetzlar:

Das Verwaltungsgericht Gießen hatte die Stadt Wetzlar mit Eilbeschluss vom 20. Dezember 2017 verpflichtet, der Partei „Nationaldemokratische Partei Deutschlands" ihre Stadthalle zum Zweck der Durchführung einer Wahlkampfveranstaltung am 24. März 2018 zur Verfügung zu stellen.[56] Obwohl der Hessische Verwaltungsgerichthof die von der Stadt erhobene Beschwerde zurückgewiesen hatte, die einstweilige Anordnung also in Rechtskraft erwachsen war, und trotz eines von dem Verwaltungsgericht festgesetzten Zwangsgeldes i.H.v. EUR 7.500,- und eines weiter angedrohten Zwangsgeldes i.H.v. EUR 10.000,-[57] verweigerte die Stadtverwaltung der Partei den Zugang zu ihrer Einrichtung.

Das anschließend am 24. März 2018 von der Partei angerufene Bundesverfassungsgericht erließ eine einstweilige Anordnung, in der es der Stadt aufgab, der verwaltungsgerichtlichen Entscheidung aus dem Dezember 2017 Folge zu leisten.[58] Das Bundesverfassungsgericht hob hervor, dass die von der Stadt geltend

54 VGH Baden-Württemberg, Beschluss vom 14. Mai 2020 – 10 S 461/20 –, zit. nach juris.

55 VG Stuttgart, Beschluss vom 03. Juli 2020 – 17 K 3162/20 –, zit. nach juris.

56 VG Gießen, Beschluss vom 20. Dezember 2017 – 8 L 9187/17.GI – sowie Zurückweisung der Berufung der Stadt durch den Hessischen VGH, Beschluss vom 23. Februar 2018 – 8 B 23/18 –, zit. nach juris.

57 Vgl. hierzu VG Gießen, Urteil vom 03. September 2019 – 8 K 2064/18.GI –, Rn. 11 ff., zit. nach juris. Das erste Zwangsgeld i.H.v. EUR 7.500,- wurde am 23. März 2018 festgesetzt und am selben Tag ein weiteres Zwangsgeld i.H.v. EUR 10.000,- angedroht. Das zweite Zwangsgeld wurde wegen Erledigung auf Grund Zeitablaufs nicht mehr festgesetzt.

58 BVerfG, Einstweilige Anordnung vom 24. März 2018 – 1 BvQ 18/18 –, NVwZ 2018 (819).

gemachten Vorbehalte (Abschluss einer Haftpflichtversicherung und Bestellung eines Sanitätsdiensts) an der ausgesprochenen Verpflichtung nichts änderten, da sie „*entweder nicht rechtzeitig vor den Verwaltungsgerichten geltend gemacht oder [...] von diesen als unerheblich beurteilt wurden.*" Der Anordnung des Bundesverfassungsgerichts kam die Stadt ebenfalls nicht nach.

Nach Ablauf des geplanten Veranstaltungszeitpunktes forderte das Bundesverfassungsgericht die Kommunalaufsicht des Regierungspräsidiums Gießen schriftlich auf, den Vorfall aufzuklären, die notwendigen Maßnahmen zu ergreifen, und ihm unverzüglich zu berichten. Über sein Schreiben unterrichtete das Bundesverfassungsgericht den Oberbürgermeister der Stadt Wetzlar, den Ministerpräsidenten sowie den Innen- und den Justizminister des Landes Hessen.

Die Kommunalaufsicht kam zu dem Ergebnis, dass die Stadtverwaltung den Beschluss des Bundesverfassungsgerichts nicht willentlich missachtet habe, sondern dass sich die Verantwortlichen in einem „*Dilemma*" befunden hätten. Sie hätten der einstweiligen Anordnung nachkommen wollen, sich aber auch die Frage gestellt, welche Folgen ggf. eintretende veranstaltungsbedingte Sach- und Personenschäden hätten, und wer mögliche Folgen zu tragen hat. Die Stadt habe situationsbedingt den nach den richterlichen Entscheidungen noch verbleibenden Handlungsspielraum anders eingeschätzt.[59] Der Landrat des Kreises, zu dem die Stadt Wetzlar gehört, erklärte auf die Entscheidung des Bundesverfassungsgerichts: „*Wir sollten mehr in die Aus- und Weiterbildung unserer Richter investieren. Der Problembär ist nicht Oberbürgermeister Manfred Wagner. [...] Der Problembär sitzt in Karlsruhe.*"[60]

Auf die Feststellungsklage der Partei stellte das Verwaltungsgericht mit Urteil vom 03. September 2019 die Rechtswidrigkeit der Weigerung der Stadtverwaltung fest.[61]

Die Besonderheit des Falls liegt u.a. darin, dass die Stadtverwaltung sowohl eine verwaltungsgerichtliche Entscheidung als auch eine einstweilige Anordnung des Bundesverfassungsgerichts nicht befolgt hat. Die Untersuchung dieser Thematik würde allerdings den Rahmen der Arbeit sprengen. Der Fall „Stadthalle Wetzlar" wird daher ausschließlich im Hinblick auf die verwaltungsgerichtliche Zwangsvollstreckung untersucht.

---

59 Vgl. *Hecker*, NVwZ 2018, 787 (790 f.) und Pressemitteilung des Bundesverfassungsgerichts Nr. 26/2018 vom 20. April 2018, abrufbar unter *https://www.bundesverfassungsgericht.de/SharedDocs/Pressemitteilungen/DE/2018/bvg18-026.html*, zuletzt abgerufen am 22. Juli 2022.

60 Zitiert nach *Augsberg*, DRiZ 2018, 254 (254).

61 VG Gießen, Urteil vom 03. September 2019 – 8 K 2064/18.GI –, zit. nach juris.

2. Verwandte Fallgestaltungen

Es gibt mit der verwaltungsgerichtlichen Vollstreckung gegen den Staat verwandte Fallgestaltungen. Sie sollen kurz dargestellt werden, weil sich daraus Erkenntnisse im Hinblick auf den Untersuchungsgegenstand ableiten lassen.

a) Nichtanwendung höchstrichterlicher Rechtsprechung

Unter dem Begriff der Nichtanwendung höchstrichterlicher Rechtsprechung verbergen sich im Wesentlichen zwei Phänomene, namentlich Nichtanwendungserlasse in Steuerangelegenheiten und ein Nichtanwendungserlass des Bundesministeriums für Gesundheit in Bezug auf das Urteil des Bundesverwaltungsgerichts vom 02. März 2017.[62]

Das Bundesministerium der Finanzen nutzt mehrere Möglichkeiten der Steuerung der Rechtsanwendung entgegen einer ihm missliebigen Rechtsprechung des Bundesfinanzhofs. Eine Möglichkeit sind sog. Nichtanwendungserlasse, einer in tatsächlicher Hinsicht sehr komplexen Praxis. Das Ministerium greift dabei auf mehrere Varianten von Nichtanwendungserlassen zurück – etwa eindeutige, salvatorische, ausschließlich argumentative oder versteckte Nichtanwendungserlasse sowie Nichtanwendungserlasse mit Billigkeitsvorbehalt.[63] Am häufigsten wählt es eindeutige Nichtanwendungserlasse.[64] Dabei handelt es sich um sog. BMF-Schreiben, die im Bundessteuerblatt Teil I wie eine allgemeine Verwaltungsvorschrift veröffentlicht werden.[65] Mit einem solchen Erlass weist das Bundesfinanzministerium die Finanzverwaltung der Länder an, eine rechtskräftige, gleichzeitig im Bundessteuerblatt Teil II veröffentlichte Entscheidung des Bundesfinanzhofs über den von ihm entschiedenen Einzelfall hinaus nicht in anderen, vergleichbaren Fällen anzuwenden.[66] Verfassungsrechtliche Grundlage für die angesprochenen, vom Bundesministerium der Finanzen an die obersten Landesfinanzbehörden gerichteten BMF-Schreiben[67] ist nach umstrittener Auffassung Art. 108 Abs. 3 Satz 2 GG i.V.m. 85 Abs. 3 GG. Auf Grundlage dieser Ansicht handelte es sich bei den BMF-Schreiben um eine verpflichtende, für die obersten Finanzbehörden der Länder verbindliche Weisung. Nach einer Gegenansicht, nach der BMF-Schreiben „*Maßnahmen informellen Verwaltungshandelns auf Grund von Kooperation und Akzeptanz*“ darstellen,[68] ist die Befolgung durch die obersten

62 Erwerbserlaubnis von Natrium-Pentobarbital, vgl. BVerwG, Urteil vom 02. März 2017 – 3 C 19.15 –, BVerwGE 158(142).

63 Differenzierung nach *Desens*, S. 15 ff.

64 Vgl. *Desens*, S. 15.

65 *Desens*, S. 33 f.

66 *Desens*, S. 15 f.

67 Siehe hierzu unter C.II.1.a).

68 *Desens*, S. 45 f.

Landesfinanzbehörden freiwillig.[69] Auf Grundlage beider Auffassungen bedarf es allerdings in jedem Fall eines Umsetzungsakts durch die obersten Landesfinanzbehörden, also der Weisung der obersten Behörde an die ihr nachgeordneten Landesfinanzbehörden.[70]

Ähnlich, wenn auch nicht in derart systematisierter Weise, verfuhr das Bundesministerium für Gesundheit im Jahr 2018. Eine nahezu vollständig querschnittsgelähmte Frau hatte im Jahr 2004 beim Bundesinstitut für Arzneimittel und Medizinprodukte (BfArM)[71] den Antrag gestellt, ihr zum Zweck eines begleiteten Suizids die Erlaubnis für den Erwerb einer tödlichen Dosis Natrium-Pentobarbital zu erteilen. Das BfArM lehnte den Antrag unter Hinweis auf einen betäubungsmittelrechtlichen Versagungsgrund ab und wies den von ihr erhobenen Widerspruch im Jahr 2005 als unbegründet und jenen ihres Ehemannes als unzulässig zurück. Wenige Tage vor Erlass des Widerspruchsbescheids hatte sich die Frau in der Schweiz selbst getötet.

Die von ihrem Ehemann im Anschluss erhobene Fortsetzungsfeststellungsklage in Gestalt einer Verpflichtungskonstellation hatte das Verwaltungsgericht im Jahr 2006 mangels Klagebefugnis abgewiesen.[72] Der Antrag auf Berufungszulassung und eine erhobene Verfassungsbeschwerde blieben im Ergebnis ohne Erfolg.[73] Der im Anschluss von ihrem Ehemann angerufene Europäische Gerichtshof für Menschenrechte entschied, dass jener durch die Weigerung der nationalen Gerichte, die Begründetheit seiner Klage zu prüfen, in seinem Recht auf Achtung des Privatlebens nach Art. 8 Abs. 1 EMRK verletzt worden sei.[74] Daraufhin hob das Verwaltungsgericht im Jahr 2014 sein Urteil aus dem Jahr 2006 auf und wies die Klage erneut, diesmal als unbegründet, ab.[75] Das OVG wies die hiergegen gerichtete Berufung des Klägers zurück.[76] Schließlich entschied das Bundesverwaltungsgericht auf dessen Revision mit rechtskräftigem Urteil vom 02. März 2017, dass der Kläger einen Anspruch auf Feststellung habe, dass der Bescheid des BfArM aus dem Jahr 2004 rechtswidrig gewesen ist. Der Erwerb von Natrium-Pentobarbital müsse unter bestimmten Voraussetzungen ausnahmsweise erlaubt sein.[77]

---

69 *Desens*, S. 45 f.

70 *Desens*, S. 46 f.

71 Bei dem BfArM handelt es sich um eine selbständige Bundesoberbehörde im Geschäftsbereich des Bundesministeriums für Gesundheit. Es ist dem Ministerium unmittelbar nachgeordnet.

72 VG Köln, Beschluss vom 21. Februar 2006 – 7 K 2040/05 –.

73 OVG NRW, Beschluss vom 22. Juni 2007 – 13 A 1504/06 –; BVerfG, Nichtannahmebeschluss vom 04. November 2008 – 1 BvR 1832/07 –, BVerfGK 14, 379.

74 EGMR, Urteil vom 19. Juli 2012 – Nr. 497/09 –, zit. nach juris.

75 VG Köln, Urteil vom 13. Mai 2014 – 7 K 254/13 –.

76 OVG NRW, Urteil vom 19. August 2015 – 13 A 1299/14 –, zit. nach juris.

77 BVerwG, Urteil vom 02. März 2017 – 3 C 19.15 –, BVerwGE 158 (142).

Im Anschluss an das Urteil des Bundesverwaltungsgerichts hatte das BfArM ein Rechtsgutachten u.a. zu der Frage der verfassungsrechtlichen Bewertung der Entscheidungen des Bundesverwaltungsgerichts in Auftrag gegeben, das im November 2017 erstattet wurde.[78] Der Gutachter führte aus, dass man „*einer Bundesbehörde aber nicht ohne weiteres*“ wird „*zumuten können, gestützt auf eine solche Rechtsbeurteilung die Entscheidung des Bundesverwaltungsgerichts unangewendet zu lassen. Insofern wäre [...] eine Weisung des zuständigen und parlamentarisch verantwortlichen Bundesministers wünschenswert, die vermutlich nur die Zeitspanne bis zur Entscheidung des Bundesgesetzgebers überbrücken würde.*“[79]

Im Juni 2018 „*bat*“ der damalige Staatssekretär im Gesundheitsministerium auf „*Weisung*“ des Bundesgesundheitsministers das BfArM schriftlich, gestellte Anträge auf Erlaubniserteilung abzulehnen.[80] Das Schreiben ließ jedoch keinen Zweifel an seiner Verbindlichkeit. Es „*sei als Erlass gegenüber dem BfArM zu werten*“ und dies sei auch „*so gemeint und gewollt*“.[81] „*Die ‚Bitte‘ an das BfArM komme im Ergebnis der Wirkung eines Nichtanwendungserlasses gleich.*“[82]

Zu Beginn des Jahres 2020 hatte das BfArM 102 Anträge auf Erlaubniserteilung abgelehnt, 24 Antragsteller waren während des Verwaltungsverfahrens verstorben, die verbleibenden sieben Anträge hatte die Behörde noch nicht beschieden.[83]

Im Jahr 2019 hatte das Verwaltungsgericht Köln im Falle mehrerer, auf Erlaubniserteilung gerichteter Versagungsgegenklagen anderer Kläger die Verfahren jeweils ausgesetzt und dem Bundesverfassungsgericht die Frage vorgelegt, ob die maßgebende Vorschrift des Betäubungsmittelgesetzes mit Art. 2 Abs. 1 GG und

---

78 *Di Fabio, Udo*: Erwerbserlaubnis letal wirkender Mittel zur Selbsttötung in existenziellen Notlagen. Rechtsgutachten zum Urteil des Bundesverwaltungsgerichts vom 02. März 2017 – 3 C 19/15 –, November 2017, S. 7 ff., abrufbar unter *www.bfarm.de*, zuletzt abgerufen am 22. Juli 2022.

79 *Di Fabio*, Erwerbserlaubnis letal wirkender Mittel, Fn. 78, S. 67.

80 Vgl. Verbot der Sterbehilfe: Zahlreiche Anträge auf Kauf-Erlaubnis für Suizidmittel abgelehnt, in: LTO vom 13. Januar 2020, abrufbar unter *https://www.lto.de/recht/nachrichten/n/geschaeftsmaessige-sterbehilfe-verbot-bverwg-bverfg-egmr-antraege-suizidmittel-abgelehnt/*, zuletzt abgerufen am 22. Juli 2022.

81 Vgl. *Müller-Neuhof*: Jens Spahn verhindert Sterbehilfe, Der Tagesspiegel vom 19. Februar 2019, abrufbar unter *https://www.tagesspiegel.de/politik/gesundheitsminister-ignoriert-urteil-jens-spahn-verhindert-sterbehilfe/24010180.html*, zuletzt abgerufen am 22. Juli 2022.

82 *Müller-Neuhof*, Der Tagesspiegel vom 19. Februar 2019, Fn. 81. Die Weisung hatte also zum Inhalt, dass das BfArM das Urteil des Bundesverwaltungsgerichts nicht anwende und Anträge jedenfalls nicht positiv bescheide und Natrium-Pentobarbital nicht zur Verfügung stelle.

83 Vgl. Verbot der Sterbehilfe: Zahlreiche Anträge auf Kauf-Erlaubnis für Suizidmittel abgelehnt, in: LTO vom 13. Januar 2020, Fn. 80.

Art. 1 Abs. 1 GG vereinbar ist.[84] Das Verwaltungsgericht war der Auffassung, dass ein generelles Verbot solcher Medikamente zur freiwilligen Selbsttötung im schweren Krankheitsfall nicht mit dem Grundgesetz vereinbar sei. Nachdem das Bundesverfassungsgericht zwischenzeitlich in anderer Sache u.a. festgestellt hatte, dass das Verbot der geschäftsmäßigen Sterbehilfe den einzelnen Menschen in seinem Recht auf selbstbestimmtes Sterben verletzt,[85] erklärte es mit Kammerbeschluss vom 20. Mai 2020[86] die Vorlagen des Verwaltungsgerichts Köln für unzulässig, weil sich die Vorlagefragen unter Berücksichtigung des Urteils des Bundesverfassungsgerichts vom 26. Februar 2020 nunmehr anders stellten. Schon das Verwaltungsgericht hatte die Klagen abgewiesen. Das Grundrecht auf selbstbestimmtes Sterben enthalte keinen Leistungsanspruch gegenüber dem Staat. Aus diesem Grund könne das BfArM nicht verpflichtet werden. Ob ein Zugang zu Natrium-Pentobarbital zum Zweck der Selbsttötung ermöglicht werden soll, müsse der Gesetzgeber entscheiden. Mit Urteil vom 02. Februar 2022 hat das Oberverwaltungsgericht die Entscheidungen des Verwaltungsgerichts bestätigt.[87]

Merkmal und Ziel der Nichtanwendungserlasse ist es, dass einhöchstrichterliches „*Urteil nicht über den entschiedenen Einzelfall hinaus anzuwenden ist.*“[88] Während es in den in dieser Arbeit untersuchten „klassischen“ Fällen ausschließlich um die Anwendung einer Verwaltungsgerichtsentscheidung gerade zwischen den Prozessbeteiligten geht, zielen die Nichtanwendungserlasse auf eine nicht näher bezeichnete Anzahl von nicht an Rechtsstreit beteiligten Dritten. Sie sind nicht Inhaber eines verwaltungsgerichtlichen Titels. Nichtanwendungserlasse entfalten

84 VG Köln, Beschlüsse vom 19. November 2019, 7 K 8461/18; 7 K 13803/17; 7 K 14642/17; 7 K 8560/18; 7 K 1410/18 und 7 K 583/19, zit. nach juris.

85 BVerfG, Urteil vom 26. Februar 2020 – 2 BvR 2347/15 –, BVerfGE 153 (182).

86 BVerfG, Beschluss vom 20. Mai 2020 – 1 BvL 2/20 –, NJW 2020, 2394.

87 OVG NRW, Urteil vom 02. Februar 2022, – 9 A 146/21, 9 A 147/21, 9 A 148/21 –. Der Senat hat wegen grundsätzlicher Bedeutung die Revision zum Bundesverwaltungsgericht zugelassen. In einem ähnlich gelagerten gerichtlichen (Eil-)Verfahren begehrte der dortige Antragsteller nicht nur eine Sicherung seines geltend gemachten Anspruchs auf eine Erwerbserlaubnis für Natrium-Pentobarbital in einer tödlichen Dosierung, sondern er begehrte die Genehmigung selbst und damit eine Vorwegnahme der Hauptsache. Das OVG NRW hat den zurückweisenden Beschluss des VG Köln bestätigt, vgl. OVG NRW, Beschluss vom 24. März 2021 – 9 B 50/21 –. Inzwischen wurde der Entwurf eines Gesetzes zur Regelung der Suizidhilfe in den Bundestag eingebracht, vgl. BT-Drs. 9/28691, der sich allerdings durch Ablauf der Wahlperiode erledigt hat.

88 Vgl. etwa Bundesministerium für Finanzen vom 04. April 2008, IV B 7 – S 2760/0, BStBl. I 2008, 542.

Breitenwirkung.[89] Sie beziehen sich ferner auf die Nichtanwendung höchstrichterlicher Entscheidungen. Tauglicher Anwendungsfall für diese Arbeit wäre deshalb nur die Vollstreckung aus der Gerichtsentscheidung in Gestalt der höchstrichterlichen Entscheidung, die zu dem Nichtanwendungserlass geführt hat.[90] Eine Vollstreckung schied allerdings im Natrium-Pentobarbital-Fall wegen des Todes der Antragstellerin im Widerspruchsverfahren aus. Finanzgerichtliche Entscheidungen sind nicht Gegenstand dieser Arbeit.

b) „Umgehung“ verwaltungsgerichtlicher Entscheidungen

Das Verwaltungsgericht Gelsenkirchen hatte in einem Eilbeschluss die Abschiebung des tunesischen Staatsangehörigen Sami A. untersagt, weil diesem in seinem Heimatland als Terrorverdächtigem die Folter drohe. Noch während des Eilverfahrens hatte die Ausländerbehörde die Abschiebung bereits vollzogen. Das Haus des Integrationsministers hatte gezielt nur die *„halbe Wahrheit“* offenbart[91] und dem Gericht den Termin der Abschiebung bewusst nicht mitgeteilt, um eine anderslautende Gerichtsentscheidung der Richter zu umgehen und auf diese Weise Fakten geschaffen. Hierauf ordnete das Verwaltungsgericht mit Beschluss vom 13. Juli 2018 die Rückholung von Sami A. an und drohte der Behörde mit Beschluss vom 24. Juli 2018 ein Zwangsgeld i.H.v. EUR 10.000,- an für den Fall, dass sie der ihr auferlegten Handlungspflicht nicht bis zum 31. Juli 2018 nachkomme.[92] Mit Beschluss vom 3. August 2018 setzte das Gericht das Zwangsgeld fest.[93] Nachdem die Behörde hiergegen Beschwerde beim Oberverwaltungsgericht erhoben hatte, hob dieses Zwangsgeldfestsetzung mit Beschluss vom 28. August 2018 auf. Die Ausländerbehörde unternehme inzwischen alles in ihrer Macht Stehende, um die Rückholung zu bewirken.[94]

---

89 *Rennert, Klaus*: Verwaltung, Verwaltungsgerichtsbarkeit und Gewaltenteilung, Vortrag vor der Universität Budapest am 12. Oktober 2018, S. 16 ff., abrufbar unter *https://www.bverwg.de/medien/pdf/rede_20181012.pdf*, zuletzt abgerufen am 22. Juli 2022.

90 Eine weitere denkbare Konstellation ist die Anfechtung eines Bescheids, der auf Grundlage der nicht anzuwendenden höchstrichterlichen Entscheidung erlassen wurde. Auf ein sich anschließendes Klageverfahren und eine – in Übereinstimmung mit der höchstrichterlichen Entscheidung ergehende – verwaltungs-/finanzgerichtliche Entscheidung könnte, sollte die Behörde die Gerichtsentscheidung nicht befolgen, die Vollstreckung beantragt werden.

91 OVG NRW, Beschluss vom 15. August 2018 – 17 B 1029/18 –, Rn. 40, zit. nach juris.

92 VG Gelsenkirchen, Beschluss vom 4. Juli 2018 – 8 L 1359/18 –.

93 VG Gelsenkirchen, Beschluss vom 3. August 2018 – 8 M 80/18 –.

94 OVG NRW, Beschluss vom 28. August 2018 – 17 E 729/18 –, Rn. 4, zit. nach juris.

II. Begriffe und Beteiligte

Für die Darstellung und Bewertung der verwaltungsgerichtlichen Zwangsvollstreckung gegen den Staat als Hoheitsträger sind eine Definition des Begriffs der „Zwangsvollstreckung“ und eine erste Einordnung der verwaltungsgerichtlichen Zwangsvollstreckung nötig. Danach richten sich die Bindungen, Ziele und Prinzipien, denen die §§ 170, 172 VwGO unterworfen sind.

1. Verwaltungsgerichtliche Zwangsvollstreckung – eine Definition

Unter dem Begriff der Zwangsvollstreckung wird gewöhnlich die Vollstreckung aus zivilgerichtlichen Titeln i.S.d. der Zivilprozessordnung verstanden. Diese Umschreibung kann als „Zwangsvollstreckung im engeren Sinn“ verstanden werden. Sie darf aber nicht den Blick darauf verstellen, dass Zwangsvollstreckung nicht auf zivilprozessuale Titel beschränkt ist.

Treffender ist es deshalb, Zwangsvollstreckung als das Verfahren zu begreifen, das im Falle der (unberechtigten) Leistungsverweigerung die Brechung des Schuldnerwillens unter dem Vorbehalt staatlicher Gewaltanwendung gewährleistet.[95] Dieses Verständnis ist jedoch eng in dem Sinne, dass es die Vollstreckung auf die Brechung des Schuldnerwillens beschränkt. Die herrschende Meinung begrenzt den Umfang der Definition deshalb nicht auf die Willensbrechung. Ganz überwiegend wird der Begriff der Zwangsvollstreckung daher als das Verfahren zur Verwirklichung von Gläubigeransprüchen im Wege staatlichen Zwangs definiert.[96] Normen sind also dem Zwangsvollstreckungsrecht zuzuordnen, wenn es um erstens ein Verfahren geht, das zweitens der Rechtsverwirklichung dient, deren Mittel – drittens – der Zwang ist. Viertes Merkmal der Zwangsvollstreckung ist ihre Staatlichkeit.[97]

Begreift man die Zwangsvollstreckung als staatliches Verfahren zur zwangsweisen Befriedigung eines Anspruchs im Wege staatlichen Zwangs,[98] sind auch

---

95 *Stamm*, S. 13; *Stamm*, in: Die Strukturprinzipien der Zwangsvollstreckung, in: Bundesministerium der Justiz und für Verbraucherschutz (Hrsg.), Zwangsvollstreckung und Zwangsversteigerung aktuell, Tagung des Bundesministeriums der Justiz und für Verbraucherschutz bei der Deutschen Richterakademie in Wustrau im November 2017, 2018, S. 19 (20), abrufbar unter *https://www.bmjv.de/SharedDocs/Downloads/DE/Themen/FinanzenUndAnlegerschutz/Tagungsband_Zwangsvollstreckung.pdf?__blob=publicationFile&v=1*, zuletzt abgerufen am 22. Juli 2022.

96 Vgl. ausführlich zu den unterschiedlichen Facetten der Definition *Wieser*, Begriff und Grenzfälle der Zwangsvollstreckung, S. 3 ff.

97 Vgl. zu den vier Merkmalen *Wieser*, Begriff und Grenzfälle der Zwangsvollstreckung, S. 4 f.

98 Das weiter angesprochene Problemfeld, nämlich die Frage der Begrenzung auf die Willensbeugung, ist insoweit nicht von Belang.

die Verfahren nach § 170 und § 172 VwGO der Zwangsvollstreckung zuzuordnen. Bei §§ 170, 172 VwGO handelt es sich um Regeln über die verwaltungsgerichtliche Zwangsvollstreckung.[99] Die Abgrenzung zwischen zivilgerichtlicher und verwaltungsgerichtlicher Zwangsvollstreckung richtet sich allein nach dem zu vollstreckenden Titel, nicht nach der Rechtsnatur des darin verbrieften Anspruchs.[100]

Zivilgerichtliche Zwangsvollstreckung – die Zwangsvollstreckung i.e.S. – ist die Vollstreckung aus von ordentlichen Zivilgerichten geschaffenen Titeln. Verwaltungsgerichtliche Zwangsvollstreckung ist die Vollstreckung aus von einem Verwaltungsgericht geschaffenen, jedenfalls vorläufig vollstreckbaren Titel i.S.d. § 168 Abs. 1 VwGO. Hier geht es ausschließlich um solche Titel[101] mit der Einschränkung, dass nur Gerichtsentscheidungen (rechtskräftige und vorläufig vollstreckbare Urteile und einstweilige Anordnungen nach § 123 VwGO) erfasst sind.[102]

Verwaltungsgerichtliche Zwangsvollstreckung kann zu Gunsten oder zu Lasten des Staates als Hoheitsträger erfolgen. Für die Vollstreckung aus verwaltungsgerichtlichen Titeln zu Gunsten des Staates verweist § 169 Abs. 1 VwGO auf die Regeln des Verwaltungsvollstreckungsgesetzes. Die §§ 167, 170, 172 VwGO enthalten die Vorgaben für die Vollstreckung des privaten Schuldners aus verwaltungsgerichtlichen Titeln i.S.d. § 168 Abs. 1 VwGO gegen den Staat als Hoheitsträger. Gegenstand dieser Arbeit ist ausschließlich die Vollstreckung aus Gerichtsentscheidungen gegen den Staat als Hoheitsträger, und zwar auf nationaler Ebene.[103] Die Vollstreckung aus verwaltungsgerichtlichen Titeln zu Gunsten des Staates als Hoheitsträger[104] und die Vollstreckung „zwischen öffentlichen Händen“ sind nicht Gegenstand der Untersuchung. Ferner geht es im Folgenden nur um Entscheidungen von Verwaltungs-, nicht um jene von Finanz- und Sozialgerichten. Nicht Gegenstand ist ferner das Nichtbefolgen von Entscheidungen des Bundesverfassungsgerichts.

99 Diesen Begriff verwenden etwa *Berkemann*, DÖV 2019, 761 (762); *Will*, NJW 2020, 963 (963); *Pietzner/Möller*, in: *Schoch/Schneider*, VwGO, Vor § 167 VwGO, Rn. 8, und § 167 VwGO, Rn. 93; *Heckmann*, Sofortvollzug, S. 41 ff.; ähnlich *Roth*, VerwArch 91 (2000), 12 ff.: „*Zwangsvollstreckung verwaltungsgerichtlicher Entscheidungen*“.

100 Siehe hierzu unter B.II.2.

101 Nicht Gegenstand der Arbeit ist die Vollstreckung solcher öffentlich-rechtlicher Ansprüche, deren Vollstreckungstitel nach Maßgabe der Zivilprozessordnung erlassen wurde, also etwa Staatshaftungsansprüche.

102 Vgl. hierzu unter C.I.

103 Vgl. zur Vollstreckung auf internationaler Ebene etwa *Brand*, IPRax 2020, 210 ff.

104 Vgl. hierzu *Wettlaufer*, Vollstreckung aus verwaltungs-, sozial- und finanzgerichtlichen Titeln.

2. Die Vollstreckungsbeteiligten, ihre Rechtsbeziehungen und die Doppelstellung des Staates

Titel der Arbeit ist die „*verwaltungsgerichtliche Zwangsvollstreckung gegen den Staat als Hoheitsträger*". Ihr Ausgangs- und ihr Zielpunkt ist deshalb der individuelle Vollstreckungsanspruch des Bürgers. Die Untersuchung dieses Vollstreckungsanspruchs macht es erforderlich, die an der verwaltungsgerichtlichen Vollstreckung Beteiligten und die zwischen ihnen bestehenden Rechtsverhältnisse zu identifizieren.

Hier hilft die Erkenntnis, dass es sich in Fällen der Vollstreckung aus verwaltungsgerichtlichen Entscheidungen gegen den Staat als Hoheitsträger um Rechtsbeziehungen unter Beteiligung von mindestens drei Akteuren handelt: dem privaten Vollstreckungsgläubiger, dem staatlichen Vollstreckungsschuldner (im Folgenden zur besseren Nachvollziehbarkeit auch: schuldender Staat) und dem Staat in seiner Eigenschaft als Vollstreckungsorgan (im Folgenden auch: vollstreckender Staat). Kennzeichnend für die verwaltungsgerichtliche Zwangsvollstreckung ist also die Doppelstellung des Staates, die – wie noch zu zeigen sein wird – vor allem im Rahmen der Beurteilung der Wirksamkeit der Vollstreckungsvorschriften relevant ist.

Konkret handelt es sich um das Antragsverhältnis – die Rechtsbeziehung zwischen privatem Vollstreckungsgläubiger und vollstreckendem Staat –, das Eingriffsverhältnis – die Rechtsbeziehung zwischen vollstreckendem Staat und schuldendem Staat – und das Vollstreckungsverhältnis – die Rechtsbeziehung zwischen dem privaten Vollstreckungsgläubiger und dem schuldendem Staat –.[105]

Im Zentrum dieses Dreiecks steht der Vollstreckungstitel i.S.v. § 168 Abs. 1 VwGO. Er bildet den Abschluss eines auf die Feststellung des Anspruchs gerichteten Verfahrens.[106] Zugleich ist er die öffentliche Urkunde, die den Anspruch als vollstreckbar ausweist.[107] Für die Vollstreckung maßgebend ist allein der darin titulierte Anspruch – der sog. vollstreckbare Anspruch –; dies auch dann, wenn er in materiell-rechtlicher Hinsicht nie bestanden hat oder untergegangen ist.[108] Auf den materiellen Anspruch kommt es im Rahmen der Vollstreckung also nicht an. Gleichzeitig mit dem Erlass des Vollstreckungstitels vollzieht sich darum die Loslösung von dem materiellen Recht.[109] Das die Zwangsvollstreckung begründende Element ist somit der Vollstreckungstitel; er bildet ihre wesentliche Grundlage.[110]

---

105 Die Begriffe wurden hier zur besseren Nachvollziehbarkeit eingeführt und sind aus der zivilgerichtlichen Zwangsvollstreckung übernommen; vgl. hierzu *Findeisen*, S. 32 ff.

106 *Stein*, Justiz und Verwaltung, S. 57 f.

107 Vgl. *Pietzner/Möller*, in: *Schoch/Schneider*, VwGO, § 168 VwGO, Rn. 3.

108 Vgl. *Pietzner/Möller*, in: *Schoch/Schneider*, VwGO, § 168 VwGO, Rn. 3.

109 *Götz*, in: Münchener Kommentar zur ZPO, § 704 ZPO, Rn. 1.

110 *Gaul/Schilken/Becker-Eberhard*, Zwangsvollstreckungsrecht, § 10 II 1, S. 80.

Dies hat Auswirkungen auf die einzelnen Rechtsbeziehungen wie folgt: Im Antragsverhältnis aktiviert der Vollstreckungstitel den Vollstreckungsanspruch des Gläubigers gegen den vollstreckenden Staat. Der Vollstreckungsanspruch ist eine konkretere Ausformung des Justizgewährungsanspruchs bzw. von Art. 19 Abs. 4 Satz 1 GG.[111] Er gewährt dem Gläubiger das Recht, von dem vollstreckenden Staat[112] die Durchsetzung des vollstreckbaren Anspruchs zu verlangen.[113] Umgekehrt entsteht eine Vollstreckungspflicht des vollstreckenden Staates.

Der Vollstreckungsanspruch wird nur dann aktiviert, wenn ein Titel gegeben ist, der vollstreckbar ist.[114] So wird etwa ein nicht rechtskräftiges Verwaltungsgerichtsurteil, anders als bereits in Rechtskraft erwachsene Entscheidungen, erst durch die Anordnung der vorläufigen Vollstreckbarkeit durch das Verwaltungsgericht zum Vollstreckungstitel, vgl. § 168 Abs. 1 Nr. 1 VwGO. Eine solche Anordnung setzt voraus, dass eine vorläufige Vollstreckung des Urteils überhaupt möglich ist. Fehlende Rechtskraft verwaltungsgerichtlicher Urteile bedeutet nicht automatisch, dass die vorläufige Vollstreckbarkeit des Urteils angeordnet werden kann. § 167 Abs. 2 VwGO etwa schließt für nicht rechtskräftige Verpflichtungsurteile die Anordnung der vorläufigen Vollstreckbarkeit der Hauptentscheidung aus. Ebenso begrenzt der Vollstreckungstitel den Vollstreckungsanspruch im Antragsverhältnis zugleich in seinem Umfang.[115] Dies bedeutet gleichzeitig, dass die im Eingriffsverhältnis stattfindende Vollstreckung ebenfalls nach Maßgabe des Vollstreckungstitels erfolgt.

Bei alledem besteht die materielle Pflicht des (nunmehrigen) Vollstreckungsschuldners fort.[116] Der öffentlich-rechtliche Vollstreckungsanspruch tritt also neben den gegen den Schuldner gerichteten materiellen Anspruch sowie den vollstreckbaren Anspruch und gewährleistet dessen Durchsetzung. Vollstreckungsanspruch und staatliche Vollstreckungspflicht, Gegenstand und Umfang der Zwangsvollstreckung sowie die Person des Vollstreckungsgläubigers und des Vollstreckungsschuldners sind unabhängig von dem materiellen Anspruch. Sie bestimmen sich allein nach dem Vollstreckungstitel; Antrags- und Eingriffsverhältnis sind also von

111 *Gaul/Schilken/Becker-Eberhard*, Zwangsvollstreckungsrecht, § 6 II 1, S. 56.

112 Dies ist einhellige Meinung. Zu (früher) abweichenden Auffassungen vgl. *Gaul/Schilken/Becker-Eberhard*, Zwangsvollstreckungsrecht, § 6 I, S. 55 f.

113 Zur zivilprozessualen Zwangsvollstreckung *Götz*, in: Münchener Kommentar zur ZPO, § 704 ZPO, Rn. 1.

114 *Gaul/Schilken/Becker-Eberhard*, Zwangsvollstreckungsrecht, § 6 I, S. 54.

115 *Pietzner/Möller*, in: *Schoch/Schneider*, VwGO, § 168 VwGO, Rn. 3.

116 In materiell-rechtlicher Hinsicht ist die Beziehung zwischen Vollstreckungsgläubiger und schuldendem Staat durch das Bestehen des materiell-rechtlichen Anspruchs geprägt. Dessen Bestehen und sein Umfang wurden mit der das Erkenntnisverfahren/einstweilige Rechtsschutzverfahren abschließenden Verwaltungsgerichtsentscheidung festgestellt.

dem materiellen Anspruch abgehoben.[117] Der materielle, aus dem einfachen Recht stammende Anspruch hat jedenfalls keinen unmittelbaren Einfluss auf das Vollstreckungsverhältnis zwischen Vollstreckungsgläubiger und schuldendem Staat.[118]

Aus der Gesamtheit der in § 168 Abs. 1 VwGO genannten Titel greift diese Arbeit ausschließlich rechtskräftige und für vom Verwaltungsgericht als vorläufig vollstreckbar erklärte Urteile sowie Beschlüsse auf.[119] Soweit es um rechtskräftige und für vom Verwaltungsgericht für vorläufig vollstreckbar erklärte Urteile sowie einstweilige Anordnungen geht, ist das Verhältnis zwischen Anspruchsinhaber und Anspruchsschuldner durch das vorangegangene Erkenntnisverfahren geprägt. Es hat ein verwaltungsgerichtliches Verfahren stattgefunden, das jedenfalls mit einer nicht rechtskräftigen einstweiligen Anordnung i.S.d. § 123 Abs. 1 VwGO oder einem nicht rechtskräftigen, für vorläufig vollstreckbar erklärten Urteil bzw. einem rechtskräftigen Urteil abgeschlossen wurde.

Der Gehalt des jeweiligen Urteils und/oder der einstweiligen Anordnung sowie insbesondere dessen jeweiliger Tenor – welche Urteils- bzw. Beschlussart also jeweils Vollstreckungstitel sein kann – wird im Verlauf der Arbeit noch weiter präzisiert werden.[120] Festgehalten sei an dieser Stelle nur, dass – soweit es in dieser Arbeit um Beschlüsse geht – insbesondere einstweilige Anordnungen nach § 123 VwGO in die Untersuchung einbezogen werden. Denn nur in solchen Beschlüssen tenoriert das Verwaltungsgericht, anders als etwa im Fall von § 80 Abs. 5 VwGO, die Verurteilung des Antragsgegners zu vorläufigen, positiven oder negativen Leistungen. Die Vollstreckung eines zur Durchsetzung von Erzwingungstiteln festgesetzten Zwangsgeldbeschlusses wird demgegenüber hier nur insoweit thematisiert, als deren Besonderheiten Auswirkungen auf die rechtliche Beurteilung der Regeln zur Durchsetzung der ursprünglich titulierten Forderung haben. Die verwaltungsgerichtlichen Entscheidungen sind Vollstreckungstitel und entfalten Bindungswirkung nur zwischen den Beteiligten des Verwaltungsstreitverfahrens.[121]

Der Titel dieser Arbeit grenzt also zugleich das Thema in dem Sinne ein, dass ihr Gegenstand ausschließlich die „klassischen" Dreipersonenkonstellationen unter Einbeziehung des vollstreckenden Staates und der Beteiligten des vorangegangenen Erkenntnisverfahrens – privater Bürger und schuldender Staat – sind. In diesen Fallgestaltungen liegt eine im Erkenntnisverfahren ergangene

---

117 *Pietzner/Möller*, in: *Schoch/Schneider*, VwGO, § 168 VwGO, Rn. 6.

118 Siehe hierzu im Einzelnen unten unter E.I.

119 Neben rechtskräftigen oder für vorläufig vollstreckbar erklärten Urteilen fallen unter § 168 Abs. 1 Nr. 1 und Nr. 2 VwGO auch verwaltungsgerichtliche Beschlüsse, wenn und soweit sie einen vollstreckungsfähigen Inhalt haben und entweder formell rechtskräftig oder sofort vollstreckbar sind, vgl. *Pietzner/Möller*, in: *Schoch/Schneider*, VwGO, § 167 VwGO, Rn. 14.

120 Siehe hierzu unter C.I.1.

121 Siehe hierzu später unter C.I.2.

Verwaltungsgerichtsentscheidung vor. Sie entfaltet Bindungswirkung inter partes[122] und bildet zugleich die Grundlage für die Vollstreckung. Nicht Gegenstand ist also die Frage der Bindungswirkung verwaltungsgerichtlicher Entscheidungen auf an dem vorangegangenen Erkenntnisverfahren nicht beteiligte „Vierte".[123]

3. Der „schuldende Staat"

Die Arbeit lehnt sich in ihrem Titel an den Staat als Hoheitsträger an. Von dem Staat in Gestalt des Hoheitsträgers abzugrenzen ist der vielfach gebrauchte Begriff der „öffentlichen Hand". Dieser Begriff steht im Zusammenhang mit der Fiskustheorie. Es handelt sich um eine überkommene[124] Bezeichnung, die häufig im Zusammenhang mit der Vollstreckung aus verwaltungsgerichtlichen Entscheidungen „gegen den Staat" herangezogen wird. Im Gesetzeswortlaut der §§ 167 ff. VwGO findet der Begriff jedoch keine Stütze.[125] Er ist auch, soweit er im Zusammenhang mit der gegen den Staat gerichteten Vollstreckung gebraucht wird, inhaltlich zu eng. Denn schon in seiner umgangssprachlichen Verwendung handelt es sich bei dem Begriff der „öffentlichen Hand" um eine Sammelbezeichnung für Institutionen und Funktionen des gesamten öffentlich-staatlichen Sektors im Zusammenhang mit geldwerten wirtschaftlichen Tätigkeiten des Staates.[126] Auch in den Fällen, in denen der Ausdruck als Gesetzesbegriff verwandt wird – z.B. § 224 SGB IX –, ist ein Bezug zur Finanzwirtschaft des Staates gegeben.[127]

Synonym mit dem Begriff der „öffentlichen Hand" wird häufig die Bezeichnung „Fiskus" genutzt. Historisch und auch aktuell wird unter dieser Bezeichnung Verschiedenes verstanden: *„Eine neben dem hoheitlich handelnden Staat stehende selbständige Rechtsperson, der Staat als Teilnehmer am Privatrechtsverkehr (Staat als Privatrechtssubjekt), der Staat in seiner Eigenschaft als Vermögenssubjekt oder der Staat als Teilnehmer am Wirtschaftsleben; umgangssprachlich wird der, Fiskus' zur Personifikation des Steuern erhebenden und Steuern verwaltenden Staates."*[128]

---

122 Siehe hierzu unter C.I.2.a).

123 Um Fragen im Zusammenhang mit der Bindungswirkung rechtsprechender Gewalt in Bezug auf Behörden für Fälle, die nicht Gegenstand des gerichtlichen Verfahrens waren, geht es bei steuerrechtlichen Nichtanwendungserlassen und dem „Natrium-Pentobarbital-Fall". Anknüpfungspunkt für die diesbezüglichen Überlegungen ist hier die höchstrichterliche Rechtsprechung i.S.v. Entscheidungen des Bundesfinanzhofs oder des Bundesverwaltungsgerichts.

124 Siehe hierzu unter B.IV.3.b)i).

125 Die Begründung zu dem Entwurf des § 167 VwGO a.F. vom 05. Dezember 1957, der Vorgängervorschrift des § 170 VwGO (Vollstreckung von Geldleistungstiteln), spricht von der *„öffentlichen Hand"*, vgl. BT-Drs. III/55, S. 49.

126 *Hidien*, in: *Hidien/Jürgens*, § 1, Rn. 3.

127 *Hidien*, in: *Hidien/Jürgens*, § 1, Rn. 4 f.

128 *Waldhoff*, in: Görres-Gesellschaft, *„Fiskus"*.

Heute ist „Fiskus" die funktionale Bezeichnung für die Verwaltung in bestimmten Angelegenheiten. Handelt die Verwaltung nicht hoheitlich, sondern in privatrechtlicher Form, spricht man von fiskalischem Staatshandeln oder Fiskalverwaltung.[129] Die Verwaltungsgerichtsordnung selbst nennt als mögliche Vollstreckungsschuldner demgegenüber den Bund, ein Land, Gemeinden und Gemeindeverbände, Körperschaften, Anstalten oder Stiftungen des öffentlichen Rechts (vgl. § 170 VwGO) und *„die Behörde"* (vgl. § 172 VwGO). Die Aufzählung zeigt jedenfalls, dass sie Träger der öffentlichen Verwaltung erfasst[130] und nicht auf die Vollstreckung etwa gegen die Finanzverwaltung oder eben den „Fiskus" beschränkt ist.

Für die erste Annäherung an das Thema soll deshalb, soweit es um den persönlichen Anwendungsbereich der §§ 167 ff. VwGO geht, der Begriff der vollziehenden Gewalt dienen – die Vollstreckung aus verwaltungsgerichtlichen Entscheidungen gegen die Exekutive. Die vollziehende Gewalt besteht aus der Regierung als politischer Führungsspitze und der Verwaltung i.e.S. als der für den Gesetzesvollzug zuständigen Einheiten. Es gibt Anwendungsfälle für die Vollstreckung gegen beide Exekutivzweige. Körperschaften, Anstalten und Stiftungen des öffentlichen Rechts werden hier nicht untersucht. Mit dem Begriff der Verwaltung sind deshalb im Folgenden die Verwaltung auf Bundes- und Landesebene sowie im Bereich der Kommunen gemeint (im Folgenden daher: *„Verwaltung"* oder *„Verwaltung i.e.S"*).

4. Stufenverhältnis von „Nichtbefolgen" und Zwangsvollstreckung

Die Vollstreckungsvorschrift des § 172 VwGO setzt die sog. *„grundlose Säumnis"* voraus,[131] in § 170 VwGO ist von einem *„(Nicht-)Befolgen"* die Rede.[132] Ausgangspunkt jeder Vollstreckung gegen den Staat aus verwaltungsgerichtlichen Entscheidungen ist also der Umstand, dass der schuldende Staat der titulierten Verpflichtung nicht nachkommt, diese also nicht befolgt.[133] Zeitlich gliedert sich die Vollstreckung in zwei Stufen, dem Nichtbefolgen der verwaltungsgerichtlichen Entscheidung und der sich anschließenden Vollstreckung. Der Vollstreckungsversuch des Bürgers folgt regelmäßig einem vorhergehenden Nichtbefolgen des Staates.

---

129 *Waldhoff*, in: Görres-Gesellschaft, *„Fiskus"* und zu dem historischen Begriffsverständnis in dieser Arbeit unter B.IV.3.b)i).

130 *Pietzner/Möller*, in: *Schoch/Schneider*, VwGO, § 170 VwGO, Rn. 8.

131 Vgl. hierzu unter B.IV.2.a)i).

132 Vgl. etwa VG Freiburg, Beschluss vom 28. Juli 2017 – A 5 K 501217 –, Rn. 9, zit. nach juris.

133 Diesen Begriff verwendet *Rennert*, Verwaltung, Verwaltungsgerichtsbarkeit und Gewaltenteilung, Fn. 89, S. 9.

Grundlegend für diese Untersuchung ist darum die Differenzierung zwischen behördlichem Nichtbefolgen einerseits und anschließender Vollstreckung andererseits. Die zunächst jeweils isolierte Betrachtung dieser beiden Phasen bildet die Grundlage für die rechtliche Beurteilung der verwaltungsgerichtlichen Zwangsvollstreckung. Für eine erste Annäherung sollen diese beiden Stufen skizziert werden.

Dabei geht es zunächst um eine erste begriffliche Einordnung. Hinter dem Begriff des Nichtbefolgens verbergen sich mehrere Varianten behördlicher Reaktion auf verwaltungsgerichtliche Entscheidungen.[134] Das Nichtbefolgen setzt begriffsnotwendig voraus, dass der schuldende Staat zum Befolgen der Verwaltungsgerichtsentscheidung verpflichtet ist, also eine Erfüllungspflicht besteht. Anknüpfungspunkt für das Nichtbefolgen sind verwaltungsgerichtliche Entscheidungen. Sie gewinnen im Ausgangspunkt also nur auf Ebene des Nichtbefolgens an Bedeutung.[135] Ob sie bereits die Voraussetzungen eines vollstreckbaren Titels erfüllen, ist für das Nichtbefolgen nicht von Belang.

Mit dem Begriff der „*Säumnis*" wird in der wissenschaftlichen Diskussion und Rechtsprechung herkömmlich eine Vollstreckungsvoraussetzung der §§ 170, 172 VwGO bezeichnet. In diesen Fällen hat der Vollstreckungsgläubiger bereits einen Vollstreckungsantrag gestellt. Die Arbeit verwendet daher den weiteren den Begriff des Nichtbefolgens, der insbesondere auch die Phase vor Stellung eines Vollstreckungsantrages erfasst. Soweit sich die Arbeit spezifisch auf die „*Säumnis*" i.S.d. §§ 170, 172 VwGO bezieht, wird dieser Begriff verwandt.

Die von dem Bürger gegen den schuldenden Staat angestrengte verwaltungsgerichtliche Zwangsvollstreckung („zweite Stufe") ist an mehrere Voraussetzungen geknüpft. Insbesondere muss es sich bei der verwaltungsgerichtlichen Entscheidung um einen vollstreckbaren Titel handeln und muss der Vollstreckungsgläubiger einen Vollstreckungsantrag gestellt haben.

Die verwaltungsgerichtlichen Entscheidungen sind Anknüpfungspunkt gerade für das Nichtbefolgen, nicht für den Vollstreckungsanspruch. Zwar wäre auf der „ersten Stufe" die isolierte Betrachtung des Nichtbefolgens aller Verwaltungsgerichtsentscheidungen durch den schuldenden Staat möglich. Die Arbeit beleuchtet aber auch auf der ersten Stufe des Nichtbefolgens, soweit es um nicht rechtskräftige Urteile geht, von vornherein nur jene Fallgestaltungen, in denen diese Urteile auch vorläufig vollstreckbar sein können. Die vorläufige Vollstreckung nicht rechtskräftiger Verwaltungsgerichtsurteile ist nur dann denkbar, wenn die Anordnung vorläufiger Vollstreckbarkeit möglich ist.

---

134 Der Begriff wird noch konkretisiert werden und soll hier zunächst in einem pauschalen Verständnis als erster Angriffspunkt dienen.

135 Auf Ebene der verwaltungsgerichtlichen Zwangsvollstreckung („zweite Stufe") gewinnen sie ebenso an Bedeutung, etwa indem sie das Vollstreckungsziel vorgeben.

Die Frage der Vollstreckung („zweite Stufe“) wird, wie eine Bestandsaufnahme des Verfassers zeigt,[136] in der Regel durch das Nichtbefolgen erst der rechtskräftigen Entscheidung aufgerufen werden. In diesen Fällen kommt die Verwaltung der rechtskräftigen Gerichtsentscheidung nicht nach und hat auch schon die für vorläufig vollstreckbar erklärte Entscheidung nicht befolgt. In der Praxis wird also – wenn es zu einem Vollstreckungsantrag gekommen ist – ein Nichtbefolgen der nicht rechtskräftigen Verwaltungsgerichtsentscheidung immer vorliegen. Regelmäßig aber wird die Verwaltung die ihr zustehenden Rechtsmittelmöglichkeiten ausschöpfen. Dann befolgt sie jedenfalls die nicht rechtskräftige und ggf. auch die in Rechtskraft erwachsene Gerichtsentscheidung nicht, wobei Anknüpfungspunkt für die Vollstreckung in diesen Fällen allein die rechtskräftige Gerichtsentscheidung ist. Denkbar ist allerdings auch, dass die Verwaltung allein die nicht rechtskräftige (für vorläufig vollstreckbar erklärte) Entscheidung nicht befolgt. Deshalb sollen im Folgenden Urteile und einstweilige Anordnungen, auch soweit sie nicht rechtskräftig (und vorläufig vollstreckbar) sind, einbezogen werden.

Soweit es um die Vollstreckung aus rechtskräftigen verwaltungsgerichtlichen Entscheidungen geht, wird es sich in aller Regel um solche eines Oberverwaltungsgerichts/Verwaltungsgerichtshofs handeln, weil Eingangsinstanz das Verwaltungsgericht sein wird und es zum Rechtskrafteintritt nicht wegen Prozesshandlungen der Beteiligten und/oder dem Verzicht oder dem Unterlassen von Rechtsmitteln, sondern auf Grund einer letztinstanzlichen Entscheidung kommen wird. Dabei wird der Instanzenzug regelmäßig bei dem Oberverwaltungsgericht/Verwaltungsgerichtshof enden.[137] Auch das Nichtbefolgen solcher Verwaltungsgerichtsentscheidungen, die das Bundesverwaltungsgericht höchstrichterlich bestätigt hat, sind denkbar. Im Falle nicht rechtskräftiger, für vorläufig vollstreckbar erklärter Urteile sowie nicht rechtskräftiger einstweiliger Anordnungen wird es sich demgegenüber regelmäßig um Entscheidungen des Verwaltungsgerichts handeln, weil eine Beschwerde zum Oberverwaltungsgericht/Verwaltungsgerichtshof regelmäßig zum Eintritt der Rechtskraft führt.

Die Vollstreckung aus verwaltungsgerichtlichen Entscheidungen gegen die Verwaltung wird auf zwei Ebenen relevant, nämlich auf Ebene der Vollstreckungsvorschriften in der Verwaltungsgerichtsordnung und im Bereich der Rechtsanwendung, d.h. der Durchführung der Vollstreckung durch das Verwaltungsgericht. Während es bei der staatsrechtlichen Analyse um die §§ 170, 172 VwGO und das auf dieser Grundlage erfolgende behördliche Verhalten geht, werden bei der Bewertung aus Sicht des Art. 19 Abs. 4 Satz 1 und des Art. 3 Abs. 1 GG die Vorschriften selbst im Blickpunkt stehen.

---

136 Siehe hierzu bereits unter B.I.

137 Die Zulassung der Revision und eine anschließende Entscheidung des Bundesverwaltungsgerichts in der Sache dürfte die Ausnahme sein.

III. Zweck, Ziele und Funktionen der Zwangsvollstreckung im weiteren Sinne

Zwangsvollstreckung ist das staatliche Verfahren zur zwangsweisen Befriedigung eines Anspruchs im Wege staatlichen Zwangs.[138] Nachfolgend werden die verfassungsrechtlichen Grundlagen der Zwangsvollstreckung und ihre Zwecke dargestellt. Dies vor allem deshalb, weil die Diskussion potenzieller Möglichkeiten des Ersatzes für nicht hinreichend wirksame Vollstreckungsvorschriften auch vor dem Hintergrund der Zwecke des Zwangsvollstreckungsrechts geführt werden muss. Daneben dienen verfassungsrechtliche Grundlegungen und die Zweckdefinition als Auslegungshilfe.

1. Verfassungsrechtliche Determinanten des Zwangsvollstreckungsrechts

Kommt der Vollstreckungsschuldner der titulierten Forderung nicht nach, ist dem Vollstreckungsgläubiger Selbsthilfe verwehrt. Das Gewaltmonopol hat der Staat inne und, als Kehrseite der Medaille, steht dem Vollstreckungsgläubiger ein Justizgewährungsanspruch gegen den Staat zu. Der Umsetzung dieses Justizgewährungsanspruchs dient das Zwangsvollstreckungsrecht.[139] Einen ersten Hinweis auf dessen Ziele liefert das Verfassungsrecht.[140]

a) Das staatliche Gewaltmonopol

Das Gewaltmonopol ist Teil des Rechtsstaatsprinzips[141] und Teilelement der freiheitlichen demokratischen Grundordnung i.S.d. Art. 21 Abs. 2 Satz 1 GG.[142] Es wird in der Weise verstanden, dass die Anwendung physischer Gewalt den gebundenen und gerichtlicher Kontrolle unterliegenden staatlichen Organen vorbehalten ist.[143] In Bezug auf die Vollstreckung hat es deshalb (ausschließlich) die Willensbrechung bei dem Schuldner zum Gegenstand.[144]

---

138 Siehe hierzu unter B.II.1.

139 *Stamm*, in: BMJV, Fn. 95, S. 20.

140 Begründungsansätze aus den Regeln der jeweiligen Prozessordnungen müssen jedenfalls zu diesem Zeitpunkt außer Betracht bleiben. Denn es soll im Rahmen der Beurteilung der Vorschriften untersucht werden, ob der Gesetzgeber die verfassungsrechtlich gebotenen Ziele der Zwangsvollstreckung aus verwaltungsgerichtlichen Titeln gegen den Staat als Hoheitsträger in zulässiger Weise geregelt hat.

141 BVerfG, Urteil vom 17. Januar 2017 – 2 BvB 1/13 –, BVerfGE 144, 20 (59); *Waldhoff*, JuS 2019, 1230.

142 BVerfG, Urteil vom 17. Januar 2017 – 2 BvB 1/13 –, BVerfGE 144, 20 (59).

143 BVerfG, Urteil vom 17. Januar 2017 – 2 BvB 1/13 –, BVerfGE 144, 20 (59).

144 *Stamm*, S. 10.

Die Definition des Gewaltmonopols in diesem Sinne hat mehrere Wirkungen. Auf Ebene des Justizgewährungsanspruchs hat die Reichweite des Gewaltmonopols Einfluss auf die Bestimmung von Vollstreckungsbeginn und -ende und auch auf die Festlegung des Vollstreckungsziels. Dient diese „nur" der Willensbeugung oder auch der Befriedigung des Vollstreckungsgläubigers?

Daneben stellt gerade die verwaltungsgerichtliche Zwangsvollstreckung die Frage nach der personellen Ausrichtung des Gewaltmonopols. Nach dem oben genannten Verständnis ist es einerseits gläubigerbezogen, und zwar zu dessen Gunsten. Gleichzeitig sollen aber das Verbot der Selbsthilfe des Gläubigers und die Monopolisierung der Vollstreckungsgewalt bei dem Staat den Schutz individueller Freiheit gewährleisten.[145] Die Verlagerung hin zu staatlichem Vollstreckungshandeln schützt vor allem den Vollstreckungsschuldner vor unkontrollierter Gewaltanwendung durch den Gläubiger.[146] Für ihn führt das zu (unmittelbar geltendem) Grundrechtsschutz. Dies kann und muss an dieser Stelle nicht im Einzelnen vertieft werden.

Denn in den hier untersuchten Konstellationen handelt es sich um Fallgestaltungen, in denen der Staat selbst auf Schuldnerseite in Erscheinung tritt. Das führt zu der zentralen Frage, ob das Gewaltmonopol zum Tragen kommt, wenn es darum geht, dass aus ihm die Rechtfertigung für die Brechung des Willens des schuldenden Staats durch den vollstreckenden Staat erwächst. Diese Frage ist zu bejahen. Denn das Gewaltmonopol dient auch hier der Durchsetzung der Interessen des Vollstreckungsgläubigers. Der Aspekt des (Grundrechts-)Schutzes des staatlichen Vollstreckungsschuldners tritt in den Hintergrund. Der Staat ist wegen der staatlichen Inanspruchnahme eines Rechtsschutzmonopols verfassungsrechtlich zur umfassenden Rechtsschutzgewährung verpflichtet. Darin eingeschlossen ist die Pflicht, gerichtliche Entscheidungen zu vollziehen, soweit dies zur Rechtsverwirklichung erforderlich ist.[147]

b) Justizgewährung und möglichst wirksamer Rechtsschutz

Konsequenz des Gewaltmonopols ist die staatliche Pflicht zur Justizgewährung (Art. 2 Abs. 1 GG i.V.m. dem Rechtsstaatsprinzip).[148] Ihr entspricht der Anspruch jedes Einzelnen auf möglichst wirksamen gerichtlichen Rechtsschutz.[149] Werden Rechtsbeeinträchtigungen nicht durch die öffentliche Gewalt, sondern etwa durch Private verursacht, oder im Fall von Verbandsklagen,[150] gewährleistet

145 BVerfG, Urteil vom 17. Januar 2017 – 2 BvB 1/13 –, BVerfGE 144, 20 (59).

146 *Stamm*, S. 108.

147 Vgl. für private Rechte *Dütz*, Gerichtsschutz, S. 133.

148 *Stamm*, S. 9.

149 *Voßkuhle/Kaufhold*, JuS 2010, 116 (118). Der Justizgewährungsanspruch ist nicht zu verwechseln mit dem Vollstreckungsanspruch, siehe hierzu unter B.II.2.

150 Nachdem der klagende Verband nicht eigene Rechte geltend macht, ist Art. 19 Abs. 4 Satz 1 GG in diesen Fällen nicht anwendbar, vgl. *Lind/Priebe*, ZEuS 2020, 429 (436).

der allgemeine Justizgewährungsanspruch dieses Recht.[151] Für Maßnahmen der „öffentlichen Gewalt“ ist der Anspruch spezialgesetzlich in Art. 19 Abs. 4 Satz 1 GG gewährleistet.[152] Das Bundesverfassungsgericht und die h.M. gehen von einer weitgehenden inhaltlichen Parallelität von allgemeiner Justizgewährungspflicht und der von Art. 19 Abs. 4 Satz 1 GG gewährleisteten Rechtsschutzgarantie aus.[153]

Daneben besteht ein öffentliches Interesse an einer wirksamen und funktionsfähigen Vollstreckung zur Wahrung einer am Rechtsfrieden orientierten, rechtsstaatlichen Ordnung.[154] Sie dient zugleich dem öffentlichen Interesse an der Bewährung der Rechtsordnung und dem Rechtsfrieden.[155] Insoweit hat der Justizgewährungsanspruch zusätzlich eine Befriedungsfunktion.

2. Zwecke der Zwangsvollstreckung

Im Folgenden geht es um die Zwecke der Vollstreckung i.w.S. Für Konkretisierungen kommt es auf die Eigenheiten des jeweiligen Vollstreckungsrechtsgebiets an.[156]

Aus der verfassungsrechtlichen Fundierung des Zwangsvollstreckungsrechts im allgemeinen Justizgewährungsanspruch bzw. der Rechtsschutzgarantie folgt der Hauptzweck des Zwangsvollstreckungsrechts: die Rechtsdurchsetzung. Der materielle Anspruch soll in konkretes Verhalten, hier des Staates, umgesetzt werden.[157]

---

151 *Voßkuhle/Kaufhold*, JuS 2010, 116 (118).

152 *Voßkuhle/Kaufhold*, JuS 2010, 116 (118). Art. 19 Abs. 4 Satz 1 GG regelt damit einen Ausschnitt eines umfassenden allgemeinen Justizgewährungsanspruch, vgl. *Enders*, in: *Epping/Hillgruber*, Art. 19 GG, Rn. 85.

153 BVerfG, Beschluss vom 30. April 2003 – 1 PBvU 1/02 –, BVerfGE 107, 395 (402 f.); BVerfG, Beschluss vom 25. Januar 2005 – 2 BvR 656/99 –, BVerfGE 112, 185 (198); *Schmidt-Aßmann/Schenk*, in: *Schoch/Schneider*, VwGO, Einleitung, Rn. 51; *Huber*, in: *v. Mangoldt/Klein/Starck*, Art. 19 GG, Rn. 355. Völlig gleichgesetzt werden dürfen die Rechtsschutzgarantie des Art. 19 Abs. 4 Satz 1 GG und der Justizgewährungsanspruch dennoch nicht. Anders als das von der Verfassung als spezifisches Grundrecht konzipierte Recht auf effektiven Rechtsschutz beruht der Justizgewährungsanspruch nur auf einem objektiven Verfassungsgrundsatz, vgl. *Huber*, in: *v. Mangoldt/Klein/Starck*, Art. 19 GG, Rn. 355. Auch hat der Justizgewährungsanspruch weiterreichende Schrankenvorbehalte (vgl. Art. 2 Abs. 1 GG).

154 BVerfG, Beschluss vom 19. Oktober 1982 – 1 BvL 34/80 –, BVerfGE 61, 126 (136); BVerfG, Beschluss vom 12. Januar 2016 – 1 BvR 3102/13 –, BVerfGE 141, 121 (135).

155 BVerfG, Beschluss vom 12. Januar 2016 – 1 BvR 3102/13 –, BVerfGE 141, 121 (135.).

156 *Heckmann*, Sofortvollzug, S. 34.

157 BVerfG, Beschluss vom 23. Juli 1992 – 1 BvR 14/90 –, NJW 1993, 1699; zur zivilprozessualen Zwangsvollstreckung *Fischer*, Vollstreckungszugriff, S. 478; *Gaul/Schilken/Becker-Eberhard*, Zwangsvollstreckungsrecht, S. 1 ff.; *Heckmann*, Sofortvollzug, S. 34 f.

Als sekundäre Ziele kommen materielle Gerechtigkeit und Rechtsfrieden hinzu.[158] Hintergrund ist der materiell-rechtliche Anspruch gegen den Schuldner, der auch grundrechtlich geschützt ist. Daneben soll die Zwangsvollstreckung öffentlichen Belangen dienen, d.h. eine gerechte Güter- oder Lastenverteilung sicherstellen und/oder sozialen Frieden und Sicherheit stiften.[159]

Zur Erreichung dieser Ziele bedient sich das Zwangsvollstreckungsrecht der Elemente der Beugung, der Sicherung und der Realisierung. Diese Hilfsfunktionen kommen in dem jeweiligen Vollstreckungsinstrumentarium zum Ausdruck.

Recht kann durch psychisch vermittelten oder durch physischen Zwang verwirklicht werden, wobei – vor dem Hintergrund des Ziels der Rechtsdurchsetzung – der physische Zwang effektiver ist. Denn die Beugungsfunktion erschöpft sich in der Auferlegung von persönlichen oder Vermögensnachteilen. Beispiele sind die Zwangshaft oder das Zwangsgeld. Sie zeichnen sich durch Willensbrechung aus und wirken deshalb bloß mittelbar.[160] Hierin zeigt sich zugleich auch die Problematik der Beugefunktion im Zwangsvollstreckungsrecht.[161] Die Sicherungsfunktion hat zum Ziel, im Rahmen der Zwangsvollstreckung bereits die Durchsetzungschancen des Vollstreckungsgläubigers zu verbessern, etwa im Wege der Vorpfändung oder des dinglichen Arrests. Sie ist vor allem dort opportun, wo die Rechtsverwirklichung ohne vorzeitigen Zugriff vereitelt oder wesentlich erschwert würde. Demgegenüber bezieht sich die Realisierungsfunktion auf die Ausübung physisch wirkenden staatlichen Zwangs, etwa in Gestalt der Ersatzvornahme oder des unmittelbaren Zwangs.[162] Es soll die im materiellen Recht zum Ausdruck kommende Güterverteilung, ein Lastenausgleich oder eine besondere Handlungspflicht realisiert werden.[163]

3. Insbesondere: Rechtsverwirklichung und Gläubigerinteresse

Insbesondere ist es die Rechtsdurchsetzungsaufgabe des Vollstreckungsrechts, welche die Untersuchung in ihrem weiteren Verlauf im Auge behalten möchte. Diese Hauptfunktion des Vollstreckungsrechts muss deshalb wie folgt konkretisiert werden: Das Zwangsvollstreckungsrecht zielt – kraft seines verfassungsrechtlichen Ursprungs –[164] auf die Befriedigung des Gläubigers.[165] Teilweise wird

158 *Heckmann*, Sofortvollzug, S. 34.

159 *Heckmann*, Sofortvollzug, S. 35.

160 *„In psychischer Hinsicht stiftet sie Rechtstreue bei dem, der Angst vor Strafe hat oder angesichts zweckloser Opposition gegen erwarteten Zwang resigniert.“*, vgl. *Heckmann*, Sofortvollzug, S. 35.

161 *Heckmann*, Sofortvollzug, S. 35.

162 *Heckmann*, Sofortvollzug, S. 36.

163 *Heckmann*, Sofortvollzug, S. 36.

164 Vgl. dazu unter B.III.1.b).

165 BVerfG, Beschluss vom 19. Oktober 1982 – 1 BvL 34/80 –, BVerfGE 61, 126 (136).

zwar der Standpunkt vertreten, das Zwangsvollstreckungsrecht beschränke sich auf die bloße Willensbrechung beim Schuldner. Dann würden das Verwertungsverfahren und die sich daran anschließende Befriedigung nicht mehr als Aufgabe der Zwangsvollstreckung verstanden; sie würden dem Schuldner obliegen.[166]

Dagegen stehen im Wesentlichen drei Gründe: Das (verwaltungsgerichtliche) Zwangsvollstreckungsrecht dient der einfachgesetzlichen Umsetzung des Anspruchs aus Art. 19 Abs. 4 Satz 1 GG bzw. des Justizgewährungsanspruchs,[167] nicht des Gewaltmonopols. Diese Ansprüche vermitteln dem Vollstreckungsgläubiger gerade das subjektive Recht auf Durchsetzung seiner Forderung im Wege der Vollstreckung. Hinzu kommt, dass der Justizgewährungsanspruch und auch die Rechtsschutzgarantie des Art. 19 Abs. 4 Satz 1 GG weiter reichen als das Gewaltmonopol. Der Justizgewährungsanspruch ist nicht ausschließlich Kompensation des Entzugs des Selbsthilferechts.[168] Vielmehr zielt er auf effektive Justizgewähr.[169] Er verlangt auch und gerade die Verwirklichung des Rechts.[170] Schließlich spricht auch die Befriedungsfunktion des Justizgewährungsanspruchs für die Befriedigung des Vollstreckungsgläubigers und nicht bloß für die Willensbrechung beim Schuldner.[171]

Auch die Folgefrage, ob das (verwaltungsgerichtliche) Zwangsvollstreckungsrecht die vollständige Befriedigung des Gläubigers gewährleisten soll, ist zu bejahen. Das Bundesverfassungsgericht leitet in seiner Rechtsprechung zu Insolvenzverfahren das Ziel der bestmöglichen Befriedigung des Gläubigers aus der Eigentumsfreiheit ab.[172] Zweck des Insolvenzverfahrens sei die unter Berücksichtigung der Lage des Schuldners bestmögliche Befriedigung der Forderungen des Gläubigers, die auch im Rahmen der Zwangsvollstreckung als private vermögenswerte Rechte von Art. 14 Abs. 1 GG geschützt sind.[173] Das Ziel der Befriedigung des Gläubigers kann sich auch aus dem grundrechtlichen Schutz der materiell-rechtlichen Forderung ergeben. Jedenfalls im Fall von über Art. 14 Abs. 1 GG geschützten Forderungen ergibt sich danach das Gebot der bestmöglichen Befriedigung des Gläubigers.[174] Die oben beschriebene Befriedungsfunktion

---

166 Zum Zwangsvollstreckungsrecht der Zivilprozessordnung *Stamm*, S. 10.

167 Vgl. BVerfG, Beschluss vom 12. Januar 2016 – 1 BvR 3102/13 –, BVerfGE 141, 121 (135): *„[…] so liegt ein funktionierendes Insolvenzverfahren nicht nur im subjektiven Interesse der einzelnen Gläubiger, […].“*

168 Anders aber *Stamm*, S. 6 ff.

169 BVerfG, Beschluss vom 12. Januar 2016 – 1 BvR 3102/13 –, BVerfGE 141, 121 (135).

170 BVerfG, Beschluss vom 12. Januar 2016 – 1 BvR 3102/13 –, BVerfGE 141, 121 (135).

171 *Enders*, in: *Epping/Hillgruber*, Art. 19 GG, Rn. 51.

172 Vgl. BVerfG, Beschluss vom 12. Januar 2016 – 1 BvR 3102/13 –, BVerfGE 141, 121 (134 f.).

173 BVerfG, Beschluss vom 12. Januar 2016 – 1 BvR 3102/13 –, BVerfGE 141, 121 (134 f.).

174 BVerfG, Beschluss vom 12. Januar 2016 – 1 BvR 3102/13 –, BVerfGE 141, 121 (134 f.).

spricht ebenfalls für eine vollständige – und damit endgültige – Befriedigung des Vollstreckungsgläubigers.[175]

Neben dem Gesichtspunkt der Rechtsverwirklichung verdient ein zweiter Aspekt Aufmerksamkeit: Die Definition der Zwangsvollstreckung stellt das Gläubigerinteresse und das Interesse des Staates an der Wahrung von Rechtsfrieden in den Mittelpunkt.[176] Dahinter steht das Verfassungsrecht. Weil der Schuldner der (inzwischen titulierten) Forderung dieser möglicherweise nicht nachkommt, verpflichtet u.a. der Vollstreckungsanspruch den Gesetzgeber dazu, Vorschriften zu dessen einfachgesetzlicher Umsetzung bereitzuhalten. Das Zwangsvollstreckungsrecht setzt diesen Vollstreckungsanspruch um. Es dient den Interessen des Vollstreckungsgläubigers. Auf verfassungsrechtlicher Ebene ergibt sich deshalb ein Ungleichgewicht zu Gunsten des Gläubigers.[177] Dem Vollstreckungsanspruch sind zwar verfassungsrechtliche Grenzen immanent, etwa Rechte des Vollstreckungsschuldners von Verfassungsrang. Dies ändert aber nichts an der einseitigen Ausrichtung des Zwangsvollstreckungsrechts hin zu den Rechten und Interessen des Gläubigers.[178] Diese verfassungsrechtliche *„Schräglage“*[179] setzt sich fort: Das Zwangsvollstreckungsrecht muss in erster Linie Verfassungsrechtsgewährung sein; nur in Ausnahmefällen kann es zur Schrankenbestimmung werden. Auch die Zwangsvollstreckungsorgane sind gehalten, die verfassungsrechtlich zu Gunsten des Gläubigers begründete Rechts- und Interessenlage zu berücksichtigen. Das gilt auch dann, wenn der Vollstreckungsschuldner, wie im Fall der verwaltungsgerichtlichen Zwangsvollstreckung, kein Privater, sondern der Staat selbst ist.

Ein zweiter Aspekt kommt hinzu: Das Recht des Gläubigers, von dem Schuldner die Erfüllung der materiellrechtlichen Forderung zu verlangen und dessen Recht auf wirksame Vollstreckung[180] sind Ausdruck des Gewichts jener Interessen und Rechte[181] in der Verhältnismäßigkeitsprüfung.

Diese beiden Erkenntnisse – verfassungsrechtliche Neigung hin zu den Rechten und Interessen des Gläubigers sowie Interessen- und Rechtsgewichtung im

---

175 *Enders*, in: *Epping/Hillgruber*, Art. 19 GG, Rn. 51.

176 Vgl. hierzu auch *Stamm*, S. 14.

177 Vgl. *Stamm*, S. 15.

178 Für das Zwangsversteigerungsrecht BVerfG, Beschluss vom 23. Juli 1992 – 1 BvR 14/90 –, NJW 1993, 1699.

179 *Stamm*, S. 15.

180 Siehe dazu unter E.II.

181 Zu den weiteren Rechtsgütern und Interessen des Gläubigers und öffentlicher Interessen, die im Rahmen etwa einer Angemessenheitsprüfung zu berücksichtigen sind siehe unter E.I.3.b). Daher wohl auch die Formulierung des BVerfG, wonach das Zwangsvollstreckungsrecht *„in erster Linie“* den Interessen des Gläubigers dient, vgl. Beschluss vom 12. Januar 2016 – 1 BvR 3102/13 –, BVerfGE 141, 121 (135).

Rahmen der Rechtfertigung – zeigen, dass das Definitionsmerkmal des Gläubigerinteresses zugleich auslegungsleitenden Charakter hat.

IV. Verwaltungsgerichtliche Zwangsvollstreckung gegen den Staat – eine normative Bestandsaufnahme

Die Vollstreckung aus verwaltungsgerichtlichen Entscheidungen gegen die Verwaltung gewinnt auf Ebene der Vollstreckungsvorschriften und im Bereich der Rechtsanwendung an Bedeutung. Betrachtet werden in dieser Arbeit ausschließlich die Vorschriften über die verwaltungsgerichtliche Zwangsvollstreckung, d.h. die §§ 170, 172 VwGO sowie § 167 VwGO. Eine verfassungsrechtliche Betrachtung der Vorschriften setzt die Kenntnis von Instrumentarium und Wirkung der §§ 170, 172 VwGO und ihres Verhältnisses zu dem Achten Buch der Zivilprozessordnung voraus. Im Folgenden sollen deshalb die zentralen Merkmale der Vollstreckungsvorschriften näher beleuchtet werden:

1. Vollstreckung gegen den Staat aus zivilprozessualen Titeln

§ 882a ZPO ist gesetzgeberisches Vorbild für die verwaltungsprozessuale Parallelvorschrift, den § 170 VwGO. Beide Vorschriften unterscheiden sich aber auch voneinander. Auch § 172 VwGO und §§ 887 ff. ZPO weisen Gemeinsamkeiten und Unterschiede auf. Zugleich verweist § 167 Abs. 1 Satz 1 VwGO auf das Achte Buch der Zivilprozessordnung mit der Folge, dass insbesondere die §§ 887 ff. ZPO auch im Rahmen der verwaltungsgerichtlichen Zwangsvollstreckung gegen den Staat als Hoheitsträger anwendbar sein können.

Was die Vollstreckung aus von Zivilgerichten geschaffenen Geldleistungstiteln betrifft, macht die Zivilprozessordnung die jeweils anzuwendende Vollstreckungsnorm von der Person des Vollstreckungsschuldners abhängig. Wird aus Geldleistungstiteln gegen Gemeinden und Gemeindeverbände vollstreckt, kann grundsätzlich das Landesrecht bestimmen, dass § 882a ZPO durch Regelungen der Länder ersetzt wird (vgl. § 15 Abs. 1 Nr. 3 EGZPO). Hiervon haben die meisten Länder Gebrauch gemacht.[182] In allen anderen Fällen und soweit es gegenüber Gemeinden und Gemeindeverbänden um die Verfolgung dinglicher Rechte geht, ist § 882 ZPO maßgebend. § 882a ZPO betrifft die zivilgerichtliche Zwangsvollstreckung gegen den Staat in seiner Eigenschaft als Privatrechtssubjekt (Fiskus), während es bei § 170 VwGO um die Vollstreckung aus verwaltungsgerichtlichen Titeln gegen den Staat als Hoheitsträger geht. Die Vollstreckung nach § 882a ZPO setzt eine Vollstreckungsanzeige des Vollstreckungsgläubigers und das Einhalten

182 *Poster*, Durchsetzung, S. 272.

einer vierwöchigen Wartefrist voraus, nach deren Ablauf er die Vollstreckung durchführen kann.

Die Vollstreckung aus zivilprozessualen Erzwingungstiteln gegen Private ist im Wesentlichen in den §§ 887 ff. ZPO geregelt, konkret die Vollstreckung wegen vertretbarer Handlungen in § 887 ZPO und jene wegen unvertretbarer Handlungen in § 888 ZPO. § 890 ZPO regelt die Erzwingung von Duldungen und Unterlassungen.

Die zivilgerichtliche Zwangsvollstreckung wegen vertretbarer Handlungen leitet das Prozessgericht des ersten Rechtszuges auf Antrag des Vollstreckungsgläubigers ein. Nach herrschender Meinung ist die Nichterfüllung der titulierten Handlung Voraussetzung für die Vollstreckung nach § 887 ZPO.[183] Seine Entscheidung trifft das Gericht durch Beschluss. Gibt es dem Antrag statt, spricht das Gericht in dem Beschluss die Ermächtigung zur Vornahme der Handlung auf Kosten des Schuldners aus und erlegt diesem die Kosten der Ersatzvornahme auf (§§ 891 S. 3, 91 ZPO).

Besondere Aufmerksamkeit verdient die Vorschrift des § 888 ZPO. Die Vollstreckung wegen unvertretbarer Handlungen erfolgt ebenfalls auf Antrag, Herr des Verfahrens ist der Vollstreckungsgläubiger. Nach allgemeiner Meinung ist die Nichterfüllung der titulierten Forderung Tatbestandsmerkmal des § 888 Abs. 1 ZPO. Ein Verschulden ist nicht erforderlich.[184] Die Androhung des jeweiligen Zwangsmittels ist nicht möglich (§ 888 Abs. 2 ZPO), weil dem Schuldner schon im Rahmen der Anhörung Gehör gewährt wurde, vgl. § 891 Satz 2 ZPO. Dies dient der Verfahrensbeschleunigung.[185] Als Rechtsfolge sieht § 888 ZPO die Verhängung eines Zwangsgeldes i.H.v. maximal EUR 25.000,- gegen den privaten Vollstreckungsschuldner oder die Verhängung von Zwangshaft vor.

§ 890 ZPO betrifft die Erzwingung von Unterlassungen und Duldungen gegenüber Privaten. Auch hier ist ein Antrag des Gläubigers an das Prozessgericht des ersten Rechtszugs erforderlich (§§ 890 Abs. 1 Satz 1, 802 ZPO). Was die materiellen Voraussetzungen angeht, so muss der Vollstreckungsschuldner eine Zuwiderhandlung begangen haben. Wegen jederZuwiderhandlung wird er zu einem Ordnungsgeld i.H.v. EUR 5,- bis EUR 250.000,- oder zu Ordnungshaft „*verurteilt*". Die Ordnungsmittel des § 890 Abs. 1 Satz 1 ZPO dienen sowohl der Willensbeugung als auch der Sanktion der in der Vergangenheit liegenden Zuwiderhandlung.[186] Sie haben also einen doppelten Zweck. Als zivilrechtliche Beugemaßnahme dienen sie präventiv der Verhinderung künftiger Zuwiderhandlungen. Daneben stellen sie repressiv eine strafähnliche Sanktion für die Übertretung des gerichtlichen Verbots

---

183 *Findeisen*, S. 162 f. m.w.N. und mit Nachweisen zur Gegenauffassung in Fn. 65; BGH, Beschluss vom 05. November 2004 – IXa ZB 32/04 –, Rn. 11, zit. nach juris; mit zust. Anmerkung von *Becker-Eberhard*, in: LMK 2/2005, 30 (31).

184 *Findeisen*, S. 165 ff. m.w.N.

185 *Gruber*, in: Münchener Kommentar zur ZPO, § 888 ZPO, Rn. 24.

186 BVerfG, Beschluss vom 04. Dezember 2006 – 1 BvR 1200/04 –, Rn. 10, zit. nach juris.

dar.[187] Aus diesem Grund muss auch die Zuwiderhandlung i.S.d. § 890 Abs. 1 ZPO schuldhaft sein.[188] Die Ordnungsmaßnahmen müssen – in zeitlicher Hinsicht – vor dem Verstoß gegen die Unterlassens- bzw. Duldungspflicht angedroht worden sein (§ 890 Abs. 2 ZPO). Über ihre Verhängung entscheidet das Gericht durch Beschluss nach vorheriger Anhörung des Vollstreckungsschuldners (vgl. § 891 Satz 2 ZPO). Das Ordnungsgeld kann bei weiteren Zuwiderhandlungen wiederholt verhängt werden.

2. Vollstreckung gegen den Staat aus verwaltungsgerichtlichen Entscheidungen

Für die verfassungsrechtliche Untersuchung der Wirksamkeit der §§ 170, 172 VwGO und im Hinblick auf den Anwendungsbereich des § 167 Abs. 1 Satz 1 VwGO müssen Gehalt und Funktionsweise der §§ 170, 172 VwGO herausgearbeitet werden. Für die Frage, in welcher Form und über welche Dauer die Vollstreckungsorgane tätig werden, muss ferner geklärt werden, auf welchen Zeitpunkt Beginn und Ende der Vollstreckung aus verwaltungsgerichtlichen Geldleistungs- und Erzwingungstiteln nach den §§ 170, 172 VwGO jeweils fallen.

Sowohl das Vollstreckungsverfahren nach § 170 VwGO als auch jenes nach § 172 VwGO wird durch einen Vollstreckungsantrag des Vollstreckungsgläubigers eingeleitet. Der Zeitpunkt der Verfahrenseinleitung durch den Vollstreckungsgläubiger ist zu unterscheiden von jenem des Beginns der konkreten Vollstreckungsmaßnahme.[189] Vollstreckungsmaßnahmen können etwa *„reine Vollstreckungshandlungen“*[190] des Gerichtsvollziehers sein, aber auch richterliche Entscheidungen. Letztere ergehen nach Anhörung[191] des Vollstreckungsschuldners.[192]

---

187 BVerfG, Nichtannahmebeschluss vom 09. Mai 2017, 2 BvR 335/17, NJW 2017, 3648; offen gelassen von *Schmidt*, in: *Anders/Gehle*, § 890 ZPO, Rn. 9.

188 *Gruber*, in: Münchener Kommentar zur ZPO, § 890 ZPO, Rn. 21; *Findeisen*, S. 169 ff. m.w.N.

189 Vgl. *Pietzner/Möller*, in: *Schoch/Schneider*, VwGO, § 170 VwGO, Rn. 2; zur Differenzierung zwischen Vollstreckungsverfahren und Vollstreckungsmaßnahme in der Zivilprozessordnung *Schmidt*, in: *Anders/Gehle*, § 704 ZPO, Rn. 51.

190 Der Begriff der Vollstreckungshandlung und jener der Vollstreckungsmaßnahme werden häufig synonym gebraucht: OVG Greifswald, Beschluss vom 11. Juni 2012 – 3 O 24/12 –, NJW 2012, 3801 (3802); OVG Berlin-Brandenburg, Beschluss vom 04. März 2015 – OVG 6 L 8.15 –, BeckRS 2015, 43057.

191 OVG Greifswald, Beschluss vom 11. Juni 2012 – 3 O 24/12 –, NJW 2012, 3801 (3802); OVG Berlin-Brandenburg, Beschluss vom 04. März 2015 – OVG 6 L 8.15 –, BeckRS 2015, 43057.

192 *Bamberger*, in: *Wysk*, § 169 VwGO, Rn. 5; teils werden Vollstreckungshandlungen auch als Unterfall einer Vollstreckungsmaßnahme verstanden, vgl. hierzu *Henrich*, in: *Hau/Poseck*, § 212 BGB, Rn. 14.

Maßnahmen der Vollstreckung sind abzugrenzen von Maßnahmen, die die Vollstreckung vorbereiten.[193]

a) Vollstreckung von Erzwingungstiteln und von Geldleistungstiteln nach der VwGO

Nach allgemeiner Meinung regeln die Bestimmungen im 17. Abschnitt der Verwaltungsgerichtsordnung die verwaltungsgerichtliche Vollstreckung nur unvollständig.[194]

i) *Zusätzliche* „Säumnis" *als Voraussetzung der verwaltungsgerichtlichen Zwangsvollstreckung*

Für die Zwangsvollstreckung aus verwaltungsgerichtlichen Geldleistungs- und Erzwingungstiteln ist nicht abschließend geklärt, ob sie jeweils eine *„Säumnis"* des schuldenden Staats voraussetzt. Diese Frage wird im Fall des § 170 VwGO an der erhobenen Forderung nach einer ungeschriebenen Erfüllungsfrist deutlich. Im Fall von § 172 VwGO wird das ungeschriebene Tatbestandsmerkmal der *„grundlosen Säumnis"* für erforderlich gehalten, in dessen Rahmen die Wahrung der (ungeschriebenen) Erfüllungsfrist zu prüfen sein soll. Die Formulierung in § 172 Satz 1 VwGO (*„kommt die Behörde einer ihr auferlegten Verpflichtung nicht nach"*), versteht das Bundesverwaltungsgericht dahin, dass eine *„grundlose Säumnis"* der Erfüllung der vom Gericht auferlegten Pflichten erforderlich ist.[195]

Ihrem Wortlaut nach sehen die §§ 170, 172 VwGO jeweils nur eine Frist vor. Im Fall der Vollstreckung wegen Geldforderungen nach § 170 VwGO handelt es sich um die in der Abwendungsaufforderung gesetzte Frist, die maximal einen Monat betragen darf, wobei der Beginn dieser im Gesetz geregelten Frist mit dem Erlass der Vollstreckungsankündigung beginnt. Im Fall der Vollstreckung wegen Handlungen, Duldungen oder Unterlassungen nach § 172 VwGO handelt es sich um die von dem Gericht in der Zwangsgeldandrohung gesetzte Frist, bei der zwar der Beginn, nicht aber die maximal zulässige Dauer der Frist gesetzlich festgelegt ist.

Sowohl im Fall der Vollstreckung nach § 170 VwGO als auch jener nach § 172 VwGO ist nach Auffassung der Rechtsprechung und Teilen der Literatur eine zusätzliche, ungeschriebene Erfüllungsfrist erforderlich. Bei der Vollstreckung wegen Geldforderungen wird von dem fruchtlosen Fristablauf die Zulässigkeit

---

193 Vgl. OVG Münster, Beschluss vom 16. Oktober 2014 – 14 A 1098/145 –, Rn. 9, zit. nach juris.

194 *Schmidt-Kötters*, in: *Posser/Wolff*, § 167 VwGO, Rn. 1; *Kraft*, in: *Eyermann*, § 167, Rn. 3; *Pietzner/Möller*, in: *Schoch/Schneider*, VwGO, Vor § 167 VwGO, Rn. 12; *Heckmann*, in: *Sodan/Ziekow*, § 167 VwGO, Rn. 1.

195 Vgl. BVerwG, Beschluss vom 30. Dezember 1968 – I WB 31/68 –, BVerwGE 33, 230; OVG NRW, Beschluss vom 15. Juni 2010 – 13 E 201/10 –, Rn. 7, zit. nach juris.

bereits des Vollstreckungsantrags abhängig gemacht.[196] Vor deren Ablauf soll der Vollstreckungsantrag unzulässig sein, wobei ein vor Fristablauf gestellter Antrag in der Praxis regelmäßig erst nach Fristende beschieden wird.[197] Im Fall des § 172 VwGO führen das Bundesverwaltungsgericht und die überwiegende Literatur ein ungeschriebenes Tatbestandsmerkmal ein, die *„grundlose Säumnis"*der Erfüllung der von dem Verwaltungsgericht auferlegten Pflichten.[198] Sie soll Voraussetzung der Zwangsgeldandrohung sein.[199] Wenn es der Behörde möglich und zumutbar gewesen sei, der ihr auferlegten Verpflichtung in der seit dem Eintritt der Rechtskraft verstrichenen Zeit nachzukommen, sei die Säumnis grundlos.[200] Zu dem Erlass der Androhung sei das Verwaltungsgericht erst nach fruchtlosem Fristablauf befugt.[201] Die Annahme einer ungeschriebenen Erfüllungsfrist macht den Weg frei dafür, deren Beginn hinauszuschieben und führt dazu, dass die Vollstreckungsgerichte die (Gesamt-)Dauer der Erfüllungsfrist – mehr oder weniger – flexibel bestimmen können.

Was den Beginn der Erfüllungsfrist im Fall des § 170 VwGO angeht, wird vertreten, dass es nicht auf die Verkündung der Entscheidung, sondern auf die Zustellung der vollständig abgefassten Entscheidung[202] oder auf die Zustellung einer (zu beantragenden) Ausfertigung des *„Urteils"* ohne Tatbestand und ohne Entscheidungsgründe ankomme.[203] Nach neuerer Rechtsprechung soll die vor einem Antrag nach § 170 VwGO einzuräumende Frist frühestens mit der Kenntnis des Vollstreckungsschuldners von der Rechtskraft und damit der Vollstreckbarkeit des

---

196 OVG Berlin-Brandenburg, Beschluss vom 02. Juni 2014 – OVG 3 I 1.14 –, Rn. 2, zit. nach juris; VG Braunschweig, Beschluss vom 12. April 2018 – 5 E 135/18 –, zit. nach juris; allgemein zur Erfüllungsfrist im Fall von § 170 VwGO auch BVerfG, Beschluss vom 10. Dezember 1998 – 2 BvR 1516/93 –, BVerfGE 94, 166, und Bayerischer VGH, Beschluss vom 02. März 2004 – 13 A 01.2055 –, Rn. 8, zit. nach juris.

197 Vgl. *Pietzner/Möller*, in: *Schoch/Schneider*, VwGO, § 170 VwGO, Rn. 20 f.

198 St. Rspr., vgl. BVerwG, Beschluss vom 30. Dezember 1968 – I WB 31/ 68 –, BVerwGE 33, 230; Pietzner (..) *Pietzner/Möller*, in: *Schoch/Schneider*, VwGO, § 172 VwGO, Rn. 33 m.w.N.; *Schmidt-Kötters*, in: *Posser/Wolff*, § 172 VwGO, Rn. 22.

199 Siehe hierzu B.IV.2.a)iii).

200 Hamburgisches OVG, Beschluss vom 14. Februar 2017 – 1 So 63/16 –, Rn. 39, zit. nach juris; BVerwG, Beschluss vom 21. Dezember 2001 – 2 AV 3/01 –, NVwZ-RR 2002, 314.

201 Vgl. *Pietzner/Möller*, in: *Schoch/Schneider*, VwGO, § 172 VwGO, Rn. 33.

202 VG Cottbus, Beschluss vom 01. Februar 2010 – 6 M 15/09 –, Rn. 3, zit. nach juris, für einen Kostenfestsetzungsbeschluss, sowie OVG Berlin-Brandenburg, Beschluss vom 02. Juni 2014 – OVG 3 I 1.14 –, Rn. 3, zit. nach juris, für ein verwaltungsgerichtliches Urteil.

203 OVG Berlin-Brandenburg, Beschluss vom 02. Juni 2014 – OVG 3 I 1.14 –, Rn. 3, zit. nach juris.

Urteils[204] oder des Beschlusses[205] beginnen. Für Urteile wird dies damit begründet, dass erst deren Rechtskraft ihre Vollstreckbarkeit bewirkt. Vor Rechtskrafteintritt stehe nicht fest, ob eine solche Gerichtsentscheidung letztendlich überhaupt Bestand hat.[206]

Ähnliches wird zu § 172 VwGO für die *„grundlose Säumnis"* vertreten. Nach einer Ansicht soll die Behörde im Zeitpunkt der verwaltungsgerichtlichen Entscheidung (Urteil und Beschluss)[207], grundsätzlich mit Zustellung des Titels (des Urteils oder des Beschlusses)[208] oder mit Zustellung des vollständigen Titels[209] zur Erfüllung verpflichtet sein.[210] Nach anderer Auffassung, die sich, soweit ersichtlich, nur auf Urteile bezieht, beginnt die Frist auch hier erst mit Kenntnis des Vollstreckungsschuldners von der Rechtskraft des Urteils zu laufen.[211] Noch weitergehend soll erst die Rückgabe der Akten an die Behörde maßgeblich sein.[212] Dabei beziehen sich die Ansichten, welche die Kenntnis des Rechtskrafteintritts als maßgeblichen Zeitpunkt erachten, ganz überwiegend auf Urteile, nicht aber auf einstweilige Anordnungen i.S.v. § 123 VwGO.[213]

---

204 VG Neustadt, Beschluss vom 26. April 2018 – 5 N 200/18.NW –, Rn. 12, zit. nach juris; VG Neustadt, Beschluss vom 29. Juni 2017 – 3 N 708/17.NW –, Rn. 4, zit. nach juris; VG Freiburg, Beschluss vom 07. Juni 2017 – A 7 K 2879/17 –, Rn. 9, zit. nach juris.

205 Undifferenziert hinsichtlich des Rechtskrafteintritts bei Beschlüssen VG Neustadt, Beschluss vom 26. April 2018 – 5 N 200/18.NW –, Rn. 12, zit. nach juris.

206 VG Neustadt, Beschluss vom 26. April 2018 – 5 N 200/18.NW –, Rn. 12, zit. nach juris.

207 Für eine einstweilige Anordnung VGH Baden-Württemberg, Beschluss vom 25. März 1976 – IV S 559/76 –, 246 (247), zit. nach beck-online; zu § 172 VwGO *Pietzner/Möller*, in: *Schoch/Schneider*, VwGO, § 172 VwGO, Rn. 33.

208 Zu § 172 VwGO *Heckmann*, in: *Sodan/Ziekow*, § 172 VwGO, Rn. 58.

209 VG Hamburg, Beschluss vom 18. Juli 2016 – 9 V 1062/16 –, Rn. 11, zit. nach juris; der Entscheidung lag ein verwaltungsgerichtliches Urteil, kein Beschluss, zu Grunde. Gleiches ergibt sich auch aus der Entscheidung des BVerwG, Beschluss vom 18. Juni 2018 – 6 AV 2/18 –, Rn. 2 f., zit. nach juris (Erfüllung einer Auskunftspflicht auf Grund einstweiliger Anordnung). Von der Frage des Eintritts der Erfüllungspflicht zu unterscheiden ist die Frage, ab welchem Zeitpunkt der Vollstreckungsgläubiger zum Stellen des Vollstreckungsantrags befugt ist.

210 Zu § 172 VwGO offen gelassen von OVG des Landes Sachsen-Anhalt, Beschluss vom 06. März 2015 – 3 O 19/15 –, Rn. 10, zit. nach juris; vgl. zu einem möglichen Fahrlässigkeitsvorwurf im Rahmen eines Amtshaftungsanspruchs BGH, Urteil vom 17. März 1994 – III ZR 27/93 –, Rn. 19, zit. nach juris und unter F.II.1.b)ii).

211 Zu § 172 VwGO VG Freiburg, Beschluss vom 24. April 2014 – A 4 K 807/14 –, Rn. 7, zit. nach juris; *Schink*, DVBl 2016, 1557 (1562).

212 *V. Nicolai*, in: *Redeker/v. Oertzen*, § 172 VwGO, Rn. 4.

213 Vgl. aber VG Neustadt, Beschluss vom 26. April 2018 – 5 N 200/18.NW –, Rn. 12, zit. nach juris.

Der Diskussionsstand wurde vor dem Hintergrund der Frage nach dem Bestehen und dem Beginns der Erfüllungsfrist dargestellt. Im Zusammenhang mit der Untersuchung dieser Problematik[214] wird auch auf die Frage der Erfüllungsfrist zurückzukommen sein. Einer Stellungnahme zu den in Bezug auf die ungeschriebene Frist vertretenen Ansichten bedarf es an dieser Stelle nicht.

ii) Verwaltungsgerichtliche Zwangsvollstreckung aus Geldleistungstiteln

§ 170 VwGO ist aus § 167 des Regierungsentwurfs hervorgegangen und seit seinem Erlass unverändert geblieben. Nach § 167 Abs. 1 Satz 2 VwGO ist Vollstreckungsgericht das Gericht des ersten Rechtszugs. Dies gilt nach herrschender Meinung für alle Entscheidungen im Rahmen der verwaltungsgerichtlichen Zwangsvollstreckung.[215] Zwar kann das Vollstreckungsgericht im Rahmen der Vollstreckung von Geldforderungen nach § 170 VwGO das Amtsgericht als Grundbuchamt oder als Vollstreckungsgericht und den Gerichtsvollzieher oder Behörden einbinden.[216] In diesem Fall handelt es sich allerdings um Vollstreckungshelfer. Das Vollstreckungsverfahren führt das Vollstreckungsgericht weiterhin selbst.[217]

Das Verfahren nach § 170 VwGO besteht aus drei Phasen: dem Vorverfahren mit der Vollstreckungsankündigung samt Abwendungsaufforderung, dem Erlass der Vollstreckungsverfügung und dem anschließenden Zugriff auf das Schuldnervermögen mit nachfolgender Verwertung. Ausweislich der Gesetzesbegründung hat der Gesetzgeber § 170 VwGO *„in engster Anlehnung an die Novelle zu § 882a ZPO"* geschaffen.[218] Allerdings schränkt § 170 VwGO die Verfahrensherrschaft des privaten Vollstreckungsgläubigers zu dessen Lasten ein. Anders als bei § 882a ZPO stellt im Fall des § 170 VwGO der private Vollstreckungsgläubiger einen Vollstreckungsantrag; das Gericht des ersten Rechtszugs als Vollstreckungsgericht mit seinen Befugnissen ist Herr des Verfahrens.[219]

Das Vorverfahren, für das bereits das Vollstreckungsgericht zuständig ist, beginnt mit dem Vollstreckungsantrag des Gläubigers und endet mit der Vollstreckungsverfügung. Diese ergeht regelmäßig als Beschluss.[220] Mit der in ihr enthaltenen Benachrichtigung von der beabsichtigten Vollstreckung setzt das Gericht

214 Siehe hierzu unter C.I.2.a)iii).

215 *Bamberger*, in: *Wysk*, § 167 VwGO, Rn. 6; *Heckmann*, in: *Sodan/Ziekow*, § 172 VwGO, Rn. 24; a.A. *Pietzner/Möller*, in: *Schoch/Schneider*, VwGO, § 172 VwGO, Rn. 7.

216 *Heckmann*, in: *Sodan/Ziekow*, § 170 VwGO, Rn. 76 ff.

217 Vgl. VG Potsdam, Beschluss vom 18. Juni 2015 – 8 M 15/13 –, Rn. 3, zit. nach juris.

218 BT-Drs. II/462 und BT-Drs. I/4278, S. 52.

219 Niedersächsisches OVG, Beschluss vom 29. November 1967 – VI OVG B 42/67 –, NJW 1968, 1006.

220 *Pietzner/Möller*, in: *Schoch/Schneider*, VwGO, § 170 VwGO, Rn. 23: *„in der Regel als Beschluss"*.

zugleich verbindlich die Abwendungsfrist fest.[221] Im Fall des § 882a ZPO muss der private Vollstreckungsgläubiger seine Vollstreckungsabsicht dem schuldenden Staat lediglich anzeigen, dabei aber zwingend eine Wartefrist von vier Wochen einhalten. Demgegenüber benachrichtigt in dem Verfahren nach § 170 VwGO das Gericht den schuldenden Staat über die beabsichtigte Vollstreckung und fordert ihn auf, die Vollstreckung binnen einer von ihm nach eigenem Ermessen gesetzten Frist, maximal aber innerhalb von einem Monat,[222] abzuwenden (§ 170 Abs. 2 VwGO). Erst nach fruchtlosem Fristablauf leitet das Vollstreckungsgericht die Vollstreckung ein. Die Ankündigung erfüllt Warnfunktion und gleichzeitig eine Anhörungsfunktion.[223] Die Abwendungsaufforderung hat die Funktion, den schuldenden Staat vor einem Ansehensverlust zu schützen.[224] Der Abwendungsaufforderung kommt neben der Vollstreckungsankündigung kein eigenständiger Regelungsgehalt in dem Sinne zu, dass sie eine selbständige, über die aus dem Vollstreckungstitel resultierende Leistungspflicht hinausgehende, Verpflichtung enthält.[225]

Die zweite Phase des Verfahrens nach § 170 VwGO beginnt mit der Vollstreckungsverfügung. Das Vollstreckungsgericht leitet nun die Vollstreckung ein. Bei der Vollstreckungsverfügung handelt es sich um einen Beschluss – das Vorverfahren ist selbständiges Beschlussverfahren.[226] Dabei tritt die Vollstreckungsverfügung an die Stelle des Vollstreckungsauftrags des Gläubigers (§ 753 ZPO). Mit ihr bestimmt das Gericht nach eigenem Ermessen die Vollstreckungsmaßnahmen[227] und ersucht gleichzeitig die zuständige Stelle um deren Vornahme.[228] Diese Stelle, die verpflichtet ist, dem Ersuchen nachzukommen, führt die angeordneten Maßnahmen „*nach den für sie geltenden Vollstreckungsvorschriften*" aus (vgl. § 170 Abs. 1 Satz 3 VwGO). Das Vollstreckungsersuchen wirkt als verbindlicher Auftrag. Es hat

---

221 *Heckmann*, in: *Sodan/Ziekow*, § 170 VwGO, Rn. 66 m.w.N.

222 Die Rechtsprechung, wonach, falls die Überweisung an den Gläubiger die Bereitstellung außerplanmäßiger Haushaltsmittel erfordert, die Frist „*unter Umständen auch sechs Wochen ausmachen*" kann, findet im Gesetz keine Stütze und ist daher abzulehnen, vgl. auch VG Saarland, Beschluss vom 16.09.2016 – 5 N 2073/15 –, Rn. 6 ff., zit. nach juris; VG Göttingen, Beschluss vom 11. August 2017 – 3 E 561/17 –, BeckRS 2017, 120587.

223 *Heckmann*, in: *Sodan/Ziekow*, § 170 VwGO, Rn. 67.

224 *Heckmann*, in: *Sodan/Ziekow*, § 170 VwGO, Rn. 69.

225 Diese Frage ist nach *Heckmann*, in: *Sodan/Ziekow*, § 170 VwGO, Rn. 68, umstritten, der auf OVG NRW, Beschluss vom 05. Dezember 1986 – 11 B 2726/86 –, 1. LS, zit. nach juris, verweist.

226 *Schmidt-Kötters*, in: *Posser/Wolff*, § 170 VwGO, Rn. 13; *Pietzner/Möller*, in: *Schoch/Schneider*, VwGO, § 170 VwGO, Rn. 2.

227 *Pietzner/Möller*, in: *Schoch/Schneider*, VwGO, § 170 VwGO, Rn. 25.

228 *Heckmann*, in: *Sodan/Ziekow*, § 170 VwGO, Rn. 71.

Konkretisierungs- und Auftragsfunktion.[229] Es ist also zwischen Vollstreckungshandlungen des Vollstreckungsgerichts und solchen der „*ersuchten Stellen*" als Vollstreckungshelfer zu unterscheiden.[230]

Das Vollstreckungsverfahren als solches wird bereits durch den Antrag des Gläubigers eingeleitet.[231] Fraglich ist aber, ob der Erlass der Vollstreckungsankündigung als Vollstreckungshandlung einzuordnen ist oder ob sie die Vollstreckung nur vorbereitet.[232] Die Vollstreckungsankündigung mit Abwendungsaufforderung wird teilweise als Vollstreckungshandlung und gleichzeitig als gerichtliche Entscheidung eingeordnet.[233] Die Einordnung als Beschluss erfolgt offenbar in erster Linie vor dem Hintergrund, dass der Vollstreckungsgläubiger andernfalls erst die Vollstreckungsverfügung anfechten könnte. Die Gegenauffassung ist der Ansicht, dass die bloße Ankündigung samt Aufforderung mit Fristsetzung nicht ausreicht, um einen Entscheidungscharakter zu begründen.[234] Im Übrigen habe der Vollstreckungsschuldner immer noch die Möglichkeit, Einwendungen zu erheben, die – soweit sie begründet sind – den Erlass der Vollstreckungsverfügung verhindern.[235] Nach dieser Ansicht ist darum die Vollstreckungsankündigung, auch wenn es sich um einen Beschluss handelt, in der Regel unanfechtbar.[236]

Nach der hier vertretenen Ansicht findet das Vollstreckungsrecht seine unmittelbare Rechtfertigung jedoch im Justizgewährungsanspruch bzw. Art. 19 Abs. 4 Satz 1 GG.[237] Diese Ansprüche gehen in ihrer Reichweite über das staatliche Gewaltmonopol hinaus. Deshalb muss geklärt werden, ob es sich bei der Vollstreckungsankündigung des Gerichts schon um eine Vollstreckungshandlung handelt. Beurteilungsmaßstab sind die Definitionsmerkmale der Zwangsvollstreckung,[238] insbesondere das Kriterium, ob die jeweilige Maßnahme „*zum Zweck der Zwangsvollstreckung*" erfolgt. Zwar hat nach § 170 Abs. 2 VwGO das Gericht den

---

229 *Heckmann*, in: *Sodan/Ziekow*, § 170 VwGO, Rn. 71.

230 *Heckmann*, in: *Sodan/Ziekow*, § 170 VwGO, Rn. 5.

231 *Heckmann*, in: *Sodan/Ziekow*, § 170 VwGO, Rn. 59.

232 *Heckmann*, in: *Sodan/Ziekow*, § 170 VwGO, Rn. 66.

233 OVG NRW, Beschluss vom 05. Dezember 1986 – 11 B 2726/86 –, 1. LS, zit. nach juris; *Schenke*, in: *Kopp/Schenke*, § 170 VwGO, Rn. 6; *Kraft*, in: *Eyermann*, § 170 VwGO, Rn. 11; *Schmidt-Kötters*, in: *Posser/Wolff*, § 170 VwGO, Rn. 12; *Schmidt-Kötters*, in: *Posser/Wolff*, § 170 VwGO, Rn. 12.

234 *Pietzner/Möller*, in: *Schoch/Schneider*, VwGO, § 170 VwGO, Rn. 24; *Heckmann*, in: *Sodan/Ziekow*, § 170 VwGO, Rn. 66 m.w.N.; *Miedtank*, Zwangsvollstreckung, S. 97.

235 *Heckmann*, in: *Sodan/Ziekow*, § 170 VwGO, Rn. 66; *Miedtank*, Zwangsvollstreckung, S. 97.

236 Anders liegt dies dann, wenn der Antrag abgelehnt wird, vgl. zum Ganzen *Pietzner/Möller*, in: *Schoch/Schneider*, VwGO, § 170 VwGO, Rn. 24.

237 Siehe hierzu unter B.III.1.

238 *Wieser*, Begriff und Grenzfälle der Zwangsvollstreckung, S. 13.

jeweiligen gesetzlichen Vertreter der Behörde von der beabsichtigten Vollstreckung zu benachrichtigen verbunden mit der Aufforderung, die Vollstreckung abzuwenden. Die Formulierung der Vorschrift kann in dem Sinne verstanden werden, dass das Gericht die Absicht des Gläubigers, zu vollstrecken, dem Schuldner lediglich nachrichtlich zur Kenntnis gibt. Auch die Vollstreckungsankündigung mit Abwendungsaufforderung kann man bei unbefangenem Verständnis in der Weise verstehen, dass es sich um die letztmalige Aufforderung handelt, freiwillig zu zahlen.

Auch für die Vollstreckungsanzeige i.S.d. § 882a ZPO ist umstritten, ob es sich um eine Vollstreckungshandlung handelt.[239] Geht es hier aber um die verwaltungsgerichtliche Geldvollstreckung, so sind zwei zentrale Unterschiede zwischen der Vollstreckungsanzeige des privaten Gläubigers in der zivilprozessualen Zwangsvollstreckung und der Vollstreckungsankündigung nach § 170 Abs. 2 Satz 1 VwGO zu berücksichtigen.[240] Der private Vollstreckungsgläubiger zeigt dem Schuldner seine Absicht der Vollstreckung an. Ob er die Vollstreckung anschließend durchführt, hängt regelmäßig von einem weiteren Antrag ab.[241] Weiter hat im Fall des § 170 VwGO der Vollstreckungsgläubiger bereits die Durchführung des Vollstreckungsverfahrens beantragt, wenn das Gericht die Vollstreckungsankündigung erlässt. Herr des Verfahrens ist nun das Vollstreckungsgericht.

Dies lässt Rückschlüsse auf die Einordnung der Vollstreckungsankündigung wie folgt zu: Die gesetzgeberische Konzeption des § 170 VwGO verdeutlicht, dass bereits die Vollstreckungsankündigung mit Abwendungsaufforderung eine erhöhte Eignung hat, den Vollstreckungsschuldner bereits in dieser Phase zu einem Befolgen zu bewegen. Im Vergleich zu § 882a ZPO handelt es sich um ein „Mehr“: § 170 Abs. 2 VwGO sieht nicht nur die bloße Vollstreckungsanzeige durch den Gläubiger vor, sondern stellt den zwingenden Erlass der Abwendungsaufforderung durch das Gericht an ihre Seite. Aus der Einbeziehung der Abwendungsaufforderung folgt zugleich die Aussage, dass das Gericht die Vollstreckungsverfügung erlassen wird,

---

239 Die h.M. bejaht dies: OLG Frankfurt, Beschluss vom 10. November 1980 – 20 W 657/80 –, Orientierungssatz, zit. nach juris; in diesem Sinne offenbar auch *Nober*, in: *Anders/Gehle*, § 882a ZPO, Rn. 6, der auch für die Anzeige nach § 882a ZPO das Vorliegen der Vollstreckungsvoraussetzungen für erforderlich hält; nicht ausdrücklich, aber für das Vorliegen aller Vollstreckungsvoraussetzungen *Gaul/Schilken/Becker-Eberhard*, Zwangsvollstreckungsrecht, § 4 I 2, S. 25. Zur Gegenansicht: OLG Köln, Beschluss vom 11. März 1964 – 8 W 83/63 –, NJW 1965, 50 (51); *Becker*, in: *Musielak/Voit*, § 882a ZPO, Rn. 3; *Gundlach/Frenzel/Schmidt*, InVo2001, 227 (229); *Poster*, Durchsetzung, S. 308; offenbar auch *Dörndorfer*, in: Münchener Kommentar zur ZPO, § 882a, Rn. 9.

240 Für i.E. Regelungen gleichen Inhalts offenbar *Pietzner/Möller*, in: *Schoch/Schneider*, VwGO, § 170 VwGO, Rn. 19, Fn. 30; *Kraft*, in: *Eyermann*, § 170 VwGO, Rn. 11.

241 Soll etwa durch den Gerichtsvollzieher vollstreckt werden, so ist nach § 882a Abs. 1 Satz 3 ZPO auf Antrag des Gläubigers vom Vollstreckungsgericht (§ 764 Abs. 2 ZPO) der zuständige Gerichtsvollzieher zu bestimmen.

sollte der schuldende Staat der titulierten Forderung nicht fristgerecht nachkommen. Die Ankündigung ergeht für den schuldenden Staat also unter der Aussicht anschließenden Vollstreckung, sollte er der titulierten Forderung nicht nachkommen. Denn anders als im Fall des § 882a ZPO ist es für ihn sicher, dass das Gericht im Fall des Unterlassens der Zahlung/einer Teilzahlung die Vollstreckungsverfügung erlassen wird. Hieraus wird ersichtlich, dass der Staat selbst (hier in Gestalt des Gerichts), und nicht der Gläubiger, ankündigt, bei Vorliegen der weiteren Vollstreckungsvoraussetzungen die Vollstreckungsverfügung zu erlassen. Entscheidend für die Einordnung als Vollstreckungshandlung ist ferner, dass der Gläubiger in der Konstellation des § 170 VwGO bereits den Antrag auf Einleitung des Vollstreckungsverfahrens bei dem Gericht gestellt hat. Die Verfahrensherrschaft ist auf dieses übergegangen. Es handelt sich gerade nicht mehr um die Anzeige der bloßen (Vollstreckungs-)Absicht eines Privaten. Das sich anschließende Verfahren wird auch, anders als in der Zwangsvollstreckung, von dem Verwaltungsgericht unter Beachtung der besonderen Maßgaben des § 170 VwGO durchgeführt. Der Gläubiger kann das Verfahren zwar auch nach Antragstellung jederzeit beenden, allerdings unter strengeren Voraussetzungen als im Fall des § 882a ZPO. Im Fall des § 882a ZPO hat der Gläubiger das Vollstreckungsverfahren noch nicht eingeleitet. Daraus ergibt sich, dass es sich bei der Vollstreckungsankündigung i.S.d. § 170 VwGO um eine Vollstreckungshandlung handelt und sie nicht bloß die Zwangsvollstreckung vorbereitet. Die Vollstreckungsankündigung hat selbständigen Entscheidungsgehalt in dem Sinne, dass das Verwaltungsgericht zur Vollstreckung übergehen wird.

Die dritte und letzte Phase des Verfahrens nach § 170 VwGO liegt in dem Zugriff auf das Vermögen des schuldenden Staates durch die von dem Vollstreckungsgericht eingeschalteten Vollstreckungshelfer. Nach § 170 Abs. 1 Satz 3 VwGO ist die ersuchte Stelle verpflichtet, dem Vollstreckungsersuchen des Verwaltungsgerichts nach den für sie geltenden Vollstreckungsvorschriften nachzukommen. Für die Vollstreckungshelfer (z.B. Amtsgericht, Grundbuchamt oder Gerichtsvollzieher) finden die Vorschriften der Zivilprozessordnung, des Gesetzes über die Zwangsversteigerung und die Zwangsverwaltung, der Grundbuchordnung etc. unmittelbar Anwendung.[242] Die Frage nach dem Zeitpunkt des Endes des Vollstreckungsverfahrens[243] beantwortet sich deshalb zunächst jeweils nach den anzuwendenden Vorschriften innerhalb der genannten Gesetze. Der Einwand, Vollstreckungsverfahren erführen ihre zeitliche Begrenzung durch die Reichweite des Gewaltmonopols,[244] führte im Fall des § 170 VwGO dazu, dass dieses, soweit es die Phasen jener in Bezug genommenen Vollstreckungsvorschriften einbezieht,

---

242 Vgl. auch *Heckmann*, in: *Sodan/Ziekow*, § 170 VwGO, Rn. 5.

243 Die (freiwillige) Zahlung des schuldenden Staates etwa bleibt außen vor.

244 Vorgetragen zu den zivilprozessualen Vollstreckungsvorschriften von *Stamm*, S. 10 ff. und *ders.*, in: BMJV, Fn. 95, S. 20.

dann beendet ist, wenn etwa der vollstreckende Staat das geschuldete Verhalten vorgenommen hat. Nach dieser Ansicht endet die staatliche Gewaltanwendung mit der Substituierung der fehlenden freiwilligen Schuldnerhandlung.[245] Dies trifft allerdings wegen der verfassungsrechtlichen Fundierung des Vollstreckungsrechts in Art. 19 Abs. 4 Satz 1 GG bzw. in dem Justizgewährungsanspruch nicht zu.[246] Das Vollstreckungsverfahren endet, auch jenes nach § 170 VwGO, mit der (vollständigen) Befriedigung des Vollstreckungsgläubigers.[247] Verwertung und Erlösauskehr richten sich wiederum nach den Vorschriften der Zivilprozessordnung, die für die jeweils „ersuchte Stelle" anzuwenden sind.

Im Rahmen des Verfahrens nach § 170 VwGO kommt dem Gericht ein Ermessensspielraum hinsichtlich der Fristdauer zu. Es hat, anders als im Fall des § 882a ZPO, eine Frist zu bestimmen, die zwar einen Monat nicht überschreiten darf, aber den Umständen des Einzelfalls nach angemessen sein muss. Darüber hinaus wählt das Vollstreckungsgericht in der Vollstreckungsverfügung die Vollstreckungsmaßnahmen nach seinem Ermessen aus und bestimmt – ebenfalls nach eigenem Ermessen – die Art und Weise des Vollstreckungsverfahrens,[248] wobei es nach ganz herrschender Meinung nicht an Anträge des privaten Vollstreckungsgläubigers gebunden ist.[249] In Betracht kommen sämtliche Vollstreckungsmaßnahmen der Geldvollstreckung.[250] Das gerichtliche Ermessen in Bezug auf die Wahl der Vollstreckungsmaßnahme ist (auch) durch § 170 Abs. 3 Satz 1 VwGO begrenzt.[251]

---

245 *Stamm*, in: BMJV, Fn. 95, S. 20 sowie *Stamm*, S. 10 ff., nach dem nur Handlungen, welche die fehlende freiwillige Schuldnerhandlung ersetzen, Ausdruck von Willensbeugung und damit durch das Gewaltmonopol verfassungsrechtlich gerechtfertigt sind.

246 Vgl. dazu ausführlich unter E.I.

247 *Stamm*, in: BMJV, Fn. 95, S. 20, dort Fn. 11.

248 *Pietzner/Möller*, in: *Schoch/Schneider*, VwGO, § 170 VwGO, Rn. 1, Rn. 25.

249 *Waldhoff*, in: *Gärditz*, § 170 VwGO, Rn. 6; *Schenke*, in: *Kopp/Schenke*, § 170 VwGO, Rn. 3; *Bamberger*, in: *Wysk*, § 170 VwGO, Rn. 4; *Schmidt-Kötters*, in: *Posser/Wolff*, § 170 VwGO, Rn. 13; *Pietzner/Möller*, in: *Schoch/Schneider*, VwGO, § 170 VwGO, Rn. 25; *Miedtank*, Zwangsvollstreckung, S. 98. Nach *Heckmann*, in: *Sodan/Ziekow*, § 170 VwGO, Rn. 73 f., dürfe aber einem „*sachlich angemessenen Begehren auf Bestimmung einer geeigneten Maßnahme durchaus entsprochen werden*". Das OVG Rheinland-Pfalz wendet demgegenüber § 88 VwGO analog an, Beschluss vom 21. November 2013 – 6 B 11027/13 –, Rn. 16, zit. nach juris.

250 In Betracht kommen etwa die Sach- oder Forderungspfändung (vgl. § 167 Abs. 1 Satz 1 VwGO i.V.m. §§ 803 ff. ZPO) oder die Zwangsvollstreckung in das unbewegliche Vermögen; vgl. *Rupp*, AöR 85 (1960), 301 (335); *Heckmann*, in: *Sodan/Ziekow*, § 170 VwGO, Rn. 73 f.

251 *Heckmann*, in: *Sodan/Ziekow*, § 170 VwGO, Rn. 73 f. und Rn. 93.

Daneben ist allerdings nicht abschließend geklärt,[252] ob zu der „*Bestimmung der Vollstreckungsmaßnahme*" neben der Art der Vollstreckung[253] auch der Vollstreckungsgegenstand zählt.[254] Stünde die Auswahl des Vollstreckungsgegenstandes nicht im gerichtlichen Ermessen, käme diese Befugnis dem Vollstreckungshelfer zu. Für Letzteres spricht neben dem Umstand, dass das Vollstreckungsgericht mögliche Vollstreckungsobjekte selten aus eigener Anschauung kennen wird, insbesondere die Existenz von § 170 Abs. 3 VwGO.[255] Dem steht allerdings der Wortlaut des § 170 Abs. 1 Satz 2 VwGO entgegen, wonach das Vollstreckungsgericht die vorzunehmenden Vollstreckungsmaßnahmen bestimmt und die zuständige Stelle nur noch um deren Vornahme ersucht. Die Verfahrensherrschaft soll allein in den Händen des Vollstreckungsgerichts liegen.

iii) Verwaltungsgerichtliche Zwangsvollstreckung aus Erzwingungstiteln

Anders als die §§ 887 ff. ZPO, welche die jeweiligen Voraussetzungen und Rechtsfolgen für die unterschiedlichen Erzwingungstitel in jeweils einer eigenen Vollstreckungsvorschrift regeln, bündelt die Verwaltungsgerichtsordnung die Erzwingungsvollstreckung gegen den Staat als Hoheitsträger in einer einzigen Vorschrift, dem § 172 VwGO.

Das – auf Antrag des Vollstreckungsgläubigers eingeleitete – Verfahren zur Zwangsvollstreckung aus verwaltungsgerichtlichen Erzwingungstiteln besteht aus einem Festsetzungs- und aus einem Beitreibungsverfahren. Das Vollstreckungsgericht, nicht der Vollstreckungsgläubiger, ist Herr des Verfahrens.[256] Androhung und Festsetzung werden jeweils auf Antrag analog § 81 Abs. 1 VwGO erlassen,[257] wobei umstritten ist, ob der Antrag auf Festsetzung bereits mit dem Antrag auf Androhung verbunden werden kann.

---

252 Von dieser Frage ist die Forderungspfändung nicht berührt, weil hierfür das Vollstreckungsgericht selbst zuständig ist (§ 828 Abs. 1 ZPO i.V.m. § 167 Abs. 1 Satz 2 VwGO). Vgl. OVG Berlin-Brandenburg, Beschluss vom 07. April 2009 – OVG 9 L 29.09 –, Rn. 21, zit. nach juris.

253 So wohl *v. Nicolai*, in: *Redeker/v. Oertzen*, § 170 VwGO, Rn. 7: „*Auswahl [...] zwischen den Vollstreckungsarten [...]*".

254 Dafür *Kraft*, in: *Eyermann* § 170 VwGO, Rn. 14 sowie *Miedtank*, Zwangsvollstreckung, S. 98.

255 *Heckmann*, in: *Sodan/Ziekow*, § 170 VwGO, Rn. 73 f.

256 Vgl. *Heckmann*, in: *Sodan/Ziekow*, § 172 VwGO, Rn. 9, a.A. *Pietzner/Möller*, in: *Schoch/Schneider*, VwGO, § 172 VwGO, Rn. 25.

257 *Gatz*, ZAP 2019, 523 (530); *Heckmann*, in: *Sodan/Ziekow*, § 172 VwGO, Rn. 70.

Das Festsetzungsverfahren ist ein Beschlussverfahren.[258] Es besteht im Wesentlichen aus der zwingend erforderlichen[259] Androhung des Zwangsgeldes und – erfüllt der Vollstreckungsschuldner die titulierte Verpflichtung nicht fristgerecht – dessen Festsetzung.[260] Die Androhung ergeht in Form eines rechtskraftfähigen Beschlusses.[261] Sie hat nach dem Willen des Gesetzgebers die Funktion, ein Vorgehen gegen die Verwaltung im Wege staatlichen Zwangs zu verhindern und auf diese Weise die Wahrung des Ansehens der Verwaltung zu ermöglichen.[262] Der Androhungsbeschluss hat im Fall des § 172 VwGO von vornherein nur das Zwangsgeld zum Gegenstand. Das Gericht bestimmt insbesondere die Höhe des Zwangsgeldes für den Fall des Nichtbefolgens der titulierten Verpflichtung bzw. Leistung, wie diese in der vorangegangenen Entscheidung des Verwaltungsgerichts tenoriert wurde, und setzt eine Frist für deren Erfüllung. Die Frist ist – anders als bei § 170 VwGO – gesetzlich der Höhe nach nicht begrenzt. Die Androhung hat also insoweit einen eigenen Regelungsgehalt, als das Gericht die Zwangsgeldhöhe festsetzt und die Fristdauer bestimmt.

Bezugspunkt des Androhungsbeschlusses ist indessen die Verpflichtung/Leistung in der Gestalt, in der sie in der vorangegangenen gerichtlichen Entscheidung tituliert wurde. Diese behält ihre Titelfunktion, der Androhungsbeschluss selbst enthält insoweit keine modifizierte oder neue Verpflichtung und deshalb auch keinen vollstreckbaren Inhalt. Nachdem eine Beschwerde gegen die Androhung wegen § 149 Abs. 1 Satz 1 VwGO keine aufschiebende Wirkung entfaltet, ist ein nicht rechtskräftiger Androhungsbeschluss auch im Fall einer erhobenen Beschwerde vollziehbar, der Erlass eines Zwangsgeldfestsetzungsbeschlusses also möglich.[263]

---

258 *Bamberger*, in: *Wysk*, § 172 VwGO, Rn. 7.

259 Die Formulierung „*kann*" in § 172 Satz 1 VwGO bezieht sich nach herrschender Meinung nicht auf das „Ob" der Vollstreckung, vgl. hierzu *Pietzner/Möller*, in: *Schoch/Schneider*, VwGO, § 172 VwGO, Rn. 42.

260 Eine zusätzliche Abwendungsaufforderung ist nach einhelliger Auffassung im Anwendungsbereich des § 172 VwGO nicht erforderlich, vgl. *Heckmann*, in: *Sodan/Ziekow*, § 172 VwGO, Rn. 76 und *Bank*, Zwangsvollstreckung, S. 75 f.

261 *Pietzner/Möller*, in: *Schoch/Schneider*, VwGO, § 172 VwGO, Rn. 42.

262 Vgl. Hamburgisches OVG, Beschluss vom 14. Februar 2017 – 1 So 63/16 –, Rn. 29, zit. nach juris; BT-Drs. III/55, S. 49 zu § 167 VwGO a.F.; siehe hierzu ausführlich unter E.I.3.a).

263 Je nach Konstellation und Eilbedürftigkeit kann es opportun sein, zunächst das Beschwerdeverfahren hinsichtlich der Androhung zu durchlaufen und es mit rechtskräftigem Beschluss abzuschließen, so etwa im Fall des Bayerischen VGH, Beschluss vom 09. November 2018 – 22 C 18.1718 –, Rn. 17, zit. nach juris.

Gegenstand des Zwangsgeldbeschlusses[264] ist demgegenüber das Zwangsgeld, das von dem Verwaltungsgericht festgesetzt wird. Daneben spricht das Verwaltungsgericht die Anordnung der Zwangsgeldzahlung aus.[265] Dem Zwangsgeldbeschluss kommt deshalb eine Funktion als Vollstreckungstitel (§ 168 Abs. 1 Nr. 1 VwGO) zu, die selbständig neben die Verpflichtung aus der vorangegangenen verwaltungsgerichtlichen Entscheidung tritt. Diese Funktion entsteht im Fall von Zwangsgeldbeschlüssen allerdings erst mit Eintritt deren formeller Rechtskraft, weil eine vor diesem Zeitpunkt erhobene Beschwerde ausnahmsweise aufschiebende Wirkung entfaltet.[266] Beschlüsse sind im Regelfall auch ohne Entscheidung über die Vollstreckbarkeit vorläufig und sofort vollstreckbar, wenn und weil eine etwaig erhobene Beschwerde keine aufschiebende Wirkung hat, vgl. § 149 Abs. 1 Satz 1 VwGO.[267] Sie entfaltet nur dann aufschiebende Wirkung, wenn sie die Festsetzung eines Ordnungs- oder Zwangsmittels betrifft. Es handelt sich bei der Zwangsgeldfestsetzung deshalb um eine weitere Verpflichtung des Vollstreckungsschuldners, die nach Eintritt der formellen Rechtskraft selbständig vollstreckbar ist. Demgegenüber entsteht der Anspruch auf Zwangsgeldzahlung im Verhältnis zwischen vollstreckendem und schuldendem Staat.[268] Androhungs- und Festsetzungsbeschluss können, u.a. wegen des Erfordernisses der Fristwahrung, nicht gleichzeitig ergehen. Die Verbindung der Festsetzung mit einer neuen, weiteren Androhung ist jedoch möglich.[269]

Im Bereich der Vollstreckung nach § 172 VwGO liegen die in der Androhung gesetzte Frist zur Erfüllung der titulierten Verpflichtung und die Höhe des Zwangsgeldes im gerichtlichen Ermessen. Dabei ist die Frist – anders als bei § 170 VwGO – von dem Gesetzgeber nicht und das Zwangsgeld betragsmäßig auf EUR 10.000,- begrenzt.[270] Mit dem Zwangsgeldbeschluss setzt das Vollstreckungsgericht das Zwangsgeld fest und übt hier kein Ermessen mehr aus.[271]

---

264 Die Zwangsgeldfestsetzung ergeht nach h.M. in Form eines Beschlusses, vgl. *Pietzner/Möller*, in: *Schoch/Schneider*, VwGO, § 172 VwGO, Rn. 45.

265 Bayerischer VGH, Beschluss vom 09. November 2018 – 22 C 18.1718 –, Rn. 51, zit. nach juris.

266 Vgl. *Pietzner/Möller*, in: *Schoch/Schneider*, VwGO, § 168 VwGO, Rn. 16; siehe hierzu im Einzelnen unter B.IV.5.

267 Vgl. *Schoch*, in: *Schoch/Schneider*, VwGO, § 123 VwGO, Rn. 170.

268 Siehe hierzu unter B.IV.2.b)i).

269 *Bamberger*, in: *Wysk*, § 172 VwGO, Rn. 12; *Pietzner/Möller*, in: *Schoch/Schneider*, VwGO, § 172 VwGO, Rn. 45, 49.

270 Vgl. *Pietzner/Möller*, in: *Schoch/Schneider*, VwGO, § 172 VwGO, Rn. 42. Der Begriff „*kann*" in § 172 VwGO bezieht sich nach heute einhelliger Meinung nicht auf das „Ob" der Zwangsvollstreckung, vgl. *Remien*, Zwangsgeld, S. 233 und *Pietzner/Möller*, in: *Schoch/Schneider*, VwGO, § 172 VwGO, Rn. 42 und dort Fn. 14 m.w.N. auch zu der früher vereinzelt vertretenen Gegenauffassung.

271 *Pietzner/Möller*, in: *Schoch/Schneider*, VwGO, § 172 VwGO, Rn. 45.

Das Zwangsgeld kann wiederholt angedroht, festgesetzt und vollstreckt werden, und zwar so oft, bis die Verpflichtung erfüllt ist.[272] Voraussetzung ist nach herkömmlicher Ansicht[273] die Erfolglosigkeit des zuerst angedrohten Zwangsgelds (vgl. § 13 Abs. 6 Satz 2 VwVG). Nach teilweise vertretener Auffassung genügt hierfür schon der Ablauf der in der weiteren Androhung gesetzten Frist.[274] Demgegenüber hält die herrschende Auffassung den Erlass auch einer weiteren Zwangsgeldfestsetzung für erforderlich,[275] während mitunter sogar eine erfolglose Beitreibung gefordert wird.[276]

Die Beitreibung des festgesetzten Zwangsgeldes erfolgt – im Gegensatz zu § 888 ZPO und in Übereinstimmung mit § 890 ZPO – von Amts wegen und ist von dem Vollstreckungsgericht *„unverzüglich"* nach Erlass der Festsetzung in die Wege zu leiten.[277] Vollstreckt wird das nach § 172 VwGO festgesetzte Zwangsgeld nach ganz herrschender Meinung nach § 170 VwGO[278] und nach teilweise vertretener Auffassung nach den Regeln der Justizbeitreibungsordnung.[279]

Voraussetzung für Einleitung der Erzwingungsvollstreckung sind der Vollstreckungsantrag des Vollstreckungsgläubigers und das Vorliegen der Vollstreckungsvoraussetzungen.[280] Eingeleitet wird die Vollstreckung deshalb mit Erlass der Zwangsgeldandrohung.[281] Das Vollstreckungsverfahren endet mit der Erfüllung der titulierten Verpflichtung, bei Vorliegen sonstiger Vollstreckungshindernisse oder auf Rücknahme- oder Erledigungsantrag des Vollstreckungsgläubigers.[282]

---

272 *Heckmann*, in: *Sodan/Ziekow*, § 172 VwGO, Rn. 83.

273 Vgl. aber zu einer neuerdings vertretenen Auslegungsvariante und zu der hier vertretenen Auffassung ausführlich unter F.I.1.c)ii).

274 OVG Berlin, Urteil vom 10. November 1967 – II B 46.66 –, 2. LS, zit. nach juris.

275 *Heckmann*, in: *Sodan/Ziekow*, § 172 VwGO, Rn. 83; OVG Lüneburg, Beschluss vom 11. März 1988 – 13 B 125/88 –; *Pietzner/Möller*, in: *Schoch/Schneider*, VwGO, § 172 VwGO, Rn. 49; *v. Nicolai*, in: *Redeker/v. Oertzen*, § 172 VwGO, Rn. 7.

276 *Miedtank*, Zwangsvollstreckung, S. 125.

277 OVG Berlin, Beschluss vom 04. November 1998 – 3 S 15.98 –, Rn. 22, zit. nach juris.

278 *Bank*, Zwangsvollstreckung, S. 76; *Miedtank*, Zwangsvollstreckung, S. 124 f.; *Pietzner/Möller*, in: *Schoch/Schneider*, VwGO, § 172 VwGO, Rn. 46 ff.

279 *Heckmann*, in: *Sodan/Ziekow*, § 172 VwGO, Rn. 80 ff.

280 Liegen die (allgemeinen und besonderen) Vollstreckungsvoraussetzungen nicht vor, so weist das Vollstreckungsgericht den Antrag als unzulässig zurück, vgl. *Pietzner/Möller*, in: *Schoch/Schneider*, VwGO, § 172 VwGO, Rn. 31 f.

281 VGH Baden-Württemberg, Beschluss vom 25. Juni 2003 – 4 S 118/03 –, 3. Orientierungssatz, zit. nach juris; siehe auch VGH Baden-Württemberg, Beschluss vom 20. Mai 1992 – 10 S 379/92 –, Rn. 3, zit. nach juris; *Heckmann*, in: *Sodan/Ziekow*, § 172 VwGO, Rn. 73.

282 *Heckmann*, in: *Sodan/Ziekow*, § 172 VwGO, Rn. 84; *Pietzner/Möller*, in: *Schoch/Schneider*, VwGO, § 172 VwGO, Rn. 31.

Von Bedeutung ist insbesondere, dass das Vollstreckungsverfahren auch mit endgültiger Zweckverfehlung beendet ist. Eine solche Zweckverfehlung kann vorliegen bei Ablauf der in der gerichtlichen Entscheidung gesetzten Frist,[283] durch den Tod des Vollstreckungsläubigers[284] oder dessen Insolvenz.[285] Auf Grundlage des geltenden § 172 VwGO ist eine Erzwingungsvollstreckung nach Erledigungseintritt nicht möglich.

b) Instrumente der Erzwingungsvollstreckung nach geltendem Recht

§ 172 VwGO und die §§ 887 ff. ZPO arbeiten derzeit mit folgendem Instrumentarium.

i) Zwangsgeld und Zwangshaft

Sowohl in § 888 ZPO als auch in § 172 VwGO geht es um die Vollstreckung wegen unvertretbarer Handlungen, die ausschließlich von dem privaten Vollstreckungsschuldner bzw. dem Staat als Hoheitsträger abhängen. Aus diesem Grund arbeiten beide Vorschriften mit dem Zwangsgeld als Vollstreckungsmittel, wobei § 172 VwGO es dabei bewenden lässt und nur § 888 ZPO zusätzlich die Zwangshaft vorsieht. Nach § 172 VwGO kann ein Zwangsgeld i.H.v. maximal EUR 10.000,- und nach § 888 ZPO i.H.v. maximal EUR 25.000,- festgesetzt werden. Das Zwangsgeld ist ein in die Zukunft gerichtetes, reines Beugemittel. Es arbeitet mit indirektem Zwang und bezweckt, den Schuldner zur Erfüllung einer Verpflichtung anzuhalten.

Die Vollstreckung des Zwangsgeldes i.S.d. § 888 ZPO erfolgt nach überwiegender Ansicht nicht von Amts wegen und nach Maßgabe der Vorschriften der Justizbeitreibungsordnung, sondern nach den allgemeinen vollstreckungsrechtlichen Regeln.[286] Begründet wird dies mit der Verfahrensherrschaft des privaten Vollstreckungsgläubigers. Dieser könne auf den Einsatz eines von dem Prozessgericht festgesetzten Zwangsmittels verzichten.[287] Anders als bei § 888 ZPO werden das nach § 172 VwGO festgesetzte Zwangsgeld und das nach § 890 ZPO verhängte Ordnungsgeld[288] von Amts wegen beigetrieben. Vollstreckt wird das nach § 172 VwGO festgesetzte Zwangsgeld nach ganz herrschender Meinung nach § 170 VwGO und nach teilweise vertretener Auffassung nach den Regeln der Justizbeitreibungsordnung.[289]

---

283 So im Fall „Stadthalle Wetzlar", vgl. hierzu unter B.I.1.

284 So im „Natrium-Pentobarbital-Fall", vgl. hierzu unter B.I.2.a).

285 Siehe hierzu im Einzelnen unter C.II.2.b).

286 BGH, Beschluss vom 02. März 1983 – IVb ARZ 49/82 –, Rn. 11, zit. nach juris; *Seibel*, in: *Zöller*, § 888 ZPO, Rn. 13.

287 BGH, Beschluss vom 02. März 1983 – IVb ARZ 49/82 –, Rn. 11, zit. nach juris.

288 BGH, Beschluss vom 02. März 1983 – IVb ARZ 49/82 –, Rn. 11, zit. nach juris.

289 Siehe hierzu unter B.IV.2.a)iii).

Im Bereich der Zivilprozessordnung kommen als zusätzliche Vollstreckungsmittel die Zwangshaft i.S.v. § 888 und die Ordnungshaft i.S.v. § 890 ZPO in Betracht. Diese sind für den Fall der Uneinbringlichkeit auch als Ersatzzwangs- bzw. -ordnungshaft denkbar.

ii) Vollstreckungs- und Zwangsgeldadressaten

Auch wenn das Nichtbefolgen des Zwangsgeldbeschlusses nicht Gegenstand dieser Arbeit ist, müssen für mögliche Lösungsansätze Fragen im Zusammenhang mit dem Adressaten des Beugezwangs, d.h. dem Zwangsgeldschuldner, geklärt werden. Im Anwendungsbereich des § 172 VwGO wird teilweise die Behörde selbst,[290] teilweise aber auch deren Rechtsträger[291] als Adressatin bzw. Adressat des Beugezwangs angesehen. Richtigerweise muss es auf den Rechtsträger ankommen. Die Behörde ist im Regelfall nur passive Prozessstandschafterin und nicht selbständiges Rechtssubjekt. Sie selbst ist nicht rechtsfähig, sondern Organ eines Rechtsträgers. Als solches ist sie auch nicht Trägerin eines vollstreckungsfähigen Vermögens und ist nicht dazu in der Lage, ein Zwangsgeld zu begleichen oder es auch nur abzuwenden.[292] Im Anwendungsbereich der §§ 888, 890 ZPO ist Zwangs- bzw. Ordnungsgeldadressat der private Vollstreckungsschuldner, d.h. eine natürliche oder eine juristische Person. Dies gilt auch für die Zwangs- und Ordnungshaft i.S.d. §§ 888, 890 ZPO. Auch hier ist Schuldner die juristische Person selbst, in Zwangshaft bzw. Ordnungshaft genommen werden nach gefestigter Rechtsprechung jedoch ihre Organwalter.[293] Das Zwangsgeld i.S.d. § 888 Abs. 1 ZPO ist nach allgemeiner Meinung an die Staatskasse abzuführen und steht nicht dem Vollstreckungsgläubiger zu.[294] Gleiches galt nach lange unbestrittener Auffassung für das Zwangsgeld nach § 172 VwGO.[295]

---

290 Bayerischer VGH, Beschluss vom 26. Mai 1989 – 5 C 89.01007 –, NVwZ-RR 1989, 669 (670); in diesem Sinne, allerdings ohne nähere Begründung *Lind/Priebe*, ZEuS 2020, 429 (442); *Schmidt-Kötters*, in: *Posser/Wolff*, § 172 VwGO, Rn. 4; *Schoch/Schneider*, VwGO, in: *Pietzner/Möller*, § 172 VwGO, Rn. 8.

291 *Heckmann*, in: *Sodan/Ziekow*, § 172 VwGO, Rn. 17 f. und Rn. 72; so wohl auch *Lind/Priebe*, ZEuS 2020, 429 (455, dort Fn. 160).

292 *Heckmann*, in: *Sodan/Ziekow*, § 172 VwGO, Rn. 17 f.

293 BGH, Urteil vom 16. Mai 1991 – I ZR 218/89 –, Rn. 29, zit. nach juris m.w.N.

294 BGH, Beschluss vom 02. März 1983 – IVb ARZ 49/82 –, Rn. 12, zit. nach juris.

295 *Pietzner/Möller*, in: *Schoch/Schneider*, VwGO, § 172 VwGO, Rn. 46; *Rupp*, AöR 85 (1960), 301 (336); *Miedtank*, Zwangsvollstreckung, S. 129 f; *Berkemann*, DÖV 2019, 761 (772); *Heckmann*, in: *Sodan/Ziekow*, § 172 VwGO, Rn. 80 ff.; *Pietzner/Möller*, in: *Schoch/Schneider*, VwGO, § 172 VwGO, Rn. 46; OVG Berlin, Beschluss vom 04. November 1998 – 3 S 15.98 –, Rn. 27, zit. nach juris.

3. § 167 Abs. 1 Satz 1 VwGO – Spezialverweisung auf das Achte Buch der Zivilprozessordnung

Bei § 167 Abs. 1 Satz 1 VwGO handelt es sich um eine der in der Verwaltungsgerichtsordnung enthaltenen Spezialverweisungen auf die Zivilprozessordnung. Die Spezialverweisungen in der Verwaltungsgerichtsordnung gehen der Generalverweisung aus § 173 VwGO vor.[296] Nach § 167 Abs. 1 Satz 1 VwGO „*gilt für die Vollstreckung*" das Achte Buch der Zivilprozessordnung „*entsprechend*". Die Vorschrift verweist für die gerichtliche Vollstreckung global auf das Achte Buch der Zivilprozessordnung.[297] § 167 Abs. 1 Satz 1 VwGO erweist sich, wie noch erkennbar werden wird, als eines der Kernprobleme im Bereich der Vollstreckung gegen die Verwaltung i.e.S. Bedeutung und Inhalt der Vorschrift sind nur teilweise geklärt,[298] und beides zu untersuchen, bedürfte einer eigenen Arbeit.

Hier soll es deshalb in erster Linie darum gehen, das „Ob" und den Umfang der Anwendbarkeit der zivilprozessualen Vollstreckungsvorschriften gerade im Rahmen der Vollstreckung gegen die Verwaltung i.e.S. auszuloten. Dabei wird im Folgenden noch nicht das Problem behandelt, ob § 167 Abs. 1 Satz 1 VwGO überhaupt greift und ob daher die Vorschriften des Achten Buchs der Zivilprozessordnung entsprechend anzuwenden sind. Hierbei handelt es sich um eine Frage des Tatbestands des § 167 Abs. 1 Satz 1 VwGO, namentlich des Vorhandenseins einer Vollstreckungsvorschrift in der Verwaltungsgerichtsordnung und des Umfangs des Anwendungsbereichs dieser Vorschrift.[299] Verfassungs- und Unionsrecht können nämlich dazu führen, dass die Anwendung einer Vollstreckungsnorm aus dem Achten Buch der Zivilprozessordnung trotz des Verweises aus § 167 Abs. 1 Satz 1 VwGO ausgeschlossen ist. Letzteres hat zur Folge, dass eine entsprechende Anwendung der zivilprozessualen Vollstreckungsvorschriften letztlich doch ausscheiden kann.

Nachfolgend wird zunächst die Rechtsfolgenseite des § 167 Abs. 1 Satz 1 VwGO beleuchtet, konkret die Frage, auf welche Weise und mit welchen Maßgaben und/oder Modifikationen die jeweilige Vorschrift des Achten Buchs der Zivilprozessordnung in Fällen der Vollstreckung aus verwaltungsprozessualen Titeln gegen die Verwaltung i.e.S. anzuwenden ist.

---

296 *Bamberger*, in: *Wysk*, § 167 VwGO, Rn. 1.

297 Vgl. *Meissner/Steinbeiß-Winkelmann*, in: *Schoch/Schneider*, VwGO, § 173 VwGO, Rn. 46.

298 Eine Auffassung meint, die §§ 169, 170, 172 VwGO beanspruchten, die wesentlichen Fragen des Vollstreckungsrechts eigenständig zu regeln. Nach dieser Ansicht hat die Verweisung auf Zivilprozessordnung daher wohl nur untergeordnete Bedeutung, vgl. *Pietzner/Möller*, in: *Schoch/Schneider*, VwGO, Vor § 167 VwGO, Rn. 12.

299 Siehe hierzu unter F.I.2.

a) § 167 Abs. 1 Satz 1 VwGO als Verweisungsanalogie

Für ein sachgerechtes Verständnis der *„entsprechenden"* Geltung ist die Einbeziehung der Verweisungssystematik innerhalb der Verwaltungsgerichtsordnung, insbesondere der Generalverweisung des § 173 VwGO und der weiteren Spezialverweisungen, von Bedeutung.[300] Aus dieser Verweisungssystematik folgt für die Anwendbarkeit von § 167 Abs. 1 Satz 1 VwGO zunächst, dass die in der Verwaltungsgerichtsordnung enthaltenen Spezialvorschriften vorrangig anzuwenden sind. Der Rückgriff auf die Spezialverweisung des § 167 Abs. 1 Satz 1 VwGO ist erst anschließend zulässig.[301]

i) Verweisungslücke

Die entsprechende Anwendung des Achten Buchs der Zivilprozessordnung setzt voraus, dass sich aus der Verwaltungsgerichtsordnung *„nichts anderes ergibt"*. Der Tatbestand des § 167 Abs. 1 Satz 1 VwGO setzt also das Vorliegen einer sog. Verweisungslücke in der Verwaltungsgerichtsordnung, hier in den §§ 170, 172 VwGO, voraus.[302] Eine Verweisungslücke liegt vor, wenn innerhalb der §§ 167 ff. VwGO eine Regelung fehlt oder eine dortige Norm selbst unvollständig ist.[303] Die Unvollständigkeit kann sich also auf die Verwaltungsgerichtsordnung, konkret die §§ 167 ff. VwGO, beziehen oder auf eine Rechtsnorm selbst.[304] Eine Norm kann einen Sachverhalt schon tatbestandlich nicht erfassen, oder aber kann sie ihn tatbestandlich erfassen und eine Rechtsfolge auslösen, die aber nicht passt.[305] Die herrschende Meinung fordert darüber hinaus, dass die Verweisungslücke planwidrig ist,[306] wobei der Gehalt dieses Merkmals im Zusammenhang mit Verweisungslücken nicht abschließend geklärt ist.[307]

---

300 Vgl. *Meissner/Steinbeiß-Winkelmann*, in: *Schoch/Schneider*, VwGO, § 173 VwGO, Rn. 48 ff.

301 *Meissner/Steinbeiß-Winkelmann*, in: *Schoch/Schneider*, VwGO, § 173 VwGO, Rn. 49.

302 Vgl. zu dem Begriff der Verweisungslücke *Falk*, Anwendung der Zivilprozessordnung, S. 15 ff. Der Begriff der Regelungslücke i.S. einer Voraussetzung für die Analogiebildung darf in diesem Zusammenhang nicht verwendet werden. Denn die Spezialverweisungen und die Generalverweisung in der VwGO führen dazu, dass eine Regelungslücke i.S. einer Analogie nicht vorliegen kann, vgl. hierzu *Meissner/Steinbeiß-Winkelmann*, in: *Schoch/Schneider*, VwGO, § 173 VwGO, Rn. 54 ff.; zu § 173 VwGO *Wysk*, in: *ders.*, § 173 VwGO, Rn. 14.

303 *Falk*, Anwendung der Zivilprozessordnung, S. 19 f.

304 *Falk*, Anwendung der Zivilprozessordnung, S. 18.

305 Vgl. *Falk*, Anwendung der Zivilprozessordnung, S. 20.

306 Vgl. zu § 173 VwGO *Falk*, Anwendung der Zivilprozessordnung, S. 29 ff. und S. 44; *Wolff*, in: *Posser/ders.*, § 173 VwGO, Rn. 3; *Braun Binder*, in: *Sodan/Ziekow*, § 170 VwGO, Rn. 6; a.A. für § 173 VwGO *Wysk*, in *ders.*, § 173 VwGO, Rn. 14.

307 Zu den Modifikationen der Planwidrigkeit vgl. *Falk*, Anwendung der Zivilprozessordnung, S. 19 f.

Die Existenz einer Verweisungslücke ist durch Auslegung zu ermitteln.[308] Auslegung heißt, den Sachgehalt eines Rechtssatzes oder eines gesetzlichen Merkmals allgemein, d.h. abstrakt derart umfassend zu ermitteln, dass kein Sachverhalt mehr denkbar ist, bezüglich dessen Zweifel an seiner Subsumierbarkeit unter dieses Merkmal bestehen.[309] Bei der Frage, ob eine Verweisungslücke besteht, muss zwischen Auslegung der Vollstreckungsvorschrift in der Verwaltungsgerichtsordnung und (unzulässiger) Füllung der Verweisungslücke unterschieden werden.[310] Wegen der Existenz von § 167 Abs. 1 Satz 1 VwGO darf daher nicht eine in den §§ 170, 172 VwGO möglicherweise vorhandene Lücke geschlossen werden. Ein solches Vorgehen führte zu einer Umgehung des § 167 Abs. 1 Satz 1 VwGO. Dabei sind die Übergänge zwischen Auslegungsbedürftigkeit (bloßer Erkenntnisakt) und Schließung der Verweisungslücke (Schaffung von Recht) fließend. Die Schließung der Verweisungslücke beginnt dort, wo die Auslegung zu keinem Ergebnis führt.[311] Dies ist deshalb so brisant, weil in den hier betrachteten Vollstreckungsfällen im Fall einer Verweisungslücke das Rechtsregime einer gänzlich anderen Prozessordnung zur Anwendung kommen muss und diese Anwendung mit großer Wahrscheinlichkeit Modifikationen des Verweisungsobjekts aus der Zivilprozessordnung verlangt.

Die Ermittlung des Vorliegens einer Verweisungslücke in den §§ 170, 172 ff. VwGO beschreibt also die Ermittlung der Grenzen, bis zu denen die Auslegung der §§ 170, 172 VwGO zulässig ist und wann sie zu dem Ergebnis kommen muss, dass diese Vorschriften unvollständig sind. Kommt die Auslegung zu dem Ergebnis, dass eine Verweisungslücke vorliegt, ist, wenn man der herrschenden Auffassung folgt, nach deren Planwidrigkeit zu fragen. Ist die Verweisungslücke planmäßig, sind die §§ 170, 172 VwGO also abschließend, ist der Tatbestand des § 167 Abs. 1 Satz 1 VwGO nicht erfüllt mit der Folge, dass ein Rückgriff auf das Achte Buch der Zivilprozessordnung unzulässig ist.

ii) Entsprechende Geltung des Verweisungsobjekts

Als Rechtsfolge ordnet § 167 Abs. 1 Satz 1 VwGO die *„entsprechende Geltung“* des Achten Buchs der Zivilprozessordnung an. Dabei handelt es sich um eine konstitutive Verweisung,[312] eine Spezialverweisung,[313] um eine Global-[314]/Pauschalverweisung, um eine dynamische Verweisung,[315] um eine Außenverweisung und

308 *Falk*, Anwendung der Zivilprozessordnung, S. 20 ff.

309 *Walz*, ZJS 4/2010, 482 (483).

310 Vgl. dazu BVerfG, Beschluss vom 14. Februar 1973 – 1 BvR 112/65 –, BVerfGE 34, 269 (286 ff.).

311 *Falk*, Anwendung der Zivilprozessordnung, S. 20 ff.

312 *Debus*, Verweisungen, S. 40 ff.

313 *Bamberger*, in: *Wysk*, § 167 VwGO, Rn. 1.

314 *Meissner/Steinbeiß-Winkelmann*, in: *Schoch/Schneider*, VwGO, § 173 VwGO, Rn. 46.

315 *Meissner/Steinbeiß-Winkelmann*, in: *Schoch/Schneider*, VwGO, § 173 VwGO, Rn. 46.

um eine Verweisungsanalogie.[316] Die konstitutive Verweisung führt zur Inkorporierung der Vorschriften des Achten Buchs der Zivilprozessordnung in die Verwaltungsgerichtsordnung.[317]

Der Rechtsanwender ist hier zwei Herausforderungen ausgesetzt: Auch wenn § 167 Abs. 1 Satz 1 VwGO die Verweisung auf das Achte Buch der Zivilprozessordnung begrenzt, ist – erstens – die Verweisung immer noch weit[318] und unscharf. Sie benennt die Normen des Achten Buchs, die zur Anwendung kommen sollen, nicht exakt. Zweitens lässt der Gesetzgeber hinsichtlich jedes einzelnen Verweisungsobjekts im Achten Buch den Umfang seiner Anwendung im Unklaren: Die Schwelle, mit deren Erreichen die zivilprozessuale Norm angewendet werden muss und die Schwelle, bis zu der sie angewendet werden darf, sind nicht geregelt.

Verweisungsanalogien bedürfen deshalb auch auf Rechtsfolgenseite der Auslegung.[319] Dies bedeutet, dass letztlich das Verweisungsobjekt, d.h. die jeweils potenziell anwendbare Norm aus dem Achten Buch der Zivilprozessordnung, (abstrakt) auszulegen ist.[320] Ziel muss dabei Konturierung der jeweiligen Norm aus den §§ 704 ff. ZPO sein, also die Ermittlung eines Rahmens, innerhalb dessen Grenzen die zivilprozessuale Norm im Bereich der Verwaltungsgerichtsordnung anwendbar ist.

§ 167 Abs. 1 Satz 1 VwGO enthält keine der Generalverweisung des § 173 Satz 1 VwGO[321] vergleichbare Einschränkung. Für die Auslegung der *„entsprechenden"* Anwendbarkeit des § 167 Abs. 1 Satz 1 VwGO wird hieraus mitunter abgeleitet, dass der Gesetzgeber selbst entschieden habe, dass die jeweils in Bezug genommenen Regelungen der Zivilprozessordnung grundsätzlich für das verwaltungsgerichtliche Verfahren passen und Unterschiede der Verfahrensarten nicht entgegenstehen.[322] Richtig ist, dass der Gesetzgeber offenbar davon ausging,

316 Vgl. allgemein *Debus*, Verweisungen, dort insb. S. 50, 55, 61 sowie *Larenz*, Methodenlehre, S. 257 ff.

317 *Clemens*, AöR 111 (1986), 63 (65).

318 *Meissner/Steinbeiß-Winkelmann*, in: *Schoch/Schneider*, VwGO, § 173 VwGO, Rn. 46.

319 Vgl. *Debus*, Verweisungen, S. 290 ff.; *Bamberger*, in: *Wysk*, § 167 VwGO, Rn. 2.

320 In diesem Sinne auch *Meissner/Steinbeiß-Winkelmann*, in: *Schoch/Schneider*, VwGO, § 173 VwGO, Rn. 57.

321 *„Soweit dieses Gesetz keine […] Bestimmungen enthält, […]."*

322 So aber *Meissner/Steinbeiß-Winkelmann*, in: *Schoch/Schneider*, VwGO, § 173 VwGO, Rn. 26 einerseits und Rn. 46 andererseits. In eine ähnliche Richtung, auch wenn konstruktiv erst auf Ebene der Auslegung relevant, stößt wohl auch der – für § 173 VwGO vertretene – Grundsatz weitestmöglich angleichender Auslegung, vgl. hierzu *Wysk*, in: *ders.*, § 173 VwGO, Rn. 3 und BVerwGE 36, 179 (182); insbesondere auch BT-Drs. III/55, S. 48: *„[…] die Zwangsvollstreckungsvorschriften der ZPO, die weitgehend unverändert für den Verwaltungsgerichtsprozeß übernommen werden können, […]."*

dass die Zwangsvollstreckungsvorschriften der Zivilprozessordnung *„weitgehend unverändert für den Verwaltungsgerichtsprozeß übernommen werden können"*.[323] Dies ändert aber nichts daran, dass schon aus verfassungsrechtlichen Gründen in jedem Fall geprüft werden muss, ob und in welchem Umfang bzw. mit welchen Modifikationen die jeweilige Vorschrift aus der Zivilprozessordnung angewandt werden kann. Angesichts der Weite der Verweisung des § 167 Abs. 1 Satz 1 VwGO ist deshalb gerade keine abschließende gesetzgeberische Wertung dahingehend ableitbar, dass die in Betracht kommenden Normen des Achten Buchs der Zivilprozessordnung im Verwaltungsprozess grundsätzlich unverändert anwendbar sind.[324] Je weiter die Verweisung ist, *„desto genauer muss man diese Passgerechtigkeit für jede einzelne Bezugsregelung"* prüfen. Je konkreter die Verweisung die in Bezug genommenen Normen benennt, *„desto eher folgt daraus eine positive Wertung des Gesetzgebers zur Passgerechtigkeit der Norm für den Verwaltungsprozess, so dass nur noch Detailmodifizierungen bei der, entsprechenden' Anwendung zu prüfen sind."*[325]

Richtigerweise bedarf es deshalb auch hier der normbezogenen Auslegung unter Berücksichtigung der Besonderheiten des Verwaltungsprozesses.[326] Nach der Rechtsprechung des Bundesverfassungsgerichts müssen Auslegung und Anwendung der Vollstreckungsvorschriften der Verwaltungsgerichtsordnung den Besonderheiten des Verwaltungsprozesses und der dort vorzufindenden Rechtsverhältnisse Rechnung tragen.[327] Dies gilt wegen der von § 167 Abs. 1 Satz 1 VwGO vermittelten inkorporierenden Wirkung auch für die jeweils inkorporierten Verweisungsobjekte der §§ 704 ff. ZPO. Diese Erkenntnis hat das Bundesverfassungsgericht darüber hinaus in dem Sinne ergänzt, dass *„die Vollstreckungsvorschriften der Verwaltungsgerichtsordnung"* so auszulegen seien, *„dass ein wirkungsvoller Schutz der Rechte des Einzelnen auch gegenüber der Verwaltung gewährleistet ist."*[328] Die Art und Weise der Konturierung, welche die jeweilige Vollstreckungsvorschrift der Zivilprozessordnung erfährt, hängt von der Auslegung in dem jeweiligen Fall ab. Es kann aber bereits festgehalten werden, dass es hinsichtlich der Vorschriften der Zivilprozessordnung, wenn sie denn anwendbar sind, regelmäßig zu einer *„Umformung"*[329], d.h. zu Modifizierungen[330] und zu

---

323 BT-Drs. III/55, S. 48.

324 *Meissner/Steinbeiß-Winkelmann*, in: *Schoch/Schneider*, VwGO, § 173 VwGO, Rn. 46.

325 *Meissner/Steinbeiß-Winkelmann*, in: *Schoch/Schneider*, VwGO, § 173 VwGO, Rn. 50.

326 In diesem Sinne auch *Meissner/Steinbeiß-Winkelmann*, in: *Schoch/Schneider*, VwGO, § 173 VwGO, Rn. 57.

327 BVerwG, Beschluss vom 26. August 1963 – BVerwG VII C 126/63 – BVerwGE 16, 254; Beschluss vom 19. Juni 1998 – 6 AV 2/98 –, Rn. 3, zit. nach juris; *Meissner/Steinbeiß-Winkelmann*, in: *Schoch/Schneider*, VwGO, § 173 VwGO, Rn. 57.

328 BVerfG, Beschluss vom 09. August 1999 – 1 BvR 2245/98 –, NVwZ 1999, 1330 (1331).

329 Zu dem Begriff *Karpen*, Verweisung, S. 79.

330 *Meissner/Steinbeiß-Winkelmann*, in: *Schoch/Schneider*, VwGO, § 173 VwGO, Rn. 26.

Abweichungen[331] kommt. Hierbei wird es sich wegen der Gesetzesbindung der Verwaltung in aller Regel um Einschränkungen[332] der zivilprozessualen Vollstreckungsvorschriften, weniger um deren Ausdehnung handeln. Die „*Umformung*" kann sowohl die Tatbestands- als auch die Rechtsfolgenseite der zivilprozessualen Vollstreckungsvorschrift betreffen.[333] Im Einzelfall kann die Anwendbarkeit einer Vollstreckungsnorm vollends ausscheiden.

Struktur und Maßgaben für die Auslegung der Vorschriften des Achten Buchs der Zivilprozessordnung können also wie folgt skizziert werden: Die Verweisungsanalogie – hier § 167 Abs. 1 Satz 1 VwGO i.V.m. den Vorschriften des Achten Buchs der Zivilprozessordnung – muss in jedem einzelnen Fall der Vollstreckung gegen den Staat der verfassungsrechtlichen[334] und in unionsrechtlich determinierten Sachverhalten der unionsrechtlichen[335] Prüfung unterzogen werden. Nur was verfassungs- und unionsrechtlich zulässig (Obergrenze) und geboten (Untergrenze) ist, ist auch zulässiges Auslegungsergebnis. Daneben sind stets die „*Besonderheiten des verwaltungsgerichtlichen Verfahrens*" zu berücksichtigen. Grundsätzliche Unterschiede der beiden Verfahrensarten etwa müssen in die Auslegung einbezogen werden.[336] Sind diese Grenzen überschritten, stellt sich in einem zweiten Schritt die Frage nach den Folgen mangelhafter Bezugnahme. Zu dieser Folgenbetrachtung zählen wiederum u.a. die verfassungskonforme und die unionsrechtskonforme Auslegung.[337]

b) Weitere Auslegungsleitlinien

Im Rahmen der Auslegung von Tatbestand und Rechtsfolge des § 167 Abs. 1 Satz 1 VwGO, und damit auch der Auslegung der §§ 887 ff. ZPO, sind ferner die folgenden Leitlinien zu beachten:

i) Die Civilprozeßordnung vom 30. Januar 1877

Für die Auslegung, ob und mit welchen Modifikationen gerade die §§ 887, 888 und 890 ZPO im Rahmen der Vollstreckung gegen die Verwaltung i.e.S. anzuwenden sind, lohnt ein Blick auf deren Entstehungsgeschichte und auch der des § 882a ZPO.

---

331 *Meissner/Steinbeiß-Winkelmann*, in: *Schoch/Schneider*, VwGO, § 173 VwGO, Rn. 26.

332 *Heckmann*, in: *Sodan/Ziekow*, § 167 VwGO, Rn. 9; *Clemens*, AöR 111 (1986), 63 (79).

333 Vgl. *Wysk*, in: *ders.*, § 173 VwGO, Rn. 13.

334 Vgl. allgemein zu Verweisungen *Clemens*, AöR 111 (1986), 63 (83 ff.).

335 Vgl. Bayerischer VGH, Beschluss vom 09. November 2018 – 22 C 18.1718 –.

336 *Meissner/Steinbeiß-Winkelmann*, in: *Schoch/Schneider*, VwGO, § 173 VwGO, Rn. 26.

337 Vgl. für die Auslegung der jeweils verweisenden Norm selbst *Debus*, Verweisungen, S. 290 ff. und S. 298.

Die Vollstreckung aus zivilprozessualen Titeln zwischen Privaten regelte die Civilprozeßordnung i.d.F. vom 30. Januar 1877 in den §§ 708 ff. (Geldleistungstitel) und in den §§ 773, 774 und 775 (Erzwingungstitel). Letztere entsprechen im Wesentlichen den §§ 887, 888, 890 ZPO. Die Civilprozeßordnung i.d.F. vom 30. Januar 1877 und die Nachfolgefassungen regelten die Zwangsvollstreckung – sowohl wegen Geldforderungen als auch wegen Handlungen, Duldungen und Unterlassungen – gegen das Reich nicht.[338] Soweit ein Privater einen gegen den Staat gerichteten Zahlungsanspruch hatte, war dieser gegenüber dem „Fiskus" durchzusetzen. Man hatte den Fiskus als Träger des Staatsvermögens i.S. eines selbständigen, neben dem Staat stehenden, privaten Rechtssubjekts konstruiert, weil in den Territorialstaaten auch des frühen 19. Jahrhunderts direkter Rechtsschutz gegen die Staatsgewalt nur eingeschränkt erlangt werden konnte. Der Fiskus handelte privatrechtlich und konnte deshalb verklagt werden, wobei sich die Klage nicht auf Aufhebung des belastenden Hoheitsaktes, sondern auf Geldersatz richtete. Eine in der Sache hoheitliche Rechtsbeziehung wandelte sich auf diese Weise in eine privatrechtliche Entschädigungssituation. Erst mit dem Aufkommen einer Verwaltungsgerichtsbarkeit ab 1863 konnte der Staat als einheitliche Rechtsperson begriffen werden und war die Fiktion nicht mehr nötig.[339]

Die Civilprozeßordnung hatte allerdings noch mit der Fiskustheorie operiert. *„Um die öffentliche Verwaltung, die sich nach Landesrecht bestimmt (vgl. bes. Mot. S. 392 VIII), nicht zu stören,"* sollte *„wegen Geldforderungen gegen den Fiskus, Gemeinden, andere Kommunalverbände, sowie Korporationen, deren Vermögen von Staatsbehörden verwaltet wird, die Zwangsvollstreckung nicht nach der Civilprozeßordnung erfolgen, sondern nach den landesgesetzlichen Vorschriften."*[340] Deshalb blieben bei Einführung der Civilprozeßordnung die landesgesetzlichen Vorschriften über die Zwangsvollstreckung wegen Geldforderungen u.a. gegen den Fiskus, Gemeinden und gegen solche Korporationen, deren Vermögen von Staatsbehörden verwaltet wird, unberührt, soweit nicht dingliche Rechte verfolgt wurden.[341] Nur die Landesgesetze sahen also die Möglichkeit der Vollstreckung gegen den jeweiligen

338 Vgl. BT-Drs. 3284, S. 23: *„Die Zwangsvollstreckung gegen den Bund […] ist in der Zivilprozeßordnung nicht geregelt. Dagegen hat § 15 Nr. 3 des Einführungsgesetzes der Zivilprozeßordnung den Ländern vorbehalten, für die Zwangsvollstreckung wegen Geldforderungen gegen den Landesfiskus usw. Landesgesetze zu erlassen, […].*", Hervorh. d. Verf.

339 *Waldhoff*, in: Görres-Gesellschaft, *„Fiskus*".

340 *Endemann*, Civilprozess, S. 532.

341 § 15 Nr. 4 des Gesetzes betreffend die Einführung der Zivilprozessordnung vom 30. Januar 1877, RGBl. 1877, S. 244 ff.

Landesfiskus und gegen sonstige juristische Personen des öffentlichen Rechts vor, diese jedoch nur aus Geldleistungstiteln.[342]

Dies hat sich erst mit Einführung der Zivilprozessordnung und deren § 882a ZPO geändert. Die Vorschrift regelte erstmals die zivilgerichtliche Zwangsvollstreckung gegen den Bund. Im Anschluss an den Zweiten Weltkrieg war die Rechtsentwicklung in den Besatzungszonen unterschiedlich verlaufen. Die dadurch verursachte Rechtszersplitterung beendete das Gesetz zur Wiederherstellung der Rechtseinheit auf dem Gebiete der Gerichtsverfassung der bürgerlichen Rechtspflege, des Strafverfahrens und des Kostenrechts vom 12. September 1950. Die Zivilprozessordnung wurde neu bekannt gemacht,[343] wobei man weitgehend die Fassung von 1933 wiederhergestellt hatte.[344] Die Vereinheitlichung für das zivilprozessuale Zwangsvollstreckungsrecht erfolgte erst durch das Gesetz über Maßnahmen auf dem Gebiete der Zwangsvollstreckung vom 20. August 1953.[345] Der Gesetzgeber führte die Möglichkeit der Vollstreckung aus zivilgerichtlichen Titeln gegen den Bund ein, um der mit einzelnen Landesregelungen verbundenen Rechtszersplitterung vorzubeugen und eine rechtssichere Regelung zu schaffen. Die Neuregelung betraf aber nur die Vollstreckung wegen Geldforderungen (§ 882a ZPO), nicht auch die Vollstreckung von Handlungen, Duldungen oder Unterlassungen.[346] Folgerichtig wurde auch § 15 Nr. 4 des Gesetzes betreffend die Einführung der Zivilprozessordnung vom 30. Januar 1877[347] durch Art. 2 des Gesetzes über Maßnahmen auf dem Gebiete der Zwangsvollstreckung vom 20. August 1953[348] geändert.[349] Der Bundesgesetzgeber hat also den (Landes-)Fiskus aus dem Vorbehalt des § 15 Nr. 3 EGZPO herausgenommen. Von der Geltung der Zivilprozessordnung (§ 3 Abs. 1 EGZPO) blieben nur die landesgesetzlichen Vorschriften über

---

342 Vgl. für Preußen etwa § 1 des Gesetzes über die Zwangsvollstreckung gegen juristische Personen des öffentlichen Rechtes, Preußische Gesetzessammlung 1934, Nr. 47, S. 457; vgl. auch BT-Drs. 3284, S. 23.

343 BGBl. I 1950, S. 455 (468).

344 *Rauscher*, in: Münchener Kommentar zur ZPO, Einleitung, Rn. 84.

345 *Rauscher*, in: Münchener Kommentar zur ZPO, Einleitung, Rn. 84; BT-Drs. 3284 und BGBl. I 1953, S. 952.

346 BT-Drs. 3284, S. 23.

347 Gesetz betreffend die Einführung der Zivilprozessordnung vom 30. Januar 1877, bekanntgemacht am 19. Februar 1877, RGBl. 1877, S. 244 ff.

348 BGBl. I 1953, S. 952.

349 Vgl. *Dörndorfer*, in: Münchener Kommentar zur ZPO, § 882a ZPO, Rn. 1; Das Gesetz zur Wiederherstellung der Rechtseinheit auf dem Gebiete der Gerichtsverfassung der bürgerlichen Rechtspflege, des Strafverfahrens und des Kostenrechts vom 12.09.1950, BGBl. I 1950, S. 455 (478) hatte das EGZPO noch so übernommen und nur Änderungen in anderen Vorschriften der EGZPO, nicht aber dem § 15 Nr. 3 EGZPO vorgenommen.

die Zwangsvollstreckung wegen Geldforderungen gegen Gemeinden unberührt, soweit nicht dingliche Rechte verfolgt werden (§ 15 Nr. 3 EGZPO).

Nach dem Vorstehenden wird ersichtlich, dass die Civilprozeßordnung 1877 in den §§ 773 ff. die Möglichkeit der Vollstreckung des Bürgers gegen das Reich bzw. gegen die Länder aus zivilgerichtlichen Erzwingungstiteln nicht geregelt hatte und die §§ 773 ff. CPO nur für die Vollstreckung wegen Handlungen, Duldungen und Unterlassungen gegen Private konzipiert waren.[350] Dies hat die Zivilprozessordnung übernommen. Der Gesetzgeber hat keine dem neuen § 882a ZPO entsprechenden Regelungen eingeführt.

Seit Inkrafttreten der Verwaltungsgerichtsordnung im Jahr 1960 regelt diese selbst die Vollstreckung gegen den Staat als Hoheitsträger wegen verwaltungsgerichtlicher Geldleistungs- und Erzwingungstitel. Dabei war § 170 VwGO „*in engster Anlehnung*" an § 882a ZPO entstanden.[351] Ferner erklärt die Verwaltungsgerichtsordnung die zivilprozessualen Vollstreckungsvorschriften nach Maßgabe des § 167 Abs. 1 Satz 1 ZPO auch für den Fall der Vollstreckung gegen den Staat für anwendbar.

ii) Entwicklung der verwaltungsgerichtlichen Zwangsvollstreckung

Zur Zeit des Inkrafttretens der Civilprozeßordnung im Jahr 1877 existierte zwar auf Reichs- und auf Landesebene eine Form von Verwaltung. Weder sahen aber die Verfassung des Deutschen Reichs vom 16. April 1871[352] auf Reichsebene noch die Länder die Verpflichtung zur Errichtung einer Verwaltungsgerichtsbarkeit vor. Es existierte kein Reichsverwaltungsgericht.[353] Nur in einigen Ländern, etwa im Großherzogtum Baden oder in Preußen, existierte schon vor Erlass der Civilprozeßordnung 1877 ein Verwaltungsgerichtshof bzw. ein Oberverwaltungsgericht.[354] Viele andere Länder folgten allerdings erst sukzessive und auch erst nach Inkrafttreten der Civilprozeßordnung. Erst in der Weimarer Zeit garantierte Art. 107 WRV Verwaltungsgerichte „*im Reich und in den Ländern zum Schutze der einzelnen gegen Anordnungen und Verfügungen der Verwaltungsbehörden.*" Bis zu diesem Zeitpunkt hatte die Verwaltungsgerichtsbarkeit auf Landesebene, soweit vorhanden, aus einer Instanz bestanden, deren Zuständigkeit dem Enumerationsprinzip folgte.[355]

---

350 *Bachof*, Verwaltungsgerichtliche Klage, S. 162; *Schoch*, in: *Schoch/Schneider*, VwGO, § 123 VwGO, Rn. 171a.

351 BT-Drs. II/462 und BT-Drs. I/4278, S. 52.

352 RGBl. 1871, S. 74.

353 *Kronisch*, in: *Sodan/Ziekow*, § 1 VwGO, Rn. 8. Auf Reichsebene existierte lediglich eine Administrativjustiz, die auf bestimmte Sachgebiete (etwa Reichseisenbahn-, Reichsversicherungs- und Patentamt) beschränkt war. Es handelte sich dabei um eine bloß behördeninterne Kontrolle; der Rechtsschutz war objektiver Natur, nicht aber auf den Schutz des Einzelnen gerichtet, vgl. *Wysk*, in: *ders.*, § 1 VwGO, Rn. 9.

354 *Wysk*, in: *ders.*, § 1 VwGO, Rn. 9.

355 *Wysk*, in: *ders.*, § 1 VwGO, Rn. 9.

Rechtsschutz war also nur in bestimmten Verwaltungsrechtsgebieten möglich. Auf Landesebene war die Zwangsvollstreckung gegen juristische Personen des öffentlichen Rechts erstmals im Jahr 1879 in Württemberg normiert worden.[356] Die erst deutlich später hinzutretenden Regelungen in den Ländern erschöpften sich in Verweisen, etwa auf die Civilprozeßordnung.[357]

Die verwaltungsgerichtliche Zwangsvollstreckung gegen den Staat als Hoheitsträger war – sowohl wegen Erzwingungs- als auch wegen Geldleistungstiteln[358] – vor Inkrafttreten der Verwaltungsgerichtsordnung im Jahr 1960 auf Reichs- bzw. auf Bundesebene nicht geregelt.[359] Die Vollstreckung von Geldforderungen sollte auf Landesebene über eine analoge Anwendung der „*Vorschriften über die Zwangsvollstreckung aus Urteilen der ordentlichen Gerichte*" gelöst werden[360] und die Vollstreckung wegen Handlungen, Duldungen und Unterlassungen war nach dem oben Gesagten von der Civilprozeßordnung im Zeitpunkt ihres Inkrafttretens nicht mitgedacht worden.[361]

iii) Verhältnis zwischen §§ 167 ff. VwGO und den §§ 704 ff. ZPO

Die bisherigen Erkenntnisse führen zu Fragen nach dem Verhältnis zwischen den §§ 167 ff. VwGO einerseits und den §§ 704 bis 898 und §§ 946 bis 959 ZPO andererseits sowie nach der Funktion des § 167 Abs. 1 Satz 1 VwGO. Die Beantwortung dieser beiden Gesichtspunkte hängt mit der weiteren Frage zusammen, ob den §§ 167 ff. VwGO Vollstreckungsmodelle zu Grunde liegen, die von der Zivilprozessordnung abweichen, aus denen dann eigenständige, zusätzliche Vollstreckungsgrundsätze abzuleiten wären und die für den Rückgriff auf das Achte Buch der Zivilprozessordnung eine prinzipielle „*Sperrwirkung*"[362] begründen können.[363]

---

356 Gesetz betreffend die Zwangsvollstreckung wegen öffentlich-rechtlicher Ansprüche vom 18. August 1879, RGBl. S. 202 ff.; vgl. *Miedtank*, Zwangsvollstreckung, S. 87.

357 *Miedtank*, Zwangsvollstreckung, S. 84 f.

358 Vgl. BT-Drs. 3284, S. 23.

359 *Heckmann*, in: *Sodan/Ziekow*, § 170 VwGO, Rn. 3; *Miedtank*, Zwangsvollstreckung, S. 83 ff.; Eine eigene Prozessordnung für die Verwaltungsgerichtsbarkeit existierte deshalb jedenfalls im Bismarckschen Reich nicht, vgl. etwa *Reichelt*, Verwaltungsgesetzbuch für Preußen.

360 Vgl. die Nachweise bei *Forsthoff/Simons*, Zwangsvollstreckung, S. 18, S. 46; vgl. auch BT-Drs. 3284, S. 23.

361 Vgl. *Bachof*, Verwaltungsgerichtliche Klage, S. 162.

362 *Pietzner/Möller*, in: *Schoch/Schneider*, VwGO, Vor § 167 VwGO, Rn. 12, nach denen die §§ 169, 170, 172 VwGO beanspruchten, die wesentlichen Fragen des Vollstreckungsrechts eigenständig zu regeln.

363 Vgl. *Pietzner/Möller*, in: *Schoch/Schneider*, VwGO, Vor § 167 VwGO, Rn. 12 und insb. Rn. 17–30.

Weder aus der Verwaltungsgerichtsordnung noch aus der Begründung des Gesetzgebers lässt sich ableiten, dieser habe in den §§ 167 ff. VwGO eigene verwaltungsgerichtliche Vollstreckungsmodelle vorgesehen.[364] Vielmehr operiert er in der Verwaltungsgerichtsordnung mit Spezialverweisungen und der Generalverweisung in § 173 VwGO, die andere Prozessordnungen, etwa die Zivilprozessordnung, für anwendbar erklären.[365] Die Existenz der Spezialverweisung des § 167 Abs. 1 Satz 1 VwGO ist Ausdruck der – nach Auffassung des Gesetzgebers – ergänzenden Funktion der zivilprozessualen Vorschriften, nicht aber der Füllung weniger Lücken. Dies lässt nur den Schluss zu, dass abschließende Vollstreckungsmodelle in den §§ 167 ff. VwGO – mit der Folge, dass in diesem Fall die Füllung nur weniger Lücken notwendig wäre – nicht vorhanden sind.

Hätte der Gesetzgeber in der Verwaltungsgerichtsordnung eigene Vollstreckungsmodelle geschaffen, wäre dies in der Gesetzesbegründung wenigstens angedeutet worden. Daran fehlt es.[366] Vielmehr hat er mit § 167 Abs. 1 Satz 1 VwGO die Zwangsvollstreckungsvorschriften der Zivilprozessordnung, die „*weitgehend unverändert für den Verwaltungsgerichtsprozeß übernommen werden können, für anwendbar*" erklärt.[367] Allein diese Verweisungsanalogie dient nach Auffassung des Gesetzgebers dazu, planwidrige Verweisungslücken in der Verwaltungsgerichtsordnung schließen. Ihre Existenz spricht, auch unter Einbeziehung der Gesetzesbegründung, dafür, dass die §§ 167 ff. VwGO nicht prinzipiell (mehr oder weniger) abschließenden Charakter haben, der durch dort vorhandene Vollstreckungsmodelle begründet würde. Denn die Annahme der Existenz von Vollstreckungsmodellen, die einen prinzipiell abschließenden Charakter der §§ 167 ff. VwGO begründen sollten, führte entgegen der gesetzgeberischen Wertung zu einer deutlichen Verengung des Anwendungsbereichs von § 167 Abs. 1 Satz 1 VwGO und stellt letztlich auch das Verweisungssystem in der Verwaltungsgerichtsordnung in Frage. Der Gesetzgeber steuert die Anwendung der Zivilprozessordnung über § 167 Abs. 1 Satz 1 VwGO. Er hält die Zivilprozessordnung für anwendbar. Das schließt eine darüber hinausgehende, durch angebliche Vollstreckungsmodelle vermittelte, Sperrwirkung der §§ 167 ff. VwGO aus. Dabei wollte der Gesetzgeber durch die „*entsprechende*" Anordnung nach § 167 Abs. 1 Satz 1 VwGO für jede Vorschrift die Anwendbarkeit der Vorschriften des Achten Buchs und deren Umfang ausgelegt wissen, nicht aber – auf anderem Wege – generell den Rückgriff auf die Zivilprozessordnung einschränken. Aus diesen Gründen ist, soweit eine Regelung in der Verwaltungsgerichtsordnung nicht vorhanden ist, der Rückgriff auf

---

364 Zu Recht die h.M., vgl. *Schmidt-Kötters*, in: *Posser/Wolff*, § 167 VwGO, Rn. 2; *Kraft*, in: *Eyermann*, § 167, Rn. 3.

365 Vgl. hierzu *Meissner/Steinbeiß-Winkelmann*, in: *Schoch/Schneider*, VwGO, § 173 VwGO, Rn. 21 ff.

366 Vgl. BT-Drs. III/55, S. 48.

367 BT-Drs. III/55, S. 48.

das Achte Buch der Zivilprozessordnung möglich und geboten. Das Absehen von einem solchen Rückgriff ist nur dann zulässig, soweit in der Verwaltungsgerichtsordnung abschließende Regelungen vorhanden sind.[368]

Was nun das Verhältnis zwischen den §§ 167 ff. VwGO und dem Achten Buch der Zivilprozessordnung betrifft, muss zwischen dem Regelungssystem, wie es der Gesetzgeber in den §§ 167 ff. VwGO niedergelegt hat, und der tatsächlichen Rechtsanwendung unterschieden werden. Beides wird in der Diskussion mitunter vermengt. Faktisch dürfte sich die verwaltungsgerichtliche Vollstreckung zwar überwiegend nach den *„entsprechend"* anzuwendenden Vorschriften des Achten Buchs der Zivilprozessordnung richten.[369] Dies hatte vermutlich auch der Gesetzgeber im Blick.[370] Dieser Befund ändert allerdings nichts an der Regelungssystematik: Der Gesetzgeber hat mit § 167 Abs. 1 Satz 1 VwGO die (umzuformenden) §§ 704 bis 898 und §§ 946 bis 959 ZPO mittels Verweisungsanalogiein in die Verwaltungsgerichtsordnung inkorporiert und zwar in dem Umfang, in dem Regeln in der Verwaltungsgerichtsordnung nicht vorhanden sind. Es handelt sich um einen Anwendungsfall der Subsidiarität.[371] Ein Grundsatz-Ausnahme-Verhältnis[372] lässt sich indessen, jedenfalls bei isolierter Betrachtung des Regelungssystems, nicht ableiten. Vielmehr stellt § 167 Abs. 1 Satz 1 VwGO die Anwendung der (modifizierten) Vorschriften des Achten Buchs gerade unter den Vorbehalt fehlender Regelungen innerhalb der Verwaltungsgerichtsordnung. Daraus folgt, dass sich die Funktion des § 167 Abs. 1 Satz 1 VwGO nicht darin erschöpft, wenige, *„rechtsstaatswidrige Lücken"*[373] zu schließen. Angesichts der Rechtsnatur des § 167 Abs. 1 Satz 1 VwGO als Spezialverweisung innerhalb des differenzierten Verweisungssystems der Verwaltungsgerichtsordnung beschreibt auch der Begriff der *„rechtsstaatlichen, Angstklausel"*[374] den Zweck von § 167 Abs. 1 Satz 1 VwGO nicht treffend.

---

368 *Nolte*, Verwaltungsgerichtlicher Rechtsschutz, S. 347; *Bank*, Zwangsvollstreckung, S. 77 f.

369 In diesem Sinn wohl *Bamberger*, in: *Wysk*, § 167 VwGO, Rn. 2; wohl auch *Nolte*, Verwaltungsgerichtlicher Rechtsschutz, S. 348.

370 BT-Drs. III/55, S. 48.

371 OVG NRW, Beschluss vom 10. Juli 2006 – 8 E 91/06 –, Rn. 8, zit. nach juris; Hessischer VGH, Beschluss vom 08. November 1999 – 8 TM 3106/99 –, 1. LS und Rn. 4, zit. nach juris; im Zusammenhang mit § 172 VwGO Bayerischer VGH, Beschluss vom 09. November 2018 – 22 C 18.1718 –, Rn. 54, zit. nach juris; *Heckmann*, in: *Sodan/Ziekow*, § 167 VwGO, Rn. 8; *Kraft*, in: *Eyermann*, § 167 VwGO, Rn. 2; wohl auch *Nolte*, Verwaltungsgerichtlicher Rechtsschutz, S. 348.

372 So aber offenbar *Schmidt-Kötters*, in: *Posser/Wolff*, § 167 VwGO, vor *„A. Allgemeines"*; ähnlich *Bank*, Zwangsvollstreckung, S. 77; missverständlich Thüringer OVG, Beschluss vom 18. Januar 2010 – 2 VO 327/08 –, Rn. 8, zit. nach juris.

373 So aber *Pietzner/Möller*, in: *Schoch/Schneider*, VwGO, Vor § 167 VwGO, Rn. 12.

374 Vgl. hierzu *Pietzner/Möller*, in: *Schoch/Schneider*, VwGO, Vor § 167 VwGO, Rn. 12.

iv) Keine restriktive Auslegung

Oben wurde die Notwendigkeit der strengen Differenzierung zwischen Füllung einer in den §§ 167 ff. VwGO möglicherweise vorhandenen Unvollständigkeit und deren Auslegung begründet und auf die Bedeutung dieser Unterscheidung hingewiesen.[375] Aus der Existenz des § 167 Abs. 1 Satz 1 VwGO darf umgekehrt nicht geschlossen werden, dass die Vollstreckungsvorschriften der Verwaltungsgerichtsordnung, etwa § 172 VwGO, eher restriktiv auszulegen seien. Aus § 167 Abs. 1 Satz 1 VwGO lässt sich eine solche Anforderung nicht ableiten. § 167 Abs. 1 Satz 1 VwGO erklärt das Achte Buch der Zivilprozessordnung für entsprechend anwendbar, *„soweit sich“* aus der Verwaltungsgerichtsordnung *„nichts anderes ergibt“*. Die Verwaltungsgerichtsordnung hat auch insoweit einen eigenständigen Regelungsanspruch.[376]

4. Der Anwendungsbereich von § 172 VwGO

Bei der Frage nach dem Anwendungsbereich des § 172 VwGO handelt es sich um eine der umstrittensten Fragen im verwaltungsgerichtlichen Vollstreckungsrecht. Sie hat entscheidende Bedeutung für die Möglichkeit des Rückgriffs auf § 167 Abs. 1 Satz 1 VwGO i.V.m. dem Achten Buch der Zivilprozessordnung, für die Frage der staatsorganisationsrechtlichen Bewertung des § 172 VwGO sowie dessen Wirksamkeit am Maßstab des Art. 19 Abs. 4 Satz 1 GG. Der Anwendungsbereich der Vorschrift muss durch Auslegung ermittelt werden.

a) Entstehung und Funktionsweise des § 172 VwGO

Hierzu sind wiederum Funktions- und Wirkungsweise des § 172 VwGO zu klären. Für die Betrachtung der Funktionsweise des § 172 VwGO ist sinnvollerweise zwischen dessen Erstfassung und der aktuellen Fassung zu unterscheiden. Die Differenzierung ist notwendig, um einerseits den Zweck des § 172 VwGO zutreffend zu erfassen und andererseits die Wirksamkeit des § 172 VwGO in der derzeit geltenden Fassung zu untersuchen. Für die Untersuchung der Wirksamkeit des § 172 VwGO ist darüber hinaus dessen inhaltliche Reichweite von Bedeutung. Funktionsfähigkeit und Anwendungsbereich der Vorschrift lassen deshalb gleichzeitig Aussagen über die Möglichkeit des Rückgriffs auf § 167 Abs. 1 Satz 1 VwGO zu.

Literatur und Rechtsprechung in der Weimarer Zeit hatten eine Zwangsvollstreckung aus Verpflichtungsurteilen ganz überwiegend abgelehnt.[377] In der Nachkriegszeit war es dann allgemeine Meinung, dass die Zwangsvollstreckung aus

375 Siehe B.IV.3.a).
376 *Meissner/Steinbeiß-Winkelmann*, in: *Schoch/Schneider*, VwGO, § 173 VwGO, Rn. 62.
377 *Pietzner/Möller*, in: *Schoch/Schneider*, VwGO, Vor § 167 VwGO, Rn. 8.

Verpflichtungsurteilen unzulässig sei.[378] § 168 des Entwurfs einer Verwaltungsgerichtsordnung in der Entwurfsfassung aus dem Jahr 1953 lautete dann wie folgt: *„Diese Vorschrift soll die Ausführung der Verpflichtungsurteile auf jeden Fall sicherstellen. Der hiergegen erhobene Einwand, daß eine solche Vorschrift das Ansehen der Verwaltung schädige, ohne notwendig zu sein, greift nicht durch. Geschädigt wird das Ansehen der Verwaltung nur, wenn die Zwangsstrafe tatsächlich verhängt werden muss; dies zu vermeiden, liegt in der Hand der Verwaltung. Die Befolgung gerichtlicher Urteile durch die Behörden müsste freilich in einem Rechtsstaat eine Selbstverständlichkeit sein; doch hat gerade die Nachkriegserfahrung gelehrt, daß es in Ausnahmefällen auch Behörden gegenüber nicht ohne Zwang geht.“*[379] § 172 VwGO sollte also verdeutlichen, dass aus Sicht des Gesetzgebers eine verwaltungsgerichtliche Vollstreckung zur Durchsetzung hoheitlichen Handelns möglich und geboten ist.[380] Ohne § 172 VwGO wäre eine verwaltungsgerichtliche Zwangsvollstreckung nur unter Anwendung der Verweisungsanalogie des § 167 Abs. 1 Satz 1 VwGO möglich gewesen. Die Zivilprozessordnung sah aber die Möglichkeit der Vollstreckung gegen den Staat zur Erzwingung hoheitlicher Handlungen nicht vor.[381] Als § 172 VwGO in den Jahren 1953 bis 1960 geschaffen wurde, war die Vorschrift des § 888 ZPO bereits bekannt. § 774 Satz 1 CPO i.d.F. vom 30. Januar 1877[382] und § 888 Satz 1 CPO i.d.F. vom 20. Mai 1898[383] sahen vor, dass der *„Schuldner zur Vornahme der Handlung durch Geldstrafen bis zum Gesammtbetrage von fünfzehnhundert Mark oder durch Haft anzuhalten sei.“* § 888 Abs. 1 ZPO i.d.F. vom 12. September 1950 lautete: *„Kann eine Handlung durch einen Dritten nicht vorgenommen werden, so ist, wenn sie ausschließlich vom Willen des Schuldners abhängt, auf Antrag von dem Prozeßgericht des ersten Rechtszuges zu erkennen, daß der Schuldner zur Vornahme der Handlung durch Geldstrafen oder durch Haft anzuhalten sei. Das Höchstmaß der Geldstrafe ist unbeschränkt“*.[384] Diese Fassung des § 888 Abs. 1

---

378 So etwa *Ule*, DVBl 1959, 537 (540); vgl. hierzu *Berkemann*, DÖV 2019, 761 (765); *Brocker*, jM 2019, 155 (156); ähnlich *Miedtank*, Zwangsvollstreckung, S. 105: *„Mit dieser Bestimmung ist ein sorgfältig gehüteter Grundsatz aufgegeben worden, der – aus der Gewaltenteilungslehre abgeleitet – lange Zeit zum festen und unangetasteten Bestand der Staatsrechtswissenschaft gehört hatte. Die Gerichte besitzen nunmehr die Macht, die Verwaltung zu bestimmten hoheitlichen Maßnahmen zu zwingen.“*

379 BT-Drs. II/462, S. 49. Die Begründung zu § 168 des Entwurfs 1953 ist identisch mit der Begründung zu § 168 des Entwurfs 1957, vgl. BT-Drs. III/55, S. 49; vgl. auch *Berkemann*, DÖV 2019, 761 (765).

380 *Berkemann*, DÖV 2019, 761 (765); vgl. auch *Brocker*, jM 2019, 155 (156).

381 Siehe unter B.IV.3.b).

382 RGBl. 1877, S. 199–234.

383 RGBl. 1898, S. 543–593.

384 Vgl. Art. 9 des Gesetzes zur Wiederherstellung der Rechtseinheit auf dem Gebiete der Gerichtsverfassung der bürgerlichen Rechtspflege, des Strafverfahrens und des Kostenrechts vom 12.09.1950 i.V.m. Anlage 2, BGBl. I 1950, S. 512 und S. 614.

ZPO wurde auch nicht durch das Gesetz über Maßnahmen auf dem Gebiete der Zwangsvollstreckung vom 20. August 1953[385] geändert. Der „Sanktionsrahmen" des § 888 Abs. 1 Satz 2 ZPO wurde erst in den Jahren 1974/1975 auf DM 50.000,- festgelegt.[386] Die in § 172 VwGO enthaltene betragsmäßige Zwangsgeldgrenze hat der Gesetzgeber schließlich erst im Jahr 2001 mit dem Gesetz zur Bereinigung des Rechtsmittelrechts im Verwaltungsprozess auf EUR 10.000,- angehoben.[387]

§ 172 VwGO arbeitet mit nur einem Zwangsmittel. Die Nennung nur des Zwangsgeldes führt nach einhelliger Auffassung zum Ausschluss aller anderen Vollstreckungsmittel jedenfalls im Anwendungsbereich des § 172 VwGO.[388] Dabei hat der Gesetzgeber sich, obwohl in einigen Fällen, etwa bei der Folgenbeseitigung, auch die Anwendung direkt wirkenden Erfüllungszwanges (Ersatzvornahme oder unmittelbarer Zwang) denkbar wäre, für nur indirekten Beugezwang entschieden.[389]

Es stellt sich die Frage, weshalb die Entscheidung des Gesetzgebers auf mittelbaren Beugezwang mit der betragsmäßigen Begrenzung des Zwangsgeldes gefallen ist, zumal § 888 Abs. 1 ZPO i.d.F. vom 12. September 1950 sowohl die Möglichkeit der Zwangshaft als auch die Festsetzung eines Zwangsgeldes in unbeschränkter Höhe vorgesehen hatte. Auch in den jeweiligen Nachfolgefassungen weichen die betragsmäßigen Begrenzungen der Zwangsgeldhöhe in § 172 VwGO und § 888 Abs. 1 ZPO voneinander ab (DM 2.000,- zu DM 50.000,- bzw. EUR 10.000,- zu EUR 25.000,-). Hier gibt wiederum die bereits zitierte[390] Begründung des Gesetzgebers zu § 168 VwGO in seiner Erstfassung einen Anhalt: *„Die Befolgung gerichtlicher Urteile durch die Behörden müsste freilich in einem Rechtsstaat eine Selbstverständlichkeit sein; doch hat gerade die Nachkriegserfahrung gelehrt, daß es in Ausnahmefällen auch Behörden gegenüber nicht ohne Zwang geht."*[391] Der Gesetzgeber war also davon ausgegangen, dass die verwaltungsgerichtliche Zwangsvollstreckung gegenüber dem schuldenden Staat in seiner Eigenschaft als Hoheitsträger nur in Ausnahmefällen erforderlich sei. Dies deutet darauf hin, dass er die Notwendigkeit der Brechung entgegenstehenden Willens bei einem Hoheitsträger anders als

---

385 BT-Drs. 3284; BGBl. I 1953, S. 952.

386 Vgl. Art. 98 Nr. 13 b) des Einführungsgesetzes zum StGB vom 09. März 1974, BGBl. I1974, S. 469; siehe hierzu auch *Berkemann*, DÖV 2019, 761 (765).

387 BGBl. I 2001, S. 3987; BT-Drs. 14/6393, S. 14: *„Das Zwangsgeld, das bei einer Vollstreckung gegen eine Behörde verhängt werden kann, entspricht nicht mehr den heutigen wirtschaftlichen Verhältnissen und ist auch nicht geeignet, effektiven Rechtsschutz zu gewähren."*

388 Vgl. hierzu *Lind/Priebe*, ZEuS 2020, 429 (434).

389 *Pietzner/Möller*, in: *Schoch/Schneider*, VwGO, § 172 VwGO, Rn. 11.

390 Siehe hierzu Fn. 379 und das entsprechende Zitat im Text.

391 BT-Drs. II/462, S. 49; Hervorhebungen in dem Zitat durch Verf.

im Fall eines privaten Vollstreckungsschuldners beurteilt hatte.[392] Ob dem Gesetzgeber dabei bewusst war, dass die Zwangsgeldzahlung in einigen Fällen lediglich eine Umbuchung im Staatshaushalt bewirkt,[393] lässt sich nicht aufklären. Heute wird daher vielfach die Meinung vertreten, dass das Zwangsgeld in Kombination mit dessen betragsmäßiger Grenze i.H.v. DM 2.000,- symbolischer Natur war und, trotz der Erhöhung auf EUR 10.000,-, immer noch ist.[394]

Es kann dahinstehen, ob die Beschränkung auf ein einziges Vollstreckungsmittel und auf den mittelbaren Beugezwang aus Sicht der Gewaltenteilung geboten ist.[395] Denn maßgebebend ist allein der Wille des Gesetzgebers. Dafür, dass die Beschränkung auf das Zwangsgeld aus Gründen der Gewaltenteilung erfolgte,[396] enthalten die Gesetzesmaterialien aber gerade keine Anhaltspunkte. Die Gesetzgebungsgeschichte zeigt vielmehr, dass der Gesetzgeber mit § 172 VwGO dem Einwand der Verletzung des Gewaltenteilungsgrundsatzes gerade entgegengetreten ist. Auch die betragsmäßige Begrenzung des Zwangsgeldes und die vorherige Zwangsgeldandrohung sind aus Sicht des Gewaltenteilungsgrundsatzes nicht zwingend.

b) Anwendungsbereich von § 172 VwGO

§ 172 VwGO erfasst ausweislich seines Wortlauts „*Verpflichtungen*", bezieht aber gleichzeitig Beschlüsse nach § 123 VwGO vollumfänglich ein, also auch auf schlichthoheitliche Handlungen oder Unterlassungen lautende Titel. Was den Anwendungsbereich des § 172 VwGO betrifft, stellen sich deshalb zwei Fragen, nämlich jene nach der „Verwaltungsaktsbezogenheit" des § 172 VwGO, und die Frage, ob § 172 VwGO nur solche Titel erfasst, die nicht auf Geld lauten. Beide Fragen haben jeweils weitreichende Auswirkungen. Andere gerichtlich festgestellte Verurteilungen des schuldenden Staates würden nach den §§ 887 ff. ZPO

---

392 *Berkemann*, DÖV 2019, 761 (765). Vgl. auch VGH Baden-Württemberg, Beschluss vom 14. Mai 2020 – 10 S 461/20 –, ZUR 2020, 555 (556 f.); *Will*, VerwArch 110 (2019), 280 (291 ff.).

393 Siehe hierzu unter B.IV.2.b)i) und E.II.1.a)i).

394 *Rennert, Klaus:* Kann die Justiz den Staat zwingen?, Frankfurter Allgemeine Zeitung vom 18. Juli 2019, abrufbar unter *https://www.faz.net/aktuell/politik/staat-und-recht/verwaltungsrecht-kann-die-justiz-den-staat-zwingen-16289682.html*, zuletzt abgerufen am 22. Juli 2022; *Waldhoff*, in: *Gärditz*, § 172 VwGO, Rn. 13; *Berkemann*, DÖV 2019, 761 (767 f.); *Klinger*, NVwZ 2019, 1332 (1333); *Rennert*, Verwaltung, Verwaltungsgerichtsbarkeit und Gewaltenteilung, Fn. 89, S. 14; VGH Baden-Württemberg, Beschluss vom 14. Mai 2020 – 10 S 461/20 –, ZUR 2020, 555 (556 f.).

395 Im Fall der Folgenbeseitigung etwa wäre eine Ersatzvornahme – und damit Erfüllungszwang – denkbar, vgl. *Pietzner/Möller*, in: *Schoch/Schneider*, VwGO, § 172 VwGO, Rn. 11.

396 *Heckmann*, in: *Sodan/Ziekow*, § 172 VwGO, Rn. 9 ff.; *Pietzner/Möller*, in: *Schoch/Schneider*, VwGO, § 172 VwGO, Rn. 11.

vollstreckt. Damit wären dann insbesondere Zwangshaft bzw. Ordnungshaft gegen den jeweiligen Amtswalter und höhere Zwangs- bzw. Ordnungsgelder denkbar.[397]

Der Anwendungsbereich des § 172 VwGO ist durch Auslegung zu ermitteln. Das Auslegungsergebnis muss im Wortsinn zumindest angedeutet sein.[398] Hier ist streng darauf zu achten, die Grenze von Auslegung zur – nur unter Einhaltung von Voraussetzungen möglichen – Lückenfüllung[399] nicht zu überschreiten. Nach der Rechtsprechung des Bundesverfassungsgerichts ist der objektivierte Wille des Gesetzgebers maßgebend, wie er sich aus dem Gesetzeswortlaut und aus dem Sinnzusammenhang der Vorschrift ergibt. Der subjektive Wille der am Gesetzgebungsverfahren Beteiligten kann für die Auslegung nur insofern von Bedeutung sein, als er die Richtigkeit einer nach den sonstigen Grundsätzen ermittelten Auslegung bestätigt oder Zweifel behebt, die sonst nicht ausgeräumt werden können. Die Vorstellungen von Mitgliedern der gesetzgebenden Körperschaften können deshalb nur Eingang in die Auslegung finden, wenn sie im Gesetz selbst hinreichend bestimmten Ausdruck gefunden haben.[400] Rechtstatsächlich orientiert sich das Bundesverfassungsgericht in vielen Fällen aber maßgeblich am Willen des Gesetzgebers und gibt dem historischen Moment oft so das entscheidende Gewicht.[401]

i) Verwaltungsaktsbezug

Die herrschende Meinung geht davon aus, dass § 172 VwGO ausschließlich „verwaltungsaktsbezogen" ist.[402] Die der Behörde in dem zu vollstreckenden Urteil oder der einstweiligen Anordnung auferlegte Verpflichtung muss hiernach im Erlass eines Verwaltungsakts bestehen bzw. es muss sich um einen Vollzugsfolgenbeseitigungsanspruch handeln.[403] § 172 VwGO sei aber nicht abschließend in

---

397 Vgl. hierzu bereits unter B.IV.1 und B.V.

398 *Brodführer*, Lücken, S. 33 m.w.N.

399 Dies betrifft einerseits die Frage der analogen Anwendbarkeit des § 172 VwGO und andererseits die Frage des Rückgriffs auf das Achte Buch der Zivilprozessordnung über § 167 Abs. 1 Satz 1 VwGO.

400 BVerfG, Beschluss vom 17. Mai 1960 – 2 BvL 11/59 –, BVerfGE 11, 126 (130). Vgl. auch *Walz*, ZJS 4/2010, 482 (483).

401 *Walz*, ZJS 4/2010, 482 (485) und dort Fn. 47.

402 *Pietzner/Möller*, in: *Schoch/Schneider*, VwGO, § 172 VwGO, Rn. 18, sprechen hier von der *„früher h.M."*; vgl. demgegenüber etwa Thüringer OVG, Beschluss vom 18. Januar 2010 – 2 VO 327/08 –, Rn. 8, zit. nach juris: *„vereinzelt vertretene Auffassung"* und die umfangreichen Nachweise auch zur h.M. in Rn. 12, zit. nach juris.

403 VGH Baden-Württemberg, Beschluss vom 25. Juni 2003 – 4 S 118/03 –, 1. Orientierungssatz, zit. nach juris; OVG Berlin, Beschluss vom 29. August 2000 – 8 L 25/99 –, NVwZ-RR 2001, 99 ff.; OVG Rheinland-Pfalz, Beschluss vom 21. November 2013 – 6 B 11027/13 –, Rn. 6, zit. nach juris; Bayerischer VGH, Beschluss vom 02. April 2001 – 8 C 01.587 –, Orientierungssatz, zit. nach juris; *Sahl*, Aufrechnung,

dem Sinne, dass für die nicht erfassten Fällen ein Rückgriff auf andere Vorschriften nicht möglich sei.[404] Demgegenüber wird teilweise vertreten, dass § 172 VwGO als lex specialis sämtliche Fälle der Erzwingung aller hoheitlichen, nicht auf eine Geldleistung gerichteten Handlungen abschließend regele.[405] § 172 VwGO sei eine Sonderregelung[406] für die Vollstreckung gegen die Verwaltung i.e.S., insbesondere gegen Behörden.[407] Daraus folgt insbesondere: Die in der Literatur teilweise vertretene Ansicht sieht auch in Hauptsacheverfahren geschaffene Titel, die auf schlichthoheitliche Handlungen und Unterlassungen der Behörde lauten, als von § 172 VwGO erfasst an.[408] Dies hat zur Folge, dass schlichte Leistungsklagen ebenfalls von dem Anwendungsbereich des § 172 VwGO erfasst sind. Dabei wird § 172 VwGO wegen dessen Wortlaut (§ 123 VwGO) unmittelbar angewendet,[409] und hinsichtlich in Hauptsacheverfahren geschaffener Titel *„erweiternd ausgelegt“*.[410]

Hinsichtlich des Folgenbeseitigungsanspruchs sieht die herrschende Meinung nur Ansprüche im Zusammenhang mit der Aufhebung von Verwaltungsakten als von § 172 VwGO erfasst an, nicht aber solche, die sich aus Verurteilung einer Behörde zu schlichthoheitlichen Amtshandlungen ergeben.[411] Gleiches gilt

S. 83; *Kring*, NVwZ 2019, 23 (25); i.E. auch *Kraft*, in: *Eyermann*, § 172 VwGO, Rn. 5, wobei nicht deutlich wird, ob er § 172 VwGO erweiternd auslegt oder analog anwendet. Ferner *Nolte*, Verwaltungsgerichtlicher Rechtsschutz, S. 350; *Roth*, VerwArch 91 (2000), 12 (18 ff.); *Will*, VerwArch 110 (2019), 280 (291).

404 OVG Berlin, Beschluss vom 04. November 1998 – 3 S 15.98 –, 1. LS, Rn. 15, zit. nach juris.

405 In diesem Sinne offenbar auch Hessischer VGH, Beschluss vom 08. November 1999 – 8 TM 3106/99 –, 1. LS und Rn. 4, zit. nach juris, vgl. aber Rn. 9; in der Tendenz auch OVG Brandenburg, Beschluss vom 20. Dezember 2001 – 3 E 87/01 –, NVwZ-RR 2002, 904; *Pietzner/Möller*, in: *Schoch/Schneider*, VwGO, § 172 VwGO, Rn. 11, 18.

406 Vgl. für § 172 VwGO Bayerischer VGH, Beschluss vom 09. November 2018 – 22 C 18.1718 –, Rn. 54, zit. nach juris.

407 OVG NRW, Beschluss vom 10. Juli 2006 – 8 E 91/06 –, Rn. 8, zit. nach juris; Hessischer VGH, Beschluss vom 08. November 1999 – 8 TM 3106/99 –, 1. LS und Rn. 4, zit. nach juris; für § 172 VwGO Bayerischer VGH, Beschluss vom 02. April 2001 – 8 C 01.587 –, Rn. 11, zit. nach juris.

408 Siehe oben unter Fn. 405; hinsichtlich in Hauptsacheverfahren titulierter Handlungen, Duldungen und Unterlassungen allerdings offen gelassen von Hessischer VGH, Beschluss vom 08. November 1999 – 8 TM 3106/99 –, Rn. 4 und Rn. 9, zit. nach juris.

409 Hessischer VGH, Beschluss vom 08. November 1999 – 8 TM 3106/99 –, Rn. 4, zit. nach juris.

410 *Pietzner/Möller*, in: *Schoch/Schneider*, VwGO, § 172 VwGO, Rn. 11, 18. Teilweise wird dann auch direkt eine analoge Anwendung befürwortet; vgl. hierzu unter F.I.2.a)ii).

411 Bayerischer VGH, Beschluss vom 02. April 202001 – 8 C 01.587 –, Rn. 11, zit. nach juris.

aus Sicht der herrschenden Meinung für einstweilige Anordnungen, die auf eine bereits erhobene oder noch zu erhebende Verpflichtungsklage bezogen sind.[412] Nach beiden Ansichten ist § 172 VwGO auf Vollzugsfolgenbeseitigungsansprüche i.S.v. § 80 Abs. 5 Satz 3 VwGO, ggf. i.V.m. § 80a Abs. 3 VwGO, anzuwenden.[413] Das Bundesverfassungsgericht hat sich in seinem Beschluss vom 09. August 1999 – es ging um die Vollstreckung einer im verwaltungsgerichtlichen Eilverfahren angeordneten schlichthoheitlichen Handlung – mit dieser Frage nicht näher befasst.[414] Wohl deshalb ging es bei seinen Ausführungen von einer parallelen Anwendbarkeit der § 172 VwGO und § 167 Abs. 1 Satz 1 VwGO i.V.m. § 887 ff. ZPO aus.[415]

Im Spektrum der genannten Positionen werden zahlreiche differenzierende Auffassungen vertreten. Teilweise geht man davon aus, dass § 172 VwGO nicht ausschließlich verwaltungsaktsbezogen ist. Die Anwendbarkeit von § 172 VwGO setze aber, soweit es um schlichthoheitliche Handlungen geht, mindestens voraus, dass es um eine solche Handlung geht, für die die Behörde eine *„spezifisch hoheitliche Regelungs- oder Handlungsbefugnis“* in Anspruch nehme.[416] In diesen Fällen scheide nämlich die Ersetzung der behördlichen Handlung durch einen staatlichen Vollstreckungsakt aus, weil ein solcher die Zuständigkeitsordnung oder anzuerkennende Entscheidungsspielräume der Verwaltung verletzen würde.[417] Eine

---

412 VGH Baden-Württemberg, Beschluss vom 28. April 2014 – 9 S 358/14 –, Rn. 15, zit. nach juris; *Roth*, VerwArch 91 (2000), 12 (20); *Will*, VerwArch 110 (2019), 280 (290). Darüber hinaus ist umstritten, ob § 172 VwGO analog auf dem § 123 Abs. 1 VwGO vergleichbare, verwaltungsaktsbezogene Anordnungen, namentlich Sicherungsanordnungen i.S.v. § 80a Abs. 3, § 80a Abs. 1 Nr. 2 Fall 2 VwGO anzuwenden ist. Die Analogie bejahend Hessischer VGH, Beschluss vom 22. Juni 1998 – 4 TM 2325/98 –. Der VGH zitiert an einigen Stellen, offenbar versehentlich, § 80 Abs. 1 Nr. 2 VwGO und nicht, wie es wohl zutreffend heißen muss, § 80a Abs. 1 Nr. 2 VwGO.

413 *Pietzner*, in: Festschrift *Blümel*, S. 450.

414 BVerfG, Beschluss vom 09. August 1999 – 1 BvR 2245/98 –, NVwZ 1999, 1330 ff.

415 Vgl. BVerfG, Beschluss vom 09. August 1999 – 1 BvR 2245/98 –, NVwZ 1999, 1330 (1331): *„Dies gilt insbesondere für die Frage, ob zur Durchsetzung einstweiliger Anordnungen neben Zwangsgeldern nach § 172 VwGO weitere Zwangsmittel zulässig sind“*.

416 VG des Saarlandes, Beschluss vom 14. Juli 2009 – 2 N 466/09 –, sonstiger Orientierungssatz, zit. nach juris; Hamburgisches OVG, Beschluss vom 14. Februar 2017 – 1 So 63/16 –, Rn. 24 ff., zit. nach juris; Niedersächsisches OVG, Beschluss vom 12. September 2006 – 5 OB 194/06 –, Rn. 11, zit. nach juris; Hessischer VGH, Beschluss vom 11. Mai 2016 – 9 E 448/16 –, Rn. 18, zit. nach juris; OVG Rheinland-Pfalz, Beschluss vom 21. November 2013 – 6 B 11027/13 –, Rn. 6, zit. nach juris; *Schenke*, in: *Kopp/Schenke*, § 172 VwGO, Rn. 1; *Heckmann*, in: *Sodan/Ziekow*, § 172 VwGO, Rn. 29 ff., 41; *Kraft*, in: *Eyermann*, § 172 VwGO, Rn. 7; wohl auch *Bamberger*, in: *Wysk*, § 172 VwGO, Rn. 5.

417 Niedersächsisches OVG, Beschluss vom 12. September 2006 – 5 OB 194/06 –, Rn. 11, zit. nach juris; *Heckmann*, in: *Sodan /Ziekow*, § 172 VwGO, Rn. 30, 41.

weitere Ansicht bestimmt die Anwendbarkeit nach den einzelnen Vollstreckungstiteln und Fallkonstellationen.[418]

In der Sache geht es bei dem Streit um die Frage, ob die Voraussetzungen für eine Verweisunglücke i.S.d. § 167 Abs. 1 Satz 1 VwGO vorliegen.[419] Daran muss sich die Diskussion orientieren.

Soweit die Rechtsprechung der Ansicht von der „Verwaltungsaktsbezogenheit" des § 172 VwGO folgt, schließen Teile der Rechtsprechung aus der Existenz des § 167 Abs. 1 Satz 1 VwGO, dass eine Regelungslücke innerhalb der §§ 167 ff. VwGO, hier in § 172 VwGO, von vornherein nicht in Betracht komme. Daraus folgert sie, dass eine analoge Anwendbarkeit des § 172 VwGO für von der Vorschrift nicht erfasste Fälle ausscheide. [420] Diese Sichtweise setzt also konstruktiv nicht bei einer erweiternden Auslegung des § 172 VwGO, sondern bei den Voraussetzungen der Analogie an und verneint anschließend die Existenz einer Regelungslücke. Tatsächlich mag diese Ansicht, wenn es um das Bestehen einer Lücke in § 172 VwGO geht, vorzugswürdig sein.[421] Dabei handelt es sich jedoch um eine nachgelagerte Fragestellung. Die Vorfrage, nämlich ob eine Auslegung des § 172 VwGO dahin möglich ist, dass die Vorschrift nicht nur verwaltungsaktsbezogen ist, beantwortet die zitierte Ansicht letztlich nicht. Die Existenz des § 167 Abs. 1 Satz 1 VwGO verbietet aber gerade nicht eine Auslegung von Vorschriften innerhalb der §§ 167 ff. VwGO, hier des § 172 VwGO, dahingehend, welchen Gehalt die Vorschrift hat.[422] Zutreffend ist es deshalb, § 172 VwGO zuerst auszulegen und nicht sofort die Voraussetzungen einer Analogie zu erörtern.[423]

Die Auslegung führt zu dem Ergebnis, dass die besseren Argumente für eine Verwaltungsaktsbezogenheit von § 172 VwGO sprechen. Verwaltungsaktsbezogenheit ist dabei in dem Sinne zu verstehen, dass die Vorschrift ausschließlich solche Fallgestaltungen erfasst, die im Zusammenhang mit der Aufhebung oder dem Erlass eines Verwaltungsakts bestehen. Der Wortlaut bietet keine Hinweise

418 *Schmidt-Kötters*, in: *Posser/Wolff*, § 172 VwGO, Rn. 10 ff.

419 Siehe hierzu unter B.IV.3.a).

420 Vgl. die inzwischen aufgegebene Rechtsprechung des VGH Baden-Württemberg, Beschluss vom 28. Februar 2013 – 10 S 81/13 –, NVwZ-RR 2013, 541 (542); nunmehr für eine analoge Anwendung des § 172 VwGO VGH Baden-Württemberg, Beschluss vom 24. April 2018 – 10 S 421/18 –, Rn. 3, zit. nach juris und VGH Baden-Württemberg, Beschluss vom 14. Mai 2020 – 10 S 461/20 –, Rn. 22, zit. nach juris: *„relative Regelungslücke"*.

421 Vgl. hierzu unter F.I.2.a)ii).

422 Vgl. hierzu unter B.IV.3.

423 OVG Berlin, Beschluss vom 29. August 2000 – 8 L 25/99 –, NVwZ-RR 2001, 99 (100); Bayerischer VGH, Beschluss vom 07. März 2002 – 4 C 02.188 –, Rn. 3, zit. nach juris; Thüringer OVG, Beschluss vom 18. Januar 2010 – 2 VO 327/08 –, Rn. 16, zit. nach juris; *Roth*, VerwArch (91) 2000, 12 (24, 31, 33).

darauf, dass es sich um eine abschließende Sonderregelung handelt für alle Fälle, die nicht Geldvollstreckung sind.[424] Erwägungen zur Binnensystematik des § 172 VwGO sind hier allerdings wenig ergiebig. Die herrschende Ansicht meint, § 172 VwGO regele, was Hauptsacheverfahren angeht, mit dem Verweis auf § 113 Abs. 5 VwGO ausdrücklich nur Bescheidungsurteile, weder aber die positive noch die negative Leistungsklage. Deshalb sei ein Gleichlauf im einstweiligen Rechtsschutz folgerichtig, also eine Einschränkung dahingehend erforderlich, dort ebenfalls nur Verpflichtungskonstellationen i.e.S. zu erfassen.[425] Andernfalls ergäben sich Wertungswidersprüche.[426] Die Gegenansicht argumentiert umgekehrt. Wenn § 123 VwGO mit allen von der Vorschrift erfassten Fallgestaltungen von § 172 VwGO erfasst sei, könne § 172 VwGO sich nicht nur auf Verwaltungsaktskonstellationen beziehen.

Ergiebiger ist eine systematische Auslegung unter Einbeziehung der Vorschriften der Verwaltungsgerichtsordnung und insbesondere unter Rückgriff auf die Entstehungsgeschichte der §§ 167, 170, 172 VwGO. In systematischer Hinsicht spricht Vieles dafür, dass es sich bei § 172 VwGO nicht um eine Spezialregelung für sämtliche Fälle der Vollstreckung gegen Behörden handelt, soweit es nicht um Geldleistungstitel geht. Die Gesetzessystematik zeigt eher, dass es sich bei § 172 VwGO um eine Regel für einen Teilbereich der zu Lasten einer Behörde in Betracht kommenden Vollstreckungsvarianten handelt, mehr nicht.[427] Auch die Entstehungsgeschichte der Vorschriften spricht dafür, dass der Gesetzgeber in § 172 VwGO ausschließlich verwaltungsaktsbezogene Titel erfassen wollte. Denn er setzte bei Schaffung der Verwaltungsgerichtsordnung, also auch des § 172 VwGO, die Existenz der Leistungsklage voraus.[428] In der Begründung des Entwurfs der Verwaltungsgerichtsordnung der Bundesregierung vom 05. Dezember 1957 zu § 40 VwGO („*Rechtsschutz kann mit Gestaltungs-, Feststellungs- und Leistungsklagen begehrt werden*") führt der Gesetzgeber aus: „*Der Entwurf zählt die verschiedenen Klagearten auf, um nicht durch die ausdrückliche Erwähnung der Anfechtungs-, Verpflichtungs- und Feststellungsklage in den §§ 41 und 42 den Rückschluss zu gestatten, dass neben der Feststellungsklage nur diese Arten der Gestaltungsklage zugelassen*

424 *Lind/Priebe*, ZEuS 2020, 429 (435); *Nolte*, Verwaltungsgerichtlicher Rechtsschutz, S. 350; *Roth*, VerwArch 91 (2000), 12 (29).

425 VGH Baden-Württemberg, Beschluss vom 25. Juni 2003 – 4 S 118/03 –, 1. Orientierungssatz, zit. nach juris; Bayerischer VGH, Beschluss vom 07. März 2002 – 4 C 02.188 –, Rn. 3, zit. nach juris; OVG Berlin, Beschluss vom 29. August 2000 – 8 L 25/99 –, NVwZ-RR 2001, 99; *Pietzner/Möller*, in: *Schoch/Schneider*, VwGO, § 172 VwGO, Rn. 15; *v. Nicolai*, in: *Redeker/v. Oertzen*, VwGO, Rn. 3 zu § 172 VwGO.

426 OVG Berlin, Beschluss vom 29. August 2000 – 8 L 25/99 –, NVwZ-RR 2001, 99 ff.

427 OVG Berlin, Beschluss vom 29. August 2000 – 8 L 25/99 –, NVwZ-RR 2001, 99 ff.

428 BT-Drs. III/55, S. 31, Begründung zu § 40 VwGO; OVG Berlin, Beschluss vom 29. August 2000 – 8 L 25/99 –, NVwZ-RR 2001, 99 ff.

seien und die Leistungsklage im verwaltungsgerichtlichen Verfahren ausgeschlossen sei. [...] Mit der Leistungsklage sind alle Ansprüche verfolgbar, die auf ein Tun, Dulden oder Unterlassen gerichtet sind."[429] Dabei ging der Gesetzgeber davon aus, dass es sich bei der „*Verpflichtung*" ebenfalls um eine Leistung handele, nämlich den „*Erlass eines Verwaltungsakts*".[430] In der Begründung zu § 41 VwGO formuliert der Gesetzgeber ausdrücklicher: „*Die Verpflichtungsklage [...] ist eine Unterart der Leistungsklage [...].*"[431] Dies deutet auf dessen Verständnis hin, dass der Begriff der Leistung umfassend sei und auch die Verpflichtung der Behörde erfasse. Nicht nachvollziehbar ist deshalb das Argument, der Gesetzgeber habe in § 172 VwGO lediglich die ihm damals benannten Klagearten benannt.[432] Das Gegenteil ist der Fall: Aus den ihm bekannten Klagearten hat der Gesetzgeber die Verpflichtungsurteile gewählt.[433] Vor diesem Hintergrund müssen dann auch der Wortlaut des § 168 VwGO a.F., der die Vorschrift des § 123 VwGO noch nicht enthalten hatte („*der ihr im Urteil auferlegten Verpflichtung*"), und die Begründung hierzu verstanden werden. Den Begriff der Verpflichtung in § 168 VwGO a.F. hätte der Gesetzgeber nicht verwandt, wenn er damit den Oberbegriff „*Leistung*" gemeint hätte. Denn ausweislich der Begründung zu § 40 VwGO verstand er den Begriff der Verpflichtung als Unterfall der Leistung. Angesichts dessen ist es auch fragwürdig, gerade aus dem Umstand, dass § 123 VwGO in § 172 VwGO enthalten ist, darauf zu schließen, der Begriff der Verpflichtung umfasse gerade deshalb auch schlichthoheitliche Leistungs- oder Unterlassungstitel. § 123 VwGO wurde erst im Laufe des Gesetzgebungsprozesses in § 168 a.F. VwGO eingefügt, der Begriff der Verpflichtung existierte in dem Entwurf zur VwGO jedoch schon vorher.[434] Die Gesetzgebungsgeschichte spricht deshalb umgekehrt eher dafür, dass die Bezugnahme auf Titel i.S.d. § 123 VwGO sich eben nur auf Verpflichtungen i.e.S., also Verwaltungsakte, erstrecken sollte. In diesem Sinne muss auch der Wortlaut des § 172 VwGO verstanden werden („*soweit der Beschluss eine Verpflichtung*" – i.e.S. –[435] „*ausspricht*").

In diesem Zusammenhang lohnt ein Blick auf die Formulierung der Fassungen der Vorgängerregelung des § 172 VwGO. § 168 a.F. VwGO lautete zunächst: „*Kommt die Behörde in den Fällen des § 114 Abs. 1 Satz 1 und Abs. 4 der ihr im Urteil auferlegten Verpflichtung nicht nach, [...]*".[436] In der Fassung vom 01. Januar 1964 lautete

---

429 Vgl. BT-Drs. III/55, S. 31.

430 BT-Drs. III/55, S. 31, Begründung zu § 40 VwGO.

431 BT-Drs. III/55, S. 32, Begründung zu § 41 VwGO.

432 So offenbar *Pietzner/Möller*, in: *Schoch/Schneider*, VwGO, § 172 VwGO, Rn. 18.

433 In diesem Sinne auch Thüringer OVG, Beschluss vom 18. Januar 2010 – 2 VO 327/08 –, Rn. 11, zit. nach juris.

434 BT-Drs. III/55, S. 31.

435 Zusatz d. Verf.

436 BT-Drs. III/55, S. 21.

sie: „*Kommt die Behörde in den Fällen des § 113 Abs. 1 Satz 2 und Abs. 4 und des § 123 der ihr im Urteil oder in der einstweiligen Anordnung auferlegten Verpflichtung nicht nach, […].*" Der Gesetzgeber war im Zuge dieser Änderung unpräzise, indem er schlicht die Formulierung „*§ 123VwGO*" einfügte. Vor dem Hintergrund der vorstehenden Ausführungen ist § 172 VwGO deshalb wie folgt zu lesen: „*Kommt die Behörde in den Fällen des § 113 Abs. 1 Satz 2 und Abs. 5 der ihr im Urteil auferlegten Verpflichtung und in jenen Fällen des § 123, die den in vorstehenden Vorschriften genannten Fällen entsprechen, der ihr im Beschluss auferlegten Verpflichtung nicht nach, […]*".[437] Nach teilweise vertretener Auffassung ist der Widerspruch, dass zwar § 123 VwGO, nicht aber die allgemeine Leistungsklage in § 172 VwGO genannt wird, damit zu erklären, dass in der Verwaltungsgerichtsordnung eine spezielle Regelung zur Tenorierung derartiger Verfahren fehlt, auf die der Gesetzgeber hätte verweisen können.[438] Wenn dies zuträfe, hätte es für den Gesetzgeber nahegelegen, die Leistungsklage in der Gesetzesbegründung zu erwähnen. Auch das Argument, der Gesetzgeber habe mit der Aufzählung der Vollstreckungstitel in § 172 VwGO alle Fälle der Erzwingung hoheitlicher Handlungen außerhalb des § 170 VwGO erfassen wollen, und die auf schlichthoheitliche Amtshandlungen und Unterlassungen gerichtete allgemeine Leistungsklage nur mangels Problembewusstseins nicht erwähnt, weil neben der Folgenbeseitigungs- und der Verpflichtungsklage die Leistungsklage allenfalls als Geldleistungsklage die Aufmerksamkeit des Gesetzgebers (in §§ 111, 113 VwGO) genossen habe,[439] trägt vor dem Hintergrund dieser Entstehungsgeschichte nicht. Hinzu kommt: Wenn der Gesetzgeber in den § 168 VwGO a.F. nachträglich § 123 VwGO eingefügt hat – und dies soll nach der Gegenansicht belegen, dass auch schlichthoheitliche Leistungen und Unterlassungen erfasst sein sollen –, hätte er die Vorschrift auch und gerade hinsichtlich schlichthoheitlicher Leistungen und Unterlassungen geändert. Daran fehlt es aber. Weshalb ihm Leistungs- und Unterlassungskonstellationen in der Hauptsache entgangen sein sollen, im einstweiligen Rechtsschutz aber nicht – § 123 VwGO wurde nach den Hauptsachekonstellationen („*Verpflichtung*") eingefügt – erschließt sich nicht. Dass er schlichthoheitliche Leistungs- und Unterlassungskonstellationen gänzlich, also auch im Bereich des § 123 VwGO übersehen hat, führt die Gegenansicht, soweit ersichtlich, nicht an. Das dürfte im Übrigen angesichts der Begründung zu den §§ 40, 41, 168 VwGO a.F. auch nicht ernsthaft erwogen werden. Zuvor war also § 168 VwGO a.F. so zu lesen: „*Kommt die Behörde in den Fällen des § 114 Abs. 1 Satz 1 und Abs. 4 der ihr im Urteil auferlegten Verpflichtung nicht nach, so kann das Gericht des ersten Rechtszuges […].*" (Hervorh. d.

437 Vgl. hierzu Thüringer OVG, Beschluss vom 18. Januar 2010 – 2 VO 327/08 –, Rn. 13, zit. nach juris.

438 Hessischer VGH, Beschluss vom 11. Mai 2016 – 9 E 448/16 –, Rn. 29, zit. nach juris; *Pietzner/Möller*, in: *Schoch/Schneider*, VwGO, § 172 VwGO, Rn. 18.

439 OVG Berlin, Beschluss vom 29. August 2000 – 8 L 25/99 –, NVwZ-RR 2001, 99 ff.

Verf.). Dies zeigt, zusammen mit der Gesetzesbegründung („*Diese Vorschrift soll die Ausführung der Verpflichtungsurteile auf jeden Fall sicherstellen.*“, Hervorh. d. Verf.), dass der Gesetzgeber die Leistungsklage kannte, er aber nur die verwaltungsaktsbezogenen Konstellationen von § 172 VwGO erfasst sah. Der Gesetzgeber hatte schlichte Folgenbeseitigungsansprüche schon damals von dem Anwendungsbereich der Vorschrift ausgenommen. Vor diesem Hintergrund ist die anschließend erfolgte, aber eben redaktionell nicht hinreichend präzise Einfügung des § 123 VwGO zu lesen.

Wesentliches Argument für die erweiternde Auslegung von § 172 VwGO ist, was unvertretbare Handlungen angeht, das Erfordernis der Androhung. Während § 888 Abs. 2 ZPO die Androhung für entbehrlich erklärt, setzt § 172 VwGO diese voraus. Aus den Gesetzgebungsmaterialien ergebe sich, dass auch im Falle der Vollstreckung aus Leistungsurteilen eine Androhung erforderlich sei.[440] Der Grund für die Schaffung der Androhung, nämlich die Ermöglichung der Wahrung des Ansehens der Verwaltung, unterscheide nicht danach, ob die Behörde zum Erlass eines Verwaltungsakts oder zu einem schlichthoheitlichen Verwaltungshandeln verurteilt wurde; die Androhung sei in beiden Fällen gleichermaßen zweckmäßig.[441] Die Gegenansicht zitiert hier allgemeine Ausführungen aus der Gesetzesbegründung, die keinen konkreten Bezug zur Androhung haben.[442] Die gesetzliche Anordnung der Entbehrlichkeit der Androhung erfolgte vor dem Hintergrund, dass dem Schuldner zuvor rechtliches Gehör nach § 891 Satz 2 ZPO gewährt wurde.[443] Die Verweisung in § 167 VwGO erfasst auch § 891 Satz 2 ZPO mit der Folge, dass das Argument der Gegenansicht nicht greift.

Ob die Androhung tatsächlich, etwa aus Sicht des Bürgers, zweckmäßig ist, muss hier nicht geklärt werden. Fraglich ist allein, ob das Erfordernis einer vorherigen Androhung Rechtmäßigkeitsanforderungen genügen würde. Aus den Gesetzgebungsmaterialien folgt nichts Konkretes. Im Übrigen bestehen angesichts der abzuwägenden Rechte und Interessen erhebliche Zweifel an der Verfassungsmäßigkeit einer Androhung. Der öffentlichen Hand ist bekannt, dass sie ein Handeln

---

440 Hamburgisches OVG, Beschluss vom 14. Februar 2017 – 1 So 63/16 –, Rn. 28, zit. nach juris.

441 Hamburgisches OVG, Beschluss vom 14. Februar 2017 – 1 So 63/16 –, Rn. 29, zit. nach juris.

442 Hamburgisches OVG, Beschluss vom 14. Februar 2017 – 1 So 63/16 –, Rn. 27, zit. nach juris. „*Entscheidend für die Einführung des § 172 VwGO dürfte, wie oben bereits dargelegt, nicht allein die Sicherstellung der, Ausführung der Verpflichtungsurteile' gewesen sein, sondern vielmehr einerseits die Schaffung eines Zwangs zur, Befolgung gerichtlicher Urteile durch die Behörden' auch über Verpflichtungsurteile hinaus, und andererseits gleichzeitig eine Wahrung des Ansehens der Verwaltung.*“; Hervorhebung durch Verf.

443 *Stürner*, in: *Vorwerk/Wolf*, § 888 ZPO, Rn. 27.

auf eine titulierte Forderung schuldet. Sie ist an Recht und Gesetz gebunden. Das Vollstreckungsrecht ist durch den Beschleunigungsgrundsatz geprägt. Das Ansehen der Verwaltung wird dadurch gewahrt, dass sie der titulierten Forderungen nachkommt, nicht dadurch, dass ihr Zwangsmittel angedroht werden.

§ 172 VwGO hat auch keinen abschließenden Charakter. Wenn § 168 VwGO a.F. nach Auffassung des Gesetzgebers abschließend sein sollte, hätte es letztlich der Regelung des § 164 VwGO a.F. nicht bedurft. Denn in der Begründung hierzu führt der Gesetzgeber selbst aus: „*Eine wirkungsvolle Vollstreckung des verwaltungsgerichtlichen Urteils ist zwingende Voraussetzung eines konsequenten Rechtsschutzes. Die Möglichkeit, dass ein verwaltungsgerichtliches Urteil, [...] wegen einer an sich lückenhaften Ausgestaltung der Vollstreckung, nicht vollzogen wird, widerspricht der Forderung des Artikels 19 Abs. 4 GG nach umfassendem Rechtsschutz.*“ (Hervorh. durch Verf.).[444] Dies und die sich aus diesem Willen ergebende Regelungssystematik des Gesetzgebers – § 172 VwGO und § 167 Abs. 1 Satz 1 VwGO – belegt dessen Ziel, dass alle verwaltungsgerichtlichen Entscheidungen, soweit (vorläufig) vollstreckbar, auch tatsächlich vollstreckt werden.[445] Der Entwurf erklärt daher die Zwangsvollstreckungsvorschriften der ZPO, die „*weitgehend unverändert für den Verwaltungsgerichtsprozess übernommen werden können*“, für anwendbar.[446] Damit ist die These des, soweit es nicht um Geldvollstreckung geht, abschließenden Charakters von § 172 VwGO nur schwer vereinbar.

ii) Keine Vollstreckung von Geldleistungstiteln

Daraus folgt, dass der Anwendungsbereich des § 172 VwGO zugleich teleologisch reduziert werden muss, und zwar hinsichtlich des § 113 Abs. 1 Satz 2 VwGO und hinsichtlich des § 123 Abs. 1 VwGO. § 172 VwGO erfasst Folgenbeseitigungsurteile[447] und einstweilige Anordnungen[448] dann nicht, wenn sie auf Geld lauten.

---

444 BT-Drs. III/55, S. 48.

445 Vgl. auch *Kring*, NVwZ 2019, 23 (25).

446 Entwurf einer Verwaltungsgerichtsordnung vom 12. April 1954, BT-Drs. II/462, S. 48 sowie BT-Drs. III/55, S. 48. Dies war der Wille des Gesetzgebers, auch wenn seine Aussage in dieser Pauschalität nicht zutrifft, vgl. unter B.IV.3.

447 *Pietzner*, in: Festschrift *Blümel*, S. 449; *Pietzner/Möller*, in: *Schoch/Schneider*, VwGO, § 172 VwGO, Rn. 15.

448 VGH Baden-Württemberg, Beschluss vom 25. März 1976 – IV 559/76 –, DÖV 1976, 606 (607); *Pietzner*, in: Festschrift *Blümel*, S. 449; *v. Nicolai*, in: *Redeker/v. Oertzen*, § 172 VwGO, Rn. 3; *Schenke*, in: *Kopp/Schenke*, § 172 VwGO, Rn. 1.

5. Die Vollziehung den Staat verpflichtender einstweiliger Anordnungen

Es kommt mitunter vor, so etwa im Fall der Stadthalle Wetzlar,[449] dass Vollstreckungsgläubiger aus einstweiligen Anordnungen gegen den schuldenden Staat vollstrecken. Dabei handelt es sich insbesondere um einstweilige Anordnungen, die auf Geldleistung oder auf Handlung, Duldung oder Unterlassung gerichtet sind.[450] Sie sind, gleich ob rechtskräftig oder nicht, ohne Weiteres sofort vollstreckbar, vgl. § 168 Abs. 1 Nr. 2 VwGO. Auf deren Rechtskraftfähigkeit kommt es deshalb nicht an.[451] Nachfolgend werden die Besonderheiten im Fall der verwaltungsgerichtlichen Vollziehung einstweiliger Anordnungen gegen den Staat als Hoheitsträger skizziert. Für die Regelungs- und die Sicherungsanordnung gelten die in § 123 Abs. 3 VwGO genannten Vorschriften der Zivilprozessordnung entsprechend, darunter die §§ 928 bis 932 ZPO.[452]

Demnach sind bei unbefangener Betrachtung im Fall der Vollziehung von einstweiligen Anordnungen, die auf Geldleistung lauten, die Vorschriften über die Zwangsvollstreckung entsprechend anzuwenden, soweit nicht die §§ 929 ff. ZPO abweichende Vorschriften enthalten (§ 123 Abs. 3 VwGO i.V.m. § 928 ZPO). Allerdings richtet sich auch hier die Vollziehung solcher einstweiligen Anordnungen, wenn sie gegen den Staat als Hoheitsträger gerichtet sind, nach § 170 VwGO. Die Vorschrift sperrt die Vorschriften der Zivilprozessordnung, welche die Arrestvollziehung regeln und auf die § 123 Abs. 3 VwGO verweist, soweit diese abweichende Regelungen enthalten.

Nach herrschender Meinung gilt für den Vollstreckungsgläubiger aber grundsätzlich[453] die Vollziehungsfrist aus § 929 Abs. 2

449 Siehe unter B.I.1.

450 Umstritten ist, ob der Arrest über den Verweis in § 123 VwGO ebenfalls zulässig ist. Die wohl h.M. verneint dies unter Hinweis darauf, dass es sich bei § 123 VwGO um eine abschließende Sonderregelung handelt. Deshalb umfasst § 123 VwGO auch die vorläufige Sicherung von Geldzahlungsansprüchen. Terminologisch handelt es sich auch dabei um eine einstweilige Anordnung i.S.d. § 123 Abs. 1 VwGO, nicht um die Anordnung eines Arrests. Zur Vollstreckung aus Zwangsgeldbeschlüssen siehe oben unter B.IV.2.a)iii).

451 *Pietzner/Möller*, in: *Schoch/Schneider*, VwGO, § 168 VwGO, Rn. 18.

452 Es handelt sich hierbei um eine eigenständige Spezialverweisung auf die Zivilprozessordnung, so dass sich ein durch § 167 Abs. 1 Satz 1 VwGO vermittelter, darüber hinausgehender Rückgriff auf die Zivilprozessordnung verbietet, vgl. *Meissner/Steinbeiß-Winkelmann*, in: *Schoch/Schneider*, VwGO, § 173 VwGO, Rn. 34 ff.

453 Nach h.M. gilt eine Ausnahme im Falle beamtenrechtlicher Konkurrentenanträge, vgl. *Buchheister*, in: *Wysk*, § 123, Rn. 37.

ZPO.[454] Dies steht auch im Einklang mit § 882a Abs. 5 ZPO, der für zivilprozessuale, gegen den Staat gerichtete Geldleistungstitel keine Sonderregeln für die Vollziehungsfrist enthält. Zu welchem Zeitpunkt die Vollziehungsfrist beginnt, ist umstritten. Es wird vereinzelt vertreten, dass es auf den Zeitpunkt ankomme, in dem für den Gläubiger erkennbar ist, dass die Behörde ihrer Pflicht nicht oder nur unzureichend nachkommen werde.[455] Die herrschende Meinung sieht als maßgeblichen Zeitpunkt die Verkündung bzw. Zustellung der einstweiligen Anordnung.[456] Dem ist zu folgen. Denn der Wortlaut des § 929 Abs. 2 ZPO knüpft den Fristbeginn an die Verkündung bzw. die Zustellung der einstweiligen Anordnung. Zur Wahrung der Vollziehungsfrist es notwendig, dass der Vollstreckungsgläubiger die Vollstreckung aus der einstweiligen Anordnung einleitet. Hier kommt insbesondere der an das Vollstreckungsgericht adressierte Vollstreckungsantrag in Betracht.[457] Demgegenüber bedarf es weder einer Vollstreckungsankündigung noch einer Abwendungsfrist (vgl. § 170 Abs. 5 VwGO).

Die Vollstreckung von in einstweiligen Anordnungen titulierten Handlungen, Duldungen oder Unterlassungen in dem Umfang und in der Gestalt, wie sie nach dem Titel von der öffentlichen Hand beansprucht werden können, hängt davon ab, wie man den – umstrittenen – Anwendungsbereich von § 172 VwGO definiert.[458] Die Vollziehung richtet sich nach teilweise vertretener Auffassung ausschließlich nach § 172 VwGO[459] und nach herrschender Meinung nach § 172 VwGO sowie nach § 167 Abs. 1 Satz 1 VwGO i.V.m. den §§ 887 ff. ZPO. Soweit § 172 VwGO anwendbar ist, regelt diese Vorschrift die Vollstreckung gegen den Staat als Hoheitsträger aus einstweiligen Anordnungen im Verhältnis zu § 123 Abs. 3 VwGO als lex specialis. § 123 Abs. 3 VwGO ist deshalb insoweit gesperrt. Jedenfalls gilt auch im Fall der Vollziehung von Erzwingungstiteln die Vollziehungsfrist nach § 929 Abs. 2 ZPO.[460]

---

454 *Pietzner/Möller*, in: *Schoch/Schneider*, VwGO, § 168 VwGO, Rn. 18; *Schmidt-Kötters*, in: *Posser/Wolff*, § 168 VwGO, Rn. 10.1; *Heckmann*, in: *Sodan/Ziekow*, § 168 VwGO, Rn. 36.

455 VGH Baden-Württemberg, Beschluss vom 14. September 1983 – 9 S 1924/83 –, Leitsätze.

456 VGH Baden-Württemberg, Beschluss vom 17. Dezember 1999 – 7 S 2505/99 –, Rn. 10, zit. nach juris; *Schoch*, in: *Schoch/Schneider*, VwGO, § 123 VwGO, Rn. 172.

457 Bayerischer VGH, Beschluss vom 13. März 2003 – 4 C 03.640 –; OVG des Landes Sachsen-Anhalt, Beschluss vom 16. Februar 2009 – 4 M 463/08 –, NVwZ 2009, 855 (856).

458 Siehe hierzu unter B.IV.4.b).

459 *Schoch*, in: *Schoch/Schneider*, VwGO, § 123 VwGO, Rn. 171a.

460 Nach der Minderansicht folgt dies aus § 123 Abs. 3 i.V.m. §§ 928, 929 Abs. 2 ZPO, nach herrschender Ansicht unmittelbar aus § 167 Abs. 1 Satz 1 VwGO i.V.m. § 929 Abs. 2 ZPO. Unklar ist demgegenüber die Anwendung des § 929 Abs. 2 ZPO bei einstweiligen Anordnungen, die auf Unterlassung gerichtet sind. Diese Frage spielt nur dann eine Rolle, wenn man mit einer teilweise vertretenen Auffassung von

V. Zusammenfassung und Themeneingrenzung

Zusammenfassend ergibt sich somit Folgendes:

1. Zwecke und Ziele der verwaltungsgerichtlichen Zwangsvollstreckung

Zwangsvollstreckung ist das Verfahren zur Verwirklichung von Gläubigeransprüchen im Wege staatlichen Zwangs. Maßgebend für die konkrete Zuordnung ist die Herkunft des Vollstreckungstitels. Verwaltungsgerichtliche Zwangsvollstreckung ist deshalb die Vollstreckung aus von einem Verwaltungsgericht geschaffenen, jedenfalls vorläufig vollstreckbaren Titel i.S.d. § 168 Abs. 1 VwGO. Die Zwangsvollstreckung hat ihre Grundlage in dem allgemeinen Justizgewährungsanspruch oder dessen spezialgesetzlicher Ausformung, dem Art. 19 Abs. 4 Satz 1 GG. Weil die Fälle verwaltungsgerichtlicher Zwangsvollstreckung durch Maßnahmen der „öffentlichen Gewalt"[461] gekennzeichnet sind, nimmt diese Arbeit ausschließlich Art. 19 Abs. 4 Satz 1 GG zum Maßstab.[462] Eine konkretere Ausformung von Art. 19 Abs. 4 Satz 1 GG ist der Vollstreckungsanspruch des Vollstreckungsgläubigers. Dieser wird durch den gerichtlichen Titel aktiviert.

Die Zwangsvollstreckung ist gläubigerbezogen. Sie ist nicht auf die Brechung des Willens des Schuldners allein gerichtet, sondern auf die vollständige Befriedigung. Insbesondere ist es die Rechtsdurchsetzungsaufgabe des Vollstreckungsrechts, die im Auge behalten werden muss. Die verfassungsrechtliche Neigung hin zu den Rechten und Interessen des Gläubigers sowie Interessen- und Rechtsgewichtung im Rahmen der Rechtfertigung sind Gesichtspunkt im Rahmen einer ggf. notwendigen Auslegung der §§ 167 ff. VwGO. Ferner dient die Vollstreckung der Wahrung von Rechtssicherheit und Rechtsfrieden und der Herstellung einer gerechten Güter- und Lastenverteilung.

2. Beteiligte und Anknüpfungspunkte

Die Arbeit betrachtet ausschließlich die Einzelzwangsvollstreckung nach den §§ 170, 172, 167 Abs. 1 Satz 1 VwGO.

Kennzeichnend und prägend für die verwaltungsgerichtliche Zwangsvollstreckung ist die Doppelstellung des Staates. Die verwaltungsgerichtliche

---

einem weiten Anwendungsbereich des § 172 VwGO ausgeht, vgl. hierzu unter B.IV.4.b)

461 Siehe hierzu unter E.I.2.a).

462 Im Übrigen gehen das Bundesverfassungsgericht und die h.M. von einer weitgehenden inhaltlichen Parallelität von allgemeiner Justizgewährungspflicht und der von Art. 19 Abs. 4 Satz 1 GG gewährleisteten Rechtsschutzgarantie aus, vgl. hierzu bereits B.III.1.b).

Zwangsvollstreckung zeichnet sich nämlich aus durch eine Dreipersonenkonstellation unter Beteiligung des privaten Vollstreckungsgläubigers, der Verwaltung als staatlichem Vollstreckungsschuldner und des Staates in seiner Eigenschaft als Vollstreckungsorgan. Es handelt sich um drei Beziehungen: das Antragsverhältnis, das Eingriffsverhältnis und das Vollstreckungsverhältnis. Dabei ist mit dem Begriff der Verwaltung in dieser Arbeit die Verwaltung auf Bundes- und Landesebene sowie im Bereich der Kommunen gemeint.

In allen Fällen verwaltungsgerichtlicher Zwangsvollstreckung schafft die Gerichtsentscheidung als Titel innerprozessuale Bindungswirkung allein zwischen den Prozessbeteiligten. Nicht Gegenstand dieser Untersuchung ist deshalb die „Breitenwirkung“ verwaltungsgerichtlicher Entscheidungen auf an dem vorangegangenen Erkenntnisverfahren nicht beteiligte „Vierte“. Auch Umgehungsgestaltungen und Fragen der Rechtsschutzvereitelung gehören nicht zu dem Thema. Ferner geht es nur um Entscheidungen von Verwaltungs-, nicht auch um solche von Finanz- und Sozialgerichten oder des Bundesverfassungsgerichts. Soweit die innerprozessuale Bindung aus einer verwaltungsgerichtlichen Entscheidung folgt, ist die Vollstreckung aus verwaltungsgerichtlichen Titeln zu Gunsten des Staates als Hoheitsträger und „zwischen öffentlichen Händen“ nicht Teil der Untersuchung.

Gegenstand der Arbeit ist ausschließlich die Vollstreckung gegen den Staat als Hoheitsträger, und zwar auf nationaler Ebene. Zentral für das Verständnis und die Bewertung der verwaltungsgerichtlichen Zwangsvollstreckung ist die Differenzierung zwischen Urteil und einstweiliger Anordnung i.S.v. § 123 Abs. 1 VwGO sowie zwischen Rechtskraft und noch nicht eingetretener Rechtskraft. Die Arbeit betrachtet ausschließlich Urteile und einstweilige Anordnungen i.S.v. § 123 Abs. 1 VwGO als Anknüpfungspunkte für die Vollstreckung. Dabei kann es sich um die Entscheidung eines Verwaltungsgerichts oder um jene eines Oberverwaltungsgerichts/Verwaltungsgerichtshofes handeln; auch Entscheidungen des Bundesverwaltungsgerichts sind denkbar. Regelmäßig hat die Verwaltung die ihr zustehenden Rechtsmittelmöglichkeiten ausgeschöpft. Die Frage der verwaltungsgerichtlichen Zwangsvollstreckung wird der Regel durch das Nichtbefolgen erst einer rechtskräftigen Gerichtsentscheidung aufgerufen werden. Anknüpfungspunkt für die Vollstreckung ist in diesen Fällen allein die rechtskräftige Gerichtsentscheidung. Denkbar ist allerdings auch, dass die Verwaltung nur die nicht rechtskräftige (für vorläufig vollstreckbar erklärte) Entscheidung nicht befolgt.

Die Arbeit unterscheidet zwischen der Ebene des Nichtbefolgens und der Ebene der Vollstreckung. Das Nichtbefolgen steht, lässt man den Einstieg über die Vollstreckung außen vor, losgelöst von dem Vollstreckungsanspruch. Nichtbefolgen und Vollstreckung stehen in einem Stufenverhältnis. Erst im Falle, dass die Vollstreckungsvoraussetzungen, etwa das Vorliegen eines Vollstreckungstitels und ein Vollstreckungsbegehren des Gläubigers, gegeben sind, wird das Nichtbefolgen ein Thema der Vollstreckung.

Die Arbeit untersucht allein die Vollstreckungsvorschriften der §§ 170, 172, 167 Abs. 1 Satz 1 VwGO, nicht auch die Rechtsanwendung im Einzelfall. Grundlegend ist insoweit die Differenzierung zwischen Erzwingungstiteln und Geldleistungstiteln.

Ausweislich einer Rechtsprechungsauswertung in den gängigen Rechercheportalen bereitet vor allem das behördliche Nichtbefolgen im Rahmen der Erzwingungsvollstreckung nach § 172 VwGO Probleme. Aber auch ein Nichtbefolgen im Rahmen der verwaltungsgerichtlichen Zwangsvollstreckung aus Geldleistungstiteln im Wege der Einzelzwangsvollstreckung ist denkbar, insbesondere im Fall von Kommunen als Vollstreckungsschuldnerinnen.

3. Zu § 172 VwGO und § 167 Abs. 1 Satz 1 VwGO

Anders als die §§ 887 ff. ZPO, die für die unterschiedlichen Erzwingungstitel in jeweils einer eigenen Vollstreckungsvorschrift die Voraussetzungen und Rechtsfolgen regeln, bündelt die Verwaltungsgerichtsordnung die Erzwingungsvollstreckung gegen den Staat als Hoheitsträger in einer einzigen Vorschrift, dem § 172 VwGO.

Im Zusammenhang mit der Vollstreckung wegen unvertretbarer Handlungen nach § 172 VwGO bedürfen die folgenden acht Merkmale der Hervorhebung. Erstens arbeitet die Vorschrift mit nur einem Zwangsmittel, das – zweitens – in der Festsetzung eines Zwangsgeldes besteht und – drittens – gegen die „Behörde" festgesetzt werden kann. Adressat des Zwangsgeldes nach § 172 VwGO ist der Rechtsträger der Behörde. Es handelt sich, viertens, um mittelbaren Beugezwang. Das Zwangsgeld ist – fünftens – betragsmäßig auf EUR 10.000,- begrenzt. Sechstens ist das Vollstreckungsgericht, nicht der Vollstreckungsgläubiger, Herr des Verfahrens. Siebtens muss das Vollstreckungsgericht die Vollstreckung androhen. Das Zwangsgeld kann, achtens, anders als im Fall des § 888 Abs. 1 ZPO, wiederholt festgesetzt werden.

Demgegenüber kann nach § 888 ZPO sowohl Zwangsgeld – hier i.H.v. maximal EUR 25.000,- – als auch Zwangshaft festgesetzt werden. Herr des Verfahrens ist der Vollstreckungsgläubiger. Im Anwendungsbereich der § 888 ZPO ist Zwangsgeldadressat der private Vollstreckungsschuldner. Im Falle juristischer Personen als Vollstreckungsschuldner wird die Zwangshaft an deren Organwalter vollstreckt. Dabei besteht der Anspruch auf Zwangsgeldzahlung – sowohl im Fall des § 172 Abs. 1 VwGO als auch im Fall des Zwangsgeldes nach § 888 ZPO – im Verhältnis zwischen vollstreckendem und schuldendem Staat.

Die Verweisungsanalogie des § 167 Abs. 1 Satz 1 VwGO erweist sich in mehrerlei Hinsicht als ein Kernproblem der verwaltungsgerichtlichen Zwangsvollstreckung. Nach der Konzeption des Gesetzgebers dient § 167 Abs. 1 Satz 1 VwGO der Schließung planwidriger Verweisungslücken in der Verwaltungsgerichtsordnung. Die Frage nach der dogmatischen Einordnung des § 167 Abs. 1 Satz 1 VwGO ist dahin zu beantworten, dass die Norm die Vorschriften des Achten Buchs der Zivilprozessordnung im Wege der Subsidiarität für anwendbar erklärt.

Die zweite Problematik liegt darin, dass sowohl auf Tatbestands- als auch auf Rechtsfolgenebene für jeden Anwendungsfall eine Auslegung stattfinden muss. Damit § 167 Abs. 1 Satz 1 VwGO tatbestandlich erfüllt ist, muss innerhalb der §§ 170, 172 VwGO in planwidriger Weise eine Regelung fehlen. Dabei kommt der

Planwidrigkeit entscheidende Bedeutung zu, weil hier die Frage des möglicherweise abschließenden Charakters der Verwaltungsgerichtsordnung geklärt wird.

Auf Rechtsfolgenseite ist in jeder Fallgestaltung eine weitere Auslegung erforderlich. Die zentrale Aufgabe liegt insoweit stets in der Auslegung des „Ob“ und letztlich des Umfangs der entsprechenden Anwendbarkeit der jeweils in Betracht kommenden zivilprozessualen Vollstreckungsvorschrift. Diese Auslegung auf Rechtsfolgenseite ist die zentrale Herausforderung bei § 167 Abs. 1 Satz 1 VwGO. Es muss ermittelt werden, ob und in welchem Umfang die Verweisungsobjekte im Achten Buch der Zivilprozessordnung im Fall der Vollstreckung gegen den Staat anzuwenden sind. Die modifizierte Anwendung von Vorschriften der Vollstreckung unter Privaten aus zivilgerichtlichen Titeln auf die Vollstreckung eines Privaten gegen den Staat aus verwaltungsgerichtlichen Titeln fordert umfangreiche verfassungsrechtliche und ggf. unionrechtliche Prüfungen. Auslegungsleitlinien sind darüber hinaus die *„Besonderheiten des Verwaltungsprozesses“* und das Ziel der Gewährleistung wirkungsvollen Schutzes der Rechte des Einzelnen auch gegenüber der Verwaltung. Diese Prüfung dient dem Ziel, die Modifikation der zivilprozessualen Vollstreckungsvorschrift zu definieren, welche die Anwendung auch im Bereich der verwaltungsgerichtlichen Zwangsvollstreckung rechtfertigt und ermöglicht.

Hinsichtlich des Anwendungsbereichs von § 172 VwGO lässt sich zusammenfassend festhalten: Das Zwangsgeld als einziges Vollstreckungsmittel und dessen betragsmäßige Begrenzung waren und sind symbolischer Natur. § 172 VwGO ist verwaltungsaktsbezogen. Dies bedeutet, dass die der Behörde in dem zu vollstreckenden Urteil oder in der einstweiligen Anordnung auferlegte Pflicht in dem Erlass eines Verwaltungsakts bestehen oder es sich um einen Vollzugsfolgenbeseitigungsanspruch handeln muss. Die Vollstreckung aus Folgenbeseitigungsurteilen und einstweiligen Anordnungen, die auf Geld lauten, erfasst § 172 VwGO nicht.

Soweit der Anwendungsbereich von § 172 VwGO nicht betroffen ist, ist ein Rückgriff auf § 167 Abs. 1 Satz 1 VwGO möglich und geboten. Die diesbezüglichen Argumente müssen sich am Maßstab der Voraussetzungen für das Vorliegen einer planwidrigen Verweisungslücke ausrichten. Auch ist streng zwischen Auslegungsbedürftigkeit als bloßem Erkenntnisakt und der Lückenfüllung – Schaffung von Recht – zu unterscheiden. Lückenfüllung beginnt dort, wo die Auslegung zu keinem Ergebnis führt. Wegen § 167 Abs. 1 Satz 1 VwGO darf keine Analogiebildung in Gestalt einer Auslegung erfolgen. Insoweit ist der Streit zu dem Anwendungsbereich des § 172 VwGO teils unscharf geführt.

Konkret für den Fall der Erzwingungsvollstreckung unvertretbarer Handlungen kann die Auslegung auf Tatbestandsebene des § 167 Abs. 1 Satz 1 VwGO dazu führen, dass eine Verweisungslücke in § 172 VwGO vorliegt. In diesem Fall stellt sich die Frage nach der modifizierten Anwendbarkeit insbesondere der Parallelvorschrift des § 888 ZPO, die für zivilgerichtliche Titel gilt. Die §§ 887 ff. ZPO sind und waren allerdings immer nur für die Anwendung zwischen Privaten konzipiert, nicht für die Vollstreckung gegen den Staat als Hoheitsträger.

C. Das Nichtbefolgen des verwaltungsgerichtlichen Titels

Es wurde bereits das Stufenverhältnis von Nichtbefolgen und Vollstreckung dargestellt.[463] Beide Phasen sind streng voneinander zu trennen, um sie jeweils einer zutreffenden rechtlichen Würdigung zu unterziehen. Nachfolgend soll es deshalb zunächst um die „erste Stufe", das Nichtbefolgen des schuldenden Staates gehen. Allen Fällen verwaltungsgerichtlicher Vollstreckung ist gemein, dass der schuldende Staat die in einem Urteil oder in einer einstweiligen Anordnung titulierte Verpflichtung nicht befolgt. Für die Einordnung der aus rechtlicher Sicht problematischen Fallgruppen des Nichtbefolgens ist seinerseits eine Typisierung dessen Qualität in tatsächlicher Hinsicht erforderlich.

I. Der verwaltungsgerichtliche Titel

Für die Ermittlung der Qualität des Nichtbefolgens müssen in einem ersten Schritt die in Betracht kommenden Bezugspunkte, die verwaltungsgerichtlichen Titel, präzisiert[464] und die rechtlichen Bindungen des schuldenden Staates im Verhältnis zu dem Vollstreckungsgläubiger[465] untersucht werden.

1. Eingrenzung auf spezifische verwaltungsgerichtliche Titel

Anknüpfungspunkte für das Nichtbefolgen können zunächst die im Erkenntnisverfahren ergehenden Verwaltungsgerichtsentscheidungen sein. Es kann sich um Urteile handeln, rechtskräftige wie nicht rechtskräftige. Dabei muss im Fall noch nicht eingetretener Rechtskraft das Verwaltungsgericht das Urteil für vorläufig vollstreckbar erklärt haben, da andernfalls eine Vollstreckung aus verwaltungsgerichtlichen Entscheidungen von vornherein ausscheidet.

Demnach kommen Anfechtungsurteile hier nicht in Betracht, weil sie, soweit es um die Hauptentscheidung geht,[466] nicht vollstreckbar sind. Gleiches gilt für Feststellungsurteile und Fortsetzungsfeststellungsurteile sowohl in Anfechtungs- als

---

463 Siehe hierzu unter B.II.4.

464 Zu den verwaltungsgerichtlichen Titeln siehe schon oben B.II.4.

465 Die Verwendung des Begriffs Vollstreckungsgläubiger in dieser Arbeit bezieht sich grundsätzlich nur auf den privaten Gläubiger. Abweichendes wird erforderlichenfalls ausdrücklich hervorgehoben.

466 Die hier zu untersuchenden Fallgestaltungen betreffen regelmäßig das Nichtbefolgen der Hauptentscheidungen und nicht Fälle, in denen die Behörde etwa der für vorläufig vollstreckbar erklärten Kostentragungspflicht nicht nachkommt. Von Bedeutung für diese Arbeit sind deshalb vor allem die Möglichkeiten der gerichtlich

auch in Verpflichtungskonstellationen. Die Hauptentscheidung[467] hat in diesen Fällen feststellenden bzw. gestaltenden Charakter. Für Urteile auf Anfechtungsklagen und deren vorläufige Vollstreckbarkeit ergibt sich dies auch aus § 167 Abs. 2 Fall 1 VwGO.

Die Vollstreckung aus rechtskräftigen oder nicht rechtskräftigen Verwaltungsgerichtsurteilen gewinnt daher hinsichtlich der Hauptsacheverfahren von vorherein nur in einigen Fallgestaltungen an Bedeutung: Im Fall von Verpflichtungsklagen wird die Vollstreckung ausschließlich im Fall rechtskräftiger Verpflichtungsurteile relevant, weil nicht rechtskräftige Verpflichtungsurteile nicht vorläufig vollstreckbar sind, vgl. § 167 Abs. 2 Fall 2 VwGO. Hier hat es der Gesetzgeber als ausreichend erachtet, dass den Interessen des Klägers bis zur endgültigen Entscheidung durch eine einstweilige Anordnung Rechnung getragen wird.[468] Bei auf Geld oder auf Handlungen, Duldungen oder Unterlassungen gerichteten, rechtskräftigen Leistungsurteilen des Verwaltungsgerichts gelten grundsätzlich keine Besonderheiten; hier ist die Vollstreckung möglich.

Demgegenüber wird für nicht rechtskräftige Urteile in diesen Fallgestaltungen teilweise vertreten, dass die Hauptentscheidung analog § 167 Abs. 2 VwGO nicht vorläufig vollstreckbar sei, soweit schlicht-hoheitliche Amtshandlungen in Rede stehen.[469] Begründet wird dies mit dem Umstand, dass die Verwaltungsgerichtsordnung mit der Rechtsform des Verwaltungsakts vergleichbare Handlungsformen kenne.[470] Nur dann, wenn nicht typisch hoheitliches Handeln tituliert sei, soll das nicht rechtskräftige Urteil vorläufig vollstreckbar sein.[471] Darüber hinaus soll § 167 Abs. 2 VwGO dann nicht analog anwendbar sein, wenn sich die begehrte

---

angeordneten vorläufigen Vollstreckung hinsichtlich der jeweiligen Hauptentscheidung(en). Das Nichtbefolgen der zu Lasten der Behörde oder deren Rechtsträger ergangenen Kostenentscheidung bleibt hier außer Betracht.

467 Siehe dazu Fn. 466.

468 Vgl. BT-Drs. III/55, S. 48.

469 *Pietzner/Möller*, in: *Schoch/Schneider*, VwGO, § 167 VwGO, Rn. 135 ff., *Heckmann*, in: *Sodan/Ziekow*, § 167 VwGO, Rn. 20 f., *Bamberger*, in: *Wysk*, § 167 VwGO, Rn. 13 ff., jeweils m.w.N. zur Gegenauffassung vgl. VGH Baden-Württemberg, Urteil vom 28. September 2000 – 2 S 198/99 –, zit. nach juris; § 167 Abs. 2 VwGO erfasst auch die stattgebende (Hauptsache-)Entscheidung über einen Leistungsantrag, der mit einer Anfechtungsklage verbunden worden war (§ 113 Abs. 4 VwGO). Auch in diesen Fällen ist eine vorläufige Vollstreckung nicht möglich, weil das Anfechtungsurteil noch nicht in Rechtskraft erwachsen ist. Der Vollstreckungsgläubiger hat in diesen Fällen die Möglichkeit einstweiligen Rechtsschutzes in Gestalt vorläufiger Vollzugsfolgenbeseitigung, vgl. § 80 Abs. 5 Satz 3 VwGO, vgl. *Heckmann*, in: *Sodan/Ziekow*, § 167 VwGO, Rn. 21.

470 *Heckmann*, in: *Sodan/Ziekow*, § 167 VwGO, Rn. 21.

471 *Heckmann*, in: *Sodan/Ziekow*, § 167 VwGO, Rn. 21.

Leistung in einer Geldzahlung erschöpft.[472] Nach dieser Auffassung sind also nicht rechtskräftige Urteile, die auf schlichthoheitliches Handeln, schlichthoheitliches Unterlassen, oder auf Unterlassen des Erlasses eines Verwaltungsakts[473] lauten, nicht vorläufig vollstreckbar, Geldleistungsurteile demgegenüber schon. Anknüpfungspunkte für das Nichtbefolgen können auch die im Eilverfahren ergehenden Beschlüsse des Verwaltungsgerichts sein, wobei es sich bei den hier in Rede stehenden Fallgestaltungen in aller Regel um einstweilige Anordnungen nach § 123 Abs. 1 VwGO handelt.[474] Sowohl rechtskräftige als auch vorläufig vollstreckbare einstweilige Anordnungen kommen in Betracht.[475]

Daraus folgt: Denkbare Anknüpfungspunkte für das Nichtbefolgen können für vorläufig vollstreckbar erklärte Verwaltungsgerichtsurteile allein sein oder, sollten die Beteiligten den Instanzenzug ausschöpfen, rechtskräftige Urteile in der Gestalt, die sie durch die Entscheidung des Rechtsmittelgerichts erhalten haben. Es ist deshalb auch in der Zwischenphase nach Erlass einer vorläufig vollstreckbaren Gerichtsentscheidung bis zu deren Rechtskrafteintritt ein Nichtbefolgen denkbar. Gleiches gilt für einstweilige Anordnungen nach § 123 Abs. 1 VwGO. Wegen des Ausschlusses der vorläufigen Vollstreckbarkeit nach § 167 Abs. 2 VwGO (analog) sind ferner Kombinationen von Eil- und Hauptsacheverfahren denkbar. Der Vollstreckungsgläubiger ist hier auf das, sich ggf. über mehrere Instanzen erstreckende, Verfahren nach § 123 Abs. 1 VwGO verwiesen. Parallel hierzu steht es ihm frei, das Hauptsacheverfahren bis zum Erlass eines rechtskräftigen Urteils voranzutreiben. Deshalb wird die Vollstreckung aus Erzwingungstiteln nach § 172 VwGO regelmäßig im Zusammenhang mit (rechtskräftigen) Beschlüssen nach § 123 Abs. 1 VwGO erfolgen. Die (vorläufige) Vollstreckung aus Geldleistungstiteln ist sowohl aus Beschlüssen nach § 123 Abs. 1 VwGO als auch aus Leistungsurteilen möglich. Daneben ist das parallele Anhängigmachen von Eilverfahren nach § 123 Abs. 1 VwGO und Hauptsacheverfahren auch in Fällen, in denen die vorläufige Vollstreckbarkeit eines nicht rechtskräftigen Urteils nicht ausgeschlossen ist, möglich.

2. Wirkungen auf die innerprozessuale Bindung des schuldenden Staates

Mitunter wird von beklagten Behörden oder deren Rechtsträgern eingewandt, sie nutzten das Rechtsmittelverfahren zur Überprüfung der Rechtslage („*Prüfungsvorbehalt*“). Daher seien sie für die Dauer eines Rechtsmittelverfahrens nicht gehalten,

---

472 *Pietzner/Möller*, in: *Schoch/Schneider*, VwGO, § 167 VwGO, Rn. 135.

473 Vgl. hierzu Niedersächsisches OVG, Urteil vom 30. August 1989 – 12 L 85/89G –, NVwZ 1990, 275; *Pietzner/Möller*, in: *Schoch/Schneider*, VwGO, § 167 VwGO, Rn. 133 und *Heckmann*, in: *Sodan/Ziekow*, § 167 VwGO, Rn. 21.

474 Siehe hierzu unter B.II.

475 Siehe hierzu unter B.IV.5.

die noch nicht rechtskräftige Entscheidung zu befolgen. Dies wird teils begründet mit einer abweichenden Rechtsauffassung der Behördenvertreter von jener, die das Verwaltungsgericht in dem Tenor des Titels zum Ausdruck gebracht hat.[476] Teilweise behaupten Behörden auch, die Rechtslage sei unklar.[477] Weiter meinen sie, die Rechtsprechung greife unzulässig in ihren Kompetenzbereich ein, so etwa in den ihr obliegenden Zweckmäßigkeitsspielraum für die Luftreinhalteplanung.[478] Sie führen auch eine fehlende Leistungsfähigkeit an.[479]

Klärungsbedürftig ist deshalb, ob auch vor Rechtskrafteintritt die Verwaltung zur Erfüllung des Titels verpflichtet ist. Zu diesem Zweck ist eine Differenzierung zwischen Rechtskraft, (vorläufiger) Vollstreckbarkeit und behördlicher Erfüllungspflicht nötig.

a) Vollstreckbarkeit und Rechtskraft

Die von Verwaltungsgerichtsentscheidungen vermittelte Bindung des schuldenden Staates betrifft das Verhältnis zwischen schuldendem Staat und Vollstreckungsgläubiger und die Frage der Wirkungen von Urteilen und Beschlüssen.[480] Urteils- und Beschlusswirkungen sind insbesondere Rechtskraft und Vollstreckbarkeit. Die Auswirkungen eines verwaltungsgerichtlichen Urteils oder einer einstweiligen Anordnung auf den schuldenden Staat ergeben sich insbesondere in dem Zeitpunkt, in dem die Entscheidung in (materielle) Rechtskraft erwächst. Deshalb sind Rechtskraft und Vollstreckbarkeit von Gerichtsentscheidungen streng voneinander zu trennen.

i) Rechtskräftige Urteile und einstweilige Anordnungen

Im Folgenden geht es zunächst um solche Urteile und einstweilige Anordnungen des Verwaltungsgerichts, die in Rechtskraft erwachsen sind. Der vorgelagerte

---

476 Vgl. *Rennert*, Verwaltung, Verwaltungsgerichtsbarkeit und Gewaltenteilung, Fn. 89, S. 11.

477 So in der Sache in dem von dem OLG Rostock entschiedenen Fall, vgl. Beschluss vom 12. Oktober 2005 – 6 W 53/05 –, Rn. 3, zit. nach juris. Hiervon zu unterscheiden ist der Fall, dass der Tenor der Verwaltungsgerichtsentscheidung auslegungsbedürftig ist.

478 Vgl. Bayerischer VGH, Beschluss vom 09. November 2018 – 22 C 18.1718 –, Rn. 60 f., zit. nach juris, siehe auch Hessischer VGH, Beschluss vom 11. Mai 2016 – 9 E 448/16 –, Rn. 30, zit. nach juris; vgl. zum Ganzen auch *Rennert*, Verwaltung, Verwaltungsgerichtsbarkeit und Gewaltenteilung, Fn. 89, S. 11.

479 Vgl. OVG Berlin-Brandenburg, Beschluss vom 07. April 2009 – OVG 9 L 29.09 –.

480 Anders etwa der Vollstreckungsanspruch des Gläubigers. Diese entsteht zwar auch mit Schaffung des gerichtlichen Titels, betrifft aber unmittelbar nur das Verhältnis zwischen Vollstreckungsgläubiger und vollstreckendem Staat, vgl. dazu unter B.III.1.b).

Zeitraum, etwa die Phase der vorläufigen Vollstreckbarkeit, bleibt an dieser Stelle noch außer Betracht.

Die materielle Rechtskraft beschreibt die inhaltliche Bindungswirkung des formell rechtskräftigen Urteils.[481] § 121 VwGO regelt die Folgen der materiellen Rechtskraft von Urteilen[482] und, im Wege analoger Anwendung, von einstweiligen Anordnungen i.S.v. § 123 Abs. 1 VwGO.[483] Nach § 121 VwGO (analog) sind die Beteiligten des Klageverfahrens bzw. des einstweiligen Rechtsschutzverfahrens an die formell rechtskräftigen Entscheidungen gebunden, soweit das Gericht über den Streitgegenstand entschieden hat. Dies gilt unabhängig davon, ob Sach- und Rechtslage in der Entscheidung zutreffend gewürdigt wurde.[484] *„Funktion der Rechtskraft richterlicher Entscheidungen ist es, durch die Maßgeblichkeit und Rechtsbeständigkeit des Inhalts der Entscheidung über den Streitgegenstand für die Beteiligten und die Bindung der öffentlichen Gewalt an die Entscheidung die Rechtslage verbindlich zu klären.“*[485] Die Rechtskraftwirkung (nicht Vollstreckung) gilt nur inter partes. Ist eine Behörde Verfahrensbeteiligte, wird nach den Grundätzen der Prozessstandschaft auch der dahinterstehende Rechtsträger erfasst.[486]

Inhaltlich hat die Rechtskraft mehrere Wirkungen, die sich unmittelbar aus dem Urteil ergeben. Neben die prozessualen Wirkungen der materiellen Rechtskraft treten keine privatrechtlichen Wirkungen im Sinne einer durch die Gerichtsentscheidung bewirkten, (zusätzlichen) Rechtserzeugung. Die rechtskräftige Entscheidung spricht *„lediglich aus, was Rechtens ist, schafft aber selbst kein Recht.“*[487] Mit Eintritt der Rechtskraft ist der schuldende Staat kraft Rechtskraftwirkung zur

481 *Lindner*, in: *Posser/Wolff*, § 121 VwGO, Vor Rn. 1.

482 *Bamberger*, in: *Wysk*, § 121 VwGO, Rn. 1.

483 Maßgebend für die Beurteilung, ob der Beschluss der Rechtskraft fähig ist, ist die jeweilige Beschlussangelegenheit; es ist nach der Art des Beschlusses zu differenzieren, vgl. *Clausing/Kimmel*, in: *Schoch/Schneider*, VwGO, § 121 VwGO, Rn. 15. Dass einstweilige Anordnungen nach § 123 Abs. 1 VwGO der eingeschränkten materiellen Rechtskraft fähig sind, ist weithin anerkannt, vgl. *Clausing/Kimmel*, in: *Schoch/Schneider*, VwGO, § 121 VwGO, Rn. 15, m.w.N.; vgl. auch *Bamberger*, in: *Wysk*, § 121 VwGO, Rn. 31; Niedersächsisches OVG, Beschluss vom 29. Oktober 2003 – 12 ME 436/03 –, Rn. 6, zit. nach juris; *Heckmann*, in: *Sodan/Ziekow*, § 123 VwGO, Rn. 131; Bayerischer VGH, Beschluss vom 09. November 2018 – 22 C 18.1718 –, Rn. 66, zit. nach juris; *Schoch*, in: *Schoch/Schneider*, VwGO, § 123 VwGO, Rn. 168.

484 *Bamberger*, in: *Wysk*, § 121 VwGO, Rn. 1.

485 BVerfG, Nichtannahmebeschluss vom 23. Februar 2001 – 1 BvR 4/01 –, Rn. 10, zit. nach juris.

486 *Bamberger*, in: *Wysk*, § 121 VwGO, Rn. 17.

487 *Desens*, S. 101; *Stein*, Justiz und Verwaltung, S. 88.

Erfüllung der jeweiligen Hauptentscheidung aus dem Urteil oder der einstweiligen Anordnung verpflichtet.[488]

Neben die Wirkungen der Rechtskraft tritt die Wirkung der Vollstreckbarkeit rechtskräftiger verwaltungsgerichtlicher Urteile und einstweiliger Anordnungen. Wirkung des Urteils insoweit, als es den materiellen Anspruch als vollstreckbar ausweist.[489] Bei der Vollstreckbarkeit in diesem Sinne handelt es sich nicht um eine Rechtskraftwirkung,[490] sondern um eine selbständige Wirkung der Gerichtsentscheidung.[491] Die Vollstreckbarkeit hat mit der formellen Rechtskraft nur insoweit Berührungspunkte, als deren Eintritt stets die endgültige Vollstreckung zulässt.[492] § 168 Abs. 1 Nr. 1 VwGO knüpft die Vollstreckbarkeit grundsätzlich an die formelle Rechtskraft der verwaltungsgerichtlichen Entscheidung.

Die Verwaltung muss der Entscheidung wegen der Wirkung der materiellen Rechtskraft nachkommen, ohne sich ihrer Verpflichtung unter Hinweis auf – ihr Nichtbefolgen – vermeintlich rechtfertigende Vorschriften entziehen zu können.[493]

ii) Gerichtliche Anordnung der vorläufigen Vollstreckbarkeit

Dass nicht rechtskräftige Urteile und einstweilige Anordnungen des Verwaltungsgerichts alleiniger Gegenstand für das Nichtbefolgen sind, ist theoretisch denkbar, wird allerdings nicht der Regelfall sein, weil der schuldende Staat regelmäßig den Instanzenzug ausschöpfen wird und damit Anknüpfungspunkt für die Vollstreckung regelmäßig allein die rechtskräftige Entscheidung sein wird.[494] Für den Fall aber, dass es bei einer nicht rechtskräftigen Entscheidung bleibt, stellt sich die Frage nach deren Wirkungen in Bezug auf die Bindung des schuldenden Staates.

Rechtskraft und Vollstreckbarkeit sind voneinander zu trennen. Im Fall nicht rechtskräftiger Urteile und einstweiliger Anordnungen fehlt es an einer bindenden

488 VG Gießen, Urteil vom 03. September 2019 – 8 K 2064/18.GI –, Rn. 46, zit. nach juris. Das Verwaltungsgericht zitiert hier zusätzlich Art. 20 Abs. 3 GG, obwohl dies nicht erforderlich ist. Denn das rechtskräftige Urteil selbst bindet die Beteiligten, nicht § 121 VwGO (analog). Stellt man für die Bindungen aus einem rechtskräftigen Urteil zusätzlich auf § 121 (analog) ab mit dem Argument, diese Norm vermittle die Wirkungen der Rechtskraft des Urteils, ist die Anwendung von Art. 20 Abs. 3 GG erforderlich.

489 *Pietzner/Möller*, in: *Schoch/Schneider*, VwGO, Vor § 167 VwGO, Rn. 3, Fn. 9.

490 *Pietzner/Möller*, in: *Schoch/Schneider*, VwGO, § 168 VwGO, Rn. 12; *Gaul/Schilken/Becker-Eberhard*, Zwangsvollstreckungsrecht, § 11 II 2, S. 96 ff.

491 *Clausing/Kimmel*, in: *Schoch/Schneider*, VwGO, § 121 VwGO, Rn. 36.

492 *Clausing/Kimmel*, in: *Schoch/Schneider*, VwGO, § 121 VwGO, Rn. 36; *Pietzner/Möller*, in: *Schoch/Schneider*, VwGO, § 168 VwGO, Rn. 12.

493 Vgl. BGH, Urteil vom 30. Oktober 1961 – III ZR 196.59 –, Rn. 15, zit. nach juris.

494 Siehe hierzu bereits unter B.II.4.

inhaltlichen Maßgeblichkeit i.S.d. Rechtskraft. Hier gerät deshalb eine weitere Wirkung gerichtlicher Entscheidungen, nämlich die Vollstreckbarkeit in den Blick.[495] Zu unterscheiden sind im Fall nicht rechtskräftiger Urteile deren Wirkungen ohne Vollstreckbarkeitsanordnung und die Wirkungen der von dem Verwaltungsgericht angeordneten vorläufigen Vollstreckbarkeit. Verwaltungsgerichtsurteile, die noch nicht in Rechtskraft erwachsen sind, sind nicht automatisch auch vorläufig vollstreckbar, vgl. § 167 Abs. 2 VwGO. Die erstgenannte Fallkonstellation ist für die hiesige Untersuchung ohne Belang.[496]

Es stellt sich vielmehr die Frage, welche Wirkung die Anordnung der vorläufigen Vollstreckbarkeit in verwaltungsgerichtlichen Urteilen objektiv und – in subjektiver Hinsicht – auf den schuldenden Staat hat. Maßgebend sind die §§ 708 bis 720a ZPO i.V.m. § 167 Abs. 1 Satz 1 VwGO. Das Prozessgericht entscheidet von Amts wegen über die Vollstreckbarkeitsanordnung, es handelt sich insoweit um eine gebundene Entscheidung.[497] Grundsätzlich erklären Verwaltungsgerichte deshalb alle rechtsmittelfähigen Endurteile von Amts wegen für vorläufig vollstreckbar.[498] Die Vollstreckbarkeit ist allerdings auflösend bedingt. Realisiert sich die auflösende Bedingung, unter der die vorläufige Vollstreckbarkeit steht, bleiben abgeschlossene Vollstreckungsmaßnahmen wirksam und rechtmäßig. Der Schuldner ist auf die Schadensliquidation nach § 717 Abs. 2 und 3 ZPO beschränkt.[499]

Die Wirkungen der vorläufigen Vollstreckbarkeit von Urteilen unterscheiden sich von jenen der Vollstreckbarkeit im Fall rechtskräftiger Urteile und ggf. einstweiliger Anordnungen.[500] Ein nicht rechtskräftiges verwaltungsgerichtliches Urteil wird (erst) durch die Anordnung der vorläufigen Vollstreckbarkeit durch das Verwaltungsgericht zum Vollstreckungstitel.[501] Das nicht rechtskräftige, aber mit der Anordnung der vorläufigen Vollstreckbarkeit versehene Urteil hat deshalb die Funktion, den Vollstreckungsanspruch des Gläubigers zu aktualisieren und ihm die Zwangsgewalt des Staates zur Erzwingung seines Anspruchs zur Verfügung zu stellen.[502] Gleiches gilt für nicht rechtskräftige einstweilige Anordnungen. Sie sind auch ohne gerichtliche Vollstreckbarkeitsanordnung im Regelfall kraft Gesetzes sofort, und damit auch vorläufig, vollstreckbar und deshalbVollstreckungstitel, vgl. § 168 Abs. 1 Nr. 2 VwGO.[503] Die Bindungswirkung der einstweiligen

495 *Pietzner/Möller*, in: *Schoch/Schneider*, VwGO, § 167 VwGO, Rn. 103.

496 Siehe hierzu bereits unter B.II.4.

497 *Pietzner/Möller*, in: *Schoch/Schneider*, VwGO, § 167 VwGO, Rn. 138.

498 *Pietzner/Möller*, in: *Schoch/Schneider*, VwGO, § 167 VwGO, Rn. 127. Den Beteiligten stehen allerdings die Möglichkeiten nach den §§ 710, 711 S. 2, 712 ZPO zur Verfügung.

499 *Pietzner/Möller*, in: *Schoch/Schneider*, VwGO, § 167 VwGO, Rn. 115 f.

500 Vgl. hierzu unter C.I.2.a).

501 *Pietzner/Möller*, in: *Schoch/Schneider*, VwGO, Vor § 167 VwGO, Rn. 3,Fn. 9.

502 Vgl. *Pietzner/Möller*, in: *Schoch/Schneider*, VwGO, § 167 VwGO,Rn. 4.

503 Siehe hierzu unter B.IV.5.

Anordnung endet mit der rechtskräftigen Entscheidung im Hauptsacheverfahren. Bleibt die Klage erfolglos, entfällt die durch einen erfolgreichen Eilantrag vorläufig eingeräumte Rechtsposition rückwirkend.[504]

Dies führt, sobald der Vollstreckungsgläubiger die Vollstreckung beantragt, zu einer Vollstreckungspflicht des Staates in dem Umfang, in dem der Vollstreckungsanspruch von dem Gesetzgeber zulässigerweise einfachgesetzlich ausgestaltet wurde. Jedenfalls im Fall der Stellung eines Vollstreckungsantrags hat die Anordnung der vorläufigen Vollstreckbarkeit daher mittelbar Auswirkungen auf das Verhältnis zwischen vollstreckendem und schuldendem Staat. Denn die Vollstreckungspflicht des schuldenden Staates korrespondiert mit einer Erfüllungspflicht der Verwaltung i.e.S.[505]

iii) Erfüllungspflicht der Verwaltung

Die schuldende Behörde ist jedenfalls mit Rechtskrafteintritt zur Erfüllung verpflichtet. Im Fall vorläufig vollstreckbarer Urteile und einstweiliger Anordnungen i.S.v. § 123 Abs. 1 VwGO stellt sich deshalb die Frage, ob die Verwaltung i.e.S. schon mit deren Erlass verpflichtet ist, diesen Gerichtsentscheidungen zu Folge zu leisten. Dabei geht es allein um die Frage des Zeitpunkts, in dem die behördliche Erfüllungspflicht entsteht.

In der wissenschaftlichen Literatur finden sich nur vereinzelt Ausführungen zu der Frage des Zeitpunkts der Entstehung der behördlichen Erfüllungspflicht.

Die Frage des Bestehens einer behördlichen Erfüllungspflicht im Fall vorläufig vollstreckbarer Verwaltungsgerichtsurteile und vollziehbarer einstweiliger Anordnungen ist verwandt mit der Diskussion zu einer ungeschriebenen Erfüllungsfrist als Antragsvoraussetzung bzw. als Voraussetzung für den Erlass der Zwangsgeldandrohung.[506] Es finden sich in den insoweit vertretenen Ansichten auch Aussagen zu dem Zeitpunkt der behördlichen Erfüllungspflicht. So argumentiert insbesondere die Ansicht, die den Beginn der Erfüllungsfrist frühestens bei dem Rechtskrafteintritt verortet, mit dem Umstand, dass vor Rechtskrafteintritt unklar sei, ob das Urteil Bestand hat. Erst nach Rechtskrafteintritt sei für die Behörde sicher, ob

---

504 *Schoch*, in: *Schoch/Schneider*, VwGO, § 123 VwGO, Rn. 168a.

505 Aus verfassungsrechtlicher Sicht besteht auch im Fall vorläufig vollsteckbarer verwaltungsgerichtlicher Urteile und einstweiliger Anordnungen eine Erfüllungspflicht des schuldenden Staates, ohne dass es auf die Vollstreckbarkeitsanordnung oder einen Vollstreckungsantrag des Vollstreckungsgläubigers ankäme, vgl. ausführlich unter D.II.2.

506 Der Streit um das „Ob" einer weiteren, ungeschriebenen Frist als Antragsvoraussetzungen sowohl im Fall von § 170 VwGO als auch im Fall von § 172 VwGO und der Streit um den Beginn dieser Frist betreffen allerdings die Frage der (vorläufigen) Vollstreckbarkeit. Siehe zum dem Streitstand und zu den vertretenen Meinungen unter B.IV.2.a)i).

sie das Urteil befolgen muss.[507] Die Gegenmeinung hält die Behörde von dem Zeitpunkt der Entscheidung des Verwaltungsgerichts an zur Erfüllung verpflichtet. Ob diese Verpflichtung schon zwangsweise durchgesetzt werden kann, spiele keine Rolle.[508] Dies wird teilweise unmittelbar aus dem Grundsatz der Gesetzmäßigkeit der Verwaltung abgeleitet.[509]

Diese Meinung ist aus den nachfolgend genannten Gründen vorzugswürdig. Für die Ermittlung des Entstehungszeitpunkts – und damit der Existenz – der Erfüllungspflicht kommen drei Begründungsansätze in Betracht: das Institut der (vorläufigen) Vollstreckbarkeit, ein Rückschluss aus den §§ 170, 172 VwGO und der Grundsatz der Gesetzmäßigkeit der Verwaltung.

Die dem Vollstreckungsgläubiger durch verwaltungsgerichtliche Anordnung eingeräumte Möglichkeit der vorläufigen Vollstreckbarkeit bzw. die Vollziehbarkeit sind streng von der Entstehung einer Erfüllungspflicht der Verwaltung i.e.S. zu unterscheiden.[510] Gleichwohl liefern sie Anhaltspunkte für das Bestehen der Erfüllungspflicht der Behörde im Fall nicht rechtskräftiger Urteile und einstweiliger Anordnungen. Die Vollstreckbarkeitsanordnung von Urteilen erfolgt von Amts wegen und einstweilige Anordnungen sind aus sich heraus vorläufig vollstreckbar. § 167 Abs. 2 i.V.m. § 168 Abs. 1 Nr. 1 und Nr. 5 VwGO lässt sich die Kernaussage entnehmen, dass auch die verwaltungsgerichtliche Vollstreckung von der prinzipiellen vorläufigen Vollstreckbarkeit (mit systembedingten Modifikationen) ausgeht.[511] Auch vorläufig vollstreckbare Entscheidungen enthalten – auch wenn diese im Vergleich zu unanfechtbaren Gerichtsentscheidungen gemindert sein mag – eine relative Richtigkeitsgewähr.[512] Bei der vorläufigen Vollstreckung (bis zum Rechtskrafteintritt) handelt es sich um die Gewährung (sekundären) vorläufigen bzw. einstweiligen Rechtsschutzes.[513] Die bewusste Entscheidung des Gesetzgebers zu Gunsten einer prinzipiellen vorläufigen Vollstreckbarkeit auch im Fall der Vollstreckung gegen die Verwaltung i.e.S. im Sinne „*vorläufigen Rechtsschutzes*"

---

507 Siehe hierzu den Nachweis in Fn. 206. Bis zu dem Zeitpunkt des Ablaufs der Erfüllungsfrist – dieser Zeitpunkt hängt seinerseits von dem Tag des Fristbeginns ab – ist nach dieser Ansicht das Vollstreckungsgericht mangels Vorliegens der Tatbestandsvoraussetzungen der §§ 170, 172 VwGO nicht befugt, das Vollstreckungsverfahren voranzutreiben.

508 Zu § 172 VwGO *Pietzner/Möller*, in: *Schoch/Schneider*, VwGO, § 172 VwGO, Rn. 33; *Heckmann*, in: *Sodan/Ziekow*, § 172 VwGO, Rn. 58. In diesem Sinne wohl auch *Voßkuhle*, NJW 2018, 3154 (3156).

509 *Ruffert*, JuS 2020, 700 (700); siehe zum Verhältnis der Verwaltung i.e.S. zu dem Gesetzgeber einerseits und zur Judikative andererseits unter D.II.2.

510 Siehe unter C.I.2.a)i) und C.I.2.a)ii).

511 *Heckmann*, in: *Sodan/Ziekow*, § 167 VwGO, Rn. 1.

512 *Heckmann*, in: *Sodan/Ziekow*, § 168 VwGO, Rn. 17.

513 *Heckmann*, in: *Sodan/Ziekow*, § 167 VwGO, Rn. 1, 15.

setzt notwendig das Bestehen einer behördlichen Erfüllungspflicht voraus. Wenn es die Institute des Vollstreckungszwangs gibt, dann wird die Pflicht zur Erfüllung von diesen Vorschriften vorausgesetzt – und zwar in Kenntnis des Instituts der vorläufigen Vollstreckbarkeit. Der schuldende Staat mag also die vorläufig vollstreckbare bzw. vollziehbare Gerichtsentscheidung prüfen. Einstweilen befolgen muss er sie dennoch.[514] Ein solcher Rückschluss ist auch möglich in den Fällen, in denen eine vorläufige Vollstreckung ausscheidet, etwa im Fall von Verpflichtungsklagen. Verpflichtungsurteile sind zwar nicht vorläufig vollstreckbar. Daraus folgt allerdings nicht, dass eine Erfüllungspflicht der Behörde nicht besteht. Anliegen des § 167 Abs. 2 VwGO ist es, dass der vollstreckende Staat im Bereich von Verpflichtungsklagen in hoheitliche Verwaltung nur mit rechtskräftigen Entscheidungen eingreift.[515] Der Verwaltungsakt erzeugt Rechtswirkungen, die nach ggf. anschließender Aufhebung durch das Rechtsmittelgericht nur bedingt rückgängig gemacht werden können.[516] Dies soll den Grundsatz der Gewaltenteilung sichern, weil sonst die Judikative vorzeitig in den Bereich der Exekutive übergreifen könnte. Es geht also bei § 167 Abs. 2 VwGO ausschließlich um das Verhältnis der Gewalten zueinander. Die Vorschrift hindert aber nicht das Bestehen der Erfüllungspflicht der Behörde auch im Fall nicht rechtskräftiger Verpflichtungsurteile. Für die vorliegende Arbeit ist dies insoweit ohne Belang, weil es von vornherein nur um solche Verwaltungsgerichtsentscheidungen geht, soweit diese (vorläufig) vollstreckbar sein können.

Daneben folgt die Entstehung der behördlichen Erfüllungspflicht bereits mit Existenz der Verwaltungsgerichtsentscheidung aus dem Grundsatz der Gesetzmäßigkeit der Verwaltung. Die Gesetzmäßigkeit der Verwaltung beruht auf der

---

514 Den Interessen des schuldenden Staates wird Rechnung getragen durch die Möglichkeit der einstweiligen Einstellung der Vollstreckung (§§ 707, 719, 769 ZPO), der Sicherheitsleistung des Gläubigers (§ 709 ZPO), der Abwendungsbefugnis des Schuldners (§ 712 ZPO) und der Schadensersatzpflicht des Gläubigers im Falle der Aufhebung oder Abänderung des Titels (§ 717 Abs. 2 ZPO), vgl. *Heckmann*, in: *Sodan/Ziekow*, § 167 VwGO, Rn. 15.

515 Vgl. VGH Baden-Württemberg, Beschluss vom 03. November 2011 – 6 S 2904/11 –, Rn. 12, zit. nach juris, zu § 167 Abs. 2 VwGO: *„Hintergrund dieser Regelung ist, dass es dem Wesen staatlicher Verwaltung zuwiderläuft, wenn durch ein Urteil zu hoheitlichem Handeln angehalten werden soll, das noch nicht rechtskräftig ist und dessen Bestand mithin noch in Frage steht. In hoheitliche Verwaltung soll nur mit rechtskräftigen Entscheidungen eingegriffen werden, was den Grundsatz der Gewaltenteilung sichern soll."*

516 *Heckmann*, in: *Sodan/Ziekow*, § 167 VwGO, Rn. 19. Der Vollstreckungsgläubiger kann hier den begehrten Erlass des Verwaltungsakts im Wege einer (zusätzlichen) vollziehbaren einstweiligen Anordnung nach § 123 Abs. 1 VwGO vorläufig geltend machen, falls die Vorwegnahme der Hauptsache ausnahmsweise zulässig ist.

Gesetzesbindung der Exekutive als Dauerpflicht, die nicht erst durch die Rechtskraft entsteht, sondern besteht.

b) Reichweite von Rechtskraft und vorläufiger Vollstreckbarkeit

Für die Beurteilung der Vorschriften zur verwaltungsgerichtlichen Zwangsvollstreckung muss geklärt werden, ob und inwieweit der schuldende Staat an verwaltungsgerichtliche Titel gebunden ist.

Im Fall rechtskräftiger Entscheidungen sind die Beteiligten – auch im Rahmen der Vollstreckung – im Umfang der materiellen Rechtskraft gebunden. § 121 VwGO begrenzt die Rechtskraftwirkung in ihrem Umfang dahin, *„soweit über den Streitgegenstand entschieden worden ist"*. Maßgebend sind insoweit nach allgemeiner Auffassung der Tenor und der Entscheidungssatz.[517] Der Ausspruch eines Gerichts, dass der materiell-rechtliche Anspruch des Vollstreckungsgläubigers besteht, enthält zugleich die der materiellen Rechtskraft *„unterfallende Feststellung, dass die Voraussetzungen für die Entstehung dieses Anspruchs gegeben sind."*[518]

Im Falle stattgebender Verpflichtungsurteile erwächst in Rechtskraft, dass die Behörde zum Erlass des im Urteilsausspruch bezeichneten Verwaltungsakts verpflichtet ist.[519] Schwierigkeiten kann die Bestimmung der Reichweite der Rechtskraftwirkung im Fall des Bescheidungsurteils bereiten. Hier ist anhand der Entscheidungsgründe zu ermitteln, inwieweit das behördliche Vorgehen bestimmt ist. Erstens darf aus den von dem Gericht gerügten Gründen der Erlass des Verwaltungsakts nicht erneut abgelehnt werden.[520] Zweitens ist die Behörde insoweit gebunden, als das Gericht das Vorliegen weiterer Anspruchsvoraussetzungen, welche die Behörde bei Erlass des Ablehnungsbescheids nicht geprüft hatte, ausdrücklich bejaht.[521] Demgegenüber nehmen – nicht entscheidungstragende – Hinweise zur weiteren Sachbehandlung nicht an der Rechtskraft teil.[522] Im Übrigen erwächst auch die mit dem Bescheidungsurteil untrennbare Feststellung des Nichtvorliegens einer Ermessensreduktion auf Null in Rechtskraft. Auch dies darf die Behörde in einem nachfolgenden Verfahren nicht abweichend beurteilen, es sei denn, die entscheidungserheblichen Umstände haben sich zwischenzeitlich geändert.[523] Urteile, die einer Klage auf Leistung,[524] auf Unterlassung oder auf Duldung stattgeben,

---

517 *Clausing/Kimmel*, in: *Schoch/Schneider*, VwGO, § 121 VwGO, Rn. 45 ff.

518 VG Koblenz, Beschluss vom 26. Juli 2011 –2 N 572/11.KO –, Rn. 5, zit. nach juris.

519 BVerwG, Urteil vom 21. Dezember 1967 – VIII C 2.67 –, BVerwGE 29, 1.

520 BVerwG, Urteil vom 21. Dezember 1967 – VIII C 2.67 –, BVerwGE 29, 1.

521 BVerwG, Urteil vom 19. Juni 1968 – V C 85.67 –, DVBl 1970, 281 (281 f.); enger – Bindung nur, soweit Ablehnung für rechtswidrig erklärt – offenbar BVerwG, Urteil vom 21. Dezember 1967 – VIII C 2.67 –, BVerwGE 29, 1.

522 Vgl. BVerwG, Beschluss vom 06. März 1962 – VII B 73/61 –, DVBl 1963, 64.

523 Hamburgisches OVG, Urteil vom 07. Dezember 2001 – 1 Bf 134/01 –, zit. nach juris.

524 Etwa in Gestalt schlichthoheitlichen behördlichen Handelns oder der Geldzahlung.

stellen das Bestehen des zuerkannten Anspruchs rechtskräftig fest und enthalten darüber hinaus den Befehl an den Schuldner zur Bewirkung der Leistung.[525] Die Behörde muss den Anspruch deshalb erfüllen, auch wenn das rechtskräftige Urteil fehlerhaft ist.

Einstweilige Anordnungen, gerichtet etwa auf den Erlass eines Verwaltungsakts, eines schlichthoheitlichen Duldens oder Unterlassens oder einer Leistung, z.B. einer Geldzahlung, sind der Rechtskraft fähig. Allerdings kann das Hauptsachegericht auch eine rechtskräftige einstweilige Anordnung i.S.v. § 123 Abs. 1 VwGO im Abänderungsverfahren nach § 80 Abs. 7 VwGO (analog) unter den dort geltenden Voraussetzungen aufheben oder ändern.[526] Die Wirkung der materiellen Rechtskraft ist im Fall einstweiliger Anordnungen also eingeschränkt.[527] Bezugspunkt der eingeschränkten materiellen Rechtskraft ist der Streitgegenstand der einstweiligen Anordnung.

Deren Streitgegenstand ist allerdings weder das zu sichernde Recht noch das zu regelnde Rechtsverhältnis selbst. Dies ist Gegenstand des Hauptsacheverfahrens. Das Gericht darf im Eilverfahren daher grundsätzlich nicht eine endgültige Wahrung des status quo bewirken oder eine abschließende Zustandsveränderung für die Zukunft herbeiführen, sondern nur vorläufige Maßnahmen zur Überbrückung des Zeitraums bis zum Abschluss des Hauptsacheverfahrens anordnen.[528] Streitgegenstand der einstweiligen Anordnung ist daher allein die vorläufige Sicherung oder die vorläufige Regelung des materiellen Rechts bzw. des Anspruchs, nicht die Befriedigung.

Trotz dieses vorläufigen Charakters endet das Eilverfahren mit einer abschließenden und bindenden Entscheidung. Diese ergeht interimsmäßig[529] bis zur Entscheidung in der Hauptsache.[530] *„Erlass oder Nichterlass einer einstweiligen Anordnung bewirken nicht eine nur vorläufige Gestaltung eines endgültigen Zustands, sondern regeln […] einen vorläufigen Zustand endgültig.“*[531]

---

525 BGH, Urteil vom 17. März 1964 – Ia ZR 193/63 –, Rn. 24, zit. nach juris; *Clausing/Kimmel*, in: *Schoch/Schneider*, VwGO, § 121 VwGO, Rn. 86.

526 Vgl. zur Frage des Abänderungsverfahrens im Fall von einstweiligen Anordnungen und der analogen Anwendung von § 80 Abs. 7 VwGO *Schoch*, in: *Schoch/Schneider*, VwGO, § 123 VwGO, Rn. 174 ff.

527 BGH, Urteil vom 09. Dezember 2004 – III ZR 200/04 –, NJW 2005, 436 (437).

528 *Schoch*, in: *Schoch/Schneider*, VwGO, § 123 VwGO, Rn. 137.

529 Von der Reichweite der Bindungswirkung einer einstweiligen Anordnung ist deren Geltungsdauer zu unterscheiden. Sie spricht einen zeitlichen Aspekt an, vgl. hierzu unter B.IV.5.

530 *Schoch*, in: *Schoch/Schneider*, VwGO, § 123 VwGO, Rn. 61.

531 *Schoch*, in: *Schoch/Schneider*, VwGO, § 123 VwGO, Rn. 61, Rn. 168.

Die eingeschränkte materielle Rechtskraft hat keinen Einfluss auf das Hauptsacheverfahren.[532]

II. Nichtbefolgen der verwaltungsgerichtlichen Entscheidung

Im Zusammenhang mit § 172 VwGO ist häufig von dem Begriff der *„grundlosen Säumnis"* die Rede, im Fall des § 170 VwGO mitunter von einem *„Nichtbefolgen"*. Zentral für die Untersuchung ist das Verständnis für die tatsächlichen Erscheinungsformen dieses Nichtbefolgens,[533] weil diese Stufung bei Anwendung der §§ 170, 172 VwGO die jeweiligen Rechtsfolgen maßgeblich beeinflusst. Diese sind vor allem von Relevanz für die Beurteilung der Wirksamkeit der verwaltungsprozessualen Zwangsvollstreckungsvorschriften. Daneben sind sie von Belang für die staatsorganisationsrechtliche Analyse der Vorschriften über die verwaltungsgerichtliche Zwangsvollstreckung. Schließlich bildet das Nichtbefolgen die gemeinsame Grundlage der sich aus dem einfachen Gesetzesrecht ergebenden Rechtsfolgen, seien es jene der §§ 167 ff. VwGO – etwa die Ermessensausübung des Vollstreckungsgerichts –, des Staatshaftungsrechts oder des öffentlichen Dienstrechts.

1. Staatliche Akteure

Hierfür lohnt zunächst ein Blick auf die im behördeninternen Bereich handelnden und beteiligten Personen. Unmittelbar gegenüber dem Vollstreckungsgericht handelt die jeweilige Körperschaft oder Behörde, d.h. die Kommunalverwaltung, Landes- oder Bundesbehörden. Kommunen sind als Selbstverwaltungskörperschaften mittelbar Teil der Landesverwaltung und bilden keine dritte Ebene der Staatlichkeit.[534]

a) Innerbehördliche Entscheidungsbildung und dienstliche Weisungen

Es mag Fallgestaltungen geben, in denen ein einzelner Referent in eigener Verantwortung verwaltungsgerichtliche Entscheidungen vorsätzlich oder fahrlässig nicht befolgt. In der Regel werden im Rahmen des vorausgehenden Entscheidungsprozesses allerdings mehrere Amtswalter beteiligt sein. Von Bedeutung sind vor allem

---

532 *Clausing/Kimmel*, in: *Schoch/Schneider*, VwGO, § 121 VwGO, Rn. 16; *Schoch*, in: *Schoch/Schneider*, VwGO, § 123 VwGO, Rn. 168.

533 Auch hier geht es um das reine „Nichtbefolgen" ohne Bezug zu den Tatbeständen der §§ 170, 172 VwGO, vgl. bereits unter B.II.4.

534 *Voßkuhle/Kaufhold*, JuS 2012, 314 (314).

Fälle, in denen der handelnde/unterlassende Beamte auf Grund einer allgemeinen Verwaltungsvorschrift oder einer Weisung seines Dienstvorgesetzten – diese kann ihrerseits auf einer allgemeinen Verwaltungsvorschrift oder auf einer Weisung der übergeordneten Behörde beruhen – eine Entscheidung eines Verwaltungsgerichts nicht befolgt. Der handelnde Beamte ist verpflichtet, die dienstlichen Anordnungen seines Vorgesetzten auszuführen und deren allgemeine Richtlinien zu befolgen (Weisungsgebundenheit und Folgepflicht, vgl. § 35 Abs. 1 Satz 2 BeamtStG und § 62 Abs. 1 Satz 2 BBG).[535]

Üblicherweise wird zwischen allgemeinen Verwaltungsvorschriften (vgl. für die Bundesebene etwa Art. 85 Abs. 2 Satz 1 GG, Bundesauftragsverwaltung, oder Art. 86 Satz 1 GG, unmittelbare Staatsverwaltung), einem umfassenden Weisungsrecht (Art. 85 Abs. 3 GG i.V.m. Art. 108 Abs. 3 Satz 2 GG) und der Einzelweisungsbefugnis (Art. 84 Abs. 5 Satz 1 GG, Ausführung durch die Länder als eigene Angelegenheit) unterschieden. Besteht, wie im Fall von Art. 85 Abs. 2 und Abs. 3 GG, neben der Befugnis zum Erlass allgemeiner Verwaltungsvorschriften eine umfassende Weisungsbefugnis, so ist die Bedeutung der allgemeinen Verwaltungsvorschriften gering.[536]

Allgemeine Verwaltungsvorschriften sind abstrakt-generelle Regelungen innerhalb der Verwaltungsorganisation, *„die für eine abstrakte Vielheit von Sachverhalten des Verwaltungsgeschehens verbindliche Aussagen treffen, ohne auf eine unmittelbare Rechtswirkung nach außen gerichtet zu sein.“*[537] Sie werden erteilt von der vorgesetzten an die nachgeordnete Behörde oder von einem Dienstvorgesetzten an die ihm unterstellten Verwaltungsbeamten.[538] Von diesen Verwaltungsvorschriften, die für eine unbestimmte Zahl von Personen und Fällen gelten, sind Einzelweisungen abzugrenzen. Dabei handelt es sich um innerhalb der Verwaltungsorganisation verbindliche Anordnungen, wie in einem konkreten Einzelfall zu verfahren sei.[539] Das Verwaltungshandeln ist in diesen Fällen stets auf eine anweisende Person zurückzuführen. Auch hier sind nur jene Fälle des Nichtbefolgens maßgebend, soweit dieses das Verhältnis der Prozessbeteiligten betrifft.[540]

---

535 Dienstliche Anordnungen betreffen konkrete und individuell bestimmte Sachverhalte. Sie können generell (allgemeine Weisung) oder speziell (Einzelweisung) erfolgen. Unter allgemeinen Richtlinien sind Vorschriften, wie zum Beispiel Verwaltungsvorschriften, zu verstehen, die eine unbestimmte Zahl von Fällen betreffen, ohne diese in allen Einzelheiten zu regeln, vgl. BGH, Urteil vom 15. August 2019 – III ZR 18/19 –, Rn. 22, zit. nach juris.

536 *Suerbaum*, in: *Epping/Hillgruber*, Art. 85 GG, Rn. 19.

537 *Suerbaum*, in: *Epping/Hillgruber*, Art. 84 GG, Rn. 49.

538 *Suerbaum*, in: *Epping/Hillgruber*, Art. 84 GG, Rn. 49.

539 *Suerbaum*, in: *Epping/Hillgruber*, Art. 84 GG, Rn. 54.

540 Diskutiert werden die „Weisungsfälle“ in erster Linie im Fall höchstrichterlicher Entscheidungen – und zwar von Bundesgerichten –, deren „Nichtbefolgen“ das

Die Weisung kann die Referatsleitung erteilen. Je nach Bedeutung der Sache wird das Verwaltungshandeln aber jedenfalls auf einer Weisung der (Unter-)Abteilungsleitung oder eines Staatssekretärs beruhen. In den „kritischen" Nichtbefolgensfällen wird regelmäßig die Behördenspitze selbst eingebunden sein, sei es in Gestalt des Oberbürgermeisters als Magistratsvorsitzendem[541] oder des Amtsdirektors, eines Ministers oder seines Staatssekretärs oder sogar eines Ministerpräsidenten, falls dieser ein eigenes Verwaltungsressort übernommen hat. Inzwischen sind sogar Fallgestaltungen bekannt, in denen die Weisung der Behördenspitze auf einer – öffentlich verlautbarten – Entscheidung des Regierungskollegiums beruht.[542] Einen solchen Kollegialbeschluss, den die Minister als Mitglieder des Staatsleitungsorgans herbeigeführt haben, tragen diese in ihrer Eigenschaft als Leiter eines Verwaltungsressorts im Wege von Weisungen in die Verwaltung. Der Minister handelt dann in seiner Funktion als Behördenleiter, dem im Rahmen der ihm eingeräumten Ressortkompetenz (Art. 65 GG) die Letztentscheidungsbefugnis in Sachfragen zusteht.[543] In vergleichbarer Weise ist auf Kommunalebene eine vorangegangene Kollegialentscheidung des Magistrats denkbar.

Im „Natrium-Pentobarbital-Fall"[544] hatte der Bundesgesundheitsminister über seinen Staatssekretär das BfArM angewiesen, das Urteil des Bundesverwaltungsgerichts vom 02. März 2017 nicht anzuwenden, d.h. Anträge jedenfalls nicht positiv zu bescheiden und das Mittel nicht zur Verfügung stellen. Es handelte sich, auch wenn in dem Schreiben nicht ausdrücklich als solches bezeichnet,[545] um einen Nichtanwendungserlass.[546] Adressatin der Verwaltungsvorschrift war das

---

zuständige Ministerium über den konkret entschiedenen Fall hinaus angeordnet hat. Diese Fälle sind jedoch nicht Gegenstand der Arbeit, vgl. B.I.2.

541 In Hessen etwa ist für Städte mit mehr als 50.000 Einwohnern das Verwaltungsorgan/die Verwaltungsspitzeder Gemeindevorstand (Magistrat). Der Magistrat ist die Verwaltungsbehörde einer Stadt. Er führt die Beschlüsse der Stadtverordnetenversammlung aus. Jedes Magistratsmitglied verwaltet ein Dezernat, wohingegen die wesentlichen Entscheidungen von dem Magistrat als Kollektivorgan getroffen werden. Vorsitzender des Magistrats der Oberbürgermeister; er ist Leiter der Gemeindeverwaltung. Der Oberbürgermeister ist grundsätzlich hauptamtlicher Beamter auf Zeit.

542 Vgl. oben unter B.I.1.

543 *Epping*, in: *Epping/Hillgruber*, Art. 65 GG, Rn. 6 f.

544 Siehe unter B.I.2.

545 Vgl. hierzu unter B.I.2.a).

546 Es handelt sich hier um einen Anwendungsfall der fakultativen unmittelbaren Bundesverwaltung (vgl. Art. 87 Abs. 3 Satz 1 GG). Die Zulässigkeit des Erlasses allgemeiner Verwaltungsvorschriften und/oder Weisungen richtet sich deshalb nach Art. 86 Satz 1 GG. Diese Verfassungsvorschrift weist der Bundesregierung die Befugnis zum Erlass allgemeiner Verwaltungsvorschriften zu. Dies schließt, im Unterschied zu Art. 84 GG die Befugnis auch des einzelnen Ministers oder einer Bundesbehörde

BfArM[547] als nachgeordnete Bundesbehörde.[548] Innerhalb des für die Bearbeitung des konkreten Falls zuständigen BfArM dürften anschließend innerdienstliche Weisungen bis hin zu den für die Antragsbescheidung zuständigen Beamten erteilt worden sein.

b) Beteiligung der Kommunalaufsicht

Im Fall von Kommunen kann die Kommunalaufsichtsbehörde beteiligt sein – und sei es nur im Wege schlicht passiven Verhaltens. Die Kommunalaufsicht ist eine Landesbehörde, die im Rahmen der Rechtsaufsicht das gesetzmäßige Handeln der Kommunalverwaltung sicherstellen soll. Daneben übernimmt sie auf bestimmten Gebieten auch die Fachaufsicht. Kommt eine Kommune einer verwaltungsgerichtlichen Entscheidung nicht nach, ist auch die Kommunalaufsicht gefragt. Sie kann im Rahmen der Rechtsaufsicht tätig werden. Hierzu stehen ihr – je nach Landesrecht – mehrere Instrumente zur Verfügung. Dabei kann es aber auch geschehen, dass die Kommunalaufsicht an dem gemeindlichen Nichtbefolgen teilnimmt. Dies entweder – wie im Fall der Gemeinde Niemegk –,[549] aus zeitlichen Gründen, oder aber durch ein selbständig hinzutretendes Nichtbefolgen. So war dies im Fall der Stadthalle Wetzlar.[550]

---

ein, entsprechende allgemeine Verwaltungsvorschriften zu erlassen, vgl. *Suerbaum*, in: *Epping/Hillgruber*, Art. 84 GG, Rn. 53. Ein Einzelweisungsrecht des zuständigen Ministers wird für den Bereich der unmittelbaren Bundesverwaltung deshalb als verfassungsrechtlich vorausgesetzt angesehen, vgl. *Hermes*, in: *Dreier*, Art. 86, Rn. 43 und *Brandner*, DÖV 1990, 966 (966 ff.). Der Erlass allgemeiner Verwaltungsvorschriften durch einzelne Minister bzw. durch das von ihnen geleitete Ministerium ist also – im Hinblick auf die sonst drohende Verkürzungen der Ressortkompetenz – nicht ausgeschlossen, soweit die Bundesregierung von ihrer Kompetenz zum Erlass von Verwaltungsvorschriften noch keinen abschließenden Gebrauch gemacht hat. Unzulässig ist demgegenüber eine Einzelweisungsbefugnis im Sinne einer Handlungsmaßgabe, wie in einem konkreten Sachverhalt zu verfahren ist. Denn im Anwendungsbereich des Art. 86 Satz 1 GG muss die Verwaltungsvorschrift „allgemein" bleiben, vgl. *Hermes*, in: *Dreier*, Art. 86, Rn. 55.

547 Das BfArM ist eine selbständige Bundesoberbehörde.

548 *Hermes*, in: *Dreier*, Art. 86, Rn. 54.

549 Vgl. OVG Berlin-Brandenburg, Beschluss vom 07. April 2009 – OVG 9 L 29.09 – und oben B.I.1.

550 Vgl. *Hecker*, NVwZ 2018, 787 (790 f.) und Pressemitteilung des Bundesverfassungsgerichts Nr. 26/2018 vom 20. April 2018, Fn. 59; *Augsberg*, DRiZ 2018, 254 (254) und unter B.I.1.

2. Typologie des Nichtbefolgens

Was die tatsächlichen Erscheinungsformen des Nichtbefolgens betrifft, so bestehen enorme qualitative Unterschiede.[551]

a) Nichterfüllung, Schlechterfüllung und Erfüllungsverzögerung

Es kann eine Unterteilung und eine weitere, grobe Differenzierung erfolgen, nämlich jene zwischen gänzlicher Nichterfüllung und unzureichender Erfüllung der titulierten Verpflichtung. Ob eine nur unzureichende Erfüllung gegeben ist, bestimmt sich nach dem Inhalt des Vollstreckungstitels im konkreten Fall.[552] Sie kann ihrerseits in Gestalt eines „Minus“, eines „Aliud“ („Schlechterfüllung“) oder einer Überschreitung der in dem Titel gesetzten Frist („Verzögerung der Erfüllung“) sichtbar werden. Ähnlich gelagert ist die zeitliche Verzögerung der Erfüllung, ohne dass der schuldende Staat hierbei eine Frist versäumt. Aus Gründen der Übersichtlichkeit wird im Folgenden die Dreiteilung „Nichterfüllung“, „Schlechterfüllung“ und „Erfüllungsverzögerung“ gewählt.

Bei rechtskräftigen Vornahmeurteilen kann der Fall eintreten, dass die Behörde den Verwaltungsakt nicht erlässt. Im Fall von Vornahmeurteilen ist auch eine Schlechtleistung denkbar, relevant werden dürfte diese allerdings eher im Fall rechtskräftiger Bescheidungsurteile. Die Frage der Vollstreckung aus vorläufig vollstreckbaren Verpflichtungsurteilen stellt sich nicht.[553]

Im Fall eines rechtskräftigen, auf Geldzahlung lautenden Leistungsurteils ist die Nichtleistung ebenso denkbar wie eine teilweise Leistung, die Leistung eines Aliud aber fernliegend. Entsprechendes gilt für rechtskräftige Regelungsanordungen und für vorläufig vollstreckbar erklärte Geldleistungsurteile sowie für entsprechende, nicht rechtskräftige Regelungsanordnungen.[554] Für andere Leistungsurteile und Regelungsanordnungen, die auf Vornahme einer schlichthoheitlichen Amtshandlung gerichtet sind, gilt Entsprechendes. Hinzu kommt hier allerdings die Möglichkeit der Schlechterfüllung durch Leistung eines „Aliud“. Die Besonderheit solcher Urteile und Beschlüsse liegt – anders als bei Geldleistungstiteln – darin, dass sie der Behörde Spielraum für zahlreiche Varianten in ihrer Reaktion auf die titulierte

---

551 *Sehl, Markus: „Herr Söder müsste 3,65 Millionen an die Umwelthilfe zahlen“*, Interview mit *Remo Klinger*, Legal Tribune Online vom 11. Juli 2019, abrufbar unter *https://www.lto.de/recht/hintergruende/h/eugh-bayern-vgh-zwangsgeld-zwangshaft-diesel-luftreinhalte-plan-umwelthilfe-soeder/*, zuletzt abgerufen am 22. Juli 2022.

552 *Pietzner/Möller*, in: *Schoch/Schneider*, VwGO, § 172 VwGO, Rn. 34.

553 Siehe dazu unter C.I.

554 Die Erfüllungspflicht der Behörde entsteht bereits mit Erlass der Entscheidung, so dass das Nichtbefolgen schon an diesen Zeitpunkt anknüpfen kann und nicht erst von der Geltendmachung des Vollstreckungsanspruchs durch den Vollstreckungsgläubiger abhängig ist, vgl. dazu unter C.I.2.a)iii).

Pflicht bieten. Diese Vielgestaltigkeit liegt nicht zuletzt daran, dass der Bürger mit einer solchen Leistungsklage und/oder dem Pendant aus dem Eilrechtsschutz eine Vielzahl von Anspruchszielen verfolgen kann. Sie ist aber auch abhängig von der Bestimmtheit des Entscheidungstenors. Dies führt dazu, dass insbesondere in diesen Fallgestaltungen das – auf den ersten Blick – bloße Nichtbefolgen näher in tatsächlicher Hinsicht beleuchtet werden muss. Eine nicht fristgerechte Erfüllung oder eine zeitliche Verzögerung ist in allen genannten Fällen möglich und bedarf jedenfalls an dieser Stelle keiner besonderen Zuordnung.

Im Übrigen sind weitere Konstellationen, insbesondere Kombinationen von Eil- und Hauptsacherechtsschutz denkbar. Hier sei etwa der Fall genannt, dass der Vollstreckungsgläubiger aus einer vorläufig vollstreckbaren, aber nicht rechtskräftigen oder aber aus einer rechtskräftigen einstweiligen Anordnung vollstreckt, ein vollstreckbares Urteil in dem parallel eingeleiteten Hauptsacheverfahren aber noch nicht ergangen ist. Sobald ein rechtskräftiges Urteil vorliegt, entfällt die Bindungswirkung der einstweiligen Anordnung. Denkbar ist aber auch, dass eine einstweilige Anordnung wegen Vorwegnahme der Hauptsache nicht erlassen wird. In diesem Fall verlagert sich das Nichtbefolgen auf die an ein Verwaltungsgerichtsurteil anschließende Phase.

b) Art und Wirkungen von Nichterfüllung, Schlechterfüllung oder Verzögerung.

Das Nichtbefolgen kann sowohl im Fall von Geldleistungs- als auch von Erzwingungstiteln auf einem Fehler der Verwaltung beruhen. Hier mag dann auch ein einzelner Amtsträger ohne Kenntnis und Mitwirkung der Leitungsebene oder der Behördenspitze handeln.

Auch der Umstand, dass der schuldende Staat zwischen Erlass der (vorläufig) vollstreckbaren verwaltungsgerichtlichen Entscheidung und dem Erlass der Zwangsgeldandrohung bzw. der Vollstreckungsankündigung dem Titel nicht nachkommt, sagt für sich genommen nichts über die Intensität des Nichtbefolgens aus. Im Fall von Erzwingungstiteln wird das Verhalten des schuldenden Staates frühestens mit dessen Reaktion auf die Zwangsgeldandrohung bedeutsam. Kommt die Behörde der titulierten Forderung nicht nach oder leistet ein Minus (teilweise Umsetzung, etwa unzureichender Luftreinhalteplanentwurf) oder ein Aliud, kann das Nichtbefolgen eine hohe „Frequenz“ annehmen. Die Behörde kann die Zwangsgeldfestsetzung abwarten und das Zwangsgeld entweder nicht begleichen (Nichtbefolgen trotz Vollstreckungsdrucks) oder dieses begleichen[555], wobei sie die titulierte Forderung weiterhin nicht oder nur unzureichend erfüllt. Auch ist eine Beitreibung des Zwangsgeldes bei gleichzeitiger Nichtleistung auf

555 Vgl. Bayerischer VGH, Beschluss vom 09. November 2018 – 22 C 18.1718 –, Rn. 23, zit. nach juris.

den Titel denkbar (Nichtbefolgen trotz erfolgter Vollstreckung). Diese Varianten behördlicher Reaktion können sich – in Bezug auf denselben verwaltungsgerichtlichen Titel – unbegrenzt wiederholen. Auch wenn Zwangsgeldandrohung und -festsetzung nicht eigenständige Anknüpfungspunkte für das Nichtbefolgen sind, wird auch in deren Nichtbefolgen die Möglichkeit der Frequenz des Nichtbefolgens deutlich. Die Verzögerung der Erfüllung geht deshalb in endgültiger Vollstreckungsvereitelung[556] auf.

Eine Ausnahme gilt, sobald und soweit das angedrohte oder festgesetzte Zwangsgeld die gewünschte Wirkung zeigt. Diese Wirkung mag, wenn das Vollstreckungsgericht die Maximalhöhe festgesetzt hat, eher im Fall von schuldenden Kommunen als im Fall eines schuldenden Landes eintreten. Denn hier liegt es eher nahe, dass der Höchstbetrag die Kommune schmerzt.[557] Hinzu kommt, dass das Zwangsgeld in diesen Fällen an die Landeskasse abfließt und nicht im kommunalen Haushalt verbleibt.[558] Kommt der schuldende Staat der titulierten Pflicht nach, erschöpft sich das Nichtbefolgen in der Verzögerung der Erfüllung. Auch dies ist allerdings nicht zwingend. Im Fall der „Stadthalle Wetzlar“ hat sich die Stadtverwaltung weder von einem festgesetzten Zwangsgeld i.H.v. EUR 7.500,- noch von dem zusätzlich angedrohten Zwangsgeld i.H.v. EUR 10.000,- beeindrucken lassen.[559]

Denkbar ist ferner der Erledigungseintritt während des Vollstreckungsverfahrens, etwa wegen Zeitablaufs,[560] Tod[561] oder Insolvenz des Vollstreckungsgläubigers. In diesen Fällen führt die Erfüllungsverzögerung ohne weiteres Zutun des schuldenden Staates zu einer Vollstreckungsvereitelung, weil auf Grundlage des § 172 VwGO eine Vollstreckung ausscheidet.

Soweit es nicht um einen Fehler der Verwaltung geht, wird deshalb im Fall von Erzwingungstiteln weniger die bloße Verzögerung der Erfüllung problematisch sein, als vielmehr die endgültige Vollstreckungsvereitelung.

---

556 Der Begriff der „Vollstreckungsvereitelung“ wird hier in dem Sinne gebraucht, dass der schuldende Staat die Befriedigung des Gläubigers in Bezug auf die verwaltungsgerichtlichen Titel verhindern möchte. Dass das festgesetzte Zwangsgeld unter Umständen beigetrieben oder von dem schuldenden Staat sogar beglichen wird, bleibt deshalb außer Betracht.

557 Im Übrigen spielt der Vollstreckungsschuldner – etwa Kommune oder Land – für die Intensität des Nichtbefolgens keine Rolle. Es mag sich auf kommunaler Ebene um weniger komplexe Sachverhalte im Erkenntnisverfahren handeln; dies für sich genommen trifft noch keine Aussage über die Intensität des Nichtbefolgens.

558 Vgl. zu der Empfängerin des Zwangsgeldes VG Gelsenkirchen, Beschluss vom 03. August 2018 – 8 M 80/18 –.

559 Siehe hierzu unter B.I.1.

560 So im Fall „Stadthalle Wetzlar“, vgl. hierzu unter B.I.1.

561 So im „Natrium-Pentobarbital-Fall“, vgl. hierzu unter B.I.2.a).

Im Fall von Erzwingungstiteln kann sich also die Intensität des Nichtbefolgens an der Dauer und/oder der Frequenz des Nichtbefolgens bemerkbar machen. Die Verfahren im Fall des Luftreinhalteplans München etwa begannen im Jahr 2012,[562] wobei ein Zwangsgeld erstmals im Jahr 2016 festgesetzt wurde.[563] Im Fall der Luftreinhalteplanung Stuttgart begannen die Verfahren bereits im Jahr 2005. Dies ist allerdings nicht zwingend. Kommt es aus den o.g. Gründen zur Erledigung, tritt ebenfalls Vollstreckungsvereitelung ein, ohne dass der schuldende Staat überhaupt ein besonders beharrliches Nichtbefolgen an den Tag legen musste. Zwar mag das Nichtbefolgen – unter den Aspekten der Frequenz und Dauer – hier weniger intensiv sein. Dies ist allerdings nur deshalb der Fall, weil schon das erledigende Ereignis dazu geführt hat, dass eine höhere Intensität des Nichtbefolgens nicht mehr erforderlich ist. Auch im Fall des behördlichen Handelns entgegen gerichtlich titulierter Duldungs- oder Unterlassungspflichten mag kein besonders intensives Nichtbefolgen vorliegen. Gleichwohl führt in diesen Fällen das Nichtbefolgen schneller und in gleichem Maße zu einer (dauerhaften) Vollstreckungsvereitelung.[564] Erledigt sich die Angelegenheit nach Durchführung eines Eilverfahrens, hilft aus Sicht der Vollstreckung der einstweiligen Anordnung auch die Umstellung einer bereits parallel erhobenen Hauptsacheklage nichts, weil diese wegen ihres dann feststellenden Charakters in der Hauptentscheidung ohnehin nicht vollstreckbar wäre.

Im Fall der verwaltungsgerichtlichen Zwangsvollstreckung von Geldleistungstiteln wird, sobald die Vollstreckungsverfügung ergangen ist, die von dem Vollstreckungsgericht ersuchte Stelle tätig. Eine vollständig ausbleibende oder eine nur teilweise Zahlung kann deshalb nicht zu einer Vollstreckungsvereitelung führen. Der schuldende Staat hat lediglich die Möglichkeit, die Vollstreckung – und auf diese Weise die Erfüllung in Form der Zahlung des titulierten Betrages – zu verzögern. Dabei ist aber nicht schon jede Verzögerung beachtlich. Im Rahmen der Betrachtung des Nichtbefolgens in tatsächlicher Hinsicht in jedem Fall außer Acht zu lassen ist die Phase zwischen Erlass des Titels und der Vollstreckungsankündigung, weil das Zögern der Verwaltung hier auch in einem Versehen liegen kann.[565] Auch hinsichtlich der sich anschließenden Phase ist zu differenzieren. Nicht jede Verzögerung ist beachtlich. Macht der schuldende Staat etwa von den ihm rechtlich zustehenden Rechtsbehelfen Gebrauch, so liegt darin grundsätzlich keine beachtliche Verzögerung. Im Fall der Einlegung von Rechtsmitteln wird die Verzögerung erst dann als beachtlich anzusehen sein, wenn der Rechtsmittelgebrauch

---

562 Vgl. hierzu Bayerischer VGH, Beschluss vom 09. November 2018 – 22 C 18.1718 –, zit. nach juris.

563 Vgl. Bayerischer VGH, Beschluss vom 27. Februar 2017 – 22 C 16.1427 –, Rn. 28, zit. nach juris.

564 In diesem Sinne wohl auch *Augsberg*, DRiZ 2018, 254 (254).

565 OVG Berlin-Brandenburg, Beschluss vom 07. April 2009 – OVG 9 L 29.09 –, Rn. 5, zit. nach juris.

eindeutig die Schwelle zum Rechtsmissbrauch überschreitet. Demgegenüber werden Einwände fehlender Leistungsfähigkeit[566] oder Vortäuschen nicht gegebener Leistungswilligkeit[567] in der Sache nicht durchgreifen. Beides kann daher allenfalls der Verzögerung der Vollstreckung dienen. Im Fall von Geldleistungstiteln muss das Nichtbefolgen also eher anhand dessen Dauer, nicht anhand seiner Intensität charakterisiert werden.

Auch im Fall der Vollstreckung von Geldleistungstiteln kann die Erfüllungsverzögerung in einer Vollstreckungsvereitelung aufgehen, sobald Erledigung – etwa wegen Insolvenz des Vollstreckungsgläubigers – eintritt. Im Fall der Vollstreckung von Geldleistungstiteln wird es im Fall von Bund und Ländern eher um die fehlende Leistungswilligkeit gehen, während auf Kommunalebene auch die fehlende Leistungsfähigkeit hinzukommen kann.[568]

In allen beschriebenen Fällen der verwaltungsgerichtlichen Zwangsvollstreckung kann das bisherige und künftig weiter beabsichtigte Nichtbefolgen unter Vorwänden (verdeckt) oder freiheraus mit der eindeutigen Bekundung erfolgen, dass man sie für falsch hält (offen und ggf. „*provokativ inszeniert*“[569]). Denkbar ist also eine weitere Variante innerhalb der Kategorie „Umgang der Exekutive mit Gerichtsentscheidungen“, die hier neben das Nichtbefolgen tritt. Diese Fallgruppe wird als „*amtliche Urteilsschelte*“ bezeichnet[570]. Jedenfalls im Fall des offen bekundeten Nichtbefolgens tritt die Komponente der „*amtlichen Urteilsschelte*“ hinzu.

Sowohl das offene als auch das verdeckte Nichtbefolgen mag der schuldende Staat auch gegenüber dem Vollstreckungsgericht und/oder öffentlich bekunden, wobei die öffentliche Mitteilung, eine verwaltungsgerichtliche Entscheidung deshalb nicht zu befolgen, weil man sie für falsch hält, eine intensivere Wirkung entfaltet.

---

566 In dem von dem OVG Berlin- Brandenburg, Beschluss vom 07. April 2009 – OVG 9 L 29.09 –, Rn. 5, zit. nach juris, entschiedenen Fall hatte die Gemeinde vorgetragen, sie sei mangels entsprechender haushalterischer Vorkehrungen und wegen des bestehenden Haushaltssicherungskonzepts nicht in der Lage, ihre Rückzahlungsverpflichtung zu erfüllen. Dem steht entgegen, dass Gemeinden nach der jeweiligen Gemeindeordnung durch eine angemessene Liquiditätsplanung jederzeit ihre Zahlungsfähigkeit sicherzustellen haben.

567 Vgl. für die Vollstreckung aus einem Kostenfestsetzungsbeschluss Bayerischer VGH, Beschluss vom 05. Oktober 2009 – 4 C 09.1270 –, Rn. 5, zit. nach juris.

568 Siehe unter B.I.1 und *Gundlach/Frenzel/Schmidt*, InVo 2001, 227 (227).

569 *Gärditz*, LTO vom 17. Juli 2018, Fn. 7.

570 Vgl. *Bücking*, Öffentliche Hand, S. 62 ff.; *Mishra*, Urteilsschelte; vgl. zur amtlichen Urteilsschelte auch *Habscheid*, NJW 1999, 2230 (2231 f.) und *Voßkuhle*, NJW 1997, 2216 (2216). Die Formulierung „*amtliche Schelte von gerichtlichen Entscheidungen*“ dürfte treffender sein.

c) Subjektive Merkmale

Neben den äußeren Erscheinungsformen des Nichtbefolgens kommt es im Rahmen einer Intensitätsermittlung auf subjektive Merkmale eher nachrangig an, zumal diese den Aussagen von Vertretern des schuldenden Staates nur selten ausdrücklich zu entnehmen sein werden. Gleichwohl sollen denkbare subjektive Komponenten des Nichtbefolgens knapp aufgegriffen werden.

Sachlicher Anknüpfungspunkt ist insoweit der verwaltungsgerichtliche Titel, wie er bereits unter Abschnitt C.I. präzisiert wurde. Maßgebend ist dessen Vollstreckbarkeit, nicht zwingend die Rechtskraft. Auch wenn es bei der Vollstreckung letztlich um die Verwirklichung des materiellen Rechts geht, ist Anknüpfungspunkt für das Nichtbefolgen doch allein der gerichtliche Titel, nicht der materielle Gläubigeranspruch.[571] Auch die Frage des Nichtbefolgens betrifft deshalb nicht das Erkenntnis-, sondern allein das Vollstreckungsverfahren.

Sobald sich das Verfahren auf Vollstreckungsebene bewegt, kommt es deshalb nicht mehr darauf an, dass die Rechtsauffassung der Behördenvertreter und/oder der Behördenspitze von jener abweicht, die das Verwaltungsgericht in dem Tenor des von ihm geschaffenen Titels zum Ausdruck gebracht hat. Wenn Behördenvertreter ihre abweichende Rechtsansicht oder ihr eigenes Rechtsempfinden mitunter als Rechtfertigung für ein Nichtbefolgen anführen, so ist dies schlicht nicht tragfähig. Ebensowenig maßgebend ist es, ob die Rechtslage behauptetermaßen unklar ist[572] oder ob die Rechtsprechung unzulässig in den Zweckmäßigkeitsspielraum der Verwaltung eingreift. Auch besteht in diesen Fällen, in denen es sich um nicht rechtskräftige Entscheidungen handelt, kein „Prüfungsvorbehalt" der Verwaltung i.e.S. mehr.[573] Ferner ist auf Vollstreckungsebene die unter Umständen nicht gegebene Leistungsfähigkeit der Verwaltung i.e.S., mit Ausnahme der Voraussetzungen aus § 170 Abs. 3 VwGO im Fall von Geldleistungstiteln, nicht mehr maßgebend.[574] Umgekehrt kommt es aber nicht darauf an, ob das (Nicht-)Handeln des schuldenden Staates *„evident rechtswidrig"*[575] ist.

Das behördliche Nichtbefolgen kann auf einem Versehen beruhen; hierbei handelt es sich allerdings nicht um die aus vollstreckungsrechtlicher Sicht problematischen Fallgestaltungen. Schwierig sind demgegenüber die Fälle, in denen die Verwaltung i.e.S. offen kundtut, dass sie eine verwaltungsgerichtliche Entscheidung nicht befolgt. Sie handelt in diesen Fällen willentlich – mit dem Ziel der Umgehung – und wissentlich. Auf die dahinter stehenden Motive kommt es nicht

---

571 Vgl. hierzu unter B.II.2.

572 Hiervon zu unterscheiden ist der Fall, dass der Tenor der Verwaltungsgerichtsentscheidung auslegungsbedürftig ist.

573 Vgl. hierzu unter C.I.2.a).

574 Vgl. OVG Berlin-Brandenburg, Beschluss vom 07. April 2009 – OVG 9 L 29.09 –, zit. nach juris.

575 *Brocker*, jM 2019, 155 (157).

an. So ist etwa in Bezug auf das Wissenselement nicht maßgebend, dass die Verwaltung i.e.S. die Gerichtsentscheidung für falsch hält.[576] In subjektiver Hinsicht schwieriger zu identifizieren ist das verdeckte Nichtbefolgen. Die subjektive Komponente ist hier regelmäßig aus der im Außenbereich wahrnehmbaren Intensität des Nichtbefolgens herzuleiten. Ein beharrliches Nichtbefolgen der verwaltungsgerichtlichen Entscheidung deutet auf Wissen und Willen auf Seiten der Verwaltung i.e.S. hin.

3. Nichtbefolgen von Entscheidungen durch „die Politik“

Das Nichtbefolgen verwaltungsgerichtlicher Entscheidungen wird auch als „*politisch gewollter Rechtsbruch*“[577] oder als „*verfassungsfeindlich*“[578] bezeichnet. Soweit es um das der Vollstreckung vorgelagerte Nichtbefolgen geht, hat die Arbeit bislang das Verhältnis von Judikative und Verwaltung i.e.S. in den Blick genommen. Bisher war hier pauschal von der Verwaltung i.e.S. die Rede. Die Frage, zwischen welchen Beteiligten das Nichtbefolgen auftritt, ist von Bedeutung, weil dies Grundlage für die verfassungsrechtliche Beurteilung der Vollstreckung von Verwaltungsgerichtsentscheidungen gegen die Verwaltung i.e.S. ist.

Auf der einen Seite dieses Verhältnisses steht das jeweilige Verwaltungsgericht, dessen Entscheidung nicht befolgt wird. Auf der gegenüberliegenden Seite kommen mehrere Handelnde in Betracht, namentlich die Verwaltung i.e.S., die Regierung und/oder „die Politik“. Der Exekutive obliegen insbesondere Regierung und Verwaltung i.e.S. Der Regierung obliegt die Staatsleitung, vor allem die politische Planung und Gestaltung in eigener Initiative. Wegen der Funktion als Staatsleitungsorgan kommt ihr eine politische Allzuständigkeit zu.[579] Die Verwaltung i.e.S. ist demgegenüber idealtypisch mit der Aufgabe des Gesetzesvollzugs im Einzelfall betraut. Je nachdem, auf welche Person die Weisung zurückgeht, kann das Nichtbefolgen des handelnden Amtswalters, und damit der Verwaltung i.e.S., seinen Ursprung in der Staatsleitung und dem „politischen Bereich“ haben oder jedenfalls Schnittstellen mit ihm aufweisen. Einer Weisung eines Ministers, die dieser in seiner Stellung als Behördenleiter erteilt, kann deshalb politische Prägung

576 Fragen der Willens- und Wissenszurechnung werden an dieser Stelle bewusst außen vor gelassen, weil es im Rahmen der Intensitätsbetrachung – im Außenverhältnis zur Judikative – ausschließlich auf die Verwaltung i.e.S. ankommt, nicht auf die hinter ihr stehenden Personen.

577 Bayerischer VGH, Beschluss vom 09. November 2018 – 22 C 18.1718 –, Rn. 182, zit. nach juris; EuGH, Urteil vom 19. Dezember 2019 – C-752/18 –, Rn. 18; im Ansatz auch GA *Saugmandsgaard Øe*, Schlussantrag vom 14. November 2019, BeckRS 2019, 27863, Rn. 40, 49.

578 *Augsberg*, DRiZ 2018, 254 (257).

579 *Voßkuhle/Schemmel*, JuS 2020, 736 (736 und 738).

zukommen. Es stellt sich dann (auch) die Frage nach dem Verhältnis zwischen Verwaltungsgerichtsbarkeit und „der Politik“.[580]

Auf dieser Grundlage kann das Nichtbefolgen verwaltungsgerichtlicher Entscheidungen (auch) als Frage des direkten Verhältnisses zwischen Politik und Judikative verstanden werden. Neben dem Blick auf das direkte Verhältnis zwischen Veranlasser und Judikative lässt sich der Weg zur Judikative – schematisiert – auch „über Eck“ entlang der Entscheidungskette nachvollziehen: Von der staatsleitenden Regierung zu dem Minister als Verwaltungschef, von diesem im Wege einer Weisung an die ihm nachgeordneten Einheiten des Ministeriums und ggf. an die nachgeordneten Behörden. Diese handeln im Verhältnis zur Verwaltungsgerichtsbarkeit.

Das jeweils zu betrachtende Verhältnis hängt also davon ab, ob man auf den Veranlassenden oder auf die im Außenverhältnis Handelnde abstellt. In allen Fällen ist die Verwaltung i.e.S. beteiligt, die im Verhältnis zu dem späteren Vollstreckungsgläubiger die konkrete Amtshandlung durchführt oder diese unterlässt. Veranlasserin dieses behördlichen Verhaltens ist indessen die Regierung und/oder „die Politik“. Betrachtungen des Verhältnisses unmittelbar zwischen staatsleitender Regierung und Judikative unter Einbeziehung „der Politik“ und des verwaltungsinternen Bereichs sind einer (gesonderten) Untersuchung wert. Rechtspolitisch dürfte hier ein Kern (auch) der verwaltungsgerichtlichen Zwangsvollstreckung liegen. Weil in allen Fällen verwaltungsgerichtlicher Zwangsvollstreckung jedenfalls die Verwaltung i.e.S. beteiligt ist, wird in dieser Arbeit ausschließlich das Verhältnis zwischen Judikative und Verwaltung i.e.S. betrachtet.

III. Zusammenfassung

Fragen im Zusammenhang mit der Vollstreckung gegen den schuldenden Staat setzen die Klärung dessen Bindung an verwaltungsgerichtliche Entscheidungen voraus. Auch vor Rechtskrafteintritt und Stellung eines Vollstreckungsantrags ist die Behörde zur Erfüllung der titulierten Forderung verpflichtet. Dies wird relevant im Fall von nicht rechtskräftigen Verwaltungsgerichtsentscheidungen. Ob die Hauptentscheidung gem. Urteil bzw. einstweiliger Anordnung schon zwangsweise durchgesetzt werden kann, spielt keine Rolle. Ein Prüfungsvorbehalt der Behörde bis zum Eintritt der Rechtskraft besteht also nicht.

Mit Eintritt der Rechtskraft ist der schuldende Staat kraft Rechtskraftwirkung zur Erfüllung der jeweiligen Hauptentscheidung aus dem Urteil oder der einstweiligen Anordnung verpflichtet.

---

580 Denn die Bundesministerien sind als oberste Bundesbehörden für die Facharbeit der Bundesregierung zuständig. Der Bundesminister hat deshalb eine Doppelstellung; er fungiert als Schaltstelle zwischen Politik und Verwaltung, vgl. *Voßkuhle/Schemmel*, JuS 2020, 736 (738).

Die formelle Rechtskraft lässt stets die endgültige Vollstreckung zu. Ist Rechtskraft noch nicht eingetreten und hat das Gericht – im Fall von Urteilen – die vorläufige Vollstreckbarkeit angeordnet, fehlt es an der inter partes wirkenden Rechtskraftbindung des schuldenden Staates. Er ist gleichwohl zur Erfüllung verpflichtet (siehe vorstehend). Davon abzugrenzen ist die – auf Antrag des Vollstreckungsgläubigers durchzuführende – vorläufige Vollstreckung/Vollziehung. Aus ihr folgt keine Bindung des schuldenden Staates unmittelbar im Verhältnis zum Vollstreckungsgläubiger. Eine Bindung des schuldenden Staates besteht hier nur insoweit, als der Titel eine Vollstreckungspflicht des vollstreckenden Staates begründet.

Die Vollstreckung aus einem rechtskräftigen Urteil verhilft dem Gläubiger zur endgültigen, jene aus einem für vorläufig vollstreckbar erklärten Urteil zu vorläufiger Befriedigung. Die Vollziehung allein einer einstweiligen Anordnung ist demgegenüber weniger rechtsschutzintensiv. Denn deren Vollziehung dient (nur) der vorläufigen Anspruchssicherung, wobei über diesen vorläufigen Zustand jedoch abschließend entschieden worden ist. Die Vollziehung einer nicht rechtskräftigen einstweiligen Anordnung schließlich dient nur der vorläufigen Anspruchssicherung und weist damit in Bezug auf die Vollstreckung die geringste Rechtsschutzintensität auf.

Bezugspunkt der beschriebenen Bindungen ist der verwaltungsgerichtliche Titel, dem der schuldende Staat nicht nachkommt. Dabei betrachtet die Arbeit das Nichtbefolgen durch die Verwaltung i.e.S., nicht aber auch durch die staatsleitende Regierung unter Einbeziehung „der Politik" und des verwaltungsinternen Bereichs. Inner- und zwischenbehördliche Entscheidungsprozesse sind insofern von Bedeutung, als sie Einfluss auf die Qualität des Nichtbefolgens haben.

Die Erscheinungsformen des Nichtbefolgens beeinflussen die Rechtsfolgen der §§ 170, 172 VwGO. Sie können wie folgt typisiert werden:

1) Der Fehler der Verwaltung – hier mag dann auch ein einzelner Amtsträger ohne Kenntnis und Mitwirkung der Leitungsebene/der Behördenspitze handeln – ist weder im Fall der Vollstreckung aus Geldleistungs- noch aus Erzwingungstiteln problematisch. Er kann mit dem Instrumentarium, das die §§ 167 ff. VwGO bereitstellen, gut bewältigt werden.

2) Der Begriff des Nichtbefolgens beschreibt nur einen Teilbereich des Verhaltens des vollstreckenden Staates. Er verstellt den Blick darauf, dass die Reaktion des schuldenden Staates sich in den kritischen Fällen nicht in bloß passivem Nichthandeln erschöpft. Der Begriff des Nichtbefolgens erfasst gerade nicht die kritischen Fallgestaltungen. Der in der Rechtsprechung und Literatur mit Blick auf die Tatbestandsvoraussetzungen der §§ 170, 172 VwGO gewählte Begriff der „*Säumnis*" trifft daher nicht den Kern. Auch die Begriffe „*Obstruktion*" oder „*Widerstand*"[581] sind nicht sachgerecht.

581 Vgl. zu dieser Differenzierung *Gärditz*, in: LTO vom 17. Juli 2018, Fn. 7.

3) In diesen kritischen Fällen handelt es sich um die – wissentliche und willentliche – Vollstreckungsvereitelung oder Vollstreckungsverzögerung durch den schuldenden Staat.[582]

Für die Erzwingungsvollstreckung gilt:

1) Die Intensität des Nichtbefolgens grenzt einerseits die unproblematischen – den Fehler oder den „Versuch" der Verwaltung – von den problematischen Fallgestaltungen ab. Andererseits ist – im Kreis der problematischen Fallgestaltungen – das Maß der Intensität u.a. deshalb von Belang, weil es Tatbestand und Rechtsfolgen der verwaltungsgerichtlichen Zwangsvollstreckung maßgeblich beeinflusst. Für diese Untersuchung interessieren die Problemfälle, weil sich in diesen Fällen die Vereinbarkeit mit Staatsorganisationsrecht und mit Grundrechten stellt.

2) Im Fall der Erzwingungsvollstreckung sind sowohl eine Vollstreckungsverteilung als auch eine Erfüllungsverzögerung in folgenden Varianten denkbar: die Verzögerung der Erfüllung, die Vereitelung durch Erledigung in Form von Zeitablauf ohne weiteres Zutun des schuldenden Staates und die Vollstreckungsvereitelung ohne erledigendes Ereignis.

3) Im Fall der Erzwingungsvollstreckung kann innerhalb der problematischen Fälle das Nichtbefolgen als graduell ansteigende Skala mit unterschiedlichen Intensitätsstufen und einer langen Dauer des Nichtbefolgens verstanden werden. Insoweit bestehen deutliche Unterschiede.

   a) Die Phase zwischen Erlass der (vorläufig) vollstreckbaren verwaltungsgerichtlichen Entscheidung und Erlass der Zwangsgeldandrohung kann auch auf einem Verwaltungsversehen beruhen. Aus ihr lassen sich Schlüsse auf eine Verzögerungs- und/oder Vereitelungsabsicht nicht ableiten.

   b) Die Frequenz des Nichtbefolgens kann Einfluss auf die Intensitätsbetrachtung haben: Das Nichtbefolgen trotz angedrohten Vollstreckungsdrucks, das Nichtbefolgen trotz festgesetzten Zwangsgeldes oder mehrerer festgesetzter Zwangsgelder sowie das Nichtbefolgen trotz beigetriebenen Zwangsgeldes oder beigetriebener Zwangsgelder. Ebenso kann die Dauer des Nichtbefolgens Einfluss auf die Intensitätsbetrachtung haben.

   c) Beides ist aber nicht zwingend. In Fällen der Erledigung des Vollstreckungsantrags muss die Verwaltung nicht notwendigerweise häufig und dauerhaft der verwaltungsgerichtlichen Entscheidung nicht nachgekommen sein. Dennoch hat sie in gleicher Weise – und sogar schneller – eine Vereitelung der

582 In dieser Arbeit wird durchgehend der Begriff der Vollstreckungsverzögerung verwandt. Synonym kann der Begriff der Vollstreckungsverschleppung gewählt werden.

Vollstreckung erreicht, auch wenn das Nichtbefolgen – unter den Aspekten der Frequenz und Dauer – einen geringeren Intensitätsgrad hatte.

Für die Vollstreckung aus Geldleistungstiteln gilt:

1) Die Intensität des Nichtbefolgens grenzt auch hier die unproblematischen – den Fehler oder den Versuch der Verwaltung – von den problematischen Fallgestaltungen ab.

2) Aus der Phase zwischen Erlass der (vorläufig) vollstreckbaren verwaltungsgerichtlichen Entscheidung und dem Erlass der Zwangsgeldandrohung lassen sich auch hier keine Schlüsse auf eine Verzögerungsabsicht ableiten.

3) Innerhalb der Problemfälle kommt hier allerdings nur das Nichtbefolgen nur in Gestalt der – wissentlichen und willentlichen – Verzögerung der Vollstreckung in Betracht. Es fehlt an einer graduellen Skala. Die Einordnung erfolgt weniger über die Intensität des behördlichen Verhaltens als vielmehr über dessen Dauer.

4) Eine Verzögerung der Vollstreckung kann jedoch in einer Vollstreckungsvereitelung aufgehen, wenn sich die Sache in von Folge von Zeitablauf (z.B. Insolvenz) erledigt. Im Fall der Vollstreckung von Geldleistungstiteln führen Nichtleistung oder die nur teilweise Zahlung nicht zu einer Vollstreckungsvereitelung.

Sowohl im Fall der Vollstreckung aus verwaltungsgerichtlichen Geldleistungstiteln als auch aus Erzwingungstiteln gilt Folgendes:

1) In den kritischen Fallgestaltungen handelt nicht ein Amtsträger in eigener Verantwortung. Jedenfalls wird eine Weisung des Dienstvorgesetzten vorliegen, wobei dieser dem politischen Bereich und/oder dem Bereich der Staatsleitung angehören kann. Untersucht wird in dieser Arbeit nur das Handeln der Verwaltung i.e.S., weil diese im Außenverhältnis auftritt.

2) Denkbar ist eine Billigung des behördlichen Verhaltens durch die Kommunalaufsicht vor und/oder nach dem Nichtbefolgen.

3) Das Nichtbefolgen kann verdeckt, d.h. unter Vorwänden, oder offen erfolgen. Beides kann der schuldende Staat auch öffentlich und gegenüber dem Verwaltungsgericht bekunden, wobei die öffentliche Mitteilung, eine verwaltungsgerichtliche Entscheidung deshalb nicht zu befolgen, weil man sie für falsch hält, insoweit die intensivste Wirkung hat.

4) Jedenfalls im Fall des offen bekundeten Nichtbefolgens tritt die *„amtliche Urteilsschelte“* neben das behördliche Nichtbefolgen.

Nicht maßgebend für die Intensitätsbetrachtung sind:

1) Es kommt für die Intensität des Nichtbefolgens nicht darauf an, ob es sich bei der Gerichtsentscheidung um ein Urteil oder um einen Eilbeschluss handelt, oder ob die jeweilige Gerichtsentscheidung endgültig oder vorläufig vollstreckbar ist.

2) Der Vollstreckungsschuldner – etwa Kommune oder Land – spielt für die Intensität des Nichtbefolgens keine Rolle. Es mag sich, was ebenfalls nicht zwingend ist, auf kommunaler Ebene um weniger komplexe Fälle handeln. Daraus folgt aber nicht zwangsläufig eine geringere Intensität des Nichtbefolgens.

Offenbar kann also, wenn der Staat als Vollstreckungsschuldner auftritt, das Nichtbefolgen im Vergleich zu einem privaten Vollstreckungsschuldner andere Formen und Qualitäten annehmen.

D. Staatsorganisationsrechtliche Analyse und Bewertung der verwaltungsgerichtlichen Zwangsvollstreckung

Die verwaltungsgerichtliche Zwangsvollstreckung bewegt sich in einem Bereich, der als „Umgang mit Entscheidungen von Gerichten“ beschrieben werden kann. Dieses verfassungsrechtliche Feld betrifft einerseits den Umgang der Legislative, andererseits jenen der Verwaltung und/oder „der Politik“ mit Gerichtsentscheidungen.[583] Die Kernproblematik liegt aus staatsorganisationsrechtlicher Sicht bei der verwaltungsgerichtlichen Erzwingungsvollstreckung nach § 172 VwGO. Die Vollstreckung aus verwaltungsgerichtlichen Geldleistungstiteln ist demgegenüber nicht problematisch, weil ein völliges Leerlaufen der Vollstreckung wegen der Konstruktion der Vorschrift hier nicht in Betracht kommt.

Eine staatsorganisationsrechtliche Betrachtung ist einerseits erforderlich, weil sie Erkenntnisse für die Zulässigkeit und die Maßgaben für die Vollstreckung gegen die Verwaltung i.e.S. liefert. Andererseits gibt sie Aufschluss über Bindungen der Beteiligten auf Seiten des Staates. Diese Bindungen spielen ihrerseits eine Rolle im Rahmen der grundrechtlichen Betrachtung.[584] Im Verhältnis der Judikative zur Verwaltung i.e.S. zu unterscheiden sind die Vollstreckungsunterworfenheit, das Nichtbefolgen des schuldenden Staates und die Durchführung der Vollstreckung. Die grundsätzliche Vollstreckungsunterworfenheit der Verwaltung i.e.S. wirft die Frage nach dem Übergreifen der Judikative auf die Verwaltung i.e.S. auf. Daneben stellt sich die Frage nach verfassungsrechtlichen Bindungen, sobald das Vollstreckungsgericht die Vollstreckung durchführt. Das Nichtbefolgen des schuldenden Staates stellt demgegenüber die Frage nach dem Übergreifen der Verwaltung i.e.S. auf die Judikative.

I. Zulässigkeit und Rechtsnatur der verwaltungsgerichtlichen Zwangsvollstreckung

Die grundsätzliche Vollstreckungsunterworfenheit der Verwaltung i.e.S., die aus der Verwaltungsgerichtsentscheidung folgt, wirft die Frage nach dem Verhältnis der Judikative zu der Verwaltung i.e.S. auf. Daneben stellt sich die Frage nach verfassungsrechtlichen Bindungen, sobald das Vollstreckungsgericht die Vollstreckung durchführt.

---

583 *Bücking*, Öffentliche Hand, S. 56 f., bezeichnet diese Fallgruppe als „*Achtung*“ der Verwaltung vor verwaltungsgerichtlichen Entscheidungen.

584 Siehe hierzu unter E.

1. Rechtsnatur der verwaltungsgerichtlichen Zwangsvollstreckung

Die rechtsprechende Gewalt ist den Richtern anvertraut. Sie wird durch das Bundesverfassungsgericht, durch die Bundesgerichte und durch die Gerichte der Länder ausgeübt (vgl. Art. 92 GG). Die Richter sind unabhängig und nur dem Gesetz unterworfen (Art. 97 Abs. 1 GG).

Für die staatsorganisationsrechtliche Beurteilung muss zunächst geklärt werden, welche Staatsgewalten sich zu welchem Zeitpunkt und für welche Dauer gegenüber stehen, d.h. in welcher Form das Vollstreckungsgericht im Rahmen der verwaltungsgerichtlichen Zwangsvollstreckung tätig wird.

Bei der Zwangsvollstreckung aus von Verwaltungsgerichten geschaffenen Titeln handelt es sich um öffentliches Recht, weil es die Befugnisse des staatlichen Vollstreckungsorgans gegenüber dem Schuldner regelt.[585] Die Zwangsvollstreckung aus verwaltungsgerichtlichen Titeln beschränkt sich nicht auf deren Durchsetzung zu Lasten des Staates als Hoheitsträger.[586] Sachgerecht kann die Untersuchung ihrer Rechtsnatur daher nur durch deren Betrachtung als Ganzes erfolgen. Die Betrachtung muss die Verweisung des § 169 Abs. 1 VwGO auf das Verwaltungsvollstreckungsgesetz ebenso im Blick haben wie jene aus § 167 Abs. 1 Satz 1 VwGO auf die Zivilprozessordnung. Die Regeln über die verwaltungsgerichtliche Zwangsvollstreckung beruhen auf einer „Mischkonstruktion" aus verschiedenen Gesetzen, die – modifiziert von den Besonderheiten des Verwaltungsprozesses –[587] zur Anwendung kommen. Diese Modifikationen haben zur Folge, dass insbesondere die Diskussion zur Rechtsnatur der zivilprozessualen Zwangsvollstreckung nicht pauschal auf die verwaltungsgerichtliche Zwangsvollstreckung übertragen werden können, soweit § 167 Abs. 1 Satz 1 VwGO die Vorschriften der Zivilprozessordnung inkorporiert.

Die Einordnung der zivilgerichtlichen Zwangsvollstreckung ist seit jeher umstritten.[588] Sie wird – mit zahlreichen Nuancen – teilweise als öffentlich-rechtliches Verwaltungsverfahren zur Herbeiführung einer zivilrechtlichen Rechtsfolge,[589] als Rechtsgebiet sui generis,[590] überwiegend aber als Teil der Zivilrechtspflege[591] eingeordnet.

---

585 *Hillgruber*, in: *Dürig/Herzog/Scholz*, Art. 92 GG, Rn. 49. Eine der zivilprozessualen Zwangsvollstreckung vergleichbare Diskussion erübrigt sich hier; vgl. dazu *Findeisen*, S. 32 ff.

586 Siehe hierzu unter B.II.1.

587 Vgl. hierzu unter B.IV.3.

588 Vgl. etwa *Stein*, Justiz und Verwaltung, S. 55 f.

589 *Stamm*, in: BMJV, Fn. 95, S. 20; a.A. *Gaul*, ZZP 112 (1999), 135 (139).

590 Vgl. *Stamm*, S. 10.

591 Mit Darstellung des Meinungsstandes *Fischer*, Verfassung, Grundrechte und Vollstreckung – Vollstreckungsrecht als konkretisiertes Verfassungsrecht?, Deutscher Nationalbericht, Fachbereich Rechtswissenschaft der Goethe-Universität Frankfurt am Main, Arbeitspapier Nr. 1/2015, S. 1 (94 f.).

Nach § 167 Abs. 1 Satz 2 VwGO ist Vollstreckungsgericht das Gericht des ersten Rechtszugs.[592] Deshalb handelt es sich bei der verwaltungsgerichtlichen Zwangsvollstreckung nach ganz herrschender Meinung nicht um Verwaltungstätigkeit.[593] Konkret zu der Vollstreckung zu Gunsten der öffentlichen Hand nach § 169 VwGO wird vertreten, es handele sich bei der Tätigkeit des Vollstreckungsgerichts um richterliche Tätigkeit.[594] Nach anderer Ansicht unterfallen Angelegenheiten der Zwangsvollstreckung (auch) nicht dem Begriff der Rechtsprechung i.S.d. Art. 92 GG.[595] Die besseren Argumente sprechen für eine Zuordnung der verwaltungsgerichtlichen Zwangsvollstreckung zur (verwaltungsexternen) Rechtspflege, nicht zur Verwaltung („verwaltungsinterne Rechtspflege") und auch nicht zur rechtsprechenden Tätigkeit.[596] Für die Zuordnung bietet sich grundlegend eine Differenzierung zwischen verwaltungsgerichtlicher Zwangsvollstreckung (Verwaltungsgericht als Vollstreckungsgericht) und den vollstreckungsrechtlichen Rechtsbehelfen an. Das vollstreckungsrechtliche Rechtsbehelfssystem innerhalb der Verwaltungsgerichtsordnung kann deshalb nicht Maßstab für die Einordnung sein.

---

592 Siehe bereits unter B.IV.2.

593 Vgl. zu § 169 VwGO Thüringer OVG, Beschluss vom 16. Februar 2010 – 1 VO 93/09 –, Rn. 17, zit. nach juris; Bayerischer VGH, Beschluss vom 20. Februar 1984 – 8 C 83 A. 3196 –, NVwZ 1984, 736; *Heckmann*, in: *Sodan/Ziekow*, § 169 VwGO, Rn. 22; *Pietzner/Möller*, in: *Schoch/Schneider*, VwGO, § 169 VwGO, Rn. 26 m.w.N.; *Kraft*, in: *Eyermann*, § 169 VwGO, Rn. 3; a.A.: „*Verwaltungstätigkeit*" jedenfalls im Rahmen von § 169 VwGO: OVG Rheinland-Pfalz, Beschluss vom 15. Oktober 1985 – 1 E 30/85 –, 1191; VGH Baden-Württemberg, Beschluss vom 20. Dezember 1991 – 9 S 2886/91 –, NVwZ 1993, 73 (73 f.).

594 VG Hannover, Beschluss vom 17. November 2011 – 8 D 1461/11 –, beckRS 2012, 47542; Bayerischer VGH, Beschluss vom 20. Februar 1984 – 8 C 83 A. 3196 –, NVwZ 1984, 736: „*richterliches Organ*"; *Pietzner/Möller*, in: *Schoch/Schneider*, VwGO, § 169 VwGO, Rn. 26; Rechtsprechung im materiellen Sinn: *Heckmann*, in: *Sodan/Ziekow*, § 169 VwGO, Rn. 22; wohl auch *Wettlaufer*, Vollstreckung aus verwaltungs-, sozial- und finanzgerichtlichen Titeln, S. 146, vgl. aber dort Fn. 74; *Kraft*, in: *Eyermann*, § 169 VwGO, Rn. 3. Diese Ansichten werden dann konsequent auch die verwaltungsgerichtliche Zwangsvollstreckung gegen den Staat als Hoheitsträger der rechtsprechenden Tätigkeit zuordnen. In diesem Sinne *Stein*, Justiz und Verwaltung, S. 55 f.; offen gelassen von *Bachof*, Verwaltungsgerichtliche Klage, S. 152.

595 *Schulze-Fielitz*, in: *Dreier*, Art. 92 GG, Rn. 46; *Kment*, in: *Jarass/Pieroth*, Art. 92 GG, Rn. 5; speziell zur zivilprozessualen Zwangsvollstreckung, hier allerdings nicht ganz eindeutig, *Hillgruber*, in: *Dürig/Herzog/Scholz*, Art. 92 GG, Rn. 56.

596 Eine Differenzierung je nach konkreten Maßnahmen erscheint demgegenüber nicht sachgerecht. Denn dies würde zu einer kaum mehr handhabbaren Mischung mehrerer Rechtsregime führen.

Ordnete man die verwaltungsgerichtliche Zwangsvollstreckung als Verwaltungstätigkeit[597] ein, wären jedenfalls die allgemeinen Regeln des Verwaltungsrechts auf deren Tätigkeit anwendbar. Dies übersieht die Eigenständigkeit des Vollstreckungsrechts gegenüber dem Verwaltungsrecht. Darüber hinaus sind die Vollstreckungsgerichte nicht weisungsgebunden; die Weisungsgebundenheit ist allerdings prägendes Element der Verwaltungstätigkeit. Hinzu kommt, dass die im Rahmen der Vollstreckungsverfahren nach § 167 Abs. 1 Satz 1 VwGO i.V.m. §§ 887 ff. ZPO, nach § 170 VwGO und nach § 172 VwGO ergangenen Entscheidungen des Vollstreckungsgerichts der Rechtskraft fähig sind. Diese unterscheidet sich von der Bestandskraft vor allem dadurch, dass die Verwaltung ihre Entscheidungen grundsätzlich wieder ändern kann.[598]

Es handelt sich bei der verwaltungsgerichtlichen Zwangsvollstreckung – das vollstreckungsrechtliche Rechtsbehelfssystem ausgenommen – auch nicht um rechtsprechende Tätigkeit i.S.d. Art. 92 GG. Diese Frage stellt sich gerade im Rahmen der verwaltungsgerichtlichen Zwangsvollstreckung, weil alleiniges Vollstreckungsorgan das Vollstreckungsgericht ist, vgl. § 167 Abs. 1 Satz 2 VwGO.

Welche Gehalte der Begriff der Rechtsprechung i.S.d. Art. 92 GG im Einzelnen hat, ist allerdings nicht abschließend geklärt.[599] Das Bundesverfassungsgericht hat drei Rechtsprechungsbegriffe[600] entwickelt, die es zur Beantwortung der Frage heranzieht, ob es sich bei einer gerichtlichen Maßnahme um Rechtsprechung handelt: Rechtsprechende Gewalt in einem formalen, in einem materiellen und in einem funktionellen Sinn.[601]

Von Bedeutung für die hier in Rede stehende Fragestellung sind der materielle und der funktionelle Rechtsprechungsbegriff.[602] Nach Auffassung des

---

597 Verwaltung ist nach herrschender Meinung das hoheitliche Handeln, das weder als Gesetzgebung noch als Rechtsprechung zu qualifizieren ist, vgl. *Voßkuhle/Kaufhold*, JuS 2012, 314 (315); kritisch *Grote*, Verfassungsorganstreit, S. 386.

598 *Classen*, in: *v. Mangoldt/Klein/Starck*, Art. 92 GG, Rn. 15.

599 *Hillgruber*, in: *Dürig/Herzog/Scholz*, Art. 92 GG, Rn. 19 ff.

600 Dies wird in der Literatur mitunter ebenso kritisiert wie die Gehalte, welche die einzelnen Rechtsprechungsbegriffe nach Auffassung des BVerfG haben, vgl. etwa *Hillgruber*, in: *Dürig/Herzog/Scholz*, Art. 92 GG, Rn. 39: *„Alle drei Rechtsprechungsbegriffe haben ihre eigenen Schwächen und Defizite.“* Für eine primär am System der unterschiedlichen Gerichtsbarkeiten ausgerichtete Zuordnung der Anwendungsbereiche der beiden Rechtsprechungsbegriffe, nämlich des „materiellen“ Rechtsprechungsbegriffs zur ordentlichen Gerichtsbarkeit und des „funktionellen“ Rechtsprechungsbegriffs zur Verwaltungsgerichtsbarkeit: *Hillgruber*, in: *Dürig/Herzog/Scholz*, Art. 92 GG, Rn. 49.

601 BVerfGE 22, 49 (76 f.).

602 Der formelle Rechtsprechungsbegriff kann hier ausgeblendet werden. Danach liegt Rechtsprechung dann vor, wenn bestimmte hoheitsrechtliche Befugnisse bereits durch die Verfassung Richtern zugewiesen sind oder es sich von der Sache her

Bundesverfassungsgerichts kann der Begriff der rechtsprechenden Gewalt von der konkreten sachlichen Tätigkeit her bestimmt werden (materieller Rechtsprechungsbegriff).[603] Zur Rechtsprechung zählen danach die traditionellen Kernbereiche der einzelnen, von dem Verfassungsgeber vorgefundenen Gerichtsbarkeiten.[604] Rechtsprechende Gewalt ist auch dann gegeben, wenn der Gesetzgeber für einen Sachbereich eine Ausgestaltung wählt, die bei funktioneller Betrachtung nur der rechtsprechenden Gewalt zukommen kann, also ein gerichtsförmiges Verfahren hoheitlicher Streitbeilegung vorsieht und den dort zu treffenden Entscheidungen eine Rechtswirkung verleiht, die nur unabhängige Gerichte herbeiführen können. Zu den wesentlichen Begriffsmerkmalen der Rechtsprechung in diesem Sinne gehört das Element der Entscheidung, der letztverbindlichen, der Rechtskraft fähigen Feststellung und des Ausspruchs dessen, was im konkreten Fall rechtens ist.[605] Kennzeichen rechtsprechender Tätigkeit ist daher typischerweise die letztverbindliche Klärung der Rechtslage in einem Streitfall im Rahmen besonders geregelter Verfahren.[606] Dabei ist für die Qualifizierung als funktionelle Rechtsprechung nicht der konkrete sachliche Gegenstand entscheidend, sondern die Gerichtsförmigkeit, d.h. die gerichtsförmige Ausgestaltung des Entscheidungsverfahrens und der Entscheidungswirkungen.[607]

Danach unterfallen Entscheidungen über die verwaltungsgerichtliche Zwangsvollstreckung, etwa die Tätigkeit des Vollstreckungsgerichts bei der Vollstreckung von Erzwingungstiteln nach § 167 Abs. 1 Satz 1 VwGO i.V.m. §§ 887 Abs. 1, 888 Abs. 1, 890 Abs. 1 ZPO nicht dem materiellen Rechtsprechungsbegriff. Die Androhung bzw. Anordnung von Zwangsgeld ist nicht schlechthin dem Richter als Rechtsprechung vorbehalten. Denn auch eine Verwaltungsbehörde kann (im Rahmen der Verwaltungsvollstreckung) Zwangsgelder festsetzen.[608]

Bei der verwaltungsgerichtlichen Zwangsvollstreckung handelt es sich auch nicht um Rechtsprechung in einem funktionell verstandenen Sinn. Zwar sind die Entscheidungen des Vollstreckungsgerichts der Rechtskraft fähig und auch letztverbindlich. Funktionelles Ziel von Rechtsprechung ist allerdings die hoheitliche Streitbeilegung, also die richtige Rechtsfindung im Einzelfall. Die Durchsetzung

---

um einen traditionellen Kernbereich der Rechtsprechung handelt, vgl. *Hillgruber*, in: *Dürig/Herzog/Scholz*, Art. 92 GG, Rn. 32.

603 BVerfG, Urteil vom 8. Februar 2001 – 2 BvF 1/00 –, BVerfGE 103, 111 (137).

604 Vgl. *Hillgruber*, in: *Dürig/Herzog/Scholz*, Art. 92 GG, Rn. 35.

605 BVerfG, Urteil vom 08. Februar 2001 – 2 BvF 1/00 –, BVerfGE 103, 111 (137); kritisch zu dem funktionellen Verständnis von Rechtsprechung auch *Bäumerich*, SchiedsVZ 2015, 237 (239).

606 *Grzeszick*, in: *Dürig/Herzog/Scholz*, Art. 20 GG, Rn. 105.

607 *Hillgruber*, in: *Dürig/Herzog/Scholz*, Art. 92 GG, Rn. 38.

608 Vgl. zur zivilgerichtlichen Zwangsvollstreckung *Hillgruber*, in: *Dürig/Herzog/Scholz*, Art. 92 GG, Rn. 56.

einer Gerichtsentscheidung und auch der hierzu erforderlichen Gerichtsentscheidungen – etwa Zwangsgeldandrohung oder Zwangsgeldfestsetzung – sind jedoch nicht mehr durch Beilegung eines Streits und Rechtsfindung geprägt. Hier geht es vielmehr um die Umsetzung dessen, was das Verwaltungsgericht zuvor als Recht gesprochen hat. Der Streit ist entschieden, die für den entschiedenen Einzelfall geltenden Rechtsfolgen sind verbindlich festgestellt. Im Rahmen der Durchsetzung setzt das Vollstreckungsgericht die zuvor getroffene Rechtsfolge um, trifft diese aber nicht. Unter Umständen trifft das Gericht weitere Rechtsfolgen im Rahmen der Vollstreckung, dies geschieht allerdings nicht in streitentscheidender Form. Zwar sind auch dem Entscheidungsspruch nachfolgende Sach- und Verfahrensentscheidungen von dem Begriff der Rechtsprechung erfasst.[609] (Auch) diese müssen jedoch in unmittelbarem Zusammenhang gerade mit der Rechtsfindung stehen.[610] Daran fehlt es allerdings im Fall der Durchsetzung von Verwaltungsgerichtsentscheidungen, wie sie hier in Betracht kommen. Bei der Durchsetzung einer verwaltungsgerichtlichen Entscheidung handelt es sich deshalb um Rechtsprechung weder im materiellen noch im funktionellen Sinn.

Zwar ist nach Art. 92 GG die rechtsprechende Gewalt den Richtern anvertraut. Allerdings hindern weder der Grundsatz der Gewaltenteilung noch Art. 92 GG den Gesetzgeber daran, auch solche Aufgaben Gerichten zu übertragen, die nicht zur Rechtsprechung i.S.d. Art. 92 GG zählen.[611] Aus verfassungsrechtlicher Sicht bestehen daher keine Bedenken, die verwaltungsgerichtliche Zwangsvollstreckung der (verwaltungsexternen) Rechtspflege[612] zuzuordnen.

2. Zulässigkeit der verwaltungsgerichtlichen Zwangsvollstreckung

Die Zulässigkeit der verwaltungsgerichtlichen Zwangsvollstreckung gegen den Staat als Hoheitsträger (das „Ob“) ist inzwischen allgemein anerkannt. Vor Inkrafttreten der Verwaltungsgerichtsordnung im Jahr 1960 war die verwaltungsgerichtliche Zwangsvollstreckung gegen den Staat als Hoheitsträger auf Reichs- bzw. Bundesebene nicht geregelt.[613] Im Kaiserreich und der Weimarer Zeit war es nach der herrschenden Literaturauffassung nur schwer vorstellbar, dass der Inhaber des Gewaltmonopols Herr und Adressat der Vollstreckungsgewalt zugleich sein sollte; dieses Verständnis prägte die Verwaltungsrechtswissenschaft auch noch in der jungen Bundesrepublik. Hauptargument gegen eine verwaltungsgerichtliche Zwangsvollstreckung war indessen schon in der Weimarer Zeit der Grundsatz

609 *Desens*, S. 273 m.w.N.
610 *Schulze-Fielitz*, in: *Dreier*, Art. 92 GG, Rn. 37.
611 *Hillgruber*, in: *Dürig/Herzog/Scholz*, Art. 92 GG, Rn. 58.
612 Vgl. zum Begriff und zur Einordnung *Groh*, in: *Creifelds*, „Rechtspflege“.
613 Siehe hierzu unter B.IV.3.b).

der Gewaltenteilung gewesen. Weiter wurde vertreten, dass das Ansehen des Staates – dessen Recht auf Achtung und Ehre – durch eine gegen ihn gerichtete Zwangsvollstreckung geschädigt werde.[614] Nach Gründung der Bundesrepublik sah man wegen der Rechtmäßigkeit staatlichen Handelns auch kein Bedürfnis nach Zwangsvollstreckung.[615]

Sämtliche Bedenken sind inzwischen überholt. Dass die Judikative die Verwaltung durch eine grundsätzliche Vollstreckungsunterworfenheit zu rechtmäßigem Handeln zwingen kann, ist nicht zu beanstanden.[616] Die Vollstreckung gegen den Staat als Hoheitsträger auf Grundlage zivilprozessualer als auch verwaltungsgerichtlicher Titel ist gesetzlich geregelt und wird nicht in Frage gestellt.[617] Es mag sein, dass die Verwaltungsgerichtsbarkeit mit der ihr gesetzlich eingeräumten Befugnis zur Vollstreckung verwaltungsgerichtlicher Titel gegen den Staat als Hoheitsträger den Bereich der Verwaltung berührt. Dies führt allerdings nicht zur Unzulässigkeit der verwaltungsgerichtlichen Zwangsvollstreckung gegen den Staat als Hoheitsträger.[618] Auch das Argument, die *„zwingende Staatsgewalt"* könne sich nicht selbst zwingen, geht deshalb ins Leere.[619] Soweit vorgebracht wurde, Vollstreckung gegen den Staat als Hoheitsträger sei immer auch Vollstreckung zulasten der Allgemeinheit, weshalb staatliche Interessen stets jene des privaten Vollstreckungsgläubigers überwiegen würden,[620] trägt dies ebenfalls nicht. Es mag sein, dass im Rahmen der Beurteilung der verwaltungsgerichtlichen Vollstreckungsrechtsvorschriften bestimmte Interessen und ggf. Rechte des Staates und/oder der Allgemeinheit zu berücksichtigen sind. Jedenfalls griffe aber selbst ein (in Einzelfällen) mögliches Überwiegen öffentlicher Interessen als Rechtfertigung für einen absoluten und vollständigen Ausschluss der Möglichkeit der Vollstreckung gegen den Staat deutlich zu kurz.[621] Hiervon zu unterscheiden ist die konkrete Ausgestaltung der Vollstreckungsvorschrift und die Rechtsanwendung im

---

614 *Mayer*, Deutsches Verwaltungsrecht, S. 382, Fn. 23; vgl. auch *Miedtank*, Zwangsvollstreckung, S. 10 und S. 105; zum Ganzen auch *Berkemann*, DÖV 2019, 761 (765) und unter B.IV.4.a).

615 *Ule*, DVBl 1959, 537 (549).

616 *Sahl*, Aufrechnung, S. 74.

617 *Sahl*, Aufrechnung, S. 72 ff., S. 79 ff. m.w.N. und *Poster*, Durchsetzung, S. 269 ff.; i.E. auch *Gundlach/Frenzel/Schmidt*, InVo 2001, 227 (228). Angesichts dessen ist eine tiefgreifende Auseinandersetzung mit der Zulässigkeit der verwaltungsgerichtlichen Zwangsvollstreckung gegen den Staat als Hoheitsträger nicht (mehr) erforderlich.

618 Vgl. *Sahl*, Aufrechnung, S. 73 f.; anders noch *Forsthoff/Simons*, Zwangsvollstreckung, S. 8.

619 Vgl. im Einzelnen *Sahl*, Aufrechnung, S. 73.

620 Vgl. *Miedtank*, Zwangsvollstreckung, S. 6.

621 Für die Vollstreckung wegen Geldforderungen nach § 882a ZPO bzw. § 172 VwGO *Sahl*, Aufrechnung, S. 74, S. 79 ff.

konkreten Fall, wie sie durch die Vollstreckungsvorschrift ermöglicht wird (das „Wie“ der verwaltungsgerichtlichen Zwangsvollstreckung).

Darüber hinaus stellt sich im Fall des behördlichen Nichtbefolgens auf der Ebene der Durchführung der Vollstreckung durch das Vollstreckungsgericht die Frage nach den Rechtsbeziehungen zwischen vollstreckendem und schuldendem Staat. Für die zivilprozessuale Zwangsvollstreckung wird zur Beschreibung des Rechtsverhältnisses zwischen den Beteiligten, dort allerdings in erster Linie bezogen auf die Rechtsanwendung durch das Vollstreckungsgericht, mitunter der Begriff *„Vollstreckungszugriff als Grundrechtseingriff“* gewählt.[622] Auf die verwaltungsgerichtliche Zwangsvollstreckung ist diese Wendung aus mehreren Gründen nicht übertragbar. Entscheidend ist zunächst, dass juristische Personen des öffentlichen Rechts – anders als der zivilprozessuale Vollstreckungsschuldner – im Verhältnis zu dem vollstreckenden Staat grundsätzlich nicht grundrechtsberechtigt sind.[623] Sie handeln auf Grund gesetzlicher Zuständigkeiten, nicht aber in Wahrnehmung von Freiheit. Die Rechtsbeziehung zwischen vollstreckendem und schuldendem Staat bei der Durchführung der verwaltungsgerichtlichen Zwangsvollstreckung ist deshalb jedenfalls im Grundsatz[624] bestimmt von der Zuordnung von Aufgabenbereichen und von der Wahrnehmung von Kompetenzen.

Anknüpfungspunkt für einen Übergriff des Vollstreckungsgerichts in Verwaltungskompetenzen ist das gerichtliche Vollstreckungshandeln, das auf § 172 VwGO beruht und an diese Vorschrift gebunden ist. Bei Anwendung der Norm steht dem Vollstreckungsgericht in verschiedener Hinsicht ein Ermessensspielraum zu.[625] Bei Betrachtung der jeweiligen Vollstreckungsnorm – nicht des Vollstreckungshandelns – folgt aus dem Vorstehenden, dass die Vollstreckungsvorschriften zwar nicht Grundrechte des schuldenden Staates, aber andere Grenzen und Bindungen des schuldenden Staates und/oder öffentlichen Interessen wahren müssen.

Für eine sachgerechte Analyse der Vorschriften über die verwaltungsgerichtliche Zwangsvollstreckung ist der Begriff des „Vollstreckungszugriffs“ zu eng. Denn die Frage des Berührtseins von Verfassungsgütern des schuldenden Staates und/oder öffentlichen Interessen ist nicht auf diejenigen Normelemente begrenzt, die den vollstreckenden Staat zu dem konkreten Vollstreckungszugriff ermächtigen.[626]

---

622 Vgl. *Fischer*, Vollstreckungszugriff.

623 BVerfG, Beschluss vom 08. Juli 1982 – 2 BvR 1187/80 –, BVerfGE 61, 82 (101). Dies betrifft etwa Körperschaften des öffentlichen Rechts (Bund, Land, Gemeinde und sonstige Körperschaften des öffentlichen Rechts) sowie Anstalten und Stiftungen des öffentlichen Rechts. Anders ist dies bei – hier nicht Gegenstand der Arbeit – Religionsgemeinschaften und Beliehenen.

624 Siehe zu einer Ausnahme unten E.I.2.b)ii)(1).

625 Siehe hierzu unter E.II.2.

626 Auch für das Zivilprozessrecht weist *Fischer*, Vollstreckungszugriff, S. 479 ff., darauf hin, dass die Definition des Vollstreckungszugriffs mehrdeutig ist.

Es muss das jeweilige Vollstreckungsverfahren, so wie es in § 172 VwGO geregelt ist, als Ganzes in den Blick genommen werden.[627] Hieraus ist die jeweilige Vollstreckungsmaßnahme, wie sie in §172 VwGO angeordnet wird, zu beleuchten.

II. Erzwingungsvollstreckung und Gewaltenteilung

Nachdem die Verwaltung i.e.S. an verwaltungsgerichtliche Titel[628] gebunden ist, stellt sich in Fällen der Erzwingungsvollstreckung (§ 172 VwGO) die Frage nach dem verfassungsrechtlichen Verhältnis der Gewalten zueinander. Im Zusammenhang mit dem „Nichtbefolgen" von Verwaltungsgerichtsentscheidungen durch die Verwaltung i.e.S. ist, jedenfalls soweit es um rechtskräftige Verwaltungsgerichtsentscheidungen geht, mitunter pauschal von der *„Verletzung des Gewaltenteilungsgrundsatzes"* die Rede.[629]

Im Verhältnis zwischen vollstreckendem Staat und Verwaltung i.e.S. kann „der Grundsatz der Gewaltenteilung" in mehrfacher Weise eine Rolle spielen. Auf der Ebene des Nichtbefolgens[630] geht es ausschließlich um den – in dem behördlichen Nichtstun[631] bestehenden – „Zugriff" aus der Richtung der Verwaltung i.e.S.[632] auf die Rechtsprechung, und zwar nur bezogen auf die o.g. Anknüpfungspunkte,[633] nicht auch bezogen auf Entscheidungen des Vollstreckungsgerichts im Rahmen des Vollstreckungsverfahrens.

1. Begriffliche Annäherung

Der Grundsatz der Gewaltenteilung ist auf die gegenseitige Mäßigung und Kontrolle der Staatsorgane ausgerichtet und erfüllt auch rechtsstaatliche, grundrechtsschützende Funktionen. Gewaltenteilung[634] ist die Aufteilung staatlicher Macht in drei Funktionsbereiche. Die horizontale funktionelle Gewaltenteilung[635] ist normativ in Art. 20 Abs. 2 Satz 2 GG verankert. Danach wird die Staatsgewalt durch besondere Organe der Gesetzgebung, der vollziehenden Gewalt und der

---

627 Zu Beginn und Ende der verwaltungsgerichtlichen Zwangsvollstreckung siehe unter B.IV.2.a).

628 Siehe hierzu unter C.I.2.

629 Vgl. *Kaerkes*, ZUR 2020, 242 (245).

630 Vgl. zu dem Stufenverhältnis unter B.II.4.

631 Vgl. hierzu ausführlich unter D.II.4.b).

632 Regierungshandeln als solches ist nicht Gegenstand der Arbeit, vgl. unter C.II.3.

633 Siehe hierzu unter C.I.1.

634 Zu den unterschiedlichen Begriffen vgl. *Sommermann*, in: *v. Mangoldt/Klein/Starck*, Art. 20 GG, Rn. 208.

635 Zu dem Begriff der funktionellen Gewaltenteilung *Sommermann*, in: *v. Mangoldt/Klein/Starck*, Art. 20 GG, Rn. 209.

Rechtsprechung ausgeübt. Inhaltliche Maßgaben für die Kompetenzen der einzelnen Gewalten enthält Art. 20 Abs. 2 Satz 2 GG nicht. Die Vorschrift wird für den konkret betroffenen Bereich häufig durch weitere Verfassungsnormen konkretisiert. Das Grundgesetz enthält speziellere oder – zumindest auch – andere Normen als „den Gewaltenteilungsgrundsatz".[636] Sie sind dann Ausgangspunkt der Prüfung.[637]

Dies wirft gleichzeitig die Frage auf, ob für „den Gewaltenteilungsgrundsatz" ein eigenständiger Regelungsgehalt verbleibt und falls ja, welche Reichweite er hat (integrales Verständnis), oder ob „der Gewaltenteilungsgrundsatz" in der Summe seiner Einzelvorschriften des Grundgesetzes aufgeht (summarisches Verständnis).[638] Die Unterscheidung beruht auf dem Umstand, dass die Frage nach der eigenständigen Bedeutung der Gewaltenteilung in modernen Verfassungen auf der Grundlage des positiven Rechts entsteht.[639] „Der Gewaltenteilungsgrundsatz" allein reicht deshalb jedenfalls nicht aus für die Ermittlung, welche Tätigkeiten das Grundgesetz den Trägern staatlicher Gewalt zuweist sowie ob und wie es deren Gegenstand und Reichweite bestimmt. Es stellt sich eher umgekehrt die Frage, inwieweit und auf welche Weise die Vorschriften des Grundgesetzes „den Gewaltenteilungsgrundsatz" ausfüllen[640] und wann ein Rückgriff auf „den Gewaltenteilungsgrundsatz" möglich ist. „Der Gewaltenteilungsgrundsatz" dient also zunächst der Umschreibung jener Verfassungsnormen, welche die Aufgaben der Gewalten definieren bzw. gegeneinander abgrenzen und/oder verschränken. Ferner ist er Auslegungstopos bei deren Interpretation.[641] Schließlich lenkt er hoheitliche Macht dort, wo verfassungsrechtliche Vorgaben fehlen. Hier fungiert er als allgemeine Kompetenzausübungsschranke, die bei Fehlen spezieller Maßstäbe die Grenzen bezeichnet, bis zu denen ein Organ zur Wahrnehmung seiner positivrechtlich begründeten Zuständigkeiten befugt ist, ohne den grundgesetzlich geschützten Kernbereich des anderen Organs auszuhöhlen.[642] Eine Annäherung an die hier zu klärenden Fragestellungen kann und muss, soweit positives Verfassungsrecht vorhanden ist, vorrangig unter Rückgriff auf dieses erfolgen.

2. Verhältnis von Verwaltung i.e.S. und Judikative

Zwar garantiert die Verfassung der jeweiligen Gewalt einen unantastbaren Kernbereich der ihr jeweils zugewiesenen Aufgaben, sieht aber zugleich – im Sinne

636 *Grzeszick*, in: *Dürig/Herzog/Scholz*, Art. 20 GG, Rn. 26.
637 *Voßkuhle/Kaufhold*, JuS 2012, 314 (316).
638 *Möllers*, AöR 132 (2007), 493 (495 f.).
639 *Grzeszick*, in: *Dürig/Herzog/Scholz*, Art. 20 GG, Rn. 25.
640 *Voßkuhle/Kaufhold*, JuS 2012, 314 (315 f.).
641 *Voßkuhle/Kaufhold*, JuS 2012, 314 (316).
642 *Grote*, Verfassungsorganstreit, S. 384; *Voßkuhle/Kaufhold*, JuS 2012, 314 (316).

einer Verschränkung –[643] wechselseitige Einbrüche in unterschiedliche Aufgabenbereiche vor.[644]

Es stellt sich die Frage, ob neben dem Verhältnis der Verwaltung i.e.S. zur Verwaltungsrechtsprechung auch das Verhältnis der Verwaltung i.e.S. zur Legislative eingehender zu betrachten ist. Nach Art. 20 Abs. 3 GG sind die vollziehende Gewalt und die Rechtsprechung an Gesetz und Recht gebunden. Verwaltungsgerichtliche Entscheidungen selbst zählen nicht zum bindenden Recht i.S.v. Art. 20 Abs. 3 GG.[645] Dies gilt auch für höchstrichterliche Entscheidungen.[646] Die von Art. 20 Abs. 3 GG vermittelte Bindungswirkung[647] geht grundsätzlich[648] nur von der Legislative aus. Sie erlässt die Gesetze und setzt auf diese Weise den rechtlichen Maßstab, den Rechtsprechung und Verwaltung auf den Einzelfall anwenden.[649]

Art. 20 Abs. 3 GG spricht also zwei Verhältnisse an: Jenes zwischen Legislative und Rechtsprechung einerseits und jenes zwischen Legislative und Verwaltung i.e.S. andererseits. In beiden Verhältnissen geht es, soweit die Beziehung zur Legislative in Rede steht, um die Anwendung des Gesetzes.[650] In Vollstreckungsfällen liegt naturgemäß bereits eine Verwaltungsgerichtsentscheidung vor, die nur zwischen den an dem Prozess Beteiligten wirkt. Es geht also um die Gesetzesinterpretation im Einzelfall, nicht um die Bindung an das abstrakt-generelle Gesetz. Schon aus diesem Grund steht in den hier untersuchten Vollstreckungsfällen nicht das Verhältnis zur Legislative in Rede.

Aus Sicht der Gewaltenteilung liegt deshalb das eigentlich Problem in der Frage, wer dazu berufen ist, das Gesetz in Bezug auf den konkret zu entscheidenden Einzelfall letztverbindlich zu interpretieren, Verwaltungsgerichtsbarkeit oder Verwaltung i.e.S. Betrachtet werden in dieser Arbeit nur die Dreipersonenkonstellationen bestehend aus privatem Vollstreckungsgläubiger, schuldendem Staat und vollstreckendem Staat.[651] Auf den ersten Blick mag Frage nach der Gewaltenteilung

643 BVerfG, Beschluss vom 17. Juli 1996 – 2 BvF 2/93 –, BVerfGE 95, 1 (15).

644 BVerfG, Beschluss vom 17. Juli 1996 – 2 BvF 2/93 –, BVerfGE 95, 1 (15).

645 Für das Richterrecht *Desens*, S. 227 ff. und S. 272.

646 Vgl. *Spindler*, DStR 2007, 1061 (1063); *Lange*, NJW 2002, 3657 (3658). Im Zusammenhang mit der verfassungsrechtlichen Beurteilung der Praxis der Nichtanwendungserlasse im Steuerrecht wird etwa vertreten, dass die Rechtsprechung des Bundesfinanzhofs unter bestimmten Voraussetzungen zu bindendem „Recht" i.S.v. Art. 20 Abs. 3 GG erstarkt, vgl. *Offerhaus*, Stbg 1998, 437 (441).

647 Vgl. BVerfG, Beschluss vom 28. Oktober 1975 – 2 BvR 883/73 –, BVerfGE 40, 237 (248 f.); für die Einordnung als Kollisionsregel etwa *Sachs*, in: *Stelkens/Bonk/Sachs*, § 44 VwVfG, Rn. 45.

648 Abweichend ist die Beurteilung wegen § 31 Abs. 2 Satz 1 BVerfGG etwa im Fall von Entscheidungen des BVerfG.

649 Vgl. *Hillgruber*, in: *Dürig/Herzog/Scholz*, Art. 92 GG, Rn. 61.

650 *Jachmann-Michel*, in: *Dürig/Herzog/Scholz*, Art. 95 GG, Rn. 22 ff.

651 Siehe oben unter B.II.2.

im Hinblick auf die hier untersuchten Konstellationen banal erscheinen. Der Eindruck relativiert sich jedoch, wenn man sich vor Augen führt, dass die beklagte Behörde/ihr Rechtsträger auch in der klassischen Dreipersonenkonstellation mitunter behauptet, im Fall nicht rechtskräftiger Entscheidungen[652] und sogar im Fall rechtskräftiger Entscheidungen[653] zur eigenen Gesetzesauslegung und Rechtsprüfung befugt und, noch weitergehend, verpflichtet zu sein.

Aus Sicht von Art. 20 Abs. 3 GG stehen Judikative und Exekutive auf der Ebene der Rechtsanwendung.[654] Dabei ist die Aufgabe der Konkretisierung des Rechts nicht bei der rechtsprechenden Gewalt monopolisiert.[655] Erstinterpretin des Gesetzes ist die Verwaltung i.e.S. Sie trifft eigenständige und eigenverantwortliche Entscheidungen, soweit dem Gesetz selbst keine zwingenden und eindeutigen Vorgaben zu entnehmen sind. Aus Art. 20 Abs. 3 GG einerseits und aus dem Gewaltenteilungsgrundsatz andererseits folgt zugleich das ihr zustehende Recht auf eigenverantwortliche Normprüfung im Hinblick auf die zutreffende Rechtsanwendung.[656] Kollisionen von rechtsprechender Tätigkeit und Aufgabenerfüllung der Exekutive können sich also bei der Auslegung des Gesetzes ergeben. Sind indessen (verwaltungs-)gerichtliche Entscheidungen ergangen, ist dieses Spannungsverhältnis zu Gunsten der Rechtsprechung aufzulösen.

Zweck der Gewaltenteilung ist neben der Begrenzung hoheitlicher Macht i.S.d. Sicherung individueller Freiheit (Staatsabwehr) die Gewährleistung möglichst richtiger Entscheidungen (Rationalisierung).[657] Rationalisierung heißt, dass die Entscheidung durch das Organ getroffen werden soll, „*das auf Grund seiner institutionellen, personellen und verfahrensrechtlichen Ausstattung dazu am besten geeignet ist.*“[658] Im Zentrum der Gewaltenteilung steht also die Funktionsgerechtigkeit staatlicher Gewaltausübung.[659] Nach Art. 92 GG ist die rechtsprechende Gewalt den Richtern anvertraut. Sie wird durch das Bundesverfassungsgericht, durch die im Grundgesetz vorgesehenen Bundesgerichte und durch die Gerichte der Länder ausgeübt. Nach Art. 97 Abs. 1 GG sind die Richter unabhängig und nur dem Gesetz unterworfen.

Rechtsprechung in funktioneller Hinsicht ist dann gegeben, „*wenn der Gesetzgeber ein gerichtsförmiges Verfahren hoheitlicher Streitbeilegung vorsieht und den dort zu treffenden Entscheidungen eine Rechtswirkung verleiht, die nur unabhängige*

652 So in der Sache in dem von dem OLG Rostock entschiedenen Fall, vgl. Beschluss vom 12. Oktober 2005 – 6 W 53/05 –, Rn. 3, zit. nach juris.

653 Siehe hierzu oben in Fn. 35.

654 *Jachmann-Michel*, in: *Dürig/Herzog/Scholz*, Art. 95 GG, Rn. 22 ff.

655 *Classen*, in: *v. Mangoldt/Klein/Starck*, Art. 92 GG, Rn. 19.

656 *Jachmann-Michel*, in: *Dürig/Herzog/Scholz*, Art. 95 GG, Rn. 22 ff.

657 *Grote*, Verfassungsorganstreit, S. 377, 381; *Voßkuhle/Kaufhold*, JuS 2012, 314 (314).

658 *Voßkuhle/Kaufhold*, JuS 2012, 314 (314).

659 *Jachmann-Michel*, in: *Dürig/Herzog/Scholz*, Art. 95 GG, Rn. 22 ff.

Gerichte herbeiführen können." Hierzu gehört das Element der „*Entscheidung, der letztverbindlichen, der Rechtskraft fähigen Feststellung und des Ausspruchs dessen, was im konkreten Fall rechtens ist.*"[660] Funktionales Ziel der Rechtsprechung ist allein die Streitbeilegung, also die richtige Rechtsfindung im Einzelfall (vgl. Art. 92 GG), während die Exekutive vorrangig die ihr jeweils zugewiesenen Aufgaben erfüllt.[661] Dabei kann die Rechtsanwendung durch die Verwaltung andere funktionale Ziele verfolgen, solange dies nur rechtmäßig, insbesondere ermessensgerecht ist.[662] Hierbei ist die Verwaltung selbst Beteiligte eines Verfahrens.[663] Richterliche Tätigkeit wird demgegenüber von der richterlichen Unabhängigkeit (Art. 97 Abs. 1 GG) getragen. Aus Sicht von Organisation und Verfahren ist darum, im Vergleich zur Verwaltung i.e.S., die Rechtsprechung besser zur Auslegung des Gesetzes geeignet. Sie ist die funktional vorrangig berufene Instanz bei der Gesetzesanwendung.[664]

Die Akzeptanz von Rechtsprechung ist keine Gewissensfrage, sondern Konsequenz institutionell arbeitsteiliger Rechtsanwendung.[665] Behörden müssen gerichtliche Entscheidungen deshalb auch dann befolgen, wenn sie sie für „*unzweckmäßig oder falsch*" halten.[666] Gerichte haben hier die „*Kompetenz des letzten Worts*".[667] Dies folgt auch aus Art. 92 GG und Art. 97 GG. Es ist ausschließlich Aufgabe der Gerichte, Rechtssachen mit verbindlicher Wirkung zu entscheiden. Diese exklusive Zuordnung der Rechtsprechung zu den Gerichten wird durch die sachliche und personelle Unabhängigkeit der Richter verfassungsrechtlich gestützt (Art. 97 GG). Entscheidungen der Gerichte können von den anderen Gewalten nicht aufgehoben werden.[668] Der Bereich der Rechtsprechung ist deshalb verfassungsrechtlich gegenüber den anderen beiden Gewalten relativ stark geschützt.[669] Schließlich zeigt Art. 19 Abs. 4 Satz 1 GG, dass nur der Rechtsprechung die Kompetenz zu (letzt-)verbindlicher Entscheidung zukommt. Art. 19 Abs. 4 GG soll als individuelle

660 Siehe hierzu schon unter D.II.3.

661 Vgl. *Jachmann-Michel*, in: *Dürig/Herzog/Scholz*, Art. 95 GG, Rn. 22 ff.

662 Vgl. hierzu und die Verwaltungstätigkeit steuernde grundrechtliche Schutzaufträge *Classen*, in: *v. Mangoldt/Klein/Starck*, Art. 92 GG, Rn. 15 f.

663 Vgl. auch *Jachmann-Michel*, in: *Dürig/Herzog/Scholz*, Art. 95 GG, Rn. 22 ff.

664 Vgl. zum Ganzen, allerdings im Zusammenhang mit dem Sonderfall der Bindungswirkung von Nichtanwendungserlassen im Steuerrecht auf am Verwaltungsgerichtsverfahren Unbeteiligte, *Jachmann-Michel*, in: *Dürig/Herzog/Scholz*, Art. 95 GG, Rn. 22 ff.

665 *Gärditz*, in: LTO vom 17. Juli 2018, Fn. 569.

666 *Voßkuhle*, NJW 2018, 3154 (3156).

667 *Gärditz*, in: LTO vom 17. Juli 2018, Fn. 569.

668 *Grzeszick*, in: *Dürig/Herzog/Scholz*, Art. 20 GG, Rn. 105 ff.

669 *Grzeszick*, in: *Dürig/Herzog/Scholz*, Art. 20 GG, Rn. 105 ff.; *Voßkuhle/Kaufhold*, JuS 2012, 314 (315); *Bücking*, Öffentliche Hand, S. 56.

Anspruchsnorm zugleich rechtsstaatliche Grundsätze wahren. Neben seiner das Individuum sichernden Funktion bezweckt Art. 19 Abs. 4 Satz 1 GG also objektiv die Kontrolle der Rechtsanwendung durch die Exekutive.[670] „*Nur wenn die Verwaltung das Gesetz beachtet und befolgt, vermag das Volk die Geschicke des Staates wirklich zu lenken. Dies zu gewährleisten, ist eine der wichtigsten Funktionen der gerichtlichen Verwaltungskontrolle.*“[671] Dies gilt für rechtskräftige Verwaltungsgerichtsentscheidungen wie für nicht rechtskräftige Urteile und einstweilige Anordnungen gleichermaßen. Auch sie unterfallen dem funktionellen Rechtsprechungsbegriff, weil sie der Rechtskraft fähig sind[672] und insbesondere „*(letzt-)verbindlich*“[673] sind.

Die (Letzt-)Verbindlichkeit i.S.d. funktionalen Rechtsprechungsbegriffs ist in dem Sinne zu verstehen, dass gegen Akte der Rechtsprechung kein Rechtsschutz gefordert ist, diese also nur durch die Rechtsprechung selbst überprüft werden können. Das Kriterium der Letztverbindlichkeit bezieht sich nur auf das Verhältnis zu den anderen Staatsfunktionen. Im Fall der Rechtsprechung sind andere Staatsfunktionen ausgeschlossen; sie haben keine Kompetenz, eine gerichtliche Entscheidung zu ändern.[674] Das Merkmal der (Letzt-)Verbindlichkeit unterscheidet Gerichtsentscheidungen von Verwaltungsentscheidungen, die grundsätzlich der gerichtlichen Überprüfung – und damit der Nachprüfung durch eine andere Staatsgewalt – zugänglich sind.[675]

Auch im Fall nicht rechtskräftiger Gerichtsentscheidungen stellt sich das Problem der Gewaltenteilung. Auch nicht rechtskräftige Entscheidungen sind Rechtsprechung im formellen Sinn, ohne dass die Rechtskraftwirkungen daran etwas änderten. Zudem ist die Verwaltung i.e.S. mit dem Zeitpunkt der Entscheidung des Verwaltungsgerichts zur Erfüllung verpflichtet.

Das beschriebene Spannungsverhältnis zwischen Rechtsprechung und Verwaltung i.e.S. muss deshalb in dem Sinne aufgelöst werden, dass die Verwaltung rechtskräftige wie nicht rechtskräftige Urteile und einstweilige Anordnungen zu befolgen hat.

3. Berührtsein der Tätigkeit „Rechtsprechung“?

Es stellt sich die Frage, ob durch das behördliche Nichtbefolgen die Tätigkeit „Rechtsprechung“ berührt ist. Dies kann dann der Fall sein, wenn die Durchsetzung[676]

---

670 *Rennert*, Verwaltung, Verwaltungsgerichtsbarkeit und Gewaltenteilung, Fn. 89, S. 4.

671 *Rennert*, Verwaltung, Verwaltungsgerichtsbarkeit und Gewaltenteilung, Fn. 89, S. 4.

672 Siehe hierzu unter C.I.2.a).

673 Diese Formulierung und Schreibweise wählt *Hillgruber*, in: *Dürig/Herzog/Scholz*, Art. 92 GG, Rn. 38.

674 *Meyer*, in: *v. Münch/Kunig*, Art. 92 GG, Rn. 36.

675 *Classen*, in: *v. Mangoldt/Klein/Starck*, Art. 92 GG, Rn. 11.

676 Auf der Ebene des Nichtbefolgens verwaltungsgerichtlicher Entscheidungen sollte der Begriff „Durchsetzung“ gewählt werden, weil Vollstreckung und Vollstreckbarkeit andere/zusätzliche Voraussetzungen haben. *Sahl*, Aufrechnung, S. 74, meint

verwaltungsgerichtlicher Entscheidungen von dem verfassungsrechtlichen Rechtsprechungsbegriff erfasst ist. Funktionales Ziel von Rechtsprechung ist die hoheitliche Streitbeilegung, also die richtige Rechtsfindung im Einzelfall. Ihr Kennzeichen ist das Element der Entscheidung, d.h. der letztverbindlichen Feststellung und des Ausspruchs dessen, was im konkreten Fall rechtens ist.[677] Die Durchsetzung einer Gerichtsentscheidung und die hierzu erforderlichen Vollstreckungsentscheidungen – etwa Zwangsgeldandrohung oder -festsetzung – sind jedoch nicht mehr durch Beilegung eines Streits und Rechtsfindung geprägt. Der Streit ist entschieden, die für den entschiedenen Einzelfall geltenden Rechtsfolgen verbindlich festgestellt. Im Rahmen der Durchsetzung setzt das Verwaltungsgericht die zuvor getroffene Rechtsfolge um, trifft diese aber nicht. Zwar sind auch der Entscheidung nachfolgende Sach- und Verfahrensentscheidungen von dem Begriff der Rechtsprechung erfasst.[678] Sie müssen jedoch in unmittelbarem Zusammenhang gerade mit der Rechtsfindung stehen.[679] Dies ist bei Entscheidungen im Rahmen der verwaltungsgerichtlichen Vollstreckung nicht der Fall.[680] Bei der Durchsetzung einer verwaltungsgerichtlichen Entscheidung handelt es sich also nicht um Rechtsprechung i.S.d Art. 92 GG.

4. Bedeutungsverlust der Judikative?

Nach der Rechtsprechung des Bundesverfassungsgerichts sind die drei Gewalten jedenfalls in ihrem Kernbereich geschützt.[681] Der jeweilige Kernbereich bestimmt die Grenze zulässiger Gewaltenverschränkungen.[682] Dabei ist der Umfang jeweils nicht allgemein, sondern im Wege der Abwägung mit Blick auf die jeweils betroffenen Organe und Staatsfunktionen und die spezifische Form der Beeinflussung zu konkretisieren.[683] Die konkreten Grenzen müssen anhand der jeweils einschlägigen Verfassungsbestimmungen fallbezogen ermittelt werden.[684] Deshalb sei an

---

wohl ebenfalls die Durchsetzung, spricht jedoch missverständlich von der Vollstreckung. Die Vollstreckung setzt aber etwa stets einen Vollstreckungsantrag voraus, der die Durchsetzbarkeit der nicht befolgten Verwaltungsgerichtsentscheidung bedingt, vgl. hierzu auch unter B.II.4.

677 Zum Begriff der Rechtsprechung siehe unter D.I.1.

678 *Desens*, S. 273 m.w.N.

679 *Schulze-Fielitz*, in: *Dreier*, Art. 92 GG, Rn. 37.

680 Siehe hierzu B.IV.2.a).

681 BVerfG, Beschluss vom 17. Juli 1996 – 2 BvF 2/93 –, BVerfGE 95, 1 (15). Die Kernbereichslehre ist nicht unumstritten, weil sie dazu tendiert, den Gewaltenteilungsgrundsatz mit Ordnungsvorstellungen aufzuladen, die in der Verfassung keine Grundlage finden, vgl. *Baer*, Der Staat 40 (2001), 526 ff.

682 *Voßkuhle/Kaufhold*, JuS 2012, 314 (315).

683 *Voßkuhle/Kaufhold*, JuS 2012, 314 (315).

684 *Vogel*, NJW 1996, 1505 (1506).

dieser Stelle nur das Naheliegende gesagt: Den Kernbereich der Aufgaben der Judikative bilden – als ihr von der Verfassung zugewiesene typische Aufgaben – die Gewährung von Individualrechtsschutz einschließlich der verbindlichen Auslegung des einfachen Rechts und die Rechtsfortbildung.[685]

a) *Maßstab*

Bei der Ermittlung der konkreten Grenzen des Kernbereichs sind gleichwohl generelle Maßgaben beachten, und zwar insoweit, als keinem Organ Funktionen zugewiesen werden dürfen, die seiner Struktur und seiner Grundfunktion nicht entsprechen und insoweit, als der Kernbereich der jeweiligen Organverantwortung nicht berührt werden darf.[686] Einer Gewalt dürfen die für die Erfüllung ihrer von der Verfassung zugeordneten Aufgaben erforderlichen Zuständigkeiten[687] bzw. typischen Aufgaben[688] nicht entzogen werden. Der Kernbereich ihrer Entscheidungsbefugnisse ist unantastbar.[689] Ferner darf keine Gewalt ein von dem Grundgesetz nicht vorgesehenes Übergewicht über eine andere Gewalt erhalten.[690] Dies ist jedenfalls dann der Fall, wenn eine Gewalt in den – über die zugewiesenen typischen Aufgaben definierbaren – Kernbereich einer anderen Gewalt eingreift.[691]

Freilich handelt es sich bei der genannten Konkretisierung („*ein vom Grundgesetz nicht vorgesehenes Übergewicht*") um eine erste Annäherung, die ihrerseits Spielraum lässt. Diesen Spielraum kann man weiter präzisieren, indem man sich vergegenwärtigt, dass Anknüpfungspunkt für die Frage, ob das Nichtbefolgen durch die Verwaltung i.e.S. zu einem Verstoß gegen den Grundsatz der Gewaltenteilung führt, jeweils die Staatsgewalt als Ganze ist. Dies führt zu der Erkenntnis, dass eine Gewichtsverschiebung nur dann vorliegen kann, wenn eine Staatsgewalt die andere jeweils systematisch missachtet oder ihr Geltungsanspruch generell in Abrede gestellt wird.[692] Für das Verhältnis von Legislative und Exekutive hat das Bundesverfassungsgericht etwa entschieden, dass selbst eine punktuelle Gewichtsverlagerung zugunsten des Parlaments aus Sicht der Gewaltenteilung

---

685 *Jachmann-Michel*, in: *Dürig/Herzog/Scholz*, Art. 95 GG, Rn. 22 ff.; siehe auch unter D.II.2.

686 *Vogel*, NJW 1996, 1505 (1506).

687 BVerfG, Beschluss vom 17. Juli 1996 – 2 BvF 2/93 –, BVerfGE 95, 1 (15).

688 *Jachmann-Michel*, in: *Dürig/Herzog/Scholz*, Art. 95 GG, Rn. 22 ff.

689 *Voßkuhle/Kaufhold*, JuS 2012, 314 (315).

690 BVerfG, Beschluss vom 10. Oktober 1972 – 2 BvL 51/69 –, BVerfGE 34, 52 (59); BVerfG, Beschluss vom 17. Juli 1996 – 2 BvF 2/93 –, BVerfGE 95, 1 (15).

691 *Sommermann*, in: *v. Mangoldt/Klein/Starck*, Art. 20 GG, Rn. 215 ff. m.w.N.

692 Vgl. zur Missachtung des Rechts *Voßkuhle*, NJW 2018, 3154 (3156); *Voßkuhle*, JZ 2016, 161 (168).

grundsätzlich unbedenklich ist, solange dabei der Kernbereich der Exekutive nicht berührt wird.[693]

Insgesamt verbleiben, was den Maßstab angeht, Unsicherheiten. Als Gewaltenteilungsproblem wurde das Verhältnis zwischen Verwaltung i.e.S. und Rechtsprechung bislang kaum ausgeleuchtet.[694] Wohl auch deshalb bestimmt das Bundesverfassungsgericht diesen generellen Prüfungsmaßstab jeweils in Abhängigkeit von dem konkret in Rede stehenden Bereich und von den im Einzelfall beteiligten Staatsgewalten.[695]

b) Kein Bedeutungsverlust der Rechtsprechung

Dieser Befund zeigt sich in den hier untersuchten Nichtbefolgensfällen. Denn es handelt sich dabei nicht, wie etwa im Fall eines Zugriffs der Legislative auf die Verwaltung in Gestalt eines Gesetzes,[696] um eine aktive und punktuelle oder zielgerichtete Maßnahme einer Staatsgewalt, mit der diese auf eine andere Staatsgewalt zugreift, wobei sie mit diesem Zugriff der anderen Staatsgewalt die dieser vom Grundgesetz zugeordnete Behandlung bestimmter Sachverhalte generell und flächendeckend entzieht und dieser Zugriff nach Art und Intensität auf mehrere Sachverhalte gleichförmig wirkt. Nichtbefolgensfälle sind vielmehr Erscheinungen, die punktuell auftreten und von Fall zu Fall eine teils sehr unterschiedliche Gestalt aufweisen.[697] Dabei kann sich das Nichtbefolgen in einem Unterlassen erschöpfen. Ausgangslage in den Nichtbefolgensfällen ist nicht, dass die Verwaltung i.e.S. durch nur einen Akt eine Vielzahl von Fallgestaltungen, die der Rechtsprechung zugeordnet wären, an sich zieht. Vielmehr geht es um punktuelles Verhalten der Verwaltung i.e.S., das in seiner Quantität und Qualität sowie in seinem Zeitpunkt des jeweiligen Auftretens heterogen ist.

Die Arbeit beruht zwar auf der Unterscheidung von Nichtbefolgens- und Vollstreckungsebene. Von dieser Unterscheidung war eine erste Ausnahme gemacht worden, soweit es um das Befolgen vorläufig vollstreckbarer Urteile geht.[698] An dieser Stelle kommt nun eine zweite Ausnahme zum Tragen, die aus Sicht der Gewaltenteilung zentral für die Beurteilung ist. Ein durch ein behördliches Nichtbefolgen verursachter Bedeutungsverlust der Judikative kommt nämlich von vornherein nur dann in Betracht, wenn eine effektive Vollstreckung aus der Verwaltungsgerichtsentscheidung ausscheidet. In allen verbleibenden Fällen, in denen der private Vollstreckungsgläubiger einen Vollstreckungsantrag gestellt hat und er

693 BVerfG, Urteil vom 15. Dezember 1970 – 2 BvF 1/69 –, BVerfGE 30, 1 (24 f.).

694 Im Kontext des Verhältnisses von höchstrichterlicher Rechtsprechung und der Finanzverwaltung vgl. *Desens*, S. 262, insb. dort in Fn. 278, sowie S. 263 ff.

695 Vgl. BVerfG, Beschluss vom 17. Juli 1996 – 2 BvF 2/93 –, BVerfGE 95, 1 (15 f.).

696 Vgl. BVerfG, Beschluss vom 30. Juni 2015 – 2 BvR 1282/11 –, BVerfGE 139, 321 (363).

697 Siehe hierzu unter C.II.2.

698 Siehe unter B.II.4.

mit diesem Vollstreckungsbegehren effektiv erreichen kann, dass der schuldende Staat der titulierten Leistung nachkommt, scheidet ein solcher Bedeutungsverlust aus. Die vergleichsweise kurze Spanne, in welcher der Schwebezustand besteht, reicht nicht aus.

Sodann stellt sich angesichts der Erkenntnis, dass die Durchsetzbarkeit einer Verwaltungsgerichtsentscheidung nicht unter den Rechtsprechungsbegriff des Art. 92 GG fällt,[699] eine erste Vorfrage, nämlich ob eine einstweilige Anordnung nach § 123 Abs. 1 VwGO oder ein Urteil mittelbar durch das behördliche Nichtbefolgen berührt sein können. Anknüpfungspunkt für die Frage ist nicht die Durchsetzbarkeit einer Verwaltungsgerichtsentscheidung, sondern der gerichtliche Spruch i.S. einer für den konkreten Fall festgestellten Rechtsfolge. Kennzeichnend für die Rechtsprechung im funktionellen Sinn ist die (Letzt-)Verbindlichkeit ihrer Entscheidungen. Es geht deshalb hier um die (Vor-)Frage, ob das behördliche Nichtbefolgen in der Dreipersonenkonstellation dem Element der (Letzt-)Verbindlichkeit i.S.d. funktionellen Rechtsprechungsbegriffs zuwiderläuft.[700] Danach ist es den beiden anderen Staatsgewalten verwehrt, eine von ihnen vorgenommene Beurteilung dessen, was im konkreten Fall rechtens ist, an die Stelle von Entscheidungen der Rechtsprechung zu setzen.

Zwar tastet das behördliche Nichtbefolgen die Tätigkeit Rechtsprechung einschließlich des gerichtlichen Entscheidungsausspruchs sachlich nicht an. Denn die Verwaltung i.e.S. ändert die Gerichtsentscheidung nicht. Diese hat in nicht veränderter Form weiterhin Bestand; der „*Werkbereich*“[701] bleibt unberührt. Das behördliche Nichtbefolgen kann aber – insbesondere in Fällen, in denen eine effektive Vollstreckung nicht möglich ist – dazu führen, dass die in der konkreten Streitsache zwischen den Beteiligten ergangene Verwaltungsgerichtsentscheidung gänzlich unbeachtet bleibt („*Wirkbereich*“). Dann kann es dazu kommen, dass faktisch die rechtliche Einschätzung der Verwaltung i.e.S. Geltung erlangt. Auf diese Weise setzt die Verwaltung i.e.S. jedenfalls auch die Beurteilung, was im konkreten Fall rechtens ist, an die Stelle des gerichtlichen Entscheidungsausspruchs. Auch wenn das Nichtbefolgen die Verwaltungsgerichtsentscheidungen als solche unberührt lässt, kann es in bestimmten Fallgestaltungen doch dazu führen, dass die Gerichtsentscheidung ohne Wirkung bleibt. Damit beansprucht die Verwaltung i.e.S. faktisch Letztverbindlichkeit für sich.[702]

Aus dem Vorstehenden folgt zugleich die Antwort auf eine zweite Vorfrage. Das Thema der Gewichtsverschiebung zwischen Staatsgewalten dürfte in der Regel in Gestalt eines aktiven und punktuellen oder zielgerichteten Akts einer Staatsgewalt

---

699 Vgl. hierzu unter D.II.3.

700 Siehe hierzu unter D.II.2.

701 *Desens*, S. 273 f., verwendet treffend die Begriffe „*Werkbereich*“ und „*Wirkbereich*“.

702 I.E. auch *Knopp/Hofmann*, NVwZ 2020, 982 (983), die aus dieser Erkenntnis jedoch einen Verstoß gegen den Gewaltenteilungsgrundsatz ableiten.

auftreten, mit dem diese einer anderen die Behandlung einer Mehrzahl von Sachverhalten generell entzieht.[703] Es stellt sich deshalb weiter die Frage, ob ein Nichtstun der Verwaltung i.e.S. in den hier untersuchten Dreipersonenkonstellationen überhaupt geeignet sein kann, das Gewicht der Rechtsprechung zu Gunsten der Verwaltung i.e.S. zu verlagern. Denn erstens tritt das Nichtbefolgen in Dreipersonenkonstellationen, auch wenn es für sich genommen eine Vollstreckungsvereitelung darstellt, nur in der zwischen den Beteiligten jeweils konkret entschiedenen Verwaltungsstreitsache auf und hat damit im Ausgangspunkt stets Einzelfallcharakter. Dies unterscheidet die hier untersuchten Nichtbefolgensfälle etwa von Nichtanwendungserlassen im Steuerrecht[704] oder auch dem punktuellen bzw. zielgerichteten Zugriff des Gesetzgebers auf der Verwaltung zugeordnete Sachbereiche. Zweitens erschöpft sich das Nichtbefolgen regelmäßig in einem – mehr oder weniger – passiven Verhalten der Verwaltung i.e.S.[705] Eine Gewichtsverlagerung setzt nun voraus, dass die einer Staatsgewalt von der Verfassung zugeschriebenen typischen Aufgaben ihr nicht entzogen werden dürfen.[706]

Beide Erkenntnisse – Einzelfallcharakter im Ausgangspunkt und passives Verhalten der Behörde – schließen aber nicht von vornherein aus, dass auch ein Nichtbefolgen in Dreipersonenkonstellationen geeignet ist, das Gewicht der Rechtsprechung zu Gunsten der Verwaltung zu verschieben. Denn auch passives behördliches Verhalten kann dazu führen, dass Verwaltungsgerichtsentscheidungen, auch wenn es diese als solche unangetastet lässt, faktisch keine Geltung erlangen und die behördliche Rechtsauffassung auf diese Weise an die Stelle der in der Verwaltungsstreitsache konkret ergangenen Verwaltungsgerichtsentscheidung tritt. Auch der Umstand, dass es sich im Ausgangspunkt jeweils um ein Nichtbefolgen in der konkret entschiedenen Verwaltungsstreitsache, also einem Einzelfall, handelt, schließt eine Gewichtsverlagerung jedenfalls nicht aus.

Eine andere Frage ist freilich, wann das Nichtbefolgen in Dreipersonenkonstellationen zu einem Bedeutungsverlust der Rechtsprechung führt. Anknüpfungspunkt ist dabei die Verlagerung des Gewichts der Staatsgewalt „Rechtsprechung" als solche, nicht also einzelner Verwaltungsgerichte. Hier muss man sich erstens, wie soeben dargestellt, im Klaren darüber sein, dass es sich in Fällen des Nichtbefolgens in den hier allein untersuchten Dreipersonenkonstellationen im Ausgangspunkt immer um Einzelfälle handelt. Zweitens muss man sich vergegenwärtigen,

703 Etwa der Erlass eines Gesetzes, mit dem der Gesetzgeber die Regelung einer Mehrzahl von Sachverhalten an sich zieht, deren Entscheidung des Grundgesetz an sich in die Hände der Verwaltung gelegt hat, vgl. BVerfG, Beschluss vom 30. Juni 2015 –2 BvR 1282/11 –, BVerfGE 139, 321 (363).

704 Siehe hierzu insb. Fn. 703.

705 Vgl. aber zu den unterschiedlichen Erscheinungsformen und Qualitäten des Nichtbefolgens zusammenfassend oben unter C.III.

706 *Jachmann-Michel*, in: *Dürig/Herzog/Scholz*, Art. 95 GG, Rn. 22 ff.

dass es sich bei den Nichtbefolgensfällen, die im Zusammenhang mit einem Bedeutungsverlust der Rechtsprechung überhaupt in Betracht zu ziehen sind, um einen wohl sehr geringen Ausschnitt aus der Summe der gegen die Verwaltung i.e.S. ergangenen Verwaltungsgerichtsentscheidungen handelt. Dies folgt, soweit es um nicht rechtskräftige Urteile geht, zum einen daraus, dass viele dieser Entscheidungen jedenfalls vorläufig nicht vollstreckbar sein können.[707] Zum anderen beschränkt sich eine mögliche tatsächlich eintretende Gewichtsverlagerung von vornherein nur auf die Fallgestaltungen, in denen eine effektive Vollstreckung aus der zwischen den Beteiligten ergangenen, vollstreckbaren Verwaltungsgerichtsentscheidung ausscheidet.[708] Daraus folgt zugleich, dass die, möglicherweise durch die Vollstreckungsvorschriften der Verwaltungsgerichtsordnung hervorgerufene, bloße Möglichkeit eines behördlichen Nichtbefolgens für eine Gewichtsverlagerung nicht ausreicht. Es ist zwar denkbar, dass die Konstruktion der Vorschriften des § 172 VwGO und des § 167 Abs. 1 Satz 1 ZPO i.V.m. §§ 887 ff. ZPO die Grundlage für das Nichtbefolgen durch die Verwaltung i.e.S. bieten. Selbst wenn dem so wäre, bedarf es stets noch eines Handelns/Unterlassens der Verwaltung i.e.S., in der das Nichtbefolgen durch die Verwaltung i.e.S. liegt. Die Vollstreckungsnorm selbst, auch wenn ihre Konstruktion ein Nichtbefolgen möglicherweise begünstigt, bewirkt einen Bedeutungsverlust der Rechtsprechung noch nicht.

Drittens werden Fälle, in denen der Verwaltung i.e.S. ein Fehler unterlaufen ist und sie die Gerichtsentscheidung (nur) fahrlässig nicht befolgt hat, bei der Frage des möglichen Bedeutungsverlusts der Rechtsprechung außen vor zu lassen sein.

Insgesamt bezieht sich also im Fall des Nichtbefolgens verwaltungsgerichtlicher Entscheidungen in Dreipersonenkonstellationen die Frage, ob tatsächlich eine Gewichtsverlagerung eintritt, von vornherein auf einen nur kleinen Ausschnitt aus dem Kreis der ergangenen Verwaltungsgerichtsentscheidungen.

Fraglich ist, ob – auf Grundlage der bisher gesammelten Erkenntnisse – die oben angesprochenen, in jüngerer Vergangenheit aufgetretenen Fälle der verwaltungsgerichtlichen Vollstreckung aus Erzwingungstiteln[709] einen Bedeutungsverlust der Rechtsprechung zu Gunsten der Verwaltung i.e.S. bewirkt haben. Maßstab ist dabei eine Zielbetrachtung, namentlich ob sich das Gewicht der Rechtsprechung zu Gunsten der Verwaltung i.e.S. verschoben hat.[710] Deshalb ist eine Unterscheidung danach, ob es sich bei der jeweils nicht beachteten

707 Siehe hierzu unter C.I.1.

708 Zweifel an der effektiven Vollstreckung ergeben sich in erster Linie in bestimmten Fallgestaltungen der Vollstreckung aus Erzwingungstiteln nach § 172 VwGO und/oder § 167 Abs. 1 Satz 1 ZPO i.V.m. §§ 887 ff. ZPO, nicht aber im Bereich der Vollstreckung wegen Geldforderungen nach § 170 VwGO, vgl. hierzu unter E.II und E. III.

709 Vgl. hierzu unter B.I.

710 Siehe hierzu unter D.II.4.a).

Verwaltungsgerichtsentscheidung um einen Beschluss oder um ein jedenfalls vorläufig vollstreckbares Urteil handelt, nicht geboten. Bei beiden Entscheidungsarten handelt es sich um Rechtsprechung im formellen Sinn. Auch Beschlüsse nach § 123 Abs. 1 VwGO haben trotz ihres vorläufigen Charakters einen eigenen rechtsprechenden Gehalt. Eine Gewichtsverlagerung kann durch das Nichtbefolgen von Beschlüssen i.S.d. § 123 Abs. 1 VwGO und von Verwaltungsgerichtsurteilen gleichermaßen hervorgerufen werden. Eine Unterscheidung zwischen rechtskräftigen und nicht rechtskräftigen (aber vorläufig vollstreckbaren) Urteilen und einstweiligen Anordnungen nach § 123 Abs. 1 VwGO ist aus Sicht der Gewaltenteilung ebenfalls nicht zwingend. Auch in Fällen noch nicht eingetretener Rechtskraft trifft die Verwaltung eine Erfüllungspflicht.[711] Auch das Nichtbefolgen nicht rechtskräftiger Verwaltungsgerichtsentscheidungen entzieht der Rechtsprechung die ihr zugeordnete Befugnis über die letztverbindliche Entscheidung im konkreten Fall.

Nach alledem ist in den Stadthallenfällen (Wetzlar, Alexanderplatz) und in dem Natrium-Pentobarbital-Fall, soweit dieser die Bindung im Dreipersonenverhältnis betreffen würde, eine Verlagerung des Gewichts der Verwaltungsrechtsprechung auf die Verwaltung i.e.S. nicht gegeben. Zwar setzt in dem konkreten Fall die Verwaltung i.e.S. ihre Rechtsauffassung an die Stelle der gerichtlichen Entscheidung und zieht auf diese Weise die Deutungshoheit an sich. Es handelt sich allerdings jeweils um einen Einzelfall,[712] die für sich genommen keine strukturelle Wirkung entfalten. Aus dem Kreis der in jüngerer Vergangenheit bekannt gewordenen Nichtbefolgensfälle wäre allenfalls an das Nichtbefolgen der Verwaltungsgerichtsentscheidungen zum Luftreinhalteplan München zu denken. Auch wenn es sich

---

711 Siehe hierzu unter C.I.2.a)iii).

712 Ganz h.M., vgl. *Klinger*, in: *Sehl*, LTO vom 11. Juli 2019, Fn. 551; *Gärditz*, in: LTO vom 17. Juli 2018, Fn. 7; *Brandts*, jM 2019, 261 (262); *Rennert*, jM 2019, 174 (175); *Voßkuhle*, in: *Forudastan/Janisch*: *„Es geht häufig um gefühltes Recht"*, Interview mit *Andreas Voßkuhle*, Süddeutsche Zeitung Online vom 25. Juli 2018, abrufbar unter *https://www.sueddeutsche.de/politik/bundesverfassungsrichter-andreas-vosskuhle-es-geht-haeufig-um-gefuehltes-recht-1.4067146?reduced=true*, zuletzt abgerufen am 22. Juli 2022; vgl. auch Bundespräsident *Steinmeier*, Rede anlässlich des Festakts zum einhundertjährigen Bestehen der Finanzgerichtsbarkeit in Deutschland am 01. Oktober 2018, S. 5, abrufbar unter *www.bundespraesident.de*, zuletzt abgerufen am 22. Juli 2022; *Voßkuhle*, NJW 2018, 3154 (3157); *Voßkuhle*, JZ 2016, 161 (168); anders offenbar aber *Rebehn*, in: *Anger*: *„Juristen werfen Politik falschen Umgang mit Urteilen vor"*, Handelsblatt Online vom 10. September 2018, abrufbar unter *https://www.handelsblatt.com/politik/deutschland/gerichtsentscheidungen-juristen-werfen-politik-falschen-umgang-mit-urteilen-vor/23009350.html?ticket=ST-4498736-WImF79GYO96AbbD6eGbO-ap6*, zuletzt abgerufen am 22. Juli 2022; ohne Auseinandersetzung mit dem Kriterium der Gewichtsverschiebung für eine Verletzung des Gewaltenteilungsgrundsatzes *Knopp/Hofmann*, NVwZ 2020, 982 (983).

dabei um ein beharrliches, langjähriges und in immer neuen Facetten auftretendes Nichtbefolgen handelt, das sogar auf einem Beschluss einer Landesregierung beruht, liegt auch hier nach wie vor nur ein Einzelfall vor.[713] Teilweise wird deshalb auf die Qualität i.S. einer besonderen Intensität des Nichtbefolgens abgestellt und dies als aus Sicht der Gewaltenteilung bedenklich angesehen.[714] Richtig ist, dass das Nichtbefolgen hier bereits systematischen Charakter hat.[715] Aber selbst ein systematisches Nichtbefolgen oder, allgemeiner ausgedrückt, eine hohe Intensität des Nichtbefolgens in einem einzelnen Fall ist nicht geeignet, eine strukturelle Verschiebung des Gewichts der Staatsgewalt Rechtsprechung zu begründen. Denn auch ein einzelner Fall ist selbst bei hoher Intensität des Nichtbefolgens für sich genommen nicht geeignet, das Gewicht der Rechtsprechung als Ganzes grundlegend „zu Gunsten" der Verwaltung i.e.S. zu reduzieren. Auch der Fall „Luftreinhalteplan München" führt deshalb nicht zu einem Bedeutungsverlust der Rechtsprechung.

Die im Grundgesetz vorgesehene Verteilung des Gewichts zwischen Judiktive und Exekutive ist weiterhin gewahrt. Solange es sich, wie hier, nur um vereinzelte Fallgestaltungen des Nichtbefolgens durch die Verwaltung in Dreipersonenkonstellationen handelt, die eine strukturelle Verschiebung zu Gunsten der Verwaltung nicht begründen können, kommt es „innerhalb eines einzelnen Falls" auf die Qualität des behördlichen Handelns nicht an.[716]

---

713 H.M., vgl. *Gärditz*, in: LTO vom 17. Juli 2018, Fn. 7; *Brandts*, jM 2019, 261 (262); *Rennert*, jM 2019, 174 (175); vgl. allgemein auch *Voßkuhle*, in: *Forudastan/Janisch*, Fn. 714: *„Ein Verstoß, der nicht zu tolerieren ist"*; vgl. auch Bundespräsident *Steinmeier*, Festakt zum einhundertjährigen Bestehen der Finanzgerichtsbarkeit, Fn. 712, S. 3, und *Brocker*, jM 2019, 155 (159); a.A. wohl *Klinger*, in: *Sehl*, LTO vom 11. Juli 2019, Fn. 551, der hier auch die Qualität des Nichtbefolgens abstellt. Ohne auf die Frage der Gewichtsverlagerung einzugehen und i.E. unzutreffend *Kaerkes*, ZUR 2020, 242 (245) und *Knopp/Hofmann*, NVwZ 2020, 982 (983); *Lind/Priebe*, ZEuS 2020, 429 (431); ähnlich *Rebehn*, in: *Anger*, Fn. 712.

714 Vgl. *Klinger*, in: *Sehl*, LTO vom 11. Juli 2019, Fn. 551; in diesem Sinne wohl auch *Augsberg*, DRiZ 2018, 254 (257): *„Wer die eigene politische Auffassung zur überpositiven, selbst höchstgerichtliche Entscheidungen überwindenden Leitlinie bestimmt, ist nicht nur rechtsstaats- und demokratiefern, sondern verfassungsfeindlich."*

715 Vgl. zu diesem Kriterium *Voßkuhle*, NJW 2018, 3154 (3156); *Voßkuhle*, JZ 2016, 161 (168).

716 Vgl. auch *Voßkuhle*, NJW 2018, 3154 (3156). Anders ist dies etwa im Fall der Nichtanwendungserlasse in Steuerangelegenheiten. Die Nichtumsetzung höchstrichterlicher Entscheidungen erfolgt planmäßig und mit Bezug auf eine unbegrenzte Vielzahl an Fällen i.S.e. *„Breitenwirkung"*, vgl. *Spindler*, DStR 2007, 1061 (1064); *Rennert*, Verwaltung, Verwaltungsgerichtsbarkeit und Gewaltenteilung, Fn. 89, S. 8.

III. Rechtsstaatsprinzip

Hinsichtlich des Nichtbefolgens durch den schuldenden Staat bei gleichzeitig erfolgloser Vollstreckung nach § 172 VwGO werden häufig Bedenken im Hinblick auf das Rechtsstaatsprinzip (Art. 20 Abs. 3 GG) angemeldet,[717] welche eine Gegenauffassung als (derzeit) nicht begründet zurückweist.[718] Ein Verstoß gegen das Rechtsstaatsprinzip ist einerseits denkbar isoliert unter dem Gesichtspunkt des Nichtbefolgens durch die Verwaltung i.e.S. und unter dem Aspekt des Nichtbefolgens bei gleichzeitig nicht hinreichend wirksamen Vollstreckungsvorschriften andererseits.

Bei dem Nichtbefolgen des schuldenden Staates allein handelt es sich nicht um einen eigenständigen Verstoß gegen den Grundsatz der Rechtssicherheit i.S.d. Verlässlichkeit der Rechtsordnung.[719] Danach müssen staatliche Hoheitsakte u.a. in einer Weise beständig sein, dass sich der Rechtsunterworfene auf sie hinreichend verlassen kann. Ohne ein Mindestmaß an Verlässlichkeit bleibt staatliches Handeln unvorhersehbar, unberechenbar und unverständlich. Er müsste sich als *„Objekt einer für ihn willkürlich erscheinenden staatlichen Gewalt empfinden.“*[720] Damit ist das Verhältnis zwischen schuldendem Staat und Vollstreckungsgläubiger angesprochen. Aus den Ausführungen zur Gewaltenteilung folgt, dass in einem einzelnen Nichtbefolgensfall, ohne dass die Vollstreckung im Ergebnis versagt, kein Rechtsstaatsverstoß liegt.

Die eigentliche Problematik kann daher allenfalls auf Rechtssatzebene liegen, nämlich dann, wenn die Norm eine im Ergebnis nicht (hinreichend) wirksame Vollstreckung bedingt. Anknüpfungspunkt für einen Verstoß gegen das

---

717 GA *Saugmandsgaard Øe*, Schlussantrag vom 14. November 2019, BeckRS 2019, 27863, Rn. 40, 49; *„Barley warnt von Rechtsstaatskrise in Deutschland“* (sic!), Süddeutsche Zeitung vom 01. September 2018; *Klinger*, ZUR 2020, 363 (367): *„rechtsstaatlicher Kulturbruch“*; *Gärditz*, in: LTO vom 17. Juli 2018, Fn. 7; *Papier*, in: *Gaugele/Sanches*, Fn. 7: *„Erosion des Rechtsstaats“*; *Klinger*, ZUR 2020, 363 (367): *„Institutionelle Architektur des Rechtsstaats“*.

718 *Rennert*, jM 2019, 174 (175): *„Herbeireden“* des *„Endes des Rechtsstaates“*; Bundespräsident *Steinmeier*, Festakt zum einhundertjährigen Bestehen der Finanzgerichtsbarkeit, Fn. 712, S. 5: *„kein Grund für Alarmismus“*; *Brandts*, jM 2019, 261 (262); *Voßkuhle*, in: *Forudastan/Janisch*, Fn. 714, der zugleich darauf hinweist, dass der Verstoß dennoch *„nicht zu tolerieren“* ist.

719 *Grzeszick*, in: *Dürig/Herzog/Scholz*, Art. 20 GG, VIII., Rn. 50; *Sommermann*, in: *v. Mangoldt/Klein/Starck*, Art. 20 GG, Rn. 288. Auf den Grundsatz der Rechtssicherheit i.S.d. Verlässlichkeit der Rechtsordnung zielen offenbar auch die im Hinblick auf das Nichtbefolgen nicht selten anzutreffenden Bedenken, vgl. etwa *Gärditz*, in: LTO vom 17. Juli 2018, Fn. 7 (*„institutionelles Rechtsvertrauen kann bröckeln“*, *„korrosive Folgen beharrlicher Aggression gegen die Justiz“*); *Lind/Priebe*, ZEuS 2020, 429 (440).

720 *Grzeszick*, in: *Dürig/Herzog/Scholz*, Art. 20 GG, VIII., Rn. 50.

Rechtsstaatsprinzip kann also auch die unter Umständen nicht wirksame verwaltungsgerichtliche Zwangsvollstreckung auf Grundlage des § 172 VwGO sein. Rechtssicherheit wird vor allem durch Justizgewährung erzielt. Teil des Rechtsstaatsprinzips ist deshalb die in einem allgemeinen Sinn verstandene Justizgewährungspflicht als objektiver Verfassungsgrundsatz.[721] Diese allgemeine Justizgewährungspflicht bezieht sich auf rechtskräftige wie nicht rechtskräftige Verwaltungsgerichtsentscheidungen und stellt die Gewährung effektiven Rechtsschutzes sicher.[722] Sie beschreibt die Anforderungen an die Wirksamkeit von Rechtsschutz – hier in Gestalt der Vollstreckungsvorschriften – im Allgemeinen[723] und nicht bloß in einem Einzelfall. Ein funktionierendes Vollstreckungsverfahren liegt im öffentlichen Interesse an der Wahrung einer am Rechtsfrieden orientierten, rechtsstaatlichen Ordnung.[724] Mit Blick auf § 172 VwGO gilt jedoch auch an dieser Stelle, dass das Nichtbefolgen verwaltungsgerichtlicher Entscheidungen in Einzelfällen, in denen eine Vollstreckung auf Grundlage des § 172 VwGO nicht zu dem gewünschten Erfolg führt, nicht auch eine Reduktion der Wirksamkeit des § 172 VwGO in einem strukturellen Sinn bedeutet.[725] Aus demselben Grund scheidet auch eine Verletzung des Rechtsstaatsprinzips mit dem Argument einer nicht mehr vorhandenen Sicherung von Rechtsfrieden auf Grund nicht hinreichend wirksamer verwaltungsgerichtlicher Erzwingungsvollstreckung aus.

IV. Zusammenfassung

In bestimmten Fallgestaltungen kann das behördliche Nichtbefolgen dazu führen, dass die Gerichtsentscheidung ohne Wirkung bleibt. Damit beansprucht die Verwaltung i.e.S. faktisch Letztverbindlichkeit für sich. Diese Frage betrifft ausschließlich das behördliche Nichtbefolgen in dem Verfahren nach § 172 VwGO, nicht auch ein behördliches Nichtbefolgen in dem Verfahren nach § 170 VwGO.

Der Grundsatz der Gewaltenteilung verlangt, dass keinem Organ Funktionen zugewiesen werden dürfen, die seiner Struktur und seiner Grundfunktion nicht

---

721 *Huber*, in: *v. Mangoldt/Klein/Starck*, Art. 19 GG, Rn. 355; *Voßkuhle/Kaufhold*, JuS 2012, 314 (316).

722 *Detterbeck*, in: *Sachs*, Art. 97 GG, Rn. 11b.

723 Vgl. *Sommermann*, in: *v. Mangoldt/Klein/Starck*, Art. 20 GG, Rn. 288. Für rechtskräftige Gerichtsentscheidungen folgt dies zusätzlich aus dem Institut der Rechtskraft als Teil des Rechtsstaatsprinzips. Die Rechtskraft dient der Rechtssicherheit und dem Rechtsfrieden, vgl. Bayerischer VGH, Beschluss vom 09. November 2018 – 22 C 448/16 –, Rn. 71 f., zit. nach juris; vgl. *Lindner*, in: *Posser/Wolff*, § 121 VwGO, Vor Rn. 1.

724 Zur zivilgerichtlichen Zwangsvollstreckung BVerfG, Beschluss vom 12. Januar 2016 – 1 BvR 3102/13 –, BVerfGE 141, 121 (135); *Voßkuhle/Kaufhold*, JuS 2012, 314 (316).

725 Vgl. insoweit im Einzelnen unter D.II.4.

entsprechen, und dass der Kernbereich der jeweiligen Organverantwortung nicht angetastet werden darf. Anknüpfungspunkt ist dabei die strukturelle Verlagerung des Gewichts der Staatsgewalt „Rechtsprechung" als solche, nicht also einzelner Verwaltungsgerichte, durch das behördliche Nichtbefolgen.

Auf Grundlage einer Bestandsaufnahme des Verfassers in den gängigen Rechercheportalen ist die Arbeit zu der Erkenntnis gelangt, dass eine solche Gewichtsverlagerung von der Verwaltungsrechtsprechung hin zur Verwaltung nicht eingetreten ist. Dies folgt erstens daraus, dass es sich in den hier allein untersuchten Dreipersonenkonstellationen wegen der Wirkung der Verwaltungsgerichtsentscheidung nur zwischen den Beteiligten immer um Einzelfälle ohne „Breitenwirkung" und ohne quantitative Häufung handelt. Zweitens muss man sich vergegenwärtigen, dass es sich bei den Nichtbefolgensfällen, die im Zusammenhang mit einer Gewichtsverlagerung überhaupt in Betracht zu ziehen sind, um einen recht geringen Ausschnitt aus der Summe der gegen die Verwaltung i.e.S. ergangenen Verwaltungsgerichtsentscheidungen handelt. Dies folgt, soweit es um nicht rechtskräftige Urteile geht, zum einen daraus, dass viele dieser Urteile jedenfalls vorläufig nicht vollstreckbar sein können. Zum anderen beschränkt sich eine mögliche tatsächlich eintretende Gewichtsverlagerung von vornherein nur auf die wenigen Fallgestaltungen im Bereich des § 172 VwGO, in denen eine effektive Vollstreckung aus der zwischen den Beteiligten ergangenen, vollstreckbaren Verwaltungsgerichtsentscheidung ausscheidet. Deshalb werden, drittens, Fälle, in denen der Verwaltung i.e.S. ein Fehler unterlaufen ist und sie die Gerichtsentscheidung (nur) fahrlässig nicht befolgt hat, bei Überlegungen zu Gewichtsverlagerungen außen vor zu lassen sein.

Aus demselben Grund scheidet auch eine Verletzung des Rechtsstaatsprinzips unter dem Aspekt der Justizgewährung und der Sicherung von Rechtsfrieden auf Grund nicht hinreichend wirksamer verwaltungsgerichtlicher Erzwingungsvollstreckung aus.

E. Grundrechtliche Analyse und Bewertung der verwaltungsgerichtlichen Zwangsvollstreckung

Daneben stellt sich insbesondere die Frage, welche Wirkungen die Vollstreckungsvorschriften in der Verwaltungsgerichtsordnung auf den Einzelnen haben, namentlich, ob diese mit Grundrechten des Vollstreckungsgläubigers – hier Art. 19 Abs. 4 Satz 1 GG und Art. 3 Abs. 1 GG – vereinbar sind.

I. Möglichst wirksame verwaltungsgerichtliche Zwangsvollstreckung

Hier stellt sich insbesondere die Frage nach der Vereinbarkeit mit der Rechtsschutzgarantie des Art. 19 Abs. 4 Satz 1 GG. Ob den Anforderungen des individuellen Vollstreckungsanspruchs Genüge getan ist, beurteilt sich u.a. danach, ob – erstens – Vorschriften vorhanden sind, die die Vollstreckung als solche ermöglichten und ob – zweitens – die Vollstreckungsvorschriften in Tatbestand und Rechtsfolge so konstruiert sind, dass sie eine wirksame verwaltungsgerichtliche Zwangsvollstreckung ermöglichen.

Gegenstand der nachfolgenden Darstellung ist der letztgenannte Bereich. Es handelt sich um den konkreten Inhalt der verwaltungsgerichtlichen Zwangsvollstreckungsvorschriften und deren Mechanismus. Die Besonderheit an der Durchsetzbarkeit gerichtlicher Entscheidung aus einer Wirksamkeitsperspektive ist, dass potentielle Wirksamkeitsmängel von Vollstreckungsregeln zu einer „Alles-oder-Nichts-Situation" führen können. Sind Vollstreckungsregeln nicht hinreichend wirksam, ist der Rechtsschutz nicht nur unvollständig, sondern er läuft insgesamt leer.[726] Vollstreckungsregeln, die nicht hinreichend wirksam sind, können deshalb trotz ihrer Existenz die Frage nach dem „Ob" der Rechtsschutzgewährung aufwerfen. Es geht dann nicht mehr (nur) um die Problematik, dass der Rechtsschutz unvollkommen ist, sondern darum, dass er gar nicht vorhanden ist.

1. Adressat der Grundrechtsbindung

Das Verhältnis zwischen schuldendem Staat und privatem Vollstreckungsgläubiger ist das Vollstreckungsverhältnis. Es kann durch Verfassungsrecht und durch

726 Vgl. BVerfG, Beschluss vom 09. August 1999 – 1 BvR 2245/98 –, NVwZ 1999, 1330 (1331).

einfaches Recht geprägt sein. Der dem privaten Vollstreckungsgläubiger gegen den schuldenden Staat zustehende einfachgesetzliche Anspruch wirkt aus verfassungsrechtlicher Sicht auf der Vollstreckungsebene fort. Auch das Vollstreckungsverhältnis zwischen Vollstreckungsgläubiger und schuldendem Staat wird – über das Erkenntnisverfahren hinaus – von dem von Art. 14 Abs. 1 GG verfassungsrechtlich geschützten Befriedigungsrecht[727] oder, soweit es um die Erzwingung von Handlungen, Duldungen oder Unterlassungen geht, von dem jeweils konkret betroffenen Grundrecht des Vollstreckungsgläubigers[728] geprägt. Diese Grundrechtsansprüche bestehen in diesem Verhältnis fort.

Es stellt sich die Frage, ob zwischen privatem Vollstreckungsgläubiger und schuldendem Staat weitere Grundrechtsbeziehungen bestehen. Solche Grundrechtsverhältnisse können sich nur noch aus der Vollstreckung selbst bzw. auf Ebene der Vollstreckung selbst ergeben. Denkbar sind zum einen Grundrechte des Vollstreckungsgläubigers in ihrer abwehrrechtlichen Funktion. Dann müssten einzelne Erscheinungsformen des Erschwerens gerade der verwaltungsgerichtlichen Zwangsvollstreckung durch den schuldenden Staat den sachlichen Schutzbereich des jeweiligen Grundrechts berühren. Möglich ist zum anderen das Bestehen eines – neben den grundrechtlich geschützten materiellen Anspruch tretenden – grundrechtlichen Leistungsanspruchs des Vollstreckungsgläubigers gegen den schuldenden Staat. Dazu müsste das jeweils in Betracht kommende Recht in seiner Dimension als Leistungsrecht einen Grundrechtsanspruch begründen können und sich der sachliche Schutzbereich gerade auf die Zwangsvollstreckung beziehen.

Gegen den schuldenden Staat gerichtete Grundrechtsansprüche, deren Anknüpfungspunkt die verwaltungsgerichtliche Zwangsvollstreckung ist, sind nicht gegeben. Denn soweit es um die Vollstreckungsebene geht, ist der schuldende Staat – vorausgesetzt es besteht ein Grundrecht, dessen Schutzbereich ist erfüllt und dieses hält einen positiven Anspruch vor – nicht grundrechtsverpflichtet. Grundrechtsverpflichteter kann trotz dessen grundsätzlich bestehender Grundrechtsbindung wegen Personenidentität nicht der schuldende Staat sein, sondern allein der vollstreckende Staat. Er ist Träger der Vollstreckungsgewalt. Auch ist die verwaltungsgerichtliche Zwangsvollstreckung nur deshalb erforderlich, weil der schuldende Staat dem materiellen Anspruch nicht nachkommt. Jedes Erschweren gerade der Vollstreckung durch den schuldenden Staat ist der Sache nach die Nichterfüllung der grundrechtlich geschützten materiellen Forderung und deshalb auf diese zurückzuführen. Ein eigenständiger „vollstreckungsrechtlicher“ Anknüpfungspunkt im Verhältnis zwischen Vollstreckungsgläubiger und

727 BGH, Beschluss vom 25. August 2004 – IXa ZB 271/03, Rn. 5 ff. –, zit. nach juris.

728 Die Grundrechtsposition(en) bemisst/bemessen sich nach der in dem konkreten Fall begehrten Handlung, Duldung oder Unterlassung, vgl. etwa zur Stadthalle Wetzlar VG Gießen, Urteil vom 03. September 2019 – 8 K 2064/18.GI –, Rn. 93 ff., zit. nach juris.

schuldendem Staat bietet sich daher nicht. Der Vollstreckungsanspruch ist gegen den vollstreckenden Staat gerichtet.[729] Es kommt deshalb weder auf die Frage an, ob ein Grundrecht eine Leistungsdimension entfalten kann noch, im Fall von Abwehrrechten, ob der schuldende Staat durch Unterlassen in Gläubigergrundrechte eingreift.

Demgegenüber sind auf Ebene des einfachen Gesetzesrechts der, neben dem Vollstreckungsverhältnis fortbestehende, materielle Anspruch einerseits und die Vollstreckungsrechtsbeziehung von Vollstreckungsgläubiger und schuldendem Staat andererseits zu unterscheiden.[730] Eine über die prozessuale Beziehung und die soeben dargestellte Grundrechtsbeziehung hinausgehende Sonderbeziehung auf Ebene des einfachen Rechts i.S. eines gesetzlichen Schuldverhältnisses zwischen Vollstreckungsgläubiger und schuldendem Staat besteht nicht. Sie ist auch nicht erforderlich. Zwar gehen Rechtsprechung und ein Teil der Literatur für die zivilgerichtliche Zwangsvollstreckung davon aus, dass der Vollstreckungszugriff bei dem Vollstreckungsschuldner eine gesetzliche Sonderbeziehung privatrechtlicher Art begründet, die für den Vollstreckungsgläubiger Pflichten zur Wahrung der Interessen des Vollstreckungsschuldners erzeugen kann, deren Verletzung möglicherweise einen Schadensersatzanspruch begründet.[731] Allerdings kommt in der verwaltungsgerichtlichen Zwangsvollstreckung eine Verletzung von Rechten und/oder Interessen des schuldenden Staates durch ein Verhalten des privaten Vollstreckungsgläubigers im Rahmen des Vollstreckungszugriffs von vornherein nicht in Betracht. Denn das Vollstreckungsverfahren wird von dem Verwaltungsgericht geführt, nicht der Vollstreckungsgläubiger ist Herr des Vollstreckungsverfahrens. Auch wird schon für die zivilgerichtliche Zwangsvollstreckung die dort vertretene Theorie einer Sonderbeziehung als bloße Hilfskonstruktion kritisiert.[732] Eine solche Hilfskonstruktion ist aber für die verwaltungsgerichtliche Zwangsvollstreckung schon nicht erforderlich.

Im Antragsverhältnis aktiviert der Vollstreckungstitel den Vollstreckungsanspruch des privaten Vollstreckungsgläubigers gegen den vollstreckenden Staat. Die Vollstreckungspflicht des vollstreckenden Staates entsteht.[733]

2. Schutzbereich von Art. 19 Abs. 4 GG

Art. 19 Abs. 4 Satz 1 GG garantiert jedem, der durch die öffentliche Gewalt in seinen Rechten verletzt wird, möglichst wirksamen Rechtsschutz. Der zur Realisierung materieller Rechtspositionen notwendige Rechtsschutz ist deshalb staatliche

729 Siehe hierzu unter B.III.

730 Vgl. hierzu bereits unter B.II.2.

731 BGH, Urteil vom 30. Oktober 1984 – VI ZR 25/83 (KG) –, NJW 1985, 3080 (3081) und aus der Wissenschaft *Wolf/Müller*, NJW 2004, 1775 (1776).

732 *Lüke*, ZZP 108 (1995), 427 (452).

733 Siehe hierzu unter B.II.2.

Leistung.[734] Der Bürger hat einen *„substantiellen Anspruch auf eine tatsächliche wirksame gerichtliche Kontrolle.“*[735] Bei Art. 19 Abs. 4 Satz 1 GG handelt es sich nicht nur um eine Grundrechtsbestimmung,[736] sondern auch um eine objektive Wertentscheidung des Verfassungsgebers.[737] Die Gewährung effektiven Rechtsschutzes ist (auch) Aufgabe einer vom Gesetzgeber hinsichtlich der Verfahren i.S.d. objektiven Wertentscheidung für einen wirkungsvollen Rechtsschutz zu schaffenden und auszugestaltenden Prozessordnung. Die Vorschrift enthält darüber hinaus die institutionelle Garantie einer Gerichtsbarkeit, die zur Gewährung effektiven Rechtsschutzes in der Lage ist,[738] und ergänzt insoweit die staatsorganisationsrechtlichen Vorgaben der Art. 20 Abs. 1 GG, Art. 92 GG und Art. 95 GG.[739]

Schon auf Ebene des Maßstabs aus Art. 19 Abs. 4 Satz 1 GG ist Vieles nicht abschließend geklärt. Aus diesem Grund soll nachfolgend zuerst der Gehalt, vor allem die Rechtsfolge, von Art. 19 Abs. 4 Satz 1 GG, insbesondere in Bezug auf Vollstreckungsregeln des einfachen Rechts, nachgezeichnet werden. Dies hat Relevanz nicht nur für die Verfassungsmäßigkeit der geltenden §§ 170, 172 VwGO, sondern auch für die Anforderungen an denkbare Lösungsmöglichkeiten.

a) Rechtsverletzung durch die öffentliche Gewalt

Sieht man von dem Gewährleistungsgehalt des Art. 19 Abs. 4 Satz 1 GG auch die Pflicht des Gesetzgebers erfasst, die verwaltungsgerichtliche Zwangsvollstreckung im Sinne einer wirksamen Vollstreckung auszugestalten,[740] stellt sich die tatbestandliche Frage der Rechtsverletzung. Grundlage der Überlegungen ist der Umstand, dass Anknüpfungspunkt der Rechtsverletzung der materielle Anspruch des Vollstreckungsgläubigers – einfachgesetzlich wie grundrechtlich – ist. Art. 19 Abs. 4 Satz 1 GG verlangt die wirkungsvolle Vollstreckung als Antwort auf die Nichterfüllung bereits des materiellen Anspruchs. Nicht Anknüpfungspunkt für die Rechtsverletzung i.S.d. Art. 19 Abs. 4 Satz 1 GG ist der Titel, d.h. das verwaltungsgerichtliche Urteil oder die einstweilige Anordnung.[741] Bei dem Gebot

---

734 BVerfG, Beschluss vom 24. Juli 2018 – 2 BvR 1961/09 –, BVerfGE 149, 346 (363).

735 BVerfG, Urteil vom 20. Februar 2001 – 2 BvR 1444/00 –, BVerfGE 103, 142 (156); BVerfG, Beschluss vom 17. April 1991 – 1 BvR 419/81 –, BVerfGE 84, 34 (49).

736 *Bauer*, Gerichtsschutz, S. 103 ff. m.w.N. auch zur Gegenansicht; *Schmidt-Aßmann*, in: *Dürig/Herzog/Scholz*, Art. 19 Abs. 4 GG, Rn. 7; *Huber*, in: *v. Mangoldt/Klein/Starck*, Art. 19 GG, Rn. 342.

737 *Windthorst*, Einstweiliger Rechtsschutz, S. 475.

738 Vgl. BVerfG, Beschluss vom 02. Dezember 1987 – 1 BvR 1291/85 –, BVerfGE 77, 275.

739 *Huber*, in: *v. Mangoldt/Klein/Starck*, Art. 19 GG, Rn. 380.

740 Siehe hierzu im Einzelnen unter E.I.3.

741 Auf die Frage, ob es sich bei (verwaltungsgerichtlichen) Urteilen und Beschlüssen um subjektive Rechte i.S.v. Art. 19 Abs. 4 Satz 1 GG handelt, kommt es deshalb nicht

wirkungsvoller verwaltungsgerichtlicher Zwangsvollstreckung handelt es sich also nicht um eine durch das Nichtbefolgen der verwaltungsgerichtlichen Entscheidung ausgelöste Rechtsfolge.

Auf diese Rechtsverletzung gewährleistet Art. 19 Abs. 4 Satz 1 GG die Gerichtsentscheidung im Erkenntnisverfahren und, gewissermaßen als Annex, auch deren wirkungsvolle Vollstreckung.[742] Aus diesem Grund entsteht der Vollstreckungsanspruch bereits bei Vorliegen der tatbestandlichen Voraussetzungen des Art. 19 Abs. 4 Satz 1 GG, nicht erst mit Existenz der verwaltungsgerichtlichen Entscheidung. Diese, auch die nicht rechtskräftige, hat im Verhältnis des privaten Vollstreckungsgläubigers zum vollstreckenden Staat die Funktion, den Vollstreckungsanspruch des Gläubigers zu aktualisieren.[743]

In den verwaltungsgerichtlichen Vollstreckungsfällen ist eine Rechtsverletzung i.S.d. Art. 19 Abs. 4 Satz 1 GG gegeben. Rechte i.S.v. Art. 19 Abs. 4 Satz 1 GG sind subjektive Rechte.[744] Es muss sich um mindestens eine Norm des öffentlichen Rechts handeln, die *„nicht ausschließlich objektiv-rechtlichen Charakter hat"*, sondern die *„zumindest auch dem Schutz von Individualinteressen derart zu dienen bestimmt ist, dass die Träger der Individualinteressen die Einhaltung des Rechtssatzes"* sollen verlangen können.[745] Solche subjektiven Rechte können sich aus einfachgesetzlichen Regelungen ergeben,[746] aber auch Grundrechte und sonstige verfassungsmäßige Rechte, z.B. grundrechtsgleiche Rechte, werden nach nicht unumstrittener Auffassung dazu gerechnet.[747] Auf Ebene des Art. 19 Abs. 4 Satz 1 GG liegt die Rechtsverletzung nicht in dem Nichtbefolgen der verwaltungsgerichtlichen Entscheidung, sondern in der Verletzung des materiellen Anspruchs, der sich aus dem einfachen

mehr an. Vgl. zu subjektiven Rechten *Schmidt-Aßmann*, in: *Dürig/Herzog/Scholz*, Art. 19 Abs. 4 GG, Rn. 131; *Kopp*, in: *Kopp/Schenke*, § 42 VwGO, Rn. 143.

742 In diesem Sinn wohl auch *Schmidt-Aßmann/Schenk*, in: *Schoch/Schneider*, VwGO, Einleitung, Rn. 163; *Berkemann*, DÖV 2019, 761 (763).

743 Vgl. *Pietzner/Möller*, in: *Schoch/Schneider*, VwGO, § 168 VwGO, Rn. 4; zu dem allgemeinen Justizgewährungsanspruch *Gaul/Schilken/Becker-Eberhard*, Zwangsvollstreckungsrecht, § 6 II 2, S. 56.

744 H.M., vgl. *Schmidt-Aßmann*, in: *Dürig/Herzog/Scholz*, Art. 19 Abs. 4 GG, Rn. 116 f. m.w.N; *Windthorst*, Einstweiliger Rechtsschutz, S. 476.

745 BVerwG, Urteil vom 28. Juni 2000 – 11 C 13/99 –, BVerwGE 111, 276 (280 ff.).

746 BVerfG, Beschluss vom 10. Mai 2001 – 1 BvR 481/01 u. 1 BvR 518/01 –, NVwZ 2001, 1148 (1149).

747 Vgl. *Huber*, in: *v. Mangoldt/Klein/Starck*, Art. 19 Abs. 4 GG, Rn. 392; *Schulze-Fielitz*, in: *Dreier*, Art. 19 Abs. 4 GG, Rn. 68; enger *Pestalozza*, NVwZ 1999, 140 (141 ff.), der aus entstehungsgeschichtlichen Gründen nur Bundesgrundrechte als subjektive Rechte i.R.d. Art. 19 Abs. 4 Satz 1 GG anerkennt. Dagegen *Dörr*, Rechtsschutzauftrag, S. 16 ff und *Wahl*, in: *Schoch/Schneider*, VwGO, Vor § 42 VwGO, Rn. 92: *„keine normexterne Wirkung der Grundrechte losgelöst von einfachen Rechtssätzen"*.

Recht ergibt und der grundrechtlich geschützt ist.[748] Hier stellt sich deshalb die Frage, welches Recht Anknüpfungspunkt für die Verletzung i.S.d. Art. 19 Abs. 4 Satz 1 GG ist. Stellt das einfache Recht nämlich eine Schutznorm bereit, steht sie einem Rückgriff auf Grundrechtspositionen entgegen, sofern diese nicht weitergehenden Schutz verbürgen.[749] Einfaches – verfassungsmäßiges, d.h. insbesondere grundrechtlichen Anforderungen genügendes – Gesetzesrecht ist dann vorrangig anzuwenden. In den hier untersuchten Fallgestaltungen wird sich der spätere Vollstreckungsgläubiger in aller Regel auf einen einfachgesetzlichen Anspruch berufen können. Nur im Falle, dass sich ein Anspruch aus einfachem Gesetzesrecht nicht ergibt, stellt sich die Frage nach einer normexternen, unmittelbaren Wirkung des jeweiligen Grundrechts als subjektives öffentliches Recht.[750]

b) Wirksamer Rechtsschutz

Art. 19 Abs. 4 Satz 1 GG gewährleistet den Zugang[751] zu Gerichten sowie nach seinem Sinn und Zweck die Wirksamkeit des Rechtsschutzes.[752] Art. 19 Abs. 4 Satz 1 GG bedarf indessen wegen seines normgeprägten Schutzbereichs[753] der Ausgestaltung durch den Gesetzgeber. Es stellt sich die Frage, unter welchen

---

748 Die materiellen Ansprüche, z.B. auch der Folgenbeseitigungsanspruch, sind schon vor der Verwaltungsgerichtsentscheidung entstanden und deshalb ein mögliches verletztes Recht. Jedenfalls sind Folgenbeseitigungsansprüche, sollten sie erst mit der Verwaltungsgerichtsentscheidung entstehen, schon *zuvor* grundrechtlich geschützt.

749 BVerwG, Urteil vom 06. April 2000 – 3 C 6/99 –, Rn. 19, zit. nach juris. Die Auswirkungen materieller Grundrechte auf die Qualifizierung von subjektiven öffentlichen Rechten im einfachen Gesetzesrecht ist im Einzelnen ungeklärt, vgl. *Schulze-Fielitz*, in: *Dreier*, Art. 19 Abs. 4 GG, Rn. 68 und insb. *Wahl*, in: *Schoch/Schneider*, VwGO, Vor § 42 VwGO, Rn. 75, 85 ff. sowie *Wahl/Schütz*, in: *Schoch/Schneider*, VwGO, § 42 VwGO, Rn. 56 ff.

750 Vgl. zu der Dogmatik *Wahl*, in: *Schoch/Schneider*, VwGO, Vor § 42 VwGO, Rn. 75, 85 ff. Kein Recht in diesem Sinne ist deshalb der staatliche Zahlungsanspruch, der mit dem Zwangsgeldbeschluss nach § 172 VwGO entsteht.

751 BVerfG, Beschluss vom 17. April 1991 – 1 BvR 419/81 –, BVerfGE 84, 34 (49); *Schmidt-Aßmann*, in: *Dürig/Herzog/Scholz*, Art. 19 Abs. 4 GG, Rn. 229: *„Zugänglichkeit"*.

752 *Remmert*, JURA 2014 (9), 906 (912). Vor diesem Hintergrund ist die Formulierung, von *Kaerkes*, ZUR 2020, 245 (246), wonach eine Behörde, wenn sie einer rechtskräftigen Entscheidung nicht nachkomme, Art. 19 Abs. 4 GG verletze, jedenfalls ungenau. Denn Art. 19 Abs. 4 Satz 1 GG ist dann nicht verletzt, wenn eine wirksame Vollstreckung der titulierten Pflicht möglich ist; BVerfG, Beschluss vom 17. April 1991 – 1 BvR 419/81 –, BVerfGE 84, 34(41).

753 *Schulze-Fielitz*, in: *Dreier*, Art. 19 Abs. 4 GG, Rn. 42.

Voraussetzungen gesetzgeberische Ausgestaltungen, die Art. 19 Abs. 4 Satz 1 GG begrenzen,[754] oder Beeinträchtigungen des Art. 19 Abs. 4 Satz 1 GG noch zulässig sind. Die ganz überwiegende Auffassung hält den vorbehaltslos gewährleisteten Art. 19 Abs. 4 Satz 1 GG für einschränkbar.[755] In der Sache geht es dabei um die Grenzen der Rechtsschutzgewährung. Diese sind im Fall des Art. 19 Abs. 4 Satz 1 GG dem Begriff der Wirksamkeit immanent.[756] Überlegungen zu den Grenzen des Rechtsschutzes betreffen daher die Frage nach seiner Wirksamkeit.[757]

i) Gebot wirksamer verwaltungsgerichtlicher Zwangs-vollstreckung

Hinsichtlich der Intensität und des Umfangs des von Art. 19 Abs. 4 Satz 1 GG gewährleisteten Rechtsschutzes besteht schon in terminologischer Hinsicht Klärungsbedarf, der in der Konturierung des Inhalts unterschiedlicher Wirksamkeits- oder Effektivitätsbegriffe zum Ausdruck kommt. Die begriffliche Klärung hat ihren Ursprung in der – wegen der Normprägung des Schutzbereichs notwendigen – Festlegung von Gewährleistungsgrenzen der Rechtsschutzgarantie. Sie ist verwandt mit der Frage nach dem Zweck, für dessen Erreichung eine Einschränkung des Art. 19 Abs. 4 Satz 1 GG zulässig ist.

Im Zusammenhang mit Art. 19 Abs. 4 Satz 1 GG wird eine Vielzahl von Begriffen ins Spiel gebracht, die teilweise synonym gebraucht werden.[758] Die Rechtsweggarantie des Art. 19 Abs. 4 Satz 1 GG wird mitunter als Gewährleistung effizienten Rechtsschutzes, teils im Sinne einer Rechtsprechungseffizienz, verstanden und aus ihr ein Effizienzgebot abgeleitet. Effizienz, im Falle des Art. 19 Abs. 4 Satz 1 GG vor allem Verfahrenseffizienz, bedeute, „*dass bestimmte Zwecke mit geringem Einsatz von Mitteln i.S.v. Ressourcen erreicht bzw. bei gleichbleibendem Ressourcenaufwand die vorgegebenen Zwecke optimal erfüllt werden sollen.*“ Nach diesem Verständnis geht es also letztlich um eine Kosten-Nutzen-Analyse, in die auch eine „*durch das Verhältnismäßigkeitsurteil gesteuerte Betrachtung subjektiv-öffentlicher Rechte, auch der Grundrechte*“, einzustellen ist.[759] Unter dem Begriff der Effektivität wird

---

754 Vgl. *Jarass*, in: *Jarass/Pieroth*, Art. 19 GG, Rn. 52 f.

755 Siehe hierzu unter Fn. 788.

756 Vgl. BVerfG, Beschluss vom 30. April 2003 – 1 PBvU 1/02 –, BVerfGE 107, 395 (402).

757 Eine Differenzierung nach Eingriff in den Schutzbereich und Rechtfertigung ist deshalb dogmatisch nicht geboten. Teilweise wird aber zwischen der „Begrenzung“ des Anspruchs auf effektiven Rechtsschutz und Beeinträchtigung i.S. eines Eingriffs differenziert, vgl. hierzu *Jarass*, in: *Jarass/Pieroth*, Art. 19 GG, Rn. 52 ff. Die praktischen Auswirkungen dieser Differenzierung dürften allerdings gering sein, vgl. *Ernst*, in: *v. Münch/Kunig*, Art. 19 GG, Rn. 149 f.

758 Vgl. hierzu etwa *Leisner*, Effizienz als Rechtsprinzip, S. 6.

759 Vgl. zum Ganzen *Pitschas*, ZRP 1998, 96 (98); *ders.*, Verwaltungsverantwortung, S. 587 f. m.w.N.

demgegenüber eine „*an der Zielerreichung orientierte Betrachtung*" verstanden.[760] Das Kriterium des Ressourceneinsatzes wird in diesem Zusammenhang also nicht erfasst.[761] Für den effektiven Rechtsschutz i.S.d. Art. 19 Abs. 4 Satz 1 GG ist die Zweck-Mittel-Relation nicht relevant.[762] In der Rechtsdogmatik maßgebend ist (nur) die Wirkungs- und Steuerungskraft einer Norm, ohne dass der jeweils erforderliche Ressourceneinsatz einbezogen würde.[763]

Das Bundesverfassungsgericht verwendet in neueren Entscheidungen den Begriff der Wirksamkeit,[764] wobei die Terminologie nicht durchgehend stringent ist. Es versteht Art. 19 Abs. 4 Satz 1 GG teilweise so, dass er allein bestmöglichen Rechtsschutz gewährleiste. Auch Einschränkungen seien zur Verfolgung ausschließlich dieses Zwecks möglich.[765] Der Bürger habe einen „*substantiellen Anspruch auf eine möglichst wirksame gerichtliche Kontrolle*"[766] bzw. „*möglichst lückenlosen richterlichen Rechtsschutz*"[767] bzw. auf eine „*tatsächlich wirksame gerichtliche Kontrolle*".[768] In anderen Entscheidungen führt das Bundesverfassungsgericht aus, dass trotz dieses Schutzzwecks auch gesetzliche Ausgestaltungen, die anderen Zwecken dienen, mit Art. 19 Abs. 4 Satz 1 GG vereinbar sein können.[769] Die herrschende Meinung plädiert deshalb ausdrücklich dafür, dass mit gesetzlichen Ausgestaltungen auch Zwecke wie Rechtssicherheit, Rechtsfrieden, Verfahrensbeschleunigung, Effektivität des vorgelagerten Verwaltungsverfahrens und institutionelle Sicherungen der Einheit der Rechtsordnung verfolgt werden und

---

760 *Kaufmann*, Untersuchungsgrundsatz, S. 246; anders offenbar *Leisner*, Effizienz als Rechtsprinzip, S. 6 ff., der die Begriffe „*Effizienz*" und „*Effektivität*" wohl synonym verwenden möchte.

761 *Kaufmann*, Untersuchungsgrundsatz, S. 246.

762 *Kaufmann*, Untersuchungsgrundsatz, S. 246.

763 *Kaufmann*, Untersuchungsgrundsatz, S. 246.

764 Etwa BVerfG, Beschluss vom 24. Juli 2018 – 2 BvR 1961/09 –, BVerfGE 149, 346 (363); vgl. auch *Schmidt-Aßmann*, in: *Dürig/Herzog/Scholz*, Art. 19 Abs. 4 GG, Rn. 5.

765 Vgl. BVerfG, Beschluss vom 24. Juli 2018 – 2 BvR 1961/09 –, BVerfGE 149, 346 (363); wohl auch *Enders*, in: *Epping/Hillgruber*, Art. 19 GG, Rn. 53.

766 BVerfG, Dreierausschussbeschluss vom 27. März 1980 – 2 BvR 316/80 –, BVerfGE 54, 39 (41); vgl. auch BVerfG, Nichtannahmebeschluss vom 29. Mai 2007 – 2 BvR 695/07 –, BVerfGK 11, 241; für eine tatsächlich wirksame gerichtliche Kontrolle BVerfG, Beschluss vom 26. August 2004 – 1 BvR 1446/04 –, BVerfGK 4, 36.

767 BVerfG, Beschluss vom 24. Juli 2018 – 2 BvR 1961/09 –, BVerfGE 149, 346 (363).

768 BVerfG, Beschluss vom 13. Juni 2007 – 1 BvR 1550/03 –, BVerfGE 118, 168 (207 f.); BVerfG, Beschluss vom 26. August 2004 – 1 BvR 1446/04 –, BVerfGK 4, 36.

769 BVerfG, Beschluss vom 22. November 2016 – 1 BvL 6/14 , 1 BvL 3/15, 1 BvL 4/15, 1 BvL 6/15 –, BVerfGE 143, 216 (225 f.); BVerfG, Nichtannahmebeschluss vom 24. Oktober 2017 – 1 BvR 2762/12 –, NVwZ 2018, 582 (583); *Jarass*, in: *Jarass/Pieroth*, Art. 19 GG, Rn. 53; *Huber*, in: *v. Mangoldt/Klein/Starck*, Art. 19 GG, Rn. 381.

dabei möglichst effektiv individuelle Rechtsschutzmöglichkeiten gewährleistet werden können.[770]

Dafür sprechen gute Gründe. Aus dem Begriff der Effektivität lässt sich nicht ableiten, Art. 19 Abs. 4 Satz 1 GG fordere bestmöglichen Rechtsschutz.[771] Ein solches Verständnis setzte voraus, dass Bezugspunkt des Art. 19 Abs. 4 Satz 1 GG der Rechtsschutz allein des Vollstreckungsgläubigers ist, also die (Grund-)Rechte und Interessen des Gläubigers in den Vordergrund gerückt werden. Die gegenläufigen Verfassungsgüter können auf Grundlage dieser Ansicht nicht jeweils zu optimaler Wirksamkeit gelangen.[772] Das wiederum führt zu einer Auslegung, die in der Literatur als „*Optimierungstendenzen*"[773] umschrieben werden.

Art. 19 Abs. 4 Satz 1 GG garantiert die Eröffnung eines Rechtswegs und wirksamen Rechtsschutz im Gerichtsverfahren. Er ist auf sämtliche Leistungen gerichtet, derer es im Zusammenhang mit der Rechtswegeröffnung und eines dort zu leistenden effektiven Rechtsschutzes bedarf.[774] Bei Verwendung des Begriffs des Gerichtsverfahrens beziehen sich Rechtsprechung und Literatur allerdings in erster Linie auf das Erkenntnisverfahren. Sinnvoll ist die Rechtswegeröffnung allerdings erst und nur dann, wenn der Bürger das möglicherweise verletzte Recht auch tatsächlich wirksam durchsetzen kann. Während dies für die zivilgerichtliche Zwangsvollstreckung unbestritten ist,[775] fällt die Beurteilung der verwaltungsgerichtlichen Zwangsvollstreckung differenzierter aus. Dies mag auch daran liegen, dass der Schwerpunkt des verwaltungsgerichtlichen Rechtsschutzes, anders als im Zivilprozess, in dem Erkenntnisverfahren, nicht aber im Vollstreckungsverfahren liegt.[776] Heute geht man nicht mehr davon aus, dass die Vollstreckung zwar Teil der Rechtsschutzgewährleistung, diese aber nur als Gerichtsschutz garantiert sei.[777]

---

770 *Huber*, in: *v. Mangoldt/Klein/Starck*, Art. 19 GG, Rn. 376; *Ernst*, in: *v. Münch/Kunig*, Art. 19 GG, Rn. 146 f.; *Schulze-Fielitz*, in: *Dreier*, Art. 19 Abs. 4 GG, Rn. 81; *Schmidt-Aßmann*, in: *Dürig/Herzog/Scholz*, Art. 19 Abs. 4 GG, Rn. 229.

771 BVerfG, Beschluss vom 24. Juli 2018 – 2 BvR 1961/09 –, BVerfGE 149, 346 (363).

772 *Schmidt-Aßmann*, in: *Dürig/Herzog/Scholz*, Art. 19 Abs. 4 GG, Rn. 5.

773 Vgl. *Windthorst*, Einstweiliger Rechtsschutz, S. 492 ff. und *Schmidt-Aßmann*, in: *Dürig/Herzog/Scholz*, Art. 19 Abs. 4 GG, Rn. 5.

774 *Sachs*, in: *ders.*, Art. 19 GG, Rn. 12.

775 *Pietzner/Möller*, in: *Schoch/Schneider*, VwGO, § 167 VwGO, Rn. 9.

776 *Bettermann*, in: *Bettermann/Nipperdey/Scheuner*, Grundrechte, S. 805.

777 *Bettermann*, in: *Bettermann/Nipperdey/Scheuner*, Grundrechte, S. 805 f.; *Dütz*, Gerichtsschutz, S. 132; *Ule*, DVBl 1959, 537 (540). Nach dieser Ansicht war Rechtsschutz nur in dem Umfang zur Verfügung zu stellen, als es um die Möglichkeit zur Kontrolle der Rechtsanwendung im Rahmen der Vollstreckung ging. Art. 19 Abs. 4 Satz 1 GG erteilte den Gerichten nach dieser Ansicht also keine besonderen Vollstreckungsbefugnisse. Diese Auffassung überging die „*rechtsstaatlichen Nebenwirkungen*" des von Art. 19 Abs. 4 Satz 1 GG gewährleisteten Schutzes. Aus der Gewährleistung der Zugänglichkeit zu Gerichten ist keine Ableitung in dem Sinne

Mitunter wird für die verwaltungsgerichtliche Zwangsvollstreckung vertreten, dass eine gesetzgeberische Pflicht zum Vorhalten eines gesetzlichen Vollstreckungsinstrumentariums aus Art. 19 Abs. 4 Satz 1 GG erst und nur dann folgt, wenn in mehr als nur einem Einzelfall nicht sichergestellt ist, dass der Hoheitsträger fristgemäß dem titulierten Anspruch nachkommt.[778] Die ganz überwiegende Ansicht nimmt demgegenüber an, dass zu dem Gewährleistungsgehalt des Art. 19 Abs. 4 Satz 1 GG auch die Pflicht des Gesetzgebers zählt, die verwaltungsprozessuale Vollstreckung – uneingeschränkt – i.S. einer wirkungsvollen Vollstreckung auszugestalten.[779] Dem liegt vor allem die zutreffende Erwägung zu Grunde, dass es sich ohne eine Vollstreckungsmöglichkeit bei dem Anspruch nach Art. 19 Abs. 4 Satz 1 GG um *„eine leere Hülle“* handelt.[780] Dies gilt auch und gerade in Einzelfällen. Denn Art. 19 Abs. 4 Satz 1 GG bezweckt insbesondere den Schutz des Einzelnen. Die Auffassung, dass der von verwaltungsgerichtlichen Feststellungsurteilen ausgehende Rechtsschutz, gepaart mit der im Rechtsstaat anzunehmenden *„Gutwilligkeit“* staatlicher Stellen, im Regelfall ausreiche, greift zu kurz. Der Rechtsschutz wäre mindestens unvollständig,[781] wenn einem von der Staatsgewalt Betroffenen lediglich die Möglichkeit gegeben würde, eine gerichtliche Entscheidung herbeizuführen, ohne sie auch durchsetzen zu können.[782] Im Falle, dass die

---

möglich, dass die Wirkung von Gerichtsentscheidungen nur in ihrer bloßen Existenz besteht, vgl. *Bauer*, Gerichtsschutz, S. 103.

778 Vgl. hierzu und zur Herausnahme bestimmter Urteilsarten aus dem Anwendungsbereich des Art. 19 Abs. 4 Satz 1 GG einerseits *Schmidt-Aßmann*, in: *Dürig/Herzog/Scholz*, GG, Art. 19 Abs. 4, Rn. 288: *„Wo sich aber ‚systemische Mängel‘ zeigen […].“*; sich andererseits offenbar der herrschenden Ansicht anschließend *Schmidt-Aßmann/Schenk*, in: *Schoch/Schneider*, VwGO, Einleitung, Rn. 51.

779 *Pietzner/Möller*, in: *Schoch/Schneider*, VwGO, Vor § 167 VwGO, Rn. 9; *Heckmann*, in: *Sodan/Ziekow*, § 170 VwGO, Rn. 8; *Schulze-Fielitz*, in: *Dreier*, Art. 19 Abs. 4 GG, Rn. 139; *Bauer*, Gerichtsschutz, S. 103; *Voßkuhle/Kaufhold*, JuS 2010, 116 (118); BVerfG, Beschluss vom 09. August 1999 – 1 BvR 2245/98 –, NVwZ 1999, 1330 (1331); BVerwG, Beschluss vom 30. Dezember 1968 – I WB 31/68 –, BVerwGE 33, 230; *Sachs*, in: *ders.*, Art. 19, Rn. 147; *Bachof*, Verwaltungsgerichtliche Klage, S. 164 f.; *Rupp*, AöR 85 (1960), 301 (326); wohl auch *Schmidt-Aßmann*, in: *Dürig/Herzog/Scholz*, Art. 19 Abs. 4 GG, Rn. 288; *Bank*, Zwangsvollstreckung, S. 64 f.; *Remien*, Zwangsgeld, S. 28; *Nolte*, Verwaltungsgerichtlicher Rechtsschutz, S. 347; vgl. auch BVerfG, Beschluss vom 22. November 2016 – 1 BvL 6/14 , 1 BvL 3/15, 1 BvL 4/15, 1 BvL 6/15 –, BVerfGE 143, 216 (225 f.); *Voßkuhle*, Rechtsschutz, S. 182; *Huber*, in: *v. Mangoldt/Klein/Starck*, Art. 19 GG, Rn. 333.

780 *Stamm*, S. 5.

781 *Bauer*, Gerichtsschutz, S. 103; BT-Drs. I/4278, S. 52.

782 VG Arnsberg, Beschluss vom 31. Oktober 1957 – 1 M 10/57 –, NJW 1958, 116 (117); *Bauer*, Gerichtsschutz, S. 102; *Bachof*, Verwaltungsgerichtliche Klage, S. 164 ff.

Verwaltung i.e.S. zunächst in einem Einzelfall untätig bleibt und der Gesetzgeber dem Vollstreckungsgläubiger kein wirksames Vollstreckungsinstrumentarium an die Hand gibt, die Verwaltung aber anschließend weitere Gerichtsentscheidungen unbeachtet lässt, wäre der zudem Gesetzgeber erst „*in der Krise*" gehalten, wirksame Vollstreckungsregeln aufzustellen. Ein solcher Rechtsschutz wird dann aber nicht mehr rechtzeitig sein.[783] Art. 19 Abs. 4 Satz 1 GG gewährleistet darum auch ein wirksames Vollstreckungsrecht zur Durchsetzung von gegen die Verwaltung i.e.S. ergangenen Verwaltungsgerichtsentscheidungen. Zutreffend wird das Vollstreckungsverfahren daher auch als Annexverfahren zum Erkenntnisverfahren bezeichnet.[784]

ii) Wirksamkeitsmaßstab

Wie der Rechtsweg im Einzelnen ausgestaltet wird, entscheidet grundsätzlich der Gesetzgeber.[785] Ihn trifft die Pflicht, den Rechtsweg in einer Weise auszugestalten und zu strukturieren, dass von Verwaltungsgerichten titulierte Ansprüche auch vollstreckt werden können.[786] Jedenfalls gibt Art. 19 Abs. 4 Satz 1 dem Gesetzgeber nur Zielrichtung und Grundzüge der Regelung vor, lässt ihm im Übrigen aber einen beträchtlichen Gestaltungsspielraum.[787] Diese Gestaltungsfreiheit findet ihre Grenze am Erfordernis wirkungsvollen Rechtsschutzes.

Die herrschende Meinung geht von der Einschränkbarkeit des Art. 19 Abs. 4 Satz 1 GG aus.[788] Das Grundrecht kann zum Schutz der Grundrechte Dritter[789] oder anderer Verfassungsgüter eingeschränkt werden.[790] Was den Maßstab für die Einschränkung des Art. 19 Abs. 4 Satz 1 GG durch gesetzgeberische Ausgestaltungen im Allgemeinen betrifft, so ist dieser allerdings noch nicht abschließend geklärt. Dies betrifft neben dem Gehalt der Rechtsschutzgewährleistung[791] vor allem die Frage nach dem Inhalt des Begriffs der Wirksamkeit.

Abstrakt-generelle Maßgaben speziell für die verwaltungsgerichtliche Zwangsvollstreckung sind bislang kaum vorhanden. Hier fehlt es bislang an einer

---

783 *Pietzner/Möller*, in: *Schoch/Schneider*, VwGO, Vor § 167 VwGO, Rn. 9, dort Fn. 27.

784 Für das Verfahren nach § 172 VwGO: VG München, Beschluss vom 11. Juni 2019 – M 7 M 19.30323 –, Rn. 20, zit. nach juris.

785 *Voßkuhle/Kaufhold*, JuS 2010, 116 (118).

786 *Schmidt-Aßmann/Schenk*, in: *Schoch/Schneider*, VwGO, Einleitung, Rn. 51.

787 BVerfG, Beschluss vom 19. Dezember 2012 – 1 BvL 18/11 –, BVerfGE 133, 1 (23).

788 *Schulze-Fielitz*, in: *Dreier*, Art. 19 Abs. 4 GG, Rn. 140 f.; *Jarass*, in: *Jarass/Pieroth*, Art. 19 GG, Rn. 53; *Huber*, in: *v. Mangoldt/Klein/Starck*, Art. 19 GG, Rn. 381; *Schmidt-Aßmann/Schenk*, in: *Schoch/Schneider*, VwGO, Einleitung, Rn. 31.

789 BVerfG, Beschluss vom 23. Mai 2006 – 1 BvR 2530/04 –, BVerfGE 116, 1 (18 f.).

790 *Schulze-Fielitz*, in: *Dreier*, Art. 19 Abs. 4 GG, Rn. 140.

791 Siehe hierzu unter E.I.2.b)i).

stringenten Maßstabsbildung; sie folgt eher einer detaillierten Kasuistik.[792] Die herrschende Meinung stellt – jedenfalls im Ergebnis – auf den Verhältnismäßigkeitsgrundsatz[793] und die – schon als solche nicht unumstrittene –[794] Lehre von der praktischen Konkordanz[795] ab. Nötig ist also, dass die Ausgestaltung der Durchsetzung des jeweils verfolgten legitimen Zwecks dient, d.h. geeignet, erforderlich und angemessen sowie für den Rechtsuchenden zumutbar ist. Hier muss der Gesetzgeber – und darin liegt die angesprochene Modifikation – die kollidierenden Verfassungsgüter derart im Wege praktischer Konkordanz auflösen, dass diese jeweils zu optimaler Wirksamkeit gelangen.[796] Es reicht nicht aus, dass die mit einem Eingriff verbundenen Nachteile nicht außer Verhältnis zu dem verfolgten Zweck stehen. Art. 19 Abs. 4 GG verlangt nicht mehr und nicht weniger als die Ausgewogenheit des Rechtsschutzes.[797]

---

792 *Ernst*, in: *v. Münch/Kunig*, Art. 19 GG, Rn. 147.

793 *Schulze-Fielitz*, in: *Dreier*, Art. 19 Abs. 4 GG, Rn. 140 f.; *Jarass*, in: *Jarass/Pieroth*, Art. 19 GG, Rn. 53; *Huber*, in: *v. Mangoldt/Klein/Starck*, Art. 19 GG, Rn. 381; BVerfG, Beschluss vom 27. Oktober 1999 – 1 BvR 385/90 –, BVerfGE 101, 106 (124 ff.); BVerfG, Beschluss vom 23. Mai 2006 – 1 BvR 2530/04 –, BVerfGE 116, 1 (18 f.); kritisch *Ernst*, in: *v. Münch/Kunig*, Art. 19 GG, Rn. 147; *Dörr*, Rechtsschutzauftrag, S. 25; anders offenbar *Remmert*, JURA 2014 (9); 906 (912): „*Interpretation*" des Art. 19 Abs. 4 Satz 1 GG.

794 Die Lehre von der praktischen Konkordanz als solche ist, unabhängig von der hier gegebenen Konstellation, inhaltlich und dogmatisch nicht abschließend aufbereitet; vgl. *Bickenbach*, S. 286 ff. und S. 334 ff.; *Kalenborn*, JA 2016, 6 (11 f.); *Schladebach*, Der Staat 53 (2014), 263 (266).

795 Die Beziehung zwischen Verhältnismäßigkeitsgrundsatz und praktischer Konkordanz ist nicht abschließend geklärt, vgl. *Schladebach*, Der Staat 53 (2014), 263 (266). Ein solches Vorgehen wird mitunter kritisiert, weil es sich bei Art. 19 Abs. 4 Satz 1 GG nicht um ein Freiheitsrecht i.e.S. handelt, sondern Art. 19 Abs. 4 Satz 1 GG auf normative Ausgestaltung angewiesen ist, vgl. *Schulze-Fielitz*, in: *Dreier*, Art. 19 Abs. 4 GG, Rn. 140.

796 *Huber*, in: *v. Mangoldt/Klein/Starck*, Art. 19 GG, Rn. 381; in der Literatur wird u.a. deshalb bisweilen die Wendung eines „*ausgewogenen Rechtsschutzes*" vorgeschlagen, vgl. *Schmidt-Aßmann*, in: *Dürig/Herzog/Scholz*, Art. 19 Abs. 4 GG, Rn. 4, oder, in Nuancen abweichend, eines „*adäquaten Rechtsschutzes*", hierzu *Windthorst*, Einstweiliger Rechtsschutz, S. 497 ff.

797 *Schmidt-Aßmann*, in: *Dürig/Herzog/Scholz*, Art. 19 Abs. 4 GG, Rn. 229; in der Sache wohl ebenso *Huber*, in: *v. Mangoldt/Klein/Starck*, Art. 19 GG, Rn. 472, der aber von einem „*Optimierungsgebot*" spricht.

(1) Geltung des Grundsatzes der Verhältnismäßigkeit

Verwaltungs- und zivilprozessuale Vollstreckungsfälle zeichnen sich durch die Beteiligung von wenigstens drei Personen aus. Der Gesetzgeber ist gehalten, bei Aufstellung der Vollstreckungsregeln die kollidierenden Belange von Vollstreckungsgläubiger und Vollstreckungsschuldner gegeneinander abzuwägen.[798]

Fraglich ist, ob bei der gesetzgeberischen Ausgestaltung der Regeln zur verwaltungsgerichtlichen Zwangsvollstreckung, d.h. der §§ 170 und 172 VwGO, der Grundsatz der Verhältnismäßigkeit gerade zu Gunsten der Belange des schuldenden Staates anwendbar ist. Für Zugriffe unter zwei Trägern öffentlicher Gewalt ist umstritten, ob der Grundsatz der Verhältnismäßigkeit zu Gunsten des möglicherweise in seinen Rechten oder Interessen beeinträchtigten Trägers anwendbar ist. Die Frage stellt sich in dieser Konstellation deshalb, weil nicht abschließend geklärt ist, ob der Verhältnismäßigkeitsgrundsatz in den Grundrechten[799] oder auch im Rechtsstaatsprinzip[800] wurzelt. Nach Auffassung des Bundesverfassungsgerichts gilt der Verhältnismäßigkeitsgrundsatz nicht zwischen Trägern der Staatsgewalt untereinander.[801] Dies wird in der Literatur bestritten. So soll er jedenfalls ausnahmsweise auch im Verhältnis zwischen Trägern staatlicher Gewalt anwendbar sein, wenn es um Eingriffe in rechtlich besonders geschützte Rechts- oder Kompetenzsphären geht.[802] Eine engere Gegenansicht bejaht die Anwendbarkeit in Fällen, in denen einem Staatsorgan eine Rechtsposition als bzw. wie ein subjektives Recht eingeräumt ist in dem Sinne, dass es über die Rechtsposition autonom verfügen kann oder ihm die Rechts- bzw. Kompetenzsphäre in der Art eines Freiheitsrechts zugewiesen wird, etwa durch Art. 28 Abs. 2 GG.[803] Selbst nach der weiteren Ansicht kann die Verwaltung i.e.S. in den hier in Rede stehenden Fällen keine rechtlich besonders geschützte Rechts- oder Kompetenzsphäre für sich beanspruchen.

Verwaltungsgerichtliche Zwangsvollstreckungsfälle sind allerdings anders gelagert, weil sie sich nicht ausschließlich im Zweipersonenverhältnis zwischen vollstreckendem und schuldendem Staat bewegen, sondern auch der

---

798 Siehe hierzu unter E.I.2.b)i).

799 Vgl. *Alexy*, Theorie der Grundrechte, S. 100 ff.

800 BVerfGE 81, 310 (338).

801 BVerfGE 81, 310 (338). Das BVerfG führt allerdings unter Berufung auf organisationsrechtliche Prinzipien der Sache nach in entsprechenden Fällen durchaus eine Verhältnismäßigkeitsprüfung durch, vgl. hierzu *Sommermann*, in: *v. Mangoldt/Klein/Starck*, Art. 20 GG, Rn. 317.

802 *Sommermann*, in: *v. Mangoldt/Klein/Starck*, Art. 20 GG, Rn. 39, 318; ähnlich *Sachs*, in: *ders.*, Art. 20 GG, Rn. 47 (*„[...] soweit [...] Einwirkungen auf geschützte Rechtspositionen nach dem Regel-Ausnahme-Schema zugelassen werden.“*).

803 *Grzeszick*, in: *Dürig/Herzog/Scholz*, Art. 20 GG, Rn. 109; *Schulze-Fielitz*, in: *Dreier*, Art. 20 GG, Rn. 188.

grundrechtsberechtigte Vollstreckungsgläubiger beteiligt ist. Es geht also nicht ausschließlich um den Zugriff eines Hoheitsträgers auf einen anderen Hoheitsträger. Die verwaltungsgerichtliche Zwangsvollstreckung ist auch deshalb anders gelagert, weil im Fall des Art. 19 Abs. 4 Satz 1 GG eine durchzuführende Verhältnismäßigkeitsprüfung durch das Prinzip der praktischen Konkordanz modifiziert wird.

In diesem Zusammenhang wird teilweise vertreten, die Vollstreckungsvorschriften müssten auf ihre Angemessenheit i.e.S. überprüft werden, wobei gedanklich von einem Eingriff in Verfassungsrechtsgüter des Staates auszugehen sei, der in der gesetzlichen Gewährung wirksamen Rechtsschutzes für den Bürger zu sehen sei.[804] Dies führt dazu, dass der Grundsatz der Verhältnismäßigkeit im Ergebnis in der Weise angewandt würde, wonach der Staat vor dem Bürger zu schützen sei. Dies ist unzutreffend, weil der, auf Rechtsfolgenebene nunmehr in Gestalt der Vollstreckungsvorschriften liegende, Eingriff in das Grundrecht des Vollstreckungsgläubigers auf wirksamen Rechtsschutz zur Optimierung der gegenläufigen Verfassungsgüter angemessen i.S. optimaler Wirksamkeit aller in Rede stehenden verfassungsrechtlichen Belange sein muss. Der Grundsatz der Verhältnismäßigkeit ist seinem Zweck nach nicht auf den Schutz des Staates vor dem Bürger ausgerichtet. Er schützt den Bürger vor der öffentlichen Gewalt.

Ähnlich ist dies in Fällen, in denen Adressaten der Zwangsvollstreckungsmaßnahmen[805] Amtsträger sind, die hierdurch in ihren Grundrechten betroffen sind. In diesen Konstellationen muss sich die praktische Konkordanz zusätzlich an dem auf Seite des schuldenden Staates gegebenen Grundrechtseingriff ausrichten.[806]

Der Umstand, dass – anders als im Zivilprozess – der Schwerpunkt des gerichtlichen Rechtsschutzes im Verwaltungsprozess auf dem Erkenntnisverfahren liegt, schließt demgegenüber die Notwendigkeit einer Verhältnismäßigkeitsprüfung der vollstreckungsrechtlichen Vorschriften nicht aus.

(2) Gesetzliche Ausgestaltung der verwaltungsgerichtlichen Zwangsvollstreckung

Den Gesetzgeber trifft also die Pflicht, den Rechtsweg in einer Weise auszugestalten und zu strukturieren, dass von Verwaltungsgerichten titulierte Ansprüche auch vollstreckt werden können. Soweit die Vollstreckungsvorschriften (auch) einen den Art. 19 Abs. 4 Satz 1 GG einschränkenden Zweck verfolgen, ist das Grundrecht durch sie einschränkbar. Auf Ebene der Schranken-Schranken gewinnen die Grundsätze zur praktischen Konkordanz an Bedeutung. Im Folgenden können insoweit nur abstrakte Maßgaben aufgestellt werden. Diese sind dann in Abhängigkeit von dem konkret zu untersuchenden Regelungsmechanismus der

804 Vgl. etwa *Schmidt-Kötters*, in: *Posser/Wolff*, § 172 VwGO, Rn. 26.

805 Siehe zu dieser Frage bereits unter B.IV.2.b)ii).

806 Vgl. *Lind/Priebe*, ZEuS 2020, 429 (440 f., 452).

jeweiligen Vollstreckungsvorschrift und den konkret in Rede stehenden Verfassungsgütern umzusetzen.

Zunächst muss der jeweilige Anknüpfungspunkt der Vollstreckungsvorschrift, der Art. 19 Abs. 4 Satz 1 GG möglicherweise unzulässig einschränkt, identifiziert werden.

Die Anforderungen an den legitimen Zweck sind in zweifacher Weise modifiziert. Erstens ist Art. 19 Abs. 4 Satz 1 GG nur einschränkbar durch Grundrechte Dritter und durch Gemeinschaftswerte von Verfassungsrang, die grundrechtsbegrenzend wirken können. Es müssen Schutzgüter des Staates oder der Allgemeinheit sein, die den individuellen Schutzgütern der Grundrechte ähnlich sind.[807] Zweitens sind die vorstehend beschriebenen Anforderungen an den legitimen Zweck im Fall von Art. 19 Abs. 4 Satz 1 GG zu beachten. Hierbei ist ferner von Belang, dass auf dieser Prüfungsebene der Beurteilungs- und Entschließungsfreiheit des Gesetzgebers nur äußerste Grenzen gesetzt sind. Die Erwägungen müssen so offensichtlich *„fehlsam"* sein, dass sie *„vernünftigerweise keine Grundlage für gesetzgeberische Maßnahmen abgeben können."*[808] Anschließend ist die sog. Kollisionslage festzustellen. Die Ausübung des Art. 19 Abs. 4 Satz 1 GG muss zugleich die Verwirklichung des gegenläufigen Verfassungsgutes beeinträchtigen.[809]

Die Vollstreckungsvorschriften dürfen zur Erreichung der Gesetzeszwecke nicht evident untauglich sein. Wichtig ist dabei, dass die gesetzgeberische Ausgestaltung nicht in jedem Einzelfall zum Tragen kommen und auch nicht die wirkungsstärkste oder geeignetste sein muss. Auch muss der angestrebte Erfolg nicht vollständig eintreten. Zu beachten ist vor allem der Gestaltungs- oder Einschätzungsspielraum des Gesetzgebers. Hier werden die jeweilige Sachmaterie, die Möglichkeiten gesetzgeberischer Urteilsbildung und die Bedeutung der beeinträchtigten Rechtsgüter berücksichtigt. Oftmals erschöpft sich die Untersuchung der Geeignetheit einer Norm in der Prüfung, ob sie evident ungeeignet oder die Prognose des Gesetzgebers als vertretbar anzusehen ist.[810]

Weiter müssen die Vollstreckungsvorschriften zur Erreichung der Gesetzeszwecke erforderlich sein. Mildere Mittel, die denselben Erfolg mit gleicher Wirksamkeit erzielen, dürfen nicht vorhanden sein.

Auf Ebene der Angemessenheit schließlich ist in einem ersten Schritt die Kollisionslage im Hinblick auf jene kollidierenden Verfassungsgüter festzustellen, die nicht bereits auf Ebene der Legitimität zum Tragen kamen. Sodann ist das Gewicht aller gegenläufigen Güter festzustellen, wie es sich in der konkreten staatlichen Eingriffsmaßnahme widerspiegelt.[811] Der Gesetzgeber muss eine abstrakt-generelle

---

807 *Kalenborn*, JA 2016, 6 (8); *Schladebach*, Der Staat 53 (2014), 263 (278 f.).

808 BVerfG, Beschluss vom 16. März 1971 – 1 BvR 52/66 –, BVerfGE 30, 292 (317).

809 *Kalenborn*, JA 2016, 6 (10).

810 *Schulze-Fielitz*, in: *Dreier*, Art. 20 Abs. 3 GG, Rn. 182; *Sachs*, in: *ders.*, Art. 20 GG, Rn. 150 f.

811 *Kluckert*, JuS 2015, 116 (117).

Auflösung aller Streitfragen finden, die dem Gedanken der Optimierung der gegenläufigen Verfassungswerte genügen. Er muss alle betroffenen verfassungsrechtlichen Abwägungspositionen zu optimaler Wirksamkeit bringen.[812] Die bloße Erträglichkeit der Vollstreckungsmaßnahme reicht im Rahmen der praktischen Konkordanz nicht aus.[813] Eine Vollstreckungsregelung darf den Rechtsschutz nicht *„in unzumutbarer, durch Sachgründe nicht mehr zu rechtfertigender Weise erschweren“*,[814] wobei insbesondere die Freistellung der Rechtsanwendung von gerichtlicher Kontrolle stets eines hinreichend gewichtigen Grundes bedarf.[815] Für die Gewichtung der betroffenen Verfassungsgüter bietet sich ein Vorgehen nach der Gewichtsformel an.[816] *„Je höher der Grad der Nichterfüllung oder Beeinträchtigung des einen Prinzips ist, desto größer muss die Wichtigkeit der Erfüllung des anderen sein.“*[817] Dabei ist zu berücksichtigen, dass es sich im Ausgangspunkt um einen Grundrechtseingriff auf Seiten des Gläubigers handelt, nicht um einen Eingriff in verfassungsrechtliche Positionen des schuldenden Staates. Über allem steht die Pflicht, nicht nur irgendeinen Zugang zu den Gerichten, sondern eine wirksame Rechtsdurchsetzung zu garantieren.[818]

3. Praktische Konkordanz

Durch §§ 170, 172 VwGO bewirkte Eingriffe[819] in das Grundrecht des Vollstreckungsgläubigers aus Art. 19 Abs. 4 Satz 1 GG müssen zur Optimierung der gegenläufigen Verfassungsgüter geeignet, erforderlich und angemessen sein.

a) Legitime Gesetzeszwecke als Verfassungswerte

Ausgangspunkt der (modifizierten) Verhältnismäßigkeitsprüfung ist der legitime Zweck jeweils der §§ 170, 172 VwGO, der präzise festzulegen ist.[820] Maßgebend sind der objektivierte Wille des Gesetzgebers[821] und die gesetzgeberischen Motive. Auch sie müssen möglichst präzise und vollständig herausgearbeitet werden.[822]

---

812 *Kalenborn*, JA 2016, 6 (9).

813 *Schladebach*, Der Staat 53 (2014), 263 (271).

814 BVerfG, Beschluss vom 27. Oktober 1999 – 1 BvR 385/90 –, BVerfGE 101, 106 (124 ff.).

815 BVerfG, Beschluss vom 22. November 2016 – 1 BvL 6/14 , 1 BvL 3/15, 1 BvL 4/15, 1 BvL 6/15 –, BVerfGE 143, 216 (225 f.).

816 *Schladebach*, Der Staat 53 (2014), 263 (282).

817 *Alexy*, Theorie der Grundrechte, S. 146.

818 *Voßkuhle/Kaufhold*, JuS 2010, 116 (118).

819 Siehe zu den konkreten Eingriffen unter E.II und E.III.

820 Vgl. *Schulze-Fielitz*, in: *Dreier*, Art. 20 GG, Rn. 181; *Grzeszick*, in: *Dürig/Herzog/Scholz*, Art. 20 GG, Rn. 111.

821 Zu der Ermittlung des Gesetzeszwecks vgl. bereits unter B.IV.4.b).

822 *Michaelis*, JA 2021, 573 (575).

Im Fall der §§ 170, 172 VwGO ergeben sich allerdings Unklarheiten. Dies vor allem deshalb, weil die Gesetzesmaterialien nicht durchweg aufschlussreich sind. So werden auch in der Literatur unterschiedliche Auffassungen vertreten, wobei die dort angeführten Zwecke ihrerseits der Präzisierung bedürfen. Aus den Gesetzesmaterialien lassen sich drei Zielrichtungen des § 170 VwGO ablesen: die Sicherung der Funktionsfähigkeit der Verwaltung, die Wahrung des Ansehens des Staates durch Abwendung der Vollstreckung sowie die Normierung von Verfahrensregeln. Für die verwaltungsgerichtliche Zwangsvollstreckung wegen Geldforderungen nennt der Gesetzgeber ausdrücklich nur den mit der Vollstreckungsankündigung (samt Abwendungsaufforderung) und den mit der darin gesetzten Frist verfolgten Zweck.[823] Er möchte mit der Durchführung des Vorverfahrens das *„Ansehen des Staates"* wahren. Dies verdeutlicht, dass der Gesetzgeber zugleich die Vermeidung der Vollstreckung bezweckt. Es kommt zum Ausdruck, dass § 170 VwGO – auf der ersten Stufe – auf die Vermeidung von Vollstreckungsmaßnahmen zielt,[824] um die öffentliche Hand vor Beeinträchtigungen ihrer Tätigkeit im Gemeinwohlinteresse zu bewahren.[825] Mit der Frist soll gleichzeitig den *„Besonderheiten der Vermögensverwaltung der öffentlichen Hand"* Rechnung getragen werden. Dies meint etwa die Geschäftsgänge innerhalb der Verwaltung zur Zahlungsanweisung. Kommt es zur Vollstreckung, hat § 170 Abs. 3 VwGO den Zweck, das Verwaltungsvermögen zu schützen. Daneben liegt der Zweck des § 170 VwGO in der Normierung von Verfahrensregeln.[826]

Wenn die Literatur die von dem Gesetzgeber verfolgten Zielrichtungen des § 170 VwGO teilweise als Schutz der Verwaltung interpretiert,[827] so trifft dies nicht den Kern. Zutreffend ist es, auf die beabsichtigte Erhaltung der *„Funktionsfähigkeit"*[828] der Verwaltung abzustellen. Die Sicherung der Funktionsfähigkeit des schuldenden Staates kommt in der beabsichtigten Vermeidung der Vollstreckung, der Abwendungsfrist und, im Fall eines eingeleiteten Vollstreckungsverfahrens, durch gegenständliche Erleichterungen (§ 170 Abs. 3 VwGO) zum Ausdruck.[829]

---

823 Vgl. hierzu BT-Drs. III/55, S. 48 f.

824 *Pietzner/Möller*, in: *Schoch/Schneider*, VwGO, § 170 VwGO, Rn. 1.

825 BVerfG, Beschluss vom 23. März 1982 – 2 BvL 13/79 –, BVerfGE 60, 135 (157).

826 *Pietzner/Möller*, in: *Schoch/Schneider*, VwGO, § 170 VwGO, Rn. 11; *Heckmann*, in: *Sodan/Ziekow*, § 170 VwGO, Rn. 6 ff.

827 *Kraft*, in: *Eyermann*, § 170 VwGO, Rn. 2.

828 *Pietzner/Möller*, in: *Schoch/Schneider*, VwGO, § 170 VwGO, Rn. 2; *Heckmann*, in: *Sodan/Ziekow*, § 170 VwGO, Rn. 6. Der Begriff der Funktionsfähigkeit bedarf ebenfalls der Konkretisierung, vgl. *Heckmann*, in: *Sodan/Ziekow*, § 170 VwGO, Rn. 6 und dort Fn. 16; BayVerfGH, Entscheidung vom 29. August 1997 – Vf. 8-VII-96 u.a. –, NVwZ-RR 1998, 82 (85).

829 Vgl. auch *Pietzner/Möller*, in: *Schoch/Schneider*, VwGO, § 172 VwGO, Rn. 1 f. und Rn. 31.

Daraus wird ersichtlich, dass § 170 VwGO die Verwaltung nicht generell vor der Vollstreckung in Schutz nehmen möchte.[830] Aus Sicht des Gesetzgebers ging es darum, dass deren Funktionsfähigkeit dort leidet, wo ihr durch die Vollstreckung notwendige Ressourcen entzogen würden, ohne die eine ordnungsgemäße Aufgabenerfüllung nicht möglich ist.[831]

In der Literatur ist es offenbar vorherrschende Meinung, dass auch die Verfahrensherrschaft des Vollstreckungsgerichts der Aufrechterhaltung der Funktionsfähigkeit des schuldenden Staates diene.[832] Denn diese liegt im Anwendungsbereich des § 170 VwGO – anders als bei dessen Vorbild, dem § 882a ZPO – nahezu vollständig bei dem Vollstreckungsgericht. Ein solcher Zweck findet allerdings, anders als die Vollstreckungsvermeidung und der Vermögensschutz nach § 170 Abs. 3 VwGO, in den Gesetzesmaterialien keine Stütze. Im Unterschied zu den drei genannten Merkmalen, in denen der zu Grunde liegende Zweck der Sicherung der Funktionsfähigkeit – mehr oder weniger – deutlich zum Ausdruck kommt, kann dies für die Verfahrensherrschaft des Vollstreckungsgerichts aus den Gesetzesunterlagen nicht nachgewiesen werden. Nicht abschließend geklärt werden kann deshalb, welchen Zweck der Gesetzgeber mit dem Institut der gerichtlichen Verfahrensherrschaft verfolgte.

§ 172 VwGO verfolgt nach allgemeiner Meinung zunächst den Zweck, den Vollstreckungsweg für die Erzwingung behördlicher Verpflichtungen festzulegen.[833] Umstritten ist, ob und bejahendenfalls, welche(n) weiteren Zweck(e) der Gesetzgeber mit § 172 VwGO verfolgt. Vieles ist hier nicht abschließend geklärt.[834] Unstreitig privilegiert § 172 VwGO den schuldenden Staat – im Vergleich mit den §§ 887 ff. ZPO – in dreifacher Weise. Die Vorschrift operiert mit einem Zwangsmittel, das allenfalls mittelbare Beugewirkung entfaltet. Dabei ist das Zwangsgeld betragsmäßig auf inzwischen EUR 10.000,- begrenzt. Weitere Zwangsmittel sind nicht vorgesehen, die Möglichkeit der Anordnung von Zwangshaft besteht nicht. Als vierten Gesichtspunkt mag man die Verfahrensherrschaft des Vollstreckungsgerichts hinzuzählen, wobei ein den Staat privilegierender Charakter nicht auf den ersten Blick offensichtlich ist.

Es ist fraglich, ob und inwieweit die genannten Tatbestandsmerkmale allein Rückschlüsse auf den von dem Gesetzgeber mit § 172 VwGO verfolgten Zweck zulassen. Teilweise geht die Literatur davon aus, der Gesetzgeber habe mit der Beschränkung auf den mittelbaren Beugezwang die Verwaltung nicht privilegieren, sondern in erster Linie dem Grundsatz der Gewaltenteilung Rechnung

---

830 *Heckmann*, in: *Sodan/Ziekow*, § 170 VwGO, Rn. 8.

831 *Heckmann*, in: *Sodan/Ziekow*, § 170 VwGO, Rn. 8.

832 *Heckmann*, in: *Sodan/Ziekow*, § 170 VwGO, Rn. 7; *Pietzner/Möller*, in: *Schoch/Schneider*, VwGO, § 170 VwGO, Rn. 2.

833 *Heckmann*, in: *Sodan/Ziekow*, § 172 VwGO, Rn. 9 ff.

834 Vgl. hierzu unter F.I.2.a).

tragen wollen. „*Nur in diesem weiteren Sinne*" stehe hinter der Vorschrift der Zweck als Schutznorm für den Staat.[835] Nach der Gegenansicht liegt der Zweck des § 172 VwGO in dem Schutz des schuldenden Staates,[836] wobei dieser nach teilweise vertretener Auffassung auf die Bewahrung des Staates vor der scharfen zivilprozessualen Zwangsvollstreckung zielt.[837] Eine andere Teilströmung sieht den Schutzaspekt demgegenüber darin, dass § 172 VwGO den „*Besonderheiten der Vollstreckunggegen die öffentliche Hand*" Rechnung trägt. Dem diene u.a. die Beschränkung auf mittelbaren Beugezwang.[838] Demgegenüber erkennt eine weitere Literaturansicht zwar eine Privilegierung des schuldenden Staates an in Gestalt der Beschränkung auf mittelbaren Beugezwang und der betragsmäßigen Begrenzung des Zwangsgeldes. Der hinter dieser Privilegierung stehende Zweck liege aber nicht in einer „*bewussten Schonung*" der Verwaltung i.e.S.[839]

Für die Feststellung der von § 172 VwGO verfolgten Ziele ist der objektivierte Wille des Gesetzgebers unter Rückgriff auf die Gesetzesmaterialien zu ermitteln. Die Gesetzesmaterialien enthalten keine Anhaltspunkte dafür, dass der Gesetzgeber den Zweck verfolgte, den schuldenden Staat vor dem Vollstreckungsregime der Zivilprozessordnung[840] zu schützen.[841] Sie enthalten auch keinen Anhalt dafür, dass die Beschränkung auf das Zwangsgeld aus Gründen der Gewaltenteilung erfolgte.[842] Die Gesetzesmaterialien zeigen, dass der Gesetzgeber mit den Vollstreckungsvorschriften der Verwaltungsgerichtsordnung eine i.S.d. Art. 19 Abs. 4 Satz 1 GG hinreichend effektive verwaltungsgerichtliche Zwangsvollstreckung sicherzustellen beabsichtigte. Zwar stellte erst der Änderungsgesetzgeber mit dem Gesetz zur Bereinigung des Rechtsmittelrechts im Verwaltungsprozess ausdrücklich den Zusammenhang zwischen Vollstreckungswirksamkeit und

---

835 *Heckmann*, in: *Sodan/Ziekow*, § 172 VwGO, Rn. 9 ff.; *Pietzner/Möller*, in: *Schoch/Schneider*, VwGO, § 172 VwGO, Rn. 11.

836 Hessischer VGH, Beschluss vom 08. November 1999 – 8 TM 3106/99 –, Rn. 8, zit. nach juris; *Heckmann*, in: *Sodan/Ziekow*, § 172 VwGO, Rn. 31; *Pietzner/Möller*, in: *Schoch/Schneider*, VwGO, § 172 VwGO, Rn. 11; *Hecker*, NVwZ 2018, 787 (790).

837 Vgl. *Pietzner/Möller*, in: *Schoch/Schneider*, VwGO, § 172 VwGO, Rn. 11.

838 *Schmidt-Kötters*, in: *Posser/Wolff*, § 172 VwGO, Rn. 2.

839 *Berkemann*, DÖV 2019, 761 (767).

840 Bei dem Verhältnis von § 172 VwGO und den §§ 887 ff. VwGO handelt es sich um die wohl umstrittenste Frage der verwaltungsgerichtlichen Erzwingungsvollstreckung. Die Beurteilung der Frage, ob § 172 VwGO den Rückgriff auf die zivilprozessualen Vollstreckungsregeln zulässt, hängt u.a. von dem von § 172 VwGO verfolgten Zweck ab, vgl. hierzu unter F.I.1.

841 Zutreffend *Berkemann*, DÖV 2019, 761 (768).

842 Siehe hierzu bereits unter B.IV.4.a).

betragsmäßiger Zwangsgeldbegrenzung her.[843] Der VwGO-Gesetzgeber hatte jedoch schon bei Schaffung der Verwaltungsgerichtsordnung seinen Willen geäußert, wonach § 172 VwGO *„die Ausführung der Verpflichtungsurteile auf jeden Fall sicherstellen“* soll. In der Begründung zu § 164 VwGO a.F. führte ergänzend Folgendes aus: *„Eine wirkungsvolle Vollstreckung des verwaltungsgerichtlichen Urteils ist zwingende Voraussetzung eines konsequenten Rechtsschutzes. Die Möglichkeit, dass ein verwaltungsgerichtliches Urteil, sei es wegen passiven Verhaltens der Behörde oder wegen einer an sich lückenhaften Ausgestaltung der Vollstreckung, nicht vollzogen wird, widerspricht der Forderung des Art. 19 Abs. 4 GG nach umfassendem Rechtsschutz. Soweit die Durchsetzung der Urteile nicht gewährleistet ist, ist der Rechtsschutz nur unvollkommen.“*[844] Auch hier macht der Gesetzgeber deutlich, dass hinter den §§ 167 ff. VwGO das Ziel der Sicherung effektiven Rechtsschutzes steht.

Gleichzeitig beschränkte er die in Betracht kommenden Zwangsmittel auf das Zwangsgeld, das zudem nur beugenden Charakter hat. Er begrenzte es der Höhe nach auf anfänglich DM 2.000,-. Der Gesetzgeber erachtete eine Beschränkung auf das bloß mittelbar wirkende Zwangsgeld im Fall eines staatlichen Vollstreckungsschuldners offenbar als zur Gewährung hinreichend effektiven Rechtsschutzes ausreichend.[845] Aus seiner Sicht hatte das Zwangsgeld symbolischen Charakter, um die sich weigernde Behörde auf den Grundsatz der Gesetzesbindung[846] hinzuweisen und auf diese Weise zur Erfüllung der titulierten Leistung zu bewegen. Auch der Änderungsgesetzgeber ging von der grundsätzlichen Effektivität des Zwangsgeldes aus und sah allein in der bisherigen betragsmäßigen Begrenzung ein Wirksamkeitshindernis. Aus seiner Sicht war mit Heraufsetzung von DM 2.000,- auf EUR 10.000,- den Anforderungen des Art. 19 Abs. 4 Satz 1 GG genüge getan.[847] Zu dem Umstand, dass ein als justizeigener Anspruch verstandenes Zwangsgeld[848] in bestimmten Fällen lediglich zu einer Umbuchung im Staatshaushalt führt und damit Wirksamkeitseinbußen hervorrufen kann, finden sich in den Gesetzesmaterialien allerdings keine Ausführungen.

Es sprechen deshalb gute Argumente dafür, dass der Gesetzgeber bei der Normierung des symbolischen Zwangsgeldes davon ausging, dieses reiche für ein Befolgen – und damit eben auch für eine wirksame Vollstreckung – aus. Dann

---

843 BT-Drs. 14/6393, S. 14: *„Das Zwangsgeld, das bei einer Vollstreckung gegen eine Behörde verhängt werden kann, entspricht nicht mehr den heutigen wirtschaftlichen Verhältnissen und ist auch nicht geeignet, effektiven Rechtsschutz zu gewähren.“*

844 BT-Drs. III/55, S. 48 zu § 164 VwGO a.F.

845 *Berkemann*, DÖV 2019, 761 (767) und oben unter B.IV.4.a).

846 Vgl. auch *Will*, VerwArch 110 (2019), 280 (291 ff.) und für rechtskräftige Verwaltungsgerichtsurteile VGH Baden-Württemberg, Beschluss vom 14. Mai 2020 – 10 S 461/20 –, ZUR 2020, 555 (556 f.).

847 BGBl. I 2001, S. 3987; BT-Drs. 14/6393, S. 14; siehe hierzu unter B.IV.4.a).

848 Siehe hierzu unter B.IV.2.b)i).

handelt es sich bei der Privilegierung des § 172 VwGO aber nicht um eine bewusste Schonung der Verwaltung i.e.S.[849] Nur bei Auslegung allein des Wortlauts von § 172 VwGO („Wille des Gesetzes“) wäre mit einer teilweise vertretenen Auffassung der Rückschluss denkbar, dass die Vorschrift jedenfalls nicht vorrangig eine möglichst wirksame Vollstreckung sichern möchte, sondern – wegen der Besonderheiten der Vollstreckung gegen den Staat als Hoheitsträger – in erster Linie den schuldenden Staat zu privilegieren beabsichtigt. Diese Ansicht lässt jedoch den von dem Gesetzgeber in der Gesetzesbegründung ausdrücklich geäußerten Willen außen vor. Denn die Gesetzesbegründung belegt, dass § 172 VwGO nicht bezweckte, den schuldenden Staat – wohlwissend, dass das Regime des § 172 VwGO Effektivitätseinbußen zur Folge haben kann – zu schonen.

Die Gesetzesmaterialien tragen daher weder die These, die Privilegierung beruhe auf dem Aspekt des Schutzes der Verwaltung i.e.S.,[850] noch die These, dass § 172 VwGO den Besonderheiten der Vollstreckung gegen den Staat als Hoheitsträger Rechnung tragen wolle. Es mag zutreffen, dass die Erzwingungsvollstreckung gegen den Staat aus verfassungsrechtlichen Gründen abweichend geregelt werden muss. Hierzu hat sich der Gesetzgeber allerdings nicht geäußert. Welchen Zweck er mit der Verfahrensherrschaft des Vollstreckungsgerichts verfolgte, kann auch im Fall des § 172 VwGO nicht abschließend geklärt werden.

Hinter dem von § 170 VwGO verfolgten Zweck der Vollstreckungsvermeidung stehen Rechtssicherheit und die Verlässlichkeit der Rechtsordnung als Ausfluss des Rechtsstaatsprinzips. Die daneben bezweckte Funktionsfähigkeit der Verwaltung findet ihre verfassungsrechtliche Fundierung im Grundsatz der Gewaltenteilung. Hinter dem auf die Vollstreckung gerichteten Zweck des § 172 VwGO stehen die allgemeine Justizgewährungspflicht und der individuelle Vollstreckungsanspruch des Bürgers. Die jeweils verfolgten Zwecke erfüllen die sich aus dem Institut der praktischen Konkordanz und aus den Besonderheiten des Art. 19 Abs. 4 Satz 1 GG ergebenden Anforderungen. Zwar kann man im Fall von § 170 VwGO die Sinnhaftigkeit der bezweckten der Sicherung der Funktionsfähigkeit und der Vollstreckungsvermeidung zur Wahrung des Ansehens des Staates mit guten Gründen in Frage stellen. Für den schuldenden Staat ist spätestens mit Vorliegen des gerichtlichen Titels klar, dass er auf eine Forderung, deren Bestehen gerichtlich festgestellt und tituliert ist, leisten muss. Es ist ihm jedenfalls nach Ergehen der gerichtlichen Entscheidung zumutbar, die notwendigen Mittel wenigstens intern bereitzustellen, so dass er die Forderung im Fall des Vollstreckungsantrags begleichen kann. Es ist ebenfalls denkbar, einen eigenen Haushaltstitel zu schaffen, um Geldforderungen auf diese Weise zügig begleichen zu können. Die von dem Gesetzgeber verfolgten Zwecke sind allerdings nicht evident fehlsam. Es handelt sich sämtlich um Erwägungen, die in dessen Einschätzungsprärogative fallen. Sie sind legitim.

---

849 *Berkemann*, DÖV 2019, 761 (767).

850 Zutreffend *Berkemann*, DÖV 2019, 761 (768).

Diesbezügliche Bedenken können deshalb allenfalls auf Ebene der Angemessenheitsprüfung eingebracht werden.

Schließlich ist, was die hinter den Zwecken des § 170 VwGO stehenden Verfassungsgüter betrifft, eine Kollisionslage gegeben. Die Ausübung des Art. 19 Abs. 4 Satz 1 GG berührt den verfassungsrechtlich abgesicherten Belang der Funktionsfähigkeit der Verwaltung und die Verlässlichkeit der Rechtsordnung (Vermeidung der Vollstreckung).

b) Abwägungspositionen

Für die Beurteilung der §§ 170, 172 VwGO lassen sich folgende – generelle – Abwägungspositionen ausmachen, die – bezogen auf das jeweils in Rede stehende Regelungsmerkmal in der jeweils zu betrachtenden Konstellation – konkretisierungsbedürftig sind.

i) Kollidierende Verfassungswerte

Für den Staat und/oder die Allgemeinheit streiten mehrere Interessen. Dabei werden nachfolgend ausschließlich die auf Seiten des Staates stehenden Verfassungswerte genannt, denen kein Grundrechtsanspruch gegenübersteht. Denn das Bestehen eines grundrechtlichen Anspruchs begründet spiegelbildlich eine staatliche Pflicht und wird deshalb an anderer Stelle behandelt.

Der Staat hat ein verfassungsrechtliches Interesse an dem Schutz des Kernbereichs exekutiver Eigenverantwortung, der – im Verhältnis zwischen vollstreckendem und schuldendem Staat – aus Gründen der Gewaltenteilung einem Zugriff im Wege der Vollstreckung entzogen ist. Daneben besteht in unterschiedlicher Ausprägung ein verfassungsrechtlich geschütztes Interesse des Staates und der Allgemeinheit am Schutz des Staatsvermögens in Gestalt des Finanzvermögens (vgl. Art. 134 GG) bzw. des Kommunalvermögens.[851] Dies betrifft zunächst das Interesse, die Zahlung bis zu einer rechtskräftigen Entscheidung zu verweigern oder sie – zur Sicherung der Liquidität im Fall der Zahlungsunfähigkeit –[852] vollständig zu verweigern. Hiermit verwandt ist das Interesse an der Sicherung der Funktionsfähigkeit der Verwaltung, die bei einem Entzug unerlässlichen (sächlichen) Verwaltungsvermögens beeinträchtigt wäre. Gleiches gilt im Fall der für die Anweisung eines titulierten Geldbetrags benötigten Dauer.

ii) Weitere Verfassungswerte

Es kommen darüber hinaus Verfassungswerte auf der Seite des Staates und der Allgemeinheit in Betracht, die gleichzeitig für den Vollstreckungsgläubiger streiten. Dies ist einerseits das staatliche Interesse an Rechtssicherheit in Gestalt der

---

851 Vgl. etwa §§ 78 ff. Kommunalverfassung des Landes Brandenburg.

852 Siehe unter B.I.1 und *Gundlach/Frenzel/Schmidt*, InVo 2001, 227 (227).

Vollstreckungsvermeidung, andererseits an Rechtssicherheit und Rechtsfrieden in Gestalt erfolgreicher Vollstreckung in dem konkreten Einzelfall. Hinzu kommt die Bindung des schuldenden Staates an den von einem Verwaltungsgericht geschaffenen Titel, die aus dem Grundsatz der Gewaltenteilung folgt. Schließlich ergeben sich haushaltsrechtliche Bindungen i.S.d. Gemeinwohls, etwa in Gestalt der Grundsätze der Wirtschaftlichkeit und Sparsamkeit.

iii) Weitere Grundrechte des Vollstreckungsgläubigers

Was das Verhältnis zu dem vollstreckenden Staat angeht, so besteht die Bindung des vollstreckenden Staates an Grundrechte des privaten Vollstreckungsgläubigers fort.[853] Im Verhältnis des Vollstreckungsgläubigers zu dem schuldenden Staat ist in der verwaltungsgerichtlichen Vollstreckung auch die Vollstreckungsschuldnerin an die Grundrechte des Vollstreckungsgläubigers gebunden. So ist der grundrechtlich geschützte materielle Anspruch des Vollstreckungsgläubigers,[854] der in den hier gegebenen Fallgestaltungen mit dem vollstreckbaren Anspruch (nicht dem Vollstreckungsanspruch) zusammenfällt, im Rahmen der von dem Gesetzgeber durchzuführenden Abwägung erst recht zu berücksichtigen, und zwar insoweit, als er eine entsprechende Pflicht des schuldenden Staates begründet. Im Fall der verwaltungsgerichtlichen Zwangsvollstreckung ergibt sich diese Bindung an den materiellen Anspruch (nicht an den vollstreckbaren Anspruch) wegen der Grundrechtsbindung des schuldenden Staats zusätzlich unmittelbar aus dem jeweiligen grundrechtlichen Leistungsanspruch des privaten Vollstreckungsgläubigers. Hinsichtlich des § 170 VwGO ist dies Art. 14 Abs. 1 GG, der auch schuldrechtliche Forderungen schützt.[855]

4. Spezialität von Art. 19 Abs. 4 Satz 1 GG

Neben Art. 19 Abs. 4 Satz 1 GG können gegen den Gesetzgeber gerichtete Ansprüche auf wirksamen Rechtsschutz aus weiteren Instituten folgen.[856] Insbesondere in seiner älteren Rechtsprechung hat das Bundesverfassungsgericht den Anspruch

853 Vgl. BVerfG, Beschluss vom 20. April 1982 – 2 BvL 26/81 –, BVerfGE 60, 253 (297): *„Gewiß bestimmt sich das Maß dessen, was wirkungsvoller Rechtsschutz ist, entscheidend auch nach dem sachlichen Gehalt des als verletzt behaupteten Rechts; denn es ist dieses Recht, dessen Schutz durch Art. 19 Abs. 4 Satz 1 GG wirkungsvoll gewährleistet werden soll."*

854 Es kann sich hierbei handeln um das Recht auf körperliche Unversehrtheit, das Allgemeine Persönlichkeitsrecht, die Chancengleichheit der Parteien oder die allgemeine Handlungsfreiheit einschließlich der wirtschaftlichen Freiheit.

855 BGH, Beschluss vom 25. August 2004 – IXa ZB 271/03 –, Rn. 5 ff., zit. nach juris.

856 *Sachs*, JuS 2003, 914 (916 f.); *Voßkuhle*, NJW 2003, 2193 ff.; zu dem allgemeinen Justizgewährungsanspruch oben unter B.III.1.

auf wirksamen Rechtsschutz unmittelbar aus den jeweils berührten materiellen Grundrechten abgeleitet und auf die (bloß) ergänzende Funktion des Art. 19 Abs. 4 Satz 1 hingewiesen.[857]

Weil in den vorliegenden Vollstreckungsfällen die Voraussetzungen des Art. 19 Abs. 4 Satz 1 GG erfüllt sind, stellt sich die Frage nach dem Verhältnis der anzuwendenden grundrechtlichen Anspruchspositionen. Teilweise nimmt man ein *„arbeitsteiliges Verhältnis“* an,[858] während die herrschende Meinung von einem Vorrang des Art. 19 Abs. 4 Satz 1 GG im Wege der Spezialität ausgeht.[859] Für das Spezialitätsverhältnis spricht, dass Art. 19 Abs. 4 Satz 1 GG nicht nur die Eröffnung des Rechtsweges als solche gewährleistet, sondern auch die Effizienz des Verfahrens und die Effektivität des Rechtsschutzes. Art. 19 Abs. 4 Satz 1 GG umfasst auch – im Sinne eines Grundrechtsschutzes durch Verfahren – die Vorwirkung in das Verwaltungsverfahren und ihre Bedeutung für den Zivilprozess. Zudem können aus den materiellen Grundrechten verschiedene Anforderungen an die Effektivität der jeweils grundrechtlich geschützten Interessen folgen. Art. 19 Abs. 4 GG konkretisiert die jeweiligen Effektivitätsgebote in Bezug auf Rechtsverletzungen durch die öffentliche Gewalt. Soweit Art. 19 Abs. 4 GG also betroffen ist, ist für einen Rückgriff auf materielle Grundrechte kein Raum.[860]

---

857 Vgl. etwa BVerfG, Urteil vom 18. Dezember 1968 – 1 BvR 638/64 –, BVerfGE 24, 367 (398). Das Bundesverfassungsgericht hat den Grundsatz effektiven Rechtsschutzes in nachfolgenden Entscheidungen allerdings wieder auf Art. 19 Abs. 4 Satz 1 GG zurückgeführt, vgl. BVerfG, Beschluss vom 20. April 1982 – 2 BvL 26/81 –, BVerfGE 60, 253 (297).

858 Danach soll Art. 19 Abs. 4 GG den Schutz der Rechtswegeröffnung enthalten, dem grundrechtsunmittelbaren Schutz soll demgegenüber die wirksame Gestaltung des gerichtlichen Verfahrens zufallen. Begriff nach *Schmidt-Aßmann*, in: *Dürig/Herzog/Scholz*, Art. 19 Abs. 4, Rn. 23.

859 *Huber*, in: *v. Mangoldt/Klein/Starck*, Art. 19 GG, Rn. 367; *Krebs*, in: *v. Münch/Kunig*, Art. 19 GG, Rn. 102; *Schmidt-Aßmann*, in: *Dürig/Herzog/Scholz*, Art. 19 Abs. 4, Rn. 23; *Schulze-Fielitz*, in: *Dreier*, Art. 19 Abs. 4 GG, Rn. 36; *Bauer*, Gerichtsschutz, S. 24 ff.

860 *Huber*, in: *v. Mangoldt/Klein/Starck*, Art. 19 GG, Rn. 367. Dies betrifft etwa – im Fall von § 170 VwGO einen – sich aus Art. 14 Abs. 1 GG ergebenden – Anspruch auf möglichst wirksame Vollstreckung. Art. 19 Abs. 4 GG wird hier ergänzt *„durch den sich unmittelbar aus dem materiellen Grundrecht des Art. 14 Abs. 1 Satz 1 ergebenden Anspruch auf einen effektiven Rechtsschutz.“*, vgl. BVerfG, Urteil vom 18. Dezember 1968 – 1 BvR 638/64 –, BVerfGE 24, 367 (398). Aus dem materiellen Abwehrrecht wird ein (positives) Recht auf tatsächliche Grundrechtsdurchsetzung kraft Verfahrensrechts. *Papier*, in: *Dürig/Herzog/Scholz*, Art. 14 GG, Rn. 45. Dieses wird allerdings im Fall von Rechtsverletzungen durch die öffentliche Gewalt von Art. 19 Abs. 4 Satz 1 GG verdrängt.

5. Zusammenfassung

Der gegen den vollstreckenden Staat gerichtete Vollstreckungsanspruch folgt aus Art. 19 Abs. 4 Satz 1 GG. Der Anspruch entsteht bereits im Fall des Eintritts einer Rechtsverletzung durch den schuldenden Staat und nicht erst mit Existenz der verwaltungsgerichtlichen Entscheidung. Die Rechtsverletzung liegt nicht in dem Nichtbefolgen der verwaltungsgerichtlichen Entscheidung, sondern in der Verletzung des materiellen Anspruchs, der sich aus dem einfachen Recht ergibt. Art. 19 Abs. 4 Satz 1 GG garantiert dem Vollstreckungsgläubiger möglichst wirksamen Rechtsschutz. Er hat einen substanziellen Anspruch auf eine tatsächliche wirksame gerichtliche Kontrolle.

Kernbegriff ist die „Wirksamkeit". Abstrakt-generelle Maßgaben an die Wirksamkeit speziell für die verwaltungsgerichtliche Zwangsvollstreckung sind bislang kaum vorhanden; es fehlt an einer stringenten Maßstabsbildung. Überwiegend wird auf den Grundsatz der Verhältnismäßigkeit abgestellt. Nötig ist, dass die gesetzliche Ausgestaltung der Durchsetzung des jeweils verfolgten legitimen Zwecks dient, d.h. geeignet, erforderlich und angemessen ist. Der Gesetzgeber muss die gegenläufigen Verfassungsgüter im Sinne praktischer Konkordanz jeweils zu einem optimalen Ausgleich bringen.

Dabei unterliegt die Verhältnismäßigkeitsprüfung in den Dreipersonenkonstellationen der verwaltungsgerichtlichen Zwangsvollstreckung mehreren Besonderheiten. Anknüpfungspunkt für die Wirksamkeitsprüfung ist ein Eingriff in das dem Vollstreckungsgläubiger gewähreistete Grundrecht aus Art. 19 Abs. 4 durch Gewährleistung eines Vollstreckungsregimes, nicht ein Eingriff in verfassungsrechtlich geschützte Rechte des Staates. Auch die Anforderungen an den legitimen Zweck sind in zweifacher Weise modifiziert. Erstens ist Art. 19 Abs. 4 Satz 1 GG nur einschränkbar durch Grundrechte Dritter und durch Gemeinschaftswerte von Verfassungsrang, die grundrechtsbegrenzend wirken können. Zweitens sind besondere Anforderungen an den legitimen Zweck im Fall von Art. 19 Abs. 4 Satz 1 GG zu beachten.

Der Beurteilungs- und Entschließungsfreiheit des Gesetzgebers sind nur äußerste Grenzen gesetzt. Die Erwägungen müssen offensichtlich „*fehlsam*" sein. Anschließend ist die sog. Kollisionslage festzustellen. Die Ausübung des Art. 19 Abs. 4 Satz 1 GG muss zugleich die Verwirklichung des gegenläufigen Verfassungsgutes beeinträchtigen.

Für die Geeignetheit gelten folgende Modifikationen: Die Vollstreckungsvorschriften dürfen zur Erreichung der Gesetzeszwecke nicht evident untauglich sein. Wichtig ist dabei, dass die gesetzgeberische Ausgestaltung nicht in jedem Einzelfall zum Tragen kommen und auch nicht die wirkungsstärkste oder geeignetste sein muss. Auch muss der angestrebte Erfolg nicht vollständig eintreten.

Auf Ebene der Angemessenheit muss der Gesetzgeber die kollidierenden Verfassungsgüter derart im Wege praktischer Konkordanz auflösen, dass diese jeweils zu optimaler Wirksamkeit gelangen. Es ist zunächst die Kollisionslage im Hinblick auf jene kollidierenden Verfassungsgüter festzustellen, die nicht bereits auf Ebene der Legitimität zum Tragen kamen. Sodann ist das Gewicht aller gegenläufigen Güter festzustellen, wie es sich in der staatlichen Eingriffsmaßnahme widerspiegelt. Ferner muss berücksichtigt werden, dass es sich im Ausgangspunkt um einen Grundrechtseingriff auf Seiten des Gläubigers handelt, nicht um einen Eingriff in verfassungsrechtliche Positionen des schuldenden Staates. In Fällen, in denen Adressaten der Zwangsvollstreckungsmaßnahmen Amtsträger sind, muss sich die Angemessenheitsprüfung zusätzlich an dem insoweit gegebenen Grundrechtseingriff ausrichten.

Soweit es um die einzustellenden Rechtspositionen geht, bedarf es zunächst der Feststellung, dass der schuldende Staat nicht grundrechtsberechtigt ist. Dies ist deshalb von Bedeutung, weil damit die strengen Freiheitssicherungen in der Vollstreckung gegenüber Behörden jedenfalls nicht grundrechtlich geboten sind. Die Ermittlung der Abwägungspositionen zeigt darüber hinaus, dass jedenfalls im Ausgangspunkt eine Tendenz vorliegt, die zu einem Überwiegen der Bindungen des vollstreckenden Staates, der öffentlichen Interessen und der Grundrechte des Vollstreckungsgläubigers über die verfassungsrechtlichen Interessen des Staates führen können. Auf weitere Positionen kommt es im Rahmen der Abwägung nicht an – weder auf einfachgesetzlich verliehene Rechte noch auf den Vollstreckungstitel in Gestalt der verwaltungsgerichtlichen Entscheidung.

Soweit es um die Frage möglicher Bindungen und Rechte im Vollstreckungsverhältnis geht, wurde herausgearbeitet, dass hier keine zusätzliche Sonderbeziehung i.S. eines gesetzlichen Schuldverhältnisses existiert. Auch auf Vollstreckungsebene besteht keine unmittelbare Beziehung zwischen Vollstreckungsgläubiger und schuldendem Staat. Der materielle Anspruch wirkt – weil er grundrechtlich geschützt ist – als Anspruch des Vollstreckungsgläubigers bzw. grundrechtliche Bindung des schuldenden Staates auf Verfassungsebene fort.

II. Die Vollstreckung aus verwaltungsgerichtlichen Erzwingungstiteln nach § 172 VwGO

Will eine Rechtsordnung für ihre Bürger Rechtsschutz gewährleisten, muss sie mit dem dazu erforderlichen Rechtszwang ausgestattet sein.[861] Es stellt sich deshalb die entscheidende Frage, ob § 172 VwGO den Anforderungen des Art. 19 Abs. 4 Satz 1 GG genügt. Auch hier wird exemplarisch die verwaltungsgerichtliche Erzwingungsvollstreckung in Bezug auf schlichthoheitliches Handeln der Behörde untersucht.

861 *Gaul*, ZZP 112 (1999), 135 (139).

1. Unwirksamkeit am Maßstab von Art. 19 Abs. 4 Satz 1 GG

Die unter den Abschnitten C.II.2 und C.III herausgearbeitete Typologie in Bezug auf die tatsächlichen Erscheinungsformen gewinnt an Bedeutung, wenn es um die Frage geht, in welchen Fällen die Wirkung des § 172 VwGO einer Störung in einem Ausmaß unterliegt, dass diese am Maßstab des Art. 19 Abs. 4 Satz 1 GG nicht mehr hinnehmbar ist.

a) Graduelle Reduktion der Wirksamkeit staatlichen Vollstreckungshandelns

Konkret geht es um die Grenzziehung, in welchen Fällen § 172 VwGO noch hinreichend wirksam ist und in welchen Fällen die Schwelle zur Unwirksamkeit der Vorschrift überschritten ist. Die Frage nach der Vereinbarkeit mit Art. 19 Abs. 4 Satz 1 GG setzt eine detaillierte Wiedergabe des Regelungsmechanismus und der Folgen der Anwendung von § 172 VwGO voraus.[862]

i) Vollstreckungsinstrumentarium

Mit dem Vollstreckungsinstrumentarium des § 172 VwGO hat sich die Arbeit weiter oben befasst.[863] Es stellt sich die Folgefrage, auf welche Weise die Vorschrift dazu führt, dass eine auf das Nichtbefolgen der Verwaltung i.e.S. hin veranlasste Vollstreckung erschwert wird oder vollständig ins Leere läuft. Dies kann – soweit es um die hier allein untersuchten Vollstreckungsvorschriften geht – nur schematisch dargestellt werden.

Die Beschränkung auf ein einziges Zwangsmittel – hier das Zwangsgeld – hat noch keine Erschwernis bzw. die vollständige Unwirksamkeit der verwaltungsgerichtlichen Zwangsvollstreckung zur Folge. Auch die Beschränkung auf mittelbaren Beugezwang führt für sich genommen nicht zu den beiden genannten Folgen. Man denke etwa an ein (hypothetisches) Zwangsgeld in sechs- oder siebenstelliger Höhe. Vielmehr dürfte die Ursache für eine erschwerte oder vollständig unwirksame Vollstreckung darin liegen, dass es sich im Fall des § 172 VwGO um ein Zwangsgeld als alleiniges Vollstreckungsmittel handelt, das in Höhe eines vergleichsweise niedrigen Betrages begrenzt ist. Denn die maximal zulässige Zwangsgeldhöhe von DM 2.000,- bzw. von inzwischen EUR 10.000,- hat nach wie vor symbolischen Charakter.[864] Hinzu kommt, dass das Zwangsgeld als justizeigener

---

862 Vgl. BVerfG, Beschluss vom 30. Juni 2015 – 2 BvR 1282/11 –, BVerfGE 139, 321 (366).

863 Siehe hierzu unter B.V.

864 VGH Baden-Württemberg, Beschluss vom 14. Mai 2020 – 10 S 461/20 –, ZUR 2020, 555 (556 f.); *Rennert*, FAZ vom 18. Juli 2019, Fn. 394; *Rennert*, Verwaltung, Verwaltungsgerichtsbarkeit und Gewaltenteilung, Fn. 89, S. 14; *Waldhoff*, in: *Gärditz*, § 172 VwGO, Rn. 13; *Berkemann*, DÖV 2019, 761 (767 f.); *Klinger*, NVwZ 2019, 1332 (1333).

Anspruch verstanden[865] wird. Zwar ist auf Grund der von Amts wegen durchzuführenden Beitreibung sicher, dass dieses bei dem Schuldner abgeschöpft wird. Allerdings erweist sich die Betreibung in einigen Fällen als zahnloser Tiger. Ist ein Land oder der Bund Zwangsgeldschuldner, stellt sich die Zwangsgeldbeitreibung letztlich als ein Umbuchungsvorgang zwischen verschiedenen Titeln des Staatshaushalts dar, also etwa von einem Landesministerium an das Justizministerium des jeweiligen Landes.[866] Der Betrag wird zwar dem jeweiligen Haushaltstitel entzogen und steht damit der zahlenden Einrichtung nicht mehr zur Verfügung. Er fließt aber nicht aus dem Landes- bzw. Bundeshaushalt ab. Der Rechtsträger des vollstreckenden Gerichts und jener des Vollstreckungsschuldners sind regelmäßig identisch. Denn nach bislang unbestrittener Auffassung steht das festgesetzte Zwangsgeld i.S.v. § 172 VwGO nicht dem Vollstreckungsgläubiger zu, sondern es ist an die Staatskasse abzuführen.[867] Schwerer wiegen die Folgen demgegenüber im Fall der Vermögensverschiebung zwischen Gebietskörperschaften, etwa aus dem Haushalt einer sich weigernden Kommune in den Landeshaushalt. Hier fließt das Zwangsgeld von einer Gemeinde zum Land, etwa auf das Konto der jeweiligen „Zentralen Zahlstelle Justiz"[868] bzw. der Kosteneinziehungsstelle. Diese Vermögensverschiebung wird die durch Zwangsgeldzahlung verpflichtete Gebietskörperschaft – die Gemeinde – empfindlicher treffen als die Zwangsgeldzahlung innerhalb eines Landes oder des Bundes.

Ein weiterer, soweit ersichtlich in die Diskussion bislang noch nicht einbezogener Gesichtspunkt ist die Vollstreckung des festgesetzten Zwangsgeldes selbst. Geht man mit der herrschenden Meinung davon aus, dass dieses nach § 170 VwGO vollstreckt wird,[869] kann es zu einer doppelten Privilegierung des Staates kommen. Denn der schuldende Staat hat bereits bei Nichtbefolgen der in einem gerichtlichen Erzwingungstitel titulierten Pflicht jedenfalls potenziell die Aussicht, dass ein festgesetztes Zwangsgeld unter Umständen nur teilweise vollstreckt wird, etwa

---

865 Siehe hierzu unter B.IV.2.b)i).

866 Bayerischer VGH, Beschluss vom 09. November 2018 – 22 C 18.1718 –, ZUR 2019, 108 (109); OVG Berlin, Beschluss vom 04. November 1998 – 3 S 15.98 –, Rn. 27, zit. nach juris; *Rupp*, AöR 85 (1960), 301 (336); *Miedtank*, Zwangsvollstreckung, S. 129 f.; *Berkemann*, DÖV 2019, 761 (772); *Heckmann*, in: *Sodan/Ziekow*, § 172 VwGO, Rn. 80; *Pietzner/Möller*, in: *Schoch/Schneider*, VwGO, § 172 VwGO, Rn. 62; *Klinger*, NVwZ 2019, 1332 (1333); *Rennert*, Verwaltung, Verwaltungsgerichtsbarkeit und Gewaltenteilung, Fn. 89, S. 14; *Will*, NJW 2020, 963 (965).

867 *Rupp*, AöR 85 (1960), 301 (336); *Miedtank*, Zwangsvollstreckung, S. 129 f; *Berkemann*, DÖV 2019, 761 (772); *Heckmann*, in: *Sodan/Ziekow*, § 172 VwGO, Rn. 80 ff.; *Pietzner/Möller*, in: *Schoch/Schneider*, VwGO, § 172 VwGO, Rn. 46; OVG Berlin, Beschluss vom 04. November 1998 – 3 S 15.98 –, Rn. 27, zit. nach juris.

868 Vgl. VG Gelsenkirchen, Beschluss vom 03. August 2018 – 8 M 80/18 –.

869 Siehe hierzu bereits unter B.IV.2.b)i).

auf Grund von § 170 Abs. 3 VwGO. Auch mag jedenfalls die Möglichkeit einer im Wege des gerichtlichen Ermessens erfolgenden Reduktion des zuvor festgesetzten Zwangsgeldes dessen Beugewirkung (weiter) mindern.

Bedeutung kommt daher vor allem der betragsmäßigen Zwangsgeldgrenze zu, um auf diese Weise – je nach Zwangsgeldadressat und Zwangsgeldbegünstigtem – unterschiedliche Stufen der Wirksamkeit der Erzwingungsvollstreckung zu erreichen.[870] Auch der Gesetzgeber sah offenbar in der Höhe des Zwangsgeldes die maßgebliche Stellschraube für die Wirksamkeit des § 172 VwGO.[871] Die Wiederholungsmöglichkeit nach § 172 Satz 1 VwGO trägt demgegenüber nicht zu einer Erhöhung der Wirksamkeit des Vollstreckungsdrucks bei. Begründet liegt dies in der Praxis der Verwaltungsgerichte, jeweils einzelne Zwangsgelder immer wieder erneut anzudrohen und festzusetzen, was auch ohne die denkbaren Vollstreckungsrechtsbehelfe des schuldenden Staates die Frequenz der Zwangsgelder stark beschränkt[872] und zu einer erheblichen Dauer des Erzwingungsverfahrens führt. Der schuldende Staat erhält hierdurch jeweils einen Aufschub von Wochen oder sogar von Monaten.

ii) Fälle der Wirksamkeitsreduktion

Die Arbeit untersucht in diesem Kapitel ausschließlich die Vollstreckungsvorschriften auf ihre Vereinbarkeit mit Grundrechten. Für die Vereinbarkeit mit Art. 19 Abs. 4 Satz 1 GG muss in jedem konkreten Fall untersucht werden, ob § 172 VwGO hinreichend wirksam ist. Dies kann hier naturgemäß nicht geleistet werden. Deshalb soll im Folgenden skizziert werden, welche Fallgestaltungen potenziell zu einer nicht mehr zumutbaren Wirksamkeitsreduktion oder zu einem vollständigen Leerlaufen der Vollstreckung führen können, wann also die Schwelle zur Unwirksamkeit i.S.d. Art. 19 Abs. 4 Satz 1 GG überschritten ist. Hierbei muss man sich im Klaren sein, dass die unzumutbare Erschwernis der Vollstreckung und deren vollständiges Leerlaufen immer im Zusammenwirken des § 172 VwGO einerseits mit dem behördlichen Nichtbefolgen und den Rahmenbedingungen des konkreten Falles andererseits erfasst werden müssen. In Abschnitt C.III wurde die Intensität des Nichtbefolgens[873] isoliert dargestellt. An dieser Darstellung kann man sich grundsätzlich orientieren.[874]

---

870 BVerfG, Beschluss vom 09. August 1999 – 1 BvR 2245/98 –, NVwZ 1999, 1330 ff.; Hessischer VGH, Beschluss vom 08. November 1999 – 8 TM 3106/99 –, Rn. 2, zit. nach juris.

871 BT-Drs. 14/6393, S. 14: „*Das Zwangsgeld, das bei einer Vollstreckung gegen eine Behörde verhängt werden kann, entspricht nicht mehr den heutigen wirtschaftlichen Verhältnissen und ist auch nicht geeignet, effektiven Rechtsschutz zu gewähren.*"

872 *Will*, NJW 2020, 963 (965).

873 Siehe hierzu unter C.III.

874 Dabei ist die Intensität des Nichtbefolgens nicht zwangsläufig Indiz für die Unwirksamkeit des § 172 VwGO. Zwar weist ein Nichtbefolgen höherer Intensität darauf

Daraus folgt, dass der Fehler der Verwaltung aus Sicht des Art. 19 Abs. 4 Satz 1 GG unbedenklich ist. Für einen Übertritt der Schwelle zur Unwirksamkeit des § 172 VwGO in Betracht kommen vielmehr die Vereitelung durch Erledigung in Form von Zeitablauf ohne weiteres Zutun des schuldenden Staates und die Vollstreckungsvereitelung ohne erledigendes Ereignis, jeweils beruhend auf der Konstruktion des § 172 VwGO. Betrachtet man das behördliche Nichtbefolgen und die soeben beschriebenen Merkmale des § 172 VwGO gemeinsam, wird ersichtlich, dass sich eine Gemeinde – anders als etwa ein Land oder der Bund – tendenziell eher durch die Höhe des Zwangsgeldes motivieren lassen wird, weil dieses aus dem Kommunalvermögen abfließt. Im Fall eines Landes oder des Bundes kann demgegenüber auch ein Zwangsgeld in Höhe des Maximalbetrages ohne Wirkung bleiben, so dass es hier auf die Frage der wiederholten Androhung und/oder Festsetzung ankommt. In eilbedürftigen Fällen – hier wird es regelmäßig um einstweilige Anordnungen gehen – besteht die Gefahr, dass das verwaltungsgerichtliche Erzwingungsverfahren eine lange Dauer beansprucht und Erledigung eintritt, bevor überhaupt ein Zwangsgeld nur angedroht oder festgesetzt ist. Selbst wenn das Vollstreckungsgericht den Maximalbetrag i.H.v. EUR 10.000,- androhen würde und die Kommune voraussieht, dass das Zwangsgeld nach Erledigungseintritt festgesetzt werden wird, wäre die Androhung des Maximalbetrages nicht hinreichend wirksam. Die Unwirksamkeit des § 172 VwGO ist hier insofern problematischer, als die Erledigung zum vollständigen Rechteverlust führt.

Zusammenfassend handelt es sich bei den problematischen Fallgestaltungen also zunächst um die Konstellation des Erledigungseintritts und weiter um die Konstellation der – ohne Erledigungseintritt – sich hinziehenden, mehrmaligen Zwangsgeldfestsetzung mit im Ergebnis leerlaufender Vollstreckung. Diese Konstellation betrifft eher die verwaltungsgerichtliche Zwangsvollstreckung gegen ein Land oder den Bund. Die Schwelle zur Unwirksamkeit des § 172 VwGO i.S.v. Art. 19 Abs. 4 Satz 1 GG lässt sich dabei nicht abstrakt bestimmen, sondern hängt immer von dem behördlichen Verhalten im konkreten Fall sowie von dessen Rahmenbedingungen ab.

Im Folgenden werden die Gründe für die Unvereinbarkeit des § 172 VwGO in den genannten kritischen Fallkonstellationen skizziert.

b) Unvereinbarkeit mit Art. 19 Abs. 4 Satz 1 GG

§ 172 VwGO ist, auch wenn die Vorschrift in bestimmten Fällen zu einer Erschwerung oder zu einem Leerlaufen der Vollstreckung führt, geeignet zur Erreichung

---

hin, dass § 172 VwGO unwirksam wird. Es sind jedoch auch Fallgestaltungen denkbar, in denen Unwirksamkeit des § 172 VwGO auch ohne besonderes intensives Nichtbefolgen gegeben ist. Klassischer Fall ist die Erledigung im Fall der Vollziehung einer einstweiligen Anordnungen, siehe hierzu unter C.III.

des Zwecks, den Vollstreckungsweg zu regeln und die wirksame verwaltungsgerichtliche Erzwingungsvollstreckung[875] zu sichern. Insbesondere liegt keine evidente Untauglichkeit vor, die zu einer Ungeeignetheit des § 172 VwGO führen würde. Evident untauglich ist eine Vorschrift nicht schon dann, wenn – wie hier – die gesetzgeberische Ausgestaltung nicht in jedem Einzelfall zum Tragen kommt oder nicht das wirkungsstärkste Mittel ist. Auch muss der angestrebte Erfolg nicht vollständig eintreten.[876] Zwar hat das Zwangsgeld hier nach wie vor lediglich symbolischen Charakter und versagt die Vorschrift in bestimmten Fallgestaltungen. Wie bereits dargelegt, handelt es sich bei den kritischen Fällen der verwaltungsgerichtlichen Erzwingungsvollstreckung um Einzelfälle.[877] § 172 VwGO ist darum nach wie vor geeignet, die verwaltungsgerichtliche Erzwingungsvollstreckung insgesamt zu sichern. Hinzu kommt, dass schon wegen der Natur des von dem Gesetzgeber gewählten Zwangsmittels – mittelbarer Beugezwang – eine Wirksamkeitsreduktion eingepreist ist.[878] Aus dieser Perspektive ist dem Zwangsmittel ein potenzieller Wirksamkeitsverlust inhärent, dieser liegt insoweit nicht in § 172 VwGO selbst begründet. Dass sich der Gesetzgeber für mittelbaren Beugezwang entschieden und nur ein Zwangsmittel vorgesehen hat, muss ihm im Rahmen seines Gestaltungs- und Einschätzungsspielraums zugestanden werden. Insoweit ist die Prognose des Gesetzgebers, mit dem symbolischen Zwangsgeld die Vollstreckung aus verwaltungsgerichtlichen Erzwingungstiteln bewältigen zu können, weder evident ungeeignet noch unvertretbar.

Auf Ebene der Angemessenheit demgegenüber zeigt sich in den kritischen Fallgestaltungen, dass der Gesetzgeber die gegenläufigen Verfassungsgüter nicht in einer Weise einander zugeordnet hat, dass sie jeweils zu optimaler Wirksamkeit gelangen. In diesen Fällen erlangen die Belange des Staates ein nicht mehr zu rechtfertigendes Übergewicht über die verfassungsrechtlich geschützten Interessen des privaten Vollstreckungsgläubigers und die verfassungsrechtlich geschützten Allgemeininteressen. Auch wenn der Zweck des § 172 VwGO auf eine wirksame Vollstreckung gerichtet ist, so führt dessen Konstruktion in den kritischen Fällen zu einer erschwerten Vollstreckung oder zu deren völligem Leerlaufen und damit zu einer Beeinträchtigung des Art. 19 Abs. 4 Satz 1 GG. In diesen Fällen streiten für den Staat das Interesse an der Wahrung des Handlungsbereichs der Exekutive, an der Funktionsfähigkeit der Verwaltung und der Gewährleistung von Rechtssicherheit durch Vollstreckungsvermeidung. Dem stehen die verfassungsrechtlich geschützten Gläubigerinteressen gegenüber, namentlich das Grundrecht, das dessen materiellen Anspruch sichert sowie der Anspruch auf möglichst wirksame Vollstreckung selbst. Ferner stehen auf Seiten des Staates selbst solche

875 Siehe hierzu unter E.I.3.a).

876 Siehe hierzu unter E.I.2.b).

877 Siehe hierzu unter D.II.

878 *Heckmann*, Sofortvollzug, S. 35.

verfassungsrechtlich geschützten Interessen, die für eine wirksame verwaltungsgerichtliche Zwangsvollstreckung streiten. Hierbei handelt es sich – korrespondierend zu den Ansprüchen des Gläubigers – um die Bindung des Staates an das Grundrecht, das den materiellen Gläubigeranspruch sichert, sowie an Art. 19 Abs. 4 Satz 1 GG. Darüber hinaus hat der Staat ein verfassungsrechtliches Interesse an der Gewährleistung von Rechtssicherheit und Rechtsfrieden im Einzelfall. Er ist zudem an den verwaltungsgerichtlichen Titel gebunden. Eine Kollisionslage ist hier gegeben, weil die Vollstreckung gegen den schuldenden Staat die Verwirklichung der oben genannten Verfassungsrechtsgüter berührt.

Abstrakt sind die gegenläufigen Rechtsgüter von gleichermaßen hohem Gewicht. Konkret können sie naturgemäß nur am Maßstab des Einzelfalles gewürdigt werden, weil es auf die jeweilige Belastung des Vollstreckungsgläubigers und des Staates ankommt. Jedenfalls für die oben[879] definierten Fallgestaltungen lässt sich indessen sagen, dass den Interessen des Vollstreckungsgläubigers und den Interessen des Staates sowie der Allgemeinheit, die für eine wirksame Zwangsvollstreckung streiten, auch konkret in aller Regel hohes Gewicht beizumessen sein wird. Denn in diesen Fallgestaltungen läuft die Vollstreckung im Ergebnis leer.

Der in Gestalt der Vollstreckungsvorschriften liegende Eingriff in das Grundrecht des Vollstreckungsgläubigers ist zur Optimierung der gegenläufigen Verfassungsgüter allerdings nicht angemessen i.S. optimaler Wirksamkeit aller in Rede stehenden verfassungsrechtlichen Belange. In Fällen, in denen die Vollstreckung faktisch leerläuft, führt § 172 VwGO letztlich zur absoluten Rechtschutzlosigkeit des Vollstreckungsgläubigers und verstößt damit gegen das Untermaßverbot.

Dies lässt sich durch Sachgründe, namentlich staatliche Interessen, nicht rechtfertigen. Hinreichend gewichtige Gründe für die Rechtfertigung eines vollständigen Vollstreckungsausschlusses sind nicht ersichtlich. Je höher der Grad der Nichterfüllung oder Beeinträchtigung des einen Prinzips ist, desto größer muss die Wichtigkeit der Erfüllung des anderen sein. Auf Seiten des Staates besteht keine besondere Wichtigkeit an einem Verzicht auf die Vollstreckung. Nicht erkennbar ist ferner, dass die verwaltungsgerichtliche Vollstreckung aus Erzwingungstiteln in den Kernbereich des schuldenden Staates eingreifen würde. Dem schuldenden Staat ist vielmehr seit Erlass der Verwaltungsgerichtentscheidung bekannt, dass er diese befolgen muss. Dies gilt für rechtskräftige wie für nicht rechtskräftige Entscheidungen gleichermaßen.

Umgekehrt läuft auf Seiten des Vollstreckungsgläubigers durch die im Ergebnis unwirksame Vollstreckung der materielle Anspruch leer. „*Ziel des Erkenntnisverfahrens ist es, das materielle Recht festzustellen und erzwingbar zu machen.*“[880] Es wird zur „*Farce*“, weil die Durchsetzbarkeit des Titels nicht mehr gegeben ist

879 Siehe hierzu unter E.II.1.a)ii).

880 Zur zivilprozessualen Zwangsvollstreckung *Götz*, in: Münchener Kommentar zur ZPO, § 704 ZPO, Rn. 1.

und der materielle Anspruch damit faktisch rückwirkend entzogen wird. Dies hat unter Umständen wiederum zur Folge, dass Prozesse gar nicht mehr geführt werden.[881] Vor allem die Möglichkeit der Zwangsausübung beeinflusst maßgeblich die Rechtsverwirklichung.[882] Damit werden zusätzlich auch das Erkenntnisverfahren als solches und dessen Ergebnisse entwertet. Insbesondere kann nicht entgegnet werden, dass in aller Regel davon ausgegangen werden könne, dass die öffentliche Verwaltung eine rechtskräftige Verwaltungsentscheidung beachte und befolge (Art. 20 Abs. 3 GG) und spätestens die Androhung eines Zwangsgelds ausreiche, um die Behörde zur Umsetzung des Urteils zu bewegen.[883] Denn auf Ebene der praktischen Konkordanz kommt es – im Gegensatz zu der Prüfung am Maßstab der Gewaltenteilung – auf die Wirksamkeit von Art. 19 Abs. 4 Satz 1 GG gerade im Einzelfall an. Vor allem in diesen Situationen muss sich der Rechtsstaat bewähren.[884] Gleichzeitig wird Art. 19 Abs. 4 Satz 1 GG der Wesensgehalt genommen. Das Problem verschärft sich, wenn man den Regelungsgehalt des § 172 VwGO erweiternd auslegt,[885] weil dann mehr Fallgestaltungen von den Wirkungen des § 172 VwGO betroffen sein können.

Für die beschriebenen Fallgestaltungen ist § 172 VwGO unvereinbar mit Art. 19 Abs. 4 Satz 1 GG. Nebenbei bemerkt: Gleichzeitig sind auch die definitorischen Anforderungen an den Begriff der Zwangsvollstreckung[886] nicht mehr erfüllt, weil § 172 VwGO letztlich seine Zwangswirkung einbüßt. Ohne Zwang ist eine Vollstreckung nicht denkbar.[887]

2. Verwaltungsgerichtliche Erzwingungsvollstreckung und richterliches Ermessen

Im Bereich der Vollstreckung nach § 172 VwGO liegen die in der Androhung gesetzte Frist zur Erfüllung der titulierten Leistung und die Höhe des Zwangsgeldes im gerichtlichen Ermessen. Dabei ist die Frist – anders als bei § 170 VwGO – von dem Gesetzgeber nicht und das Zwangsgeld betragsmäßig auf EUR 10.000,- begrenzt.

In Bezug auf die Zwangsgeldhöhe wird vielfach vertreten, dass es im Hinblick auf den Grundsatz der Verhältnismäßigkeit[888] regelmäßig ermessensfehlerhaft sei,

881 *Stamm*, S. 6.

882 *Heckmann*, Sofortvollzug, S. 30.

883 Vgl. auch *Will*, VerwArch 110 (2019), 280 (291 ff.); VGH Baden-Württemberg, Beschluss vom 14. Mai 2020 – 10 S 461/20 –, Rn. 22, zit. nach juris.

884 So bereits *Rupp*, AöR 85 (1960), 301 (326).

885 Siehe hierzu unter B.IV.4.b).

886 Siehe hierzu unter B.II.1.

887 *Heckmann*, Sofortvollzug, S. 33.

888 Die Fragestellung ist verwandt, jedoch nicht identisch mit dem unter E.I.2.b)ii)(1) erörterten Thema. Für die Anwendbarkeit des Verhältnismäßigkeitsprinzips *Heckmann*, in: *Sodan/Ziekow*, § 172 VwGO, Rn. 74; *Bank*, Zwangsvollstreckung, S. 76;

in der ersten Androhung das Höchstmaß von EUR 10.000,- anzudrohen. Etwas anderes könne im Fall einer außergewöhnlich hartnäckigen Widerspenstigkeit des Vollstreckungsschuldners gelten.[889] Dem steht entgegen, dass der Grundsatz der Verhältnismäßigkeit nicht als Ermessensgrenze heranzuziehen ist, soweit er zu einer Begünstigung des schuldenden Staates führte.[890] Denn dieser Grundsatz ist seinem Zweck nach nicht auf den Schutz des Staates vor dem Bürger ausgerichtet. Er schützt den Bürger vor der öffentlichen Gewalt. Ein Übermaßverbot zu Gunsten des schuldenden Staates scheidet hier aus.

Ausgangspunkt für die Bemessung der Höhe des Zwangsgeldes ist darum der Zweck des § 172 VwGO, namentlich die Sicherung der Vollstreckung.[891] Es wird insoweit weitergehend vertreten, dass das Gericht das Zwangsgeld in der Höhe androhen und festsetzen müsse, die dazu geeignet ist, den staatlichen Schuldner zur Erfüllung zu bewegen.[892] Es wird weiter vertreten, dass hierbei das Erfüllungsinteresse des Gläubigers bzw. die Bedeutung der Sache für ihn, die Erfahrungen, die das Gericht bislang mit der Behörde gemacht hat, aber auch die Hartnäckigkeit, mit der diese im konkreten Einzelfall die Erfüllung verweigert, eingestellt werden können.[893] Teilweise wird auch darauf abgestellt, dass zusätzlich die Hindernisgründe auf Seiten der Behörde abzuwägen sind.[894] Erforderlich ist danach naturgemäß eine gerichtliche Prognose.

Es stellt sich die Frage, ob der in Bezug auf die Zwangsgeldhöhe eingeräumte Ermessensspielraum die Wirksamkeit des § 172 VwGO reduziert.[895] Dagegen spricht, dass Fallgestaltungen denkbar sind, in denen selbst die mehrfache Festsetzung des Höchstbetrages von EUR 10.000,- ihren Zweck verfehlt.[896] Dieser Umstand sagt allerdings nichts darüber aus, dass in anderen Konstellationen, in denen nicht der Höchstbetrag festgesetzt wird, ein in dieser Höhe festgesetztes Zwangsgeld ebenso nicht dazu führen mag, dass der schuldende Staat die titulierte Leistung erfüllt. Es geht also hier um eine zusätzliche Problemstellung neben der Frage der Ineffektivität mehrfach in voller Höhe festgesetzter Zwangsgelder.

Miedtank, Zwangsvollstreckung, S. 121. Siehe auch *Schmidt-Kötters*, in: *Posser/Wolff*, § 172 VwGO, Rn. 26.

889 Niedersächsisches OVG, Beschluss vom 12. September 2006 – 5 OB 194/06 –, NVwZ-RR 2007, 139; *Bamberger*, in: *Wysk*, § 172 VwGO, Rn. 12.

890 In diesem Sinne auch *Pietzner/Möller*, in: *Schoch/Schneider*, VwGO, § 172 VwGO, Rn. 44.

891 *Heckmann*, in: Sodan/Ziekow, § 172 VwGO, Rn. 74.

892 *Pietzner/Möller*, in: *Schoch/Schneider*, VwGO, § 172 VwGO, Rn. 44.

893 *Pietzner/Möller*, in: *Schoch/Schneider*, VwGO, § 172 VwGO, Rn. 44.

894 *Miedtank*, Zwangsvollstreckung, S. 121.

895 Vgl. im Zusammenhang mit dem Selbsttitulierungsrecht von Oldenburger Kreditinstituten *Reimer*, DVBl 2013, 496 (499).

896 Vgl. hierzu unter B.I.1.

Legt man die soeben dargestellten Auffassungen zu den Ermessenskriterien zu Grunde – Berücksichtigung des Erfüllungsinteresses des Gläubigers, der Bedeutung der Sache, der Erfahrungen mit der Behörde, ihre Hartnäckigkeit, Hindernisgründe auf Seiten der Behörde, dies alles im Wege einer gerichtlichen Prognose –, führt das gerichtliche Ermessen zu einer Reduktion der Wirksamkeit des § 172 VwGO.

Soweit es um die behauptete Berücksichtigung des Erfüllungsinteresses des Gläubigers und die Bedeutung der Sache für ihn geht, darf dies im Rahmen des Ermessens keine Berücksichtigung finden. Anders als im Zivilprozess liegt im Verwaltungsprozess der Schwerpunkt des gerichtlichen Rechtsschutzes im Erkenntnis-, nicht aber im Vollstreckungsverfahren.[897] Anders als im Zivilprozess hat bereits auf Ebene des Erkenntnisverfahrens regelmäßig eine Interessenabwägung stattgefunden, die zu Gunsten des späteren Vollstreckungsgläubigers ausgegangen ist. Entsprechende Umstände nun erneut in die Ermessenserwägungen zur Zwangsgeldhöhe einzustellen und ggf. nun als zu Gunsten des schuldenden Staates zu würdigen, steht im Gegensatz zu dem Ergebnis des Erkenntnisverfahrens. Das Vollstreckungsverfahren dient der Durchsetzung des festgestellten Gläubigeranspruchs.[898] Nicht möglich ist es daher, hier nochmals die Bedeutung der Sache für den Gläubiger einzustellen. Damit droht die Gefahr einer Relativierung und Teilwiederholung des Erkenntnisverfahrens.[899]

Soweit Literaturstimmen die Erfahrungen des Vollstreckungsgerichts mit der sich weigernden Behörde oder deren Hartnäckigkeit in die Ermessenserwägungen einbeziehen möchten, stellt sich auch hier die Frage nach der Zulässigkeit vor dem Hintergrund des Art. 19 Abs. 4 Satz 1 GG. Das Zwangsgeld wird zunächst angedroht. Wenn die Behörde nicht besonders hartnäckig ist, erfüllt sie hierauf die titulierte Leistung und muss das Zwangsgeld nicht zahlen. Es sprechen deshalb keine behördlichen Interessen dafür, bei der Bemessung der Zwangsgeldhöhe die besondere Hartnäckigkeit der Behörde zu berücksichtigen. Im Übrigen versagt dieses Ermessenskriterium notwendigerweise bei der ersten Zwangsgeldandrohung und -festsetzung, weil dem Vollstreckungsgericht zu diesem Zeitpunkt regelmäßig keine Anhaltspunkte über die besondere Hartnäckigkeit der Behörde vorliegen werden. Es wird dann nicht den maximal möglichen Zwangsgeldbetrag wählen. Das Ermessenskriterium der besonderen Hartnäckigkeit wirkt sich damit ohne Not zu Lasten des Vollstreckungsgläubigers aus.

Gleichermaßen kann es auf Hindernisgründe auf Seiten der Behörde im Rahmen der Vollstreckung nach § 172 VwGO nun nicht mehr ankommen. Der schuldende Staat weiß seit Erlass der Verwaltungsgerichtsentscheidung, dass er der

897 *Bettermann*, in: *Bettermann/Nipperdey/Scheuner*, Grundrechte, S. 805.

898 Siehe unter E.I.2.b).

899 Vgl. zu ähnlichen Bedenken im Rahmen der Vollstreckung nach der Zivilprozessordnung *Fischer*, Verfassung, Grundrechte und Vollstreckung, Fn. 592, S. 27.

darin titulierten Leistung nachkommen muss. Hierfür hat das Erkenntnisgericht regelmäßig eine Frist gesetzt und wird ggf. das Vollstreckungsgericht nochmals eine Frist zur Erfüllung setzen. Damit besteht auch hier keine Notwendigkeit für eine zusätzliche Berücksichtigung auf Ebene des Zwangsgeldes, weil sie zu einem – hier nicht notwendigen – mehrfachen Schutz des schuldenden Staates führen. Hätten auf Seiten des schuldenden Staates Hindernisgründe vor Erlass des Urteils/der einstweiligen Anordnung bestanden, hätte das Erkenntnisgericht eine solche Entscheidung nicht ausgeworfen. Treten Hindernisgründe nachträglich ein, kann der schuldende Staat mit den ihm zustehenden Vollstreckungsrechtsbehelfen dagegen vorgehen. Eine Berücksichtigung im Rahmen der Zwangsgeldhöhe scheidet demgegenüber aus.

Damit verbietet sich eine Prognose des Vollstreckungsgerichts in dem Sinne, ob der schuldende Staat besonders hartnäckig ist, ob auf seiner Seite Hindernisgründe bestehen und welche Bedeutung die Sache für den Gläubiger hat. Auf Ebene des Vollstreckungsverfahrens geht es um die möglichst wirksame Vollstreckung; der Gläubiger soll nun zu seinem Recht kommen. Sämtliche Ermessenserwägungen laufen diesem Ziel unter dem Aspekt des Art. 19 Abs. 4 Satz 1 GG zuwider. Der Ermessensspielraum hinsichtlich der Zwangsgeldhöhe führt somit in bestimmten Fällen zu einer am Maßstab des Art. 19 Abs. 4 Satz 1 GG nicht mehr hinnehmbaren Reduktion der Wirksamkeit des § 172 VwGO.

3. Erfüllungsverzögerung

Darüber hinaus ist klärungsbedürftig, ob und in welchen Fallgestaltungen die reine Verzögerung der Erfüllung der titulierten Leistung unvereinbar mit Art. 19 Abs. 4 Satz 1 GG wird. Unter Erfüllungsverzögerung wird dabei der bereits weiter oben beschriebene Fall verstanden, dass der schuldende Staat die von ihm geschuldete Erfüllung hinauszögert, es aber – anders als in den in vorstehendem Abschnitt 1 geschilderten Konstellationen – zu einem gewissen Zeitpunkt zu einer Erfüllung kommt.[900] Es stellt sich die Frage, inwieweit die Funktionsweise des § 172 VwGO eine in diesem Sinn verstandene Erfüllungsverzögerung begünstigt und ob dieser Mechanismus mit Art. 19 Abs. 4 Satz 1 GG vereinbar ist. Für die letztgenannte Beurteilung kommt es naturgemäß auf das Verhalten der Behörde in dem konkreten Einzelfall an.

Soweit es um die Frage geht, in welcher Weise § 172 VwGO auf die behördliche Erfüllungsverzögerung reagiert, rücken die Androhungsfrist sowie die Wiederholungsmöglichkeit nach § 172 Satz 2 VwGO in den Blick. Seiner Konzeption nach ist das Vollstreckungsverfahren auf Beschleunigung ausgelegt. Der Vollstreckungsgläubiger, dem zuvor die langwierige Prozedur des Erkenntnisverfahrens zugemutet worden war, soll nun Ausgleich erhalten durch nunmehr schnellen Rechtsschutz.[901] Konkret das Vollstreckungsverfahren nach § 172 VwGO

---

900 Siehe hierzu unter C.III.

901 *Pietzner/Möller*, in: *Schoch/Schneider*, VwGO, § 168 VwGO, Rn. 6.

ist allerdings in seiner Konstruktion äußerst schwerfällig.[902] Dies liegt u.a. in der – nach oben nicht begrenzten – Frist, die das Vollstreckungsgericht in der Androhung setzt. Daneben besteht die Möglichkeit der Wiederholung von Androhung, Festsetzung und Vollstreckung. Die Sachzwänge – Dauer der behördlichen Reaktion auf der einen Seite und Dauer der Verfahrensführung durch das Vollstreckungsgericht auf der anderen Seite – führen selbst im Fall einer Wiederholung dazu, dass diese nicht sogleich erfolgt. Teilweise liegen zwischen wiederholter Androhung bzw. Festsetzung oder Vollstreckung Wochen, Monate oder gar Jahre.

Was die in der Androhung gesetzte Erfüllungsfrist betrifft, so sind wegen der fehlenden Begrenzung der Maximalfrist bestimmte Fallgestaltungen denkbar, in denen die verwaltungsgerichtliche Erzwingungsvollstreckung deutlich mehr Zeit beansprucht als die Vollstreckung aus verwaltungsgerichtlichen Geldleistungstiteln. Bezieht man nun ein, dass es sich bei der titulierten Leistung um teils sehr komplexe und langwierige behördlichen Aufgaben – etwa Aufstellung eines Luftreinhalteplans – handelt, wird ersichtlich, dass bereits eine von dem Vollstreckungsgericht gesetzte Frist mehrere Monate betragen kann. Ergeben sich während des gerichtlich auferlegten Verfahrens etwa aus tatsächlichen Gründen Verzögerungen, wird das Vollstreckungsgericht die Frist jeweils verlängern. Hier ist eine Vielzahl von Kombinationen denkbar, etwa jene der erfolgten Vollstreckung mit wiederholter Androhung und Fristsetzung oder etwa der Zwangsgeldfestsetzung mit wiederholter Androhung und Fristsetzung.

Dass sich im konkreten Fall jeweils die Notwendigkeit einer erneuten/geänderten Fristsetzung ergibt, liegt allerdings in der Natur der titulierten Leistung. Insoweit mag der Umstand, dass § 172 VwGO eine nach oben nicht begrenzte Frist vorsieht, zu einer Verzögerung der Erfüllung führen. Dies ist aber notwendige Folge und damit in aller Regel, auch unter Wirksamkeitsgesichtspunkten, hinzunehmen. Lediglich dann, wenn für das Vollstreckungsgericht ersichtlich wird, dass die Behörde rechtsmissbräuchlich handelt, wird es von einer weiteren oder abgeänderten Fristsetzung absehen müssen. Dies wird der Behörde allerdings kaum nachzuweisen sein. Vergleichbares gilt für die Wiederholungsmöglichkeit nach § 172 Satz 2 VwGO im Zusammenhang mit der Praxis der Verwaltungsgerichte, jeweils einzelne Zwangsgelder immer wieder erneut anzudrohen und festzusetzen. Eine damit verbundene Verzögerung der Erfüllung begegnet für sich genommen unter Wirksamkeitsgesichtspunkten keinen Bedenken. Anders kann dies sein, wenn die Zwangsgeldhöhe zu niedrig angesetzt ist.[903]

---

902 *Pietzner/Möller*, in: *Schoch/Schneider*, VwGO, § 172 VwGO, Rn. 49.

903 Siehe hierzu bereits E.II.1.a).

III. Die Vollstreckung aus verwaltungsgerichtlichen Geldleistungstiteln

Zwar mag das behördliche Verhalten im Fall der Vollstreckung nach § 170 VwGO in der Absicht der Vereitelung der Vollstreckung[904] erfolgen. Wegen der Konstruktion des § 170 VwGO ist eine Vollstreckungsvereitelung in dem Sinne, wie sie für § 172 VwGO beschrieben wurde, allerdings nicht denkbar. Ein vollständiges Leerlaufen der verwaltungsgerichtlichen Vollstreckung kommt hier nicht in Betracht. Ferner geht es auch in den Fällen des § 170 VwGO nie um den bloßen Fehler der Verwaltung.

1. Verzögerung der Zahlung durch die Verwaltung

Es stellt sich allerdings die Frage, ob § 170 VwGO, soweit die Vorschrift eine Verzögerung der Vollstreckung durch die Behörde – im Fall des § 170 VwGO entspricht dies der Verzögerung der Zahlung der titulierten Forderung – ermöglicht, mit Art. 19 Abs. 4 Satz 1 GG vereinbar ist.

Hinter einer Verzögerung der verwaltungsgerichtlichen Zwangsvollstreckung nach § 170 VwGO kann mangelnde Leistungsfähigkeit und/oder -bereitschaft stehen. Darüber hinaus wird sich die – beabsichtigte – Verzögerung im Wesentlichen in Gegenargumenten erschöpfen, aus welchen Gründen der Behörde die Zahlung nicht möglich sei. Die relevante Verzögerung wird deshalb in Fällen des § 170 VwGO häufig in der Ausschöpfung des Rechtsweges liegen. Dieser Umstand darf nicht zu Lasten des schuldenden Staates in die hiesige Beurteilung eingestellt werden, solange sich dieser bei dem Gebrauch der ihm zustehenden Rechtsbehelfe nicht offensichtlich rechtsmissbräuchlich verhält.

Die Konstruktion des § 170 VwGO führt stets dazu, dass die Vollstreckung zu einem – voraussehbaren – Zeitpunkt durchgeführt sein wird. Die von dem Vollstreckungsgericht ersuchte Stelle führt die angeordneten Maßnahmen *„nach den für sie geltenden Vollstreckungsvorschriften“* aus (vgl. § 170 Abs. 1 Satz 3 VwGO). Denkbar ist also die Vollstreckung in bewegliche Sachen (Pfändung nach den §§ 753, 808 ZPO), in Forderungen (§§ 828 ff. ZPO) oder in Grundstücke (Eintragung einer Sicherungshypothek, vgl. § 867 ZPO sowie die Zwangsverwaltung, vgl. § 868 ZPO und die Zwangsversteigerung, vgl. § 869 ZPO). Praktisch häufig wird die Pfändung eines (Gemeinde-)Kontos sein.[905] Hier kann sich eine Gemeinde etwa nicht darauf berufen, sie sei mangels entsprechender haushalterischer Vorkehrungen nicht in der Lage, ihre Rückzahlungsverpflichtung zu erfüllen. Denn in den Gemeindeordnungen bzw. Kommunalverfassungen ist festgelegt, dass Gemeinden durch eine

---

904 Vgl. OVG Berlin-Brandenburg, Beschluss vom 07. April 2009 – OVG 9 L 29.09 –.

905 Pfändung der Kreiskasse eines Landkreises, vgl. Bayerischer VGH, Beschluss vom 12. August 2010 – 14 C 10.1771 –, Rn. 3, zit. nach juris; siehe auch OVG Berlin-Brandenburg, Beschluss vom 07. April 2009 – OVG 9 L 29.09 –.

angemessene Liquiditätsplanung jederzeit ihre Zahlungsfähigkeit sicherzustellen haben.[906]

Daraus folgt, dass der Gesetzgeber mit § 170 VwGO die kollidierenden Verfassungsgüter in einer mit Art. 19 Abs. 4 Satz 1 GG vereinbaren Weise einander zugeordnet hat. Dem schuldenden Staat muss zugestanden werden, dass er sein – wenn auch im Ergebnis unberechtigtes – Interesse an Rechtschutz vor den Verwaltungsgerichten beansprucht. Für diese Zeit ist es dem Vollstreckungsgläubiger zumutbar, mit der Durchsetzung seiner Forderung zuzuwarten. Eine Beeinträchtigung des Eigentumsbestandes ist damit noch nicht verbunden, zumal dem Vollstreckungsgläubiger die Möglichkeit der vorläufigen Vollstreckbarkeit eingeräumt ist.

2. Ermessen des Vollstreckungsgerichts

Die Bestimmung der Vollstreckungsmaßnahmen einerseits und des Vollstreckungsgegenstandes andererseits obliegt nach einhelliger Meinung gerichtlichem Ermessen.[907] Maßgebend ist auch insoweit jedenfalls der Zweck der Ermächtigung.[908] In Bezug auf das Ermessen hinsichtlich des Vollstreckungsgegenstandes ergibt sich eine Ermessengrenze aus § 170 Abs. 3 Satz 1 VwGO. Soweit ersichtlich, sind konkrete Maßgaben für die Ermessensausübung in der Literatur in weiten Teilen nicht näher herausgearbeitet. Ein in diesem Sinne vollständig freies Ermessen des Vollstreckungsgerichts wäre mit Art. 19 Abs. 4 Satz 1 GG nicht vereinbar. Die Lösung kann daher nur in der präzisen Anwendung von Ermessensleitlinien bestehen.

Fraglich ist, ob insoweit eine bestimmte Ermessensrichtung gesetzlich vorgezeichnet ist, obwohl es sich bei § 170 VwGO dem Wortlaut nach um eine „Kann-Bestimmung" handelt, es sich also um einen Anwendungsfall intendierten Ermessens handelte. Diese Rechtsfigur erkennen das Bundesverwaltungsgericht[909]

---

906 Vgl. OVG Berlin-Brandenburg, Beschluss vom 07. April 2009 – OVG 9 L 29.09 –, Rn. 18, zit. nach juris.

907 *Waldhoff*, in: *Gärditz*, § 170 VwGO, Rn. 6; *Schenke*, in: *Kopp/Schenke*, VwGO, § 170, Rn. 3; *Bamberger*, in: *Wysk*, § 170 VwGO, Rn. 4; *Schmidt-Kötters*, in: *Posser/Wolff*, § 170 VwGO, Rn. 13; *Pietzner/Möller*, in: *Schoch/Schneider*, VwGO, § 170 VwGO, Rn. 1, 25; *Heckmann*, in: *Sodan/Ziekow*, § 170 VwGO, Rn. 73 f.; *Miedtank*, Zwangsvollstreckung, S. 98. Nach *Heckmann*, in: *Sodan/Ziekow*, § 170 VwGO, Rn. 73 f., dürfe aber einem *„sachlich angemessenen Begehren auf Bestimmung einer geeigneten Maßnahme durchaus entsprochen werden"*. Das OVG Rheinland-Pfalz wendet demgegenüber § 88 VwGO analog an, Beschluss vom 21. November 2013 – 6 B 11027/13 –, Rn. 16, zit. nach juris.

908 Der Verhältnismäßigkeitsgrundsatz gilt nicht zu Gunsten des schuldenden Staates, siehe hierzu unter E.II.2.

909 Vgl. BVerwG, Urteil vom 16. Juni 1997 – 3 C 22.96 –, BVerwGE 105, 55 (57).

und ein Teil der Literatur[910] an. Demgegenüber wird in der Literatur die Existenz eines „intendierten Ermessens" aber auch bestritten.[911] Für die Anerkennung dieser Rechtsfigur spricht, dass durchaus Fallgestaltungen denkbar sind, in denen der Eintritt einer einzigen – bestimmten – Rechtsfolge dem Willen des Gesetzgebers entspricht. Ob dies der Fall ist, muss durch Gesetzesauslegung ermittelt werden. *„Ist eine ermessenseinräumende Vorschrift dahin auszulegen, dass sie für den Regelfall von einer Ermessensausübung in einem bestimmten Sinne ausgeht, so müssen besondere Gründe vorliegen, um eine gegenteilige Entscheidung zu rechtfertigen. Liegt ein vom Regelfall abweichender Sachverhalt nicht vor, versteht sich das Ergebnis der Abwägung von selbst. Versteht sich aber das Ergebnis von selbst, so bedarf es insoweit [...] auch keiner das Selbstverständliche darstellenden Begründung."*[912]

Anders als im Zivilprozess liegt im Verwaltungsprozess der Schwerpunkt des gerichtlichen Rechtsschutzes im Erkenntnis- und nicht im Vollstreckungsverfahren. Die Verwaltungsgerichte sind verpflichtet, bei Erlass und Vollstreckung der besonderen Bedeutung der jeweils betroffenen Grundrechte und den Erfordernissen eines effektiven Rechtsschutzes Rechnung zu tragen.[913] Im Unterschied zur Vollstreckung aus zivilgerichtlichen Geldleistungstiteln hat die Abwägung der gegenläufigen Interessen im Fall der verwaltungsgerichtlichen Geldleistungsvollstreckung – Bestehen der Forderung und ihre Höhe – regelmäßig bereits auf Ebene des Erkenntnisverfahrens stattgefunden. Zwar haben die Ermessenserwägungen in Bezug auf die Vollstreckungsmaßnahme und den -gegenstand einen anderen Zugriffspunkt und Kontext als die Abwägung im Erkenntnisverfahren. Dennoch werden im Fall der verwaltungsgerichtlichen Vollstreckung aus Geldleistungstiteln die zu betrachtenden Güter und deren Gewicht in aller Regel jedenfalls in weiten Teilen identisch sein. Dann muss die Abwägung auch auf Vollstreckungsebene dazu führen, dass der Betrag in der vollen Höhe, wie er in der Verwaltungsgerichtsentscheidung festgesetzt wurde, auch von der ersuchten Stelle vollstreckt wird.

Das Ermessen ist wegen der Entscheidung aus dem Erkenntnisverfahren dahin intendiert, dass es dahin ausgeübt werden muss, dass sowohl die Vollstreckungsmaßnahme als auch der Vollstreckungsgegenstand in der Weise zu wählen sind, dass sie jeweils am wirksamsten zu der Befriedigung des Gläubigers führen. Im Vollstreckungsverfahren darf das Gericht mithin nicht durch Verweis auf sein Ermessen einen Vollstreckungsgegenstand wählen, der auf Kosten des Gläubigers das Vermögen des schuldendenden Staates schont. Dies widerspricht der Entscheidung aus dem Erkenntnisverfahren und der Forderung des Art. 19 Abs. 4 Satz 1 GG.

---

910 *Ruthig*, in: *Kopp/Schenke*, § 114 VwGO, Rn. 21b; *Knauff*, in: *Sodan/Ziekow*, § 114 VwGO, Rn. 11 ff.

911 Vgl. *Riese*, in: *Schoch/Schneider*, VwGO, § 114 VwGO, Rn. 27; *Decker*, in: *Posser/Wolff*, § 114 VwGO, Rn. 8.1.

912 Vgl. BVerwG, Urteil vom 16. Juni 1997 – 3 C 22.96 –, BVerwGE 105, 55 (57).

913 BVerfG, Beschluss vom 09. August 1999 – 1 BvR 2245/98 –, NVwZ 1999, 1330 (1331).

Insbesondere darf auch bei § 170 VwGO der Verhältnismäßigkeitsgrundsatz nicht einseitig zu Gunsten des schuldenden Staates in dem Sinne verstanden werden, dass der Staat vor den mit dem Rechtsschutzanspruch des Bürgers verbundenen – für ihn nachteiligen – Folgen geschützt werden müsse.[914] Vielmehr hat der Gesetzgeber die gegenläufigen Verfassungsgüter einander so zuzuordnen, dass sie jeweils zu optimaler Geltung kommen. Es ist darum jedenfalls unpräzise, wenn teilweise davon ausgegangen wird, dass das Gericht *„den ertragsreichsten und für den öffentlich-rechtlichen Schuldner zugleich entbehrlichsten Vollstreckungsgegenstand"* bestimmen müsse.[915] Vielmehr muss das Vollstreckungsgericht den für den Gläubiger ertragreichsten Vollstreckungsgegenstand wählen. Richtig ist allerdings, dass das Vollstreckungsgericht innerhalb dieses Rahmens bei der Wahl der Vollstreckungsmaßnahmen und des -gegenstandes frei ist und hier dann auch – wenn überhaupt eine Sache und nicht eine Forderung gepfändet wird – den für den schuldenden Staat *„entbehrlichsten"* Gegenstand wählen mag. Denn dem Vollstreckungsgläubiger wird es gleich sein, um welche Maßnahmen und welchen Gegenstand es sich handelt, so lange nur sichergestellt ist, dass es sich um diese Maßnahmen und Gegenstände handelt, welche die ihm zugesprochene Forderung am wirksamsten zu tilgen vermögen.

Darum handelt es sich bei dem Ermessen nach § 170 VwGO hinsichtlich des Vollstreckungsgegenstandes und der Vollstreckungsmaßnahme um einen Anwendungsfall intendierten Ermessens.

3. Erkenntnisverfahren und verwaltungsgerichtliche Vollstreckung aus Geldleistungstiteln

Durch ein völlig freies Ermessen des Vollstreckungsgerichts drohte zugleich eine Relativierung des Ergebnisses des Erkenntnisverfahrens sowie des Erkenntnisverfahrens selbst und damit ein eigenständiger Verstoß gegen Art. 19 Abs. 4 Satz 1 GG.

Erkenntnis- und Vollstreckungsverfahren sind im Grundsatz voneinander unabhängig. Das Erkenntnisverfahren ist das mit besonderen rechtsstaatlichen Garantien ausgestattete Prüfungsverfahren über die Zulässigkeit staatlicher Zwangseingriffe in die Rechte des Schuldners, während die Gerichtsentscheidung die Funktion hat, dem Vollstreckungsgläubiger die Zwangsgewalt des Staates bereit zu stellen.[916] Das materielle Recht festzustellen und erzwingbar zu machen, ist Ziel des Erkenntnisverfahrens. Das Vollstreckungsverfahren dient nur noch der Durchsetzung. Ausgangspunkt für Vollstreckung ist allein der Titel. Gegenstand und Umfang der Zwangsvollstreckung bestimmen sich allein nach ihm.[917] Die

914 Siehe hierzu bereits unter E.I.2.b)i).

915 *Miedtank*, Zwangsvollstreckung, S. 98.

916 Vgl. *Pietzner/Möller*, in: *Schoch/Schneider*, VwGO, § 167 VwGO, Rn. 4.

917 Zur zivilprozessualen Zwangsvollstreckung *Götz*, in: Münchener Kommentar zur ZPO, § 704 ZPO, Rn. 1.

materielle Rechtslage wird im Vollstreckungsverfahren nicht erneut geprüft. Wäre das Vollstreckungsgericht frei in seiner Entscheidung über die Vollstreckungsmaßnahme und den -gegenstand, wäre die verfassungs- und einfachgesetzlich normierte Trennung von Erkenntnis- und Vollstreckungsverfahren umgangen und relativiert. Dies wird nur durch sachgerechte Ermessensleitlinien – wie vorstehend unter Abschnitt 2 beschrieben – vermieden.

IV. Ungleichbehandlung der Vollstreckungsgläubiger

Bislang ist die Ungleichbehandlung durch den VwGO-Gesetzgeber, soweit ersichtlich, für die hiesigen Fallgestaltungen nicht näher beleuchtet.[918] Die verwaltungsgerichtliche Vollstreckung nach den §§ 170, 172 VwGO wirft (auch) im Zusammenhang mit Art. 3 Abs. 1 GG Fragen auf. Daraus werden nachfolgend zwei Konstellationen aufgegriffen: die mögliche Ungleichbehandlung des Gläubigers verwaltungsgerichtlicher Erzwingungstitel mit dem Gläubiger verwaltungsgerichtlicher Geldleistungstitel sowie die Ungleichbehandlung zwischen Inhaber verwaltungsgerichtlicher Geldleistungstitel einerseits mit jenen zivilgerichtlicher Geldleistungstitel. Es geht dabei allein um Rechtssetzungsgleichheit, nicht die Gleichheit in der Rechtsanwendung. Dabei wird jeweils die Situation des – möglicherweise gleichheitswidrig behandelten – Vollstreckungsgläubigers der verwaltungsgerichtlichen Zwangsvollstreckung in den Blick genommen.[919]

---

918 Vgl. für Geldleistungstitel *Heckmann*, in: *Sodan/Ziekow*, § 170 VwGO, Rn. 7, Fn. 21 und *ders.*, Sofortvollzug, S. 20, dort Fn. 21. Vgl. jedoch zu einer vergleichbaren Fragestellung den Beschluss des BVerfG vom 18. Dezember 2012 – 1 BvL 8/11 – BVerfGE 132, 372, und zur Kritik *Reimer*, DVBl 2013, 496 ff.

919 Im Vergleich eines staatlichen Vollstreckungsschuldners einerseits und eines privaten Vollstreckungsschuldners andererseits („staatliche Privilegien" im Bereich der verwaltungsgerichtlichen Vollstreckung) taugt Art. 3 Abs. 1 GG nicht als Maßstab, weil juristische Personen des öffentlichen Rechts nach herrschender Ansicht nicht Vergleichspersonen sind, vgl. *Kempny/Lämmle*, JuS 2020, 22 (25). Es stellt sich dann die Frage, ob ein Gleichheitssatz, der als allgemeines rechtsstaatliches Prinzip in allen Rechtsbereichen gilt, als Maßstab für die staatlichen Privilegien dienen kann. Ein in diesem Sinne verstandener Gleichheitssatz ist – soweit ersichtlich – bislang nur im Zusammenhang mit der Wahlrechtsgleichheit herangezogen worden, vgl. BVerfG, Beschluss vom 16. Dezember 1975 – 2 BvL 7/74 –, BVerfGE 40, 356. Dagegen spricht ferner, dass die Rechtsstellung des Staates ihren wesentlichen Inhalt aus dem Grundgesetz in Gestalt von Kompetenzen erfährt. Hiergegen schützen vorrangig die Freiheitsgrundrechte, weniger ein (ungeschriebener) allgemeiner Gleichheitssatz, vgl. hierzu *Heckmann*, Sofortvollzug, S. 20, Fn. 21. Demgegenüber offen gelassen von *Heckmann*, in: *Sodan/Ziekow*, § 170 VwGO, Rn. 7, Fn. 21.

1. Gläubiger verwaltungsgerichtlicher Erzwingungstitel und Gläubiger verwaltungsgerichtlicher Geldleistungstitel

Möglicherweise wird der Gläubiger verwaltungsgerichtlicher Erzwingungstitel i.S.d. § 172 VwGO im Vergleich mit dem Vollstreckungsgläubiger i.S.d. § 170 VwGO ungleich behandelt.[920] Vergleichsperson[921] ist hier der Gläubiger einer gegen den Staat titulierten Geldleistungsforderung i.S.d. § 170 VwGO. Die Gläubiger i.S.v. § 170 VwGO und § 172 VwGO sind auch miteinander vergleichbar bzw. *„wesentlich gleich“*.[922]

Eine Ungleichbehandlung ist gegeben, wenn der Grundrechtsverpflichtete, hier der VwGO-Gesetzgeber, gegenüber der grundrechtsberechtigten Person ein bestimmtes Verhalten an den Tag legt und gegenüber der Vergleichsperson nicht.[923] In dem Umstand, dass im Fall von § 172 VwGO in den kritischen Fällen eine Vollstreckung im Ergebnis nicht hinreichend effektiv ist oder diese zu einem völligen Leerlaufen führt, liegt – soweit es um eben diese Fälle geht – eine Ungleichbehandlung. Gleiches gilt für die Frist zur Erfüllung der titulierten Leistung. Denn im Fall des § 172 VwGO bestimmt das Vollstreckungsgericht – anders als im Fall der Monatsfrist des § 170 VwGO – die Dauer der Androhungsfrist nach eigenem Ermessen, ohne dass der Gesetzgeber diese begrenzt hätte.[924] Aus diesem Grund sind Fallgestaltungen denkbar, in denen die verwaltungsgerichtliche Erzwingungsvollstreckung deutlich mehr Zeit beansprucht als die Vollstreckung aus verwaltungsgerichtlichen Geldleistungstiteln. Ausreichend für das Vorliegen einer Ungleichbehandlung sind die tatsächlichen Auswirkungen des § 172 VwGO. Denn entscheidend sind sachlicher Gehalt und praktische Auswirkung der Norm. Nicht maßgebend ist, ob die Ungleichbehandlung bezweckt ist.[925]

Zwar hängt hier die Frage, ob die Vollstreckung nach § 172 VwGO im Ergebnis wirksam ist oder nicht, insbesondere von der Leistungswilligkeit des

920 Denkbar ist auch die umgekehrte Betrachtung, also eine Ungleichbehandlung des Vollstreckungsgläubigers nach § 170 VwGO mit dem Gläubiger verwaltungsgerichtlicher Erzwingungstitel als Vergleichsperson.

921 Nicht erforderlich ist die Bildung einer Vergleichsgruppe, vgl. *Sachs/Jasper*, JuS 2016, 769 (772) und *Kempny/Lämmle*, JuS 2020, 22 (24). Wollte man dies dennoch tun, so wäre die Vergleichsgruppe hier alle Inhaber verwaltungsgerichtlicher Titel gegen den Staat.

922 *Sachs/Jasper*, JuS 2016, 769 (771); *Bleckmann*, S. 71; anders *Kempny/Lämmle*, JuS 2020, 22 (25 f.) m.w.N., nach denen es sich bei der Prüfung der *„Vergleichbarkeit“* in der Sache um eine vorgezogene Rechtfertigungsprüfung handelt.

923 *Kempny/Lämmle*, JuS 2020, 113 (113).

924 Siehe hierzu unter B.IV.2.a).

925 Zum Ganzen *Wollenschläger*, in: *v. Mangoldt/Klein/Starck*, Art. 3 GG, Rn. 78.

Vollstreckungsschuldners ab. Auch wird die Androhungsfrist durch das Vollstreckungsgericht bestimmt, nicht unmittelbar durch den Gesetzgeber. Es genügt aber, wenn zurechenbar Einwirkungen durch Dritte ausgelöst werden, solange die Ungleichbehandlung auf die rechtliche Gestaltung der Norm zurückzuführen ist.[926] Denn die Ursache der möglichen Ungleichbehandlung beruht auf der gesetzgeberischen Konstruktion des § 172 VwGO.

Daneben liegt aber auch in der Beschränkung auf ein Zwangsmittel, dessen Eigenart sich in beugender Wirkung erschöpft, als justizeigener Anspruch verstanden wird und der Höhe nach begrenzt ist, eine Ungleichbehandlung. Dem Vollstreckungsgläubiger steht hier ein – im Vergleich zu § 170 VwGO – in Qualität und Quantität weniger schneidiges Zwangsmittelinstrumentarium zur Verfügung. Es stellt sich darum die Folgefrage, ob allein dieser Umstand zu einer für den Vollstreckungsgläubiger i.S.d. § 172 VwGO nachteiligen Ungleichbehandlung führt. Die herrschende Meinung fordert nämlich die Nachteiligkeit für den Grundrechtsberechtigten als weitere Voraussetzung des Art. 3 Abs. 1 GG.[927] Damit werden die (wenigen) Fälle ausgeschieden, in denen entweder nur der Grundrechtsberechtigte begünstigt oder nur die Vergleichsperson benachteiligt wird oder beide weder belastet noch begünstigt werden.[928] Nachteiligkeit soll erstens gegeben sein, wenn den Grundrechtsberechtigten ein Eingriff in ein Freiheits(grund)recht trifft, wobei es auf dessen Rechtfertigung nicht ankommt. Zweitens erfülle die Vorenthaltung einer der Vergleichsperson gewährten Begünstigung, mit welcher der Grundrechtsberechtigte nicht in Berührung kommt, die Voraussetzungen einer nachteiligen Ungleichbehandlung.[929] Die Gegenansicht verzichtet auf dieses (ungeschriebene) Tatbestandsmerkmal.[930] Man kann hier den Standpunkt einnehmen, dass ein in seiner Wirkung gemindertes Zwangsmittelinstrumentarium für sich genommen keine nachteilige Wirkung auf den Vollstreckungsgläubiger hat. Eine solche Wirkung würde allenfalls dann eintreten, wenn die Vollstreckung tatsächlich versagt. Allerdings ist es denkbar, dass Vollstreckungsgläubiger gerade im Angesicht der gesetzgeberischen Regelung in § 172 VwGO von der Vollstreckung absehen, etwa weil ihnen schlicht die Zeit fehlt. Die Ungleichbehandlung läge dann in einer von § 172 VwGO verursachten Chancenminderung. Nachdem es

926 *Sachs/Jasper*, JuS 2016, 769 (770); *Wollenschläger*, in: *v. Mangoldt/Klein/Starck*, Art. 3 GG, Rn. 78.

927 BVerfG, Beschluss vom 18. Juli 1984 – 1 BvL 3/81 –, BVerfGE 67, 239 (243 f.); *Jarass/Pieroth*, Art. 3, Rn. 14; *Kempny/Reimer*, Gleichheitssätze, S. 71 ff.; *Nußberger*, in: *Sachs*, Art. 3 GG, Rn. 84.

928 Zum Ganzen *Kempny/Lämmle*, JuS 2020, 113 (115).

929 Zum Ganzen *Kempny/Lämmle*, JuS 2020, 113 (115).

930 Gegen das Kriterium der Nachteiligkeit etwa *Kischel*, in: *Epping/Hillgruber*, Art. 3 GG, Rn. 19 ff.; *Wollenschläger*, in: *v. Mangoldt/Klein/Starck*, Art. 3 GG, Rn. 67 m.w.N.; *Sachs*, DÖV 1984, 411 (417).

im Rahmen des allgemeinen Gleichheitssatzes auf die tatsächlichen Auswirkungen einer Norm ankommt, ist auch schon die Gestaltung des Zwangsmittelinstrumentariums für sich genommen nachteilig.

Unabhängig hiervon sprechen die besseren Argumente jedoch dafür, auf das Nachteiligkeitskriterium zu verzichten. Denn es scheidet, wie selbst seine Befürworter anerkennen, nur wenige Fälle aus.[931] Vor diesem Hintergrund ist es jedenfalls nicht zwingend, die Prüfung mit einem weiteren Kriterium aufzuladen, zumal dieses durch die dann notwendige – wertungsbedürftige – Subsumtion seinerseits Unsicherheit in den Prüfvorgang hineinbringt.[932] Diese wenigen Fallgestaltungen können auf Ebene der Rechtfertigung ebensogut bewältigt werden.

Die hier an die drei genannten Gesichtspunkte anknüpfende Ungleichbehandlung ist gerechtfertigt, wenn zwischen den Teilen des Vergleichspaars ein Unterschied besteht, der die Ungleichbehandlung trägt („*tragender Grund*").[933] Ein solcher Unterschied ist gegeben, wenn der eine Teil eine Eigenschaft aufweist, die bei dem anderen Teil fehlt.[934] Grundrechtsberechtigter und Vergleichsperson unterscheiden sich hier in Bezug auf den Gegenstand der aus dem verwaltungsgerichtlichen Titel zu vollstreckenden Forderung. Dabei handelt es sich um eine Eigenschaft in dem genannten Sinn.

Im Fall der Rechtssetzungsungleichheit bemisst sich die Tragfähigkeitsprüfung auf Grundlage der inzwischen ständigen Rechtsprechung des Bundesverfassungsgerichts nach der Verfügbarkeit der jeweiligen Eigenschaft im Sinne einer Beeinflussbarkeit der eigenen Betroffenheit, der Nähe zu den Merkmalen des Art. 3 Abs. 3 GG und der (gleichzeitigen) Beeinträchtigung von Freiheitsgrundrechten.[935] Mitunter stellt das Bundesverfassungsgericht zusätzlich auf das Ausmaß der Ungleichbehandlung ab.[936] Es gelte „*ein stufenloser, am Grundsatz der Verhältnismäßigkeit orientierter Prüfungsmaßstab, dessen Inhalt und Grenzen sich nicht abstrakt, sondern nur nach den jeweils betroffenen unterschiedlichen Sach- und Regelungsbereichen bestimmen ließen. Je nach Regelungsgegenstand und Differenzierungsmerkmalen*

---

931 Vgl. *Kempny/Lämmle*, JuS 2020, 113 (115 f.).

932 Vgl. hierzu etwa das von *Kempny/Lämmle* in JuS 2020, 113 (116) angeführte Beispiel des Betriebs von getrennten, aber identischen Schwimmbädern für Badegäste unterschiedlicher sexueller Orientierung.

933 *Kempny/Lämmle*, JuS 2020, 113 (116).

934 „*Eigenschaft [...] ist alles, worüber eine zu bejahende oder zu verneinende Aussage mit Blick auf die Verglichenen getroffen werden kann.*", vgl. *Kempny/Lämmle*, JuS 2020, 113 (116).

935 BVerfG, Beschluss vom 26. März 2019 – 1 BvR 673/17 –, BVerfGE 151, 101 (127). Zurückhaltung ist allerdings bei dem Merkmal der Beeinträchtigung von Freiheitsrechten geboten, weil kaum eine staatliche Maßnahme denkbar ist, die nicht irgendeine grundrechtlich geschützte Freiheit berührt, vgl. *Britz*, NJW 2014, 346 (350).

936 BVerfG, Urteil vom 10. April 2018 – 1 BvR 1236/11 –, BVerfGE 148, 217 (242 f.).

reiche er vom bloßen Willkürverbot bis zu einer strengen Bindung an Verhältnismäßigkeitserfordernisse."[937] Eine Literaturansicht tritt vor allem der Geltung des Grundsatzes der Verhältnismäßigkeit im Rahmen des allgemeinen Gleichheitssatzes entgegen.[938] Gegen diese Ansicht spricht, dass der Grundsatz der Verhältnismäßigkeit auch im Bereich des Gleichheitsgrundsatzes die notwendige Flexibilität enthält, die jeweils zu berücksichtigenden Aspekte in die Prüfung einzubeziehen.

Soweit § 172 VwGO in bestimmten Fallgestaltungen zu einer im Ergebnis nicht hinreichend effektiven Vollstreckung oder zu einem völligen Leerlaufen führt, ist die Ungleichbehandlung gegenüber dem Gläubiger nach § 170 VwGO nicht gerechtfertigt. Maßstab ist insoweit der Verhältnismäßigkeitsgrundsatz. Auch wenn die Ungleichbehandlung kein mit der Person des Gläubigers nach § 172 VwGO verbundenes Merkmal betrifft, so kann er den Gegenstand der Forderung – Geld einerseits oder Handlung, Duldung oder Unterlassung andererseits – nicht beeinflussen. Bei einer nicht hinreichend effektiven Vollstreckung im o.g. Sinn, erst recht aber bei dem völligen Leerlaufen der Vollstreckung handelt es sich um eine Ungleichbehandlung bedeutenden Ausmaßes. Sie verletzt zugleich Freiheitsrechte, hier insbesondere die Rechtsschutzgarantie nach Art. 19 Abs. 4 Satz 1 GG als besonderes gewichtiges Grundrecht. Eine *„gleichheitsrechtliche Verhältnismäßigkeitsprüfung*"[939] führt zu dem Ergebnis, dass die darin liegende ungleiche Behandlung des Gläubigers nach § 172 VwGO nicht gerechtfertigt ist.[940]

Gleiches gilt für das Zwangsmittelinstrumentarium des § 172 VwGO. Auch in solchen Fällen, in denen es nicht zu einer im Ergebnis unwirksamen verwaltungsgerichtlichen Erzwingungsvollstreckung kommt, ist das Instrumentarium des § 172 VwGO im Vergleich zu § 170 VwGO weniger schneidig, ohne dass dies aus Sicht des Gleichheitsgrundsatzes verhältnismäßig i.e.S. wäre. Zwischen verwaltungsgerichtlicher Erzwingungsvollstreckung einerseits und verwaltungsgerichtlicher Geldleistungsvollstreckung andererseits bestehen nicht Unterschiede von solcher Art und solchem Gewicht, dass sie die ungleiche Behandlung rechtfertigen könnten. Zwar muss § 172 VwGO wegen der Vollstreckung unvertretbarer Handlungen mit nur mittelbarem Beugezwang operieren. Dies bedeutet allerdings nicht automatisch, dass das Zwangsmittelinstrumentarium sich auf einer Schwelle bewegen darf, die auf einer Ebene angesetzt ist, dass sie in bestimmten Fallgestaltungen nur äußerst schwerfällig auf das behördliche Nichtbefolgen reagiert. Der rechtfertigende Grund – die Notwendigkeit von mittelbar wirkendem Beugezwang auf

---

937 BVerfG, Beschluss vom 26. März 2019 – 1 BvR 673/17 –, BVerfGE 151, 101 (127).

938 So etwa *Kempny/Lämmle*, JuS 2020, 215 (218) und *Wollenschläger*, in: *v. Mangoldt/Klein/Starck*, Art. 3 GG, Rn. 127 ff. m.w.N.

939 Die Prüfung weicht von der „freiheitsrechtlichen Verhältnismäßigkeitsprüfung" insoweit ab, als an die Stelle des Eingriffs die Ungleichbehandlung tritt, vgl. *Kempny/Lämmle*, JuS 2020, 215 (217).

940 Siehe hierzu und zu den einzelnen Fallgruppen bereits unter E.II.1.b).

Grund der verwaltungsgerichtlichen Vollstreckung wegen unvertretbarer Handlungen – steht nicht in einem angemessenen Verhältnis zur Ungleichbehandlung gegenüber dem Vollstreckungsgläubiger nach § 170 VwGO.

Was die Androhungsfrist i.S.d. § 172 VwGO angeht – diese ist gesetzlich nicht nach oben begrenzt – ist die Ungleichbehandlung gerechtfertigt. Die fehlende Begrenzung dient dem Zweck, dem schuldenden Staat die Erfüllung der titulierten unvertretbaren Handlung zu ermöglichen. Hier ist eine Vielzahl von Anwendungsfällen denkbar, so dass der Gesetzgeber notwendigerweise die Fristbestimmung nicht selbst festlegen kann, sondern diese in das Ermessen des Vollstreckungsgerichts legen muss. Die Ungleichbehandlung ist hier also gerade dazu geeignet, die Erfüllung durch den schuldenden Staat zu fördern. Das von dem Gesetzgeber mit § 172 VwGO insoweit verfolgte Ziel und die Schwere der Ungleichbehandlung mit dem Gläubiger i.S.d. § 170 VwGO stehen auch nicht zueinander außer Verhältnis. Dass im Rahmen des § 172 VwGO die Monatsfrist des § 170 VwGO nicht maßgebend sein kann, folgt aus der Natur der Sache. Bei der Fristbemessung im Fall titulierten schlichthoheitlichen Handelns kann und muss es auf den konkreten Fall ankommen. Auch eine Typisierung im Sinne unterschiedlicher Fristen für den mit der Umsetzung der jeweiligen Verpflichtung verbundenen Aufwand erscheint gesetzgeberisch kaum machbar. Die Lösung über das Ermessen mit dem Vollstreckungsgericht als Prüfinstanz löst die entgegenstehenden Rechtsgüter daher in verhältnismäßiger Weise auf.

Im Übrigen liegt allerdings ein Verstoß gegen Art. 3 Abs. 1 GG vor. Nachdem auch Art. 19 Abs. 4 Satz 1 GG verletzt ist, stellt sich die Frage nach dem Verhältnis der Grundrechtsverletzungen. Hier ist Vieles nicht abschließend geklärt. Denn bei jeder staatlichen Maßnahme ist die Prüfung eines Gleichheitsverstoßes denkbar.[941] Nach herrschender Literaturansicht steht Art. 3 Abs. 1 GG nicht in einem Ausschließlichkeitsverhältnis zu den Freiheitsrechten; beide können wegen ihrer unterschiedlichen Bezugspunkte nebeneinander betroffen sein.[942] Innerhalb dieser Ansicht wird teilweise vertreten, dass sich die Frage nach dem in der Regel zugleich gegebenen Gleichheitsverstoß erübrige, wenn ein Freiheitsrechtsverstoß

941 *Heun*, in: *Dreier*, Art. 3 GG, Rn. 140.

942 *Heun*, in: *Dreier*, Art. 3 GG, Rn. 140; *Wollenschläger*, in: *v. Mangoldt/Klein/Starck*, Art. 3 GG, Rn. 329 f.; *Kischel*, in: *Epping/Hillgruber*, Art. 3 GG, Rn. 4. Sollte aber der Schwerpunkt des (möglichen) Verstoßes nicht eindeutig auf Art. 3 Abs. 1 GG liegen, kann dies Auswirkungen auf die Prüfungsreihenfolge haben. Es bietet sich dann eine vorangestellte Prüfung des Freiheitsrechts an. Im Rahmen der nachfolgenden Prüfung der Rechtfertigung eines Gleichheitsverstoßes sind dann die Wertentscheidungen des Freiheitsrechts zu berücksichtigen, vgl. dazu *Heun*, in: *Dreier*, Art. 3 GG, Rn. 140; *Wollenschläger*, in: *v. Mangoldt/Klein/Starck*, Art. 3 GG, Rn. 329 f.; anders aber wohl *Kischel*, in: *Epping/Hillgruber*, Art. 3 GG, Rn. 4, der eine gemeinsame Prüfung für möglich hält; *Sachs/Jasper*, JuS 2016, 769 (775).

bejaht werde, dies aber nichts an der Idealkonkurrenz ändere.[943] Das Bundesverfassungsgericht stellt demgegenüber – anfänglich wohl noch i.S. eines Spezialitätsverhältnisses von Freiheits- zu Gleichheitsrecht[944] – mitunter darauf ab, welche der beiden Grundrechtsarten nach ihrem *„spezifischen Sinngehalt die stärkere sachliche Beziehung zu dem zu prüfenden Sachverhalt“* haben.[945] Damit spricht es offenbar den Schwerpunkt der Grundrechtsbeeinträchtigung an. Teilweise verzichtet das Gericht aber auch auf diese Formulierung und prüft – ohne deren Verhältnis zu problematisieren – entweder allein das Freiheitsrecht oder allein das Gleichheitsrecht.[946] Speziell für einen möglicherweise neben Art. 3 Abs. 1 GG tretenden Verstoß gegen Art. 19 Abs. 4 Satz 1 GG hat das Bundesverfassungsgericht dessen Prüfung für entbehrlich gehalten.[947] In anderen Entscheidungen prüft es wiederum die Vereinbarkeit mit einem Grundrecht (entweder Freiheits- oder Gleichheitsrecht), dann allerdings gleichzeitig in Verbindung mit dem verdrängten Grundrecht, und berücksichtigt letzteres im Rahmen der Prüfung des seiner Auffassung nach vorrangigen Grundrechts.[948] Dies stößt in der Literatur mitunter auf Kritik.[949] Eine andere Literaturansicht geht davon aus, dass in Überschneidungsfällen der stärkere sachliche Sinngehalt in dem o.g. Sinn zu ermitteln sein soll. Nur in den Fällen, in denen keines der Grundrechte einen deutlich stärkeren Bezug hat, liege Idealkonkurrenz vor.[950]

---

943 *Kischel*, in: *Epping/Hillgruber*, Art. 3 GG, Rn. 4; in diesem Sinne wohl auch *Britz*, NJW 2014, 346 (350).

944 BVerfG, Urteil vom 24. Januar 1962 – 1 BvL 32/57 –, BVerfGE 13, 290 (296): *„[…], daß für eine Prüfung am Maßstab der allgemeinen Gewährleistungen von Freiheit und Gleichheit in Art. 2 Abs. 1 und Art. 3 Abs. 1 GG kein Raum mehr sei, wenn die zu prüfende einfache Gesetzesnorm einer speziellen Grundrechtsnorm zuwiderlaufe.“*

945 BVerfG, Beschluss vom 15. Juni 1983 – 1 BvR 1025/79 –, BVerfGE 64, 229 (238 f.); dagegen *Heun*, in: *Dreier*, Art. 3 GG, Rn. 140; *Wollenschläger*, in: *v. Mangoldt/Klein/Starck*, Art. 3 GG, Rn. 329 f.; *Boysen*, in: *v. Münch/Kunig*, Art. 3 GG, Rn. 206; *Kischel*, in: *Epping/Hillgruber*, Art. 3 GG, Rn. 4.

946 Vgl. BVerfG, Beschluss vom 18. Dezember 2012 – 1 BvL 8/11 –, BVerfGE 132, 372 (388 ff.), in dem das BVerfG allein die Vereinbarkeit mit Art. 3 Abs. 1 GG geprüft hat. Zu der Kritik an der Entscheidung *Reimer*, DVBl 2013, 496 ff.; vgl. auch *Wollenschläger*, in: *v. Mangoldt/Klein/Starck*, Art. 3 GG, Rn. 329 f.

947 BVerfG vom 18. Dezember 2012 – 1 BvL 8/11 –, BVerfGE 132, 372 (388 ff.): *„Die Frage, ob sie mit den Erfordernissen effektiven Rechtsschutzes (Art. 2 Abs. 1 i.V.m. Art. 20 Abs. 3 GG beziehungsweise Art. 19 Abs. 4 GG) und mit dem Rechtsprechungsmonopol (Art. 92 GG) in Einklang stehen, kann deswegen offenbleiben.“* Zu der Kritik an der Entscheidung *Reimer*, DVBl 2013, 496 ff.

948 BVerfG, Beschluss vom 16. März 1971 – 1 BvR 52/66 –, BVerfGE 30, 292 (326 ff.).

949 *Sachs/Jasper*, JuS 2016, 769 (775); *Heun*, in: *Dreier*, Art. 3 GG, Rn. 140, Fn. 28; *Kischel*, in: *Epping/Hillgruber*, Art. 3, Rn. 51.

950 *Jarass/Pieroth*, Art. 3 GG, Rn. 6.

Hier bildet den Schwerpunkt des Verstoßes nicht der Umstand, dass dem Vollstreckungsgläubiger i.S.d. § 170 VwGO im Vergleich zu jenem nach § 172 VwGO mehr gewährt wird. Es geht vielmehr um die Tatsache, dass der Gesetzgeber dem Gläubiger titulierter Ansprüche auf schlichthoheitliches behördliches Handeln ein nach Umfang – nur ein Zwangsmittel – und Qualität – nur mittelbarer Beugezwang – nicht hinreichend wirksames Vollstreckungsinstrumentarium an die Seite stellt. Der Schwerpunkt liegt in beiden beschriebenen Fällen, der im Ergebnis nicht wirksamen Vollstreckung und der Vollstreckungserschwerung, auf der nicht hinreichenden Wirksamkeit. Sowohl nach der Literaturansicht als auch nach der Rechtsprechung des Bundesverfassungsgerichts liegt also der Schwerpunkt auf der Verletzung des Freiheitsrechts, hier Art. 19 Abs. 4 Satz 1 GG.

2. Inhaber verwaltungs- und zivilgerichtlicher Geldleistungstitel gegen den Staat

Eine Ungleichbehandlung des Gläubigers verwaltungsgerichtlicher Geldleistungstitel (§ 170 VwGO) mit dem Gläubiger eines zivilgerichtlichen, gegen den Staat gerichteten Geldleistungstitels (§ 882a ZPO) liegt darin, dass § 170 VwGO die Verfahrensherrschaft in die Hände des – hinsichtlich Vollstreckungsmaßnahme und -gegenstand Ermessen ausübenden – Vollstreckungsgerichts legt, während § 882a ZPO diese dem Vollstreckungsgläubiger überlässt. Denkbar sind daher Fallgestaltungen, in denen die verwaltungsgerichtliche Geldvollstreckung gegen den Staat weniger effektiv ist als die Vollstreckung gegen den Staat aus einem zivilgerichtlichen Urteil.

Fraglich ist, ob die Ungleichbehandlung am Maßstab einer gleichheitsrechtlichen Verhältnismäßigkeitsprüfung[951] gerechtfertigt ist. Diese Prüfung führt hier zu dem Ergebnis, dass die Ungleichbehandlung des Gläubigers nach § 170 VwGO verhältnismäßig und angemessen ist. Zwar legt § 170 VwGO die Verfahrensherrschaft in die Hände des Vollstreckungsgerichts. Dem Vollstreckungsgläubiger ist die Verfahrensherrschaft entzogen. Er kann weder über die Vollstreckungsmaßnahme noch über den Vollstreckungsgegenstand bestimmen. Dies erledigt das Vollstreckungsgericht, dem – noch dazu – insoweit ein Ermessensspielraum zusteht. Deshalb geht die Literatur teilweise davon aus, dass „*der spezifische Vollstreckungsschutz der öffentlichen Hand die in § 170 VwGO anzutreffende Dominanz des Amtsbetriebs nicht erfordert.*" Es sei kein Grund ersichtlich, warum die Durchführung des Vorverfahrens nicht – wie in § 882a Abs. 1 ZPO – in die Hände des Vollstreckungsgläubigers gelegt werden sollte.[952] Allerdings liegt es in der Einschätzungsprärogative des

951 Die Prüfung weicht von der „freiheitsrechtlichen Verhältnismäßigkeitsprüfung" insoweit ab, als an die Stelle des Eingriffs die Ungleichbehandlung tritt, vgl. *Kempny/Lämmle*, JuS 2020, 215 (217).

952 *Pietzner/Möller*, in: *Schoch/Schneider*, VwGO, § 170 VwGO, Rn. 4.

Gesetzgebers, auf welche Weise er Vollstreckungsvorschriften ausgestaltet. Zudem mag es sein, dass kein Grund ersichtlich ist, warum nicht auch die Durchführung des Vorverfahrens in die Hände des privaten Vollstreckungsgläubigers gelegt werden kann. Daraus folgt aber nicht automatisch, dass eine Ungleichbehandlung mit dem Vollstreckungsgläubiger zivilgerichtlicher Geldleistungstitel gegeben sei. Denn dass der öffentliche Vollstreckungsschuldner durch die Verfahrensherrschaft des Vollstreckungsgerichts besonders geschont werde, ist nicht der Fall. Vielmehr wirkt sich der auf den Schutz der öffentlichen Hand abzielende Gesetzeszweck *„gleichzeitig zu Gunsten des Bürgers aus, da ihm in aller Regel die Durchführung des Vollstreckungsverfahrens erspart bleibt und er sicher und in angemessener Zeit zu seinem Geld kommt.*“[953] Umgekehrt fordern die Besonderheiten der Vollstreckung gegen die öffentliche Hand die besondere Kenntnis des Vollstreckungsgerichts. Dieses kann auf Grund seiner Sachkunde und Erfahrung in bester Weise die gegenläufigen Interessen in einer Weise berücksichtigen, dass diese jeweils zu optimaler Wirksamkeit gelangen.

V. Exkurs: Verwaltungsgerichtliche Zwangsvollstreckung gegen die Verwaltung i.e.S. aus unionsrechtlich determinierten Gerichtsentscheidungen

Abschließend sollen die Besonderheiten im Fall unionsrechtlich determinierter verwaltungsgerichtlicher Urteile skizziert werden. Bislang wurde insoweit die verwaltungsgerichtliche Erzwingungsvollstreckung aus *„endgültigen und bindenden Entscheidungen“* in unionsrechtlich determinierten Sachverhalten diskutiert.[954] Dies mag auch daran liegen, dass das Institut der vorläufigen Vollstreckbarkeit in anderen Mitgliedsstaaten nicht oder in abweichender Form geregelt ist.[955] Im Folgenden sollen die Modifikationen der verwaltungsgerichtlichen Vollstreckung gegen den Staat aus genereller Perspektive beleuchtet werden, weniger wird es um die konkrete Thematik der Nichtumsetzung von Luftreinhalteplänen i.S.d. Richtlinie 2008/50/EG gehen.[956]

953 *Pietzner/Möller*, in: *Schoch/Schneider*, VwGO, § 170 VwGO, Rn. 2.

954 EuGH, Urteil vom 21. Dezember 2016, verb. Rs. C-154/15, C-307/15 und C-308/15, Rn. 57 und GA *Saugmandsgaard Øe*, Schlussantrag vom 14. November 2019, BeckRS 2019, 27863, Rn. 31.

955 *Gaul/Schilken/Becker-Eberhard*, Zwangsvollstreckungsrecht, § 14, S. 141.

956 Eine Zusammenfassung der Rechtsprechung des EuGH zu der Richtlinie 2008/50/EG findet sich bei *Lind/Priebe*, ZEuS 2020, 429 (447 f.). Zu den unionsrechtlichen Maßgaben insoweit auch GA *Saugmandsgaard Øe*, Schlussantrag vom 14. November 2019, BeckRS 2019, 27863, Rn. 44 ff.

1. Vefahrensautonomie der Mitgliedsstaaten

Das Primärrecht der Union hat sich für die Dezentralität des Rechtsschutzes entschieden.[957] Es enthält keine Regeln, die es Bürgern ermöglichen würden, ihre sich aus dem Unionsrecht ergebenden Rechte gegenüber nationalen Behörden durchzusetzen. Die Geltendmachung dieser Rechte richtet sich deshalb nach nationalem Verfahrensrecht.[958] Zuständig für die Gerichtsorganisation sind die Mitgliedsstaaten. Die Zwangsvollstreckung einer Gerichtsentscheidung eines Mitgliedsstaats, die einen Rechtsakt der Union betrifft, fällt grundsätzlich in dessen Verfahrensautonomie. Es obliegt den Rechtsordnungen der Mitgliedsstaaten, die Verfahrensmodalitäten für Klagen zu regeln, die den Schutz der den Bürgern aus dem Unionsrecht erwachsenden Rechte gewährleisten sollen.[959]

2. Maßgaben des Unionsrechts

Gleichwohl verpflichtet das Unionsrecht die Mitgliedsstaaten zur Sicherstellung wirksamen Rechtsschutzes und zur effektiven Durchführung des Unionsrechts.

a) Verpflichtung zur Gewährleistung wirksamen Rechtsschutzes

Ausweislich des an die Mitgliedstaaten gerichteten Rechtsschutzauftrags des Art. 19 Abs. 1 UnterAbs. 2 EUV haben diese die erforderlichen Rechtsbehelfe zu schaffen, damit ein wirksamer Rechtsschutz *„in den vom Unionsrecht erfassten Bereichen"* gewährleistet ist. Ferner verlangt Art. 47 Abs. 1 GRCh (auch) objektiv die Gewährleistung effektiven Rechtsschutzes durch die Mitgliedsstaaten,[960] *„soweit diese Unionsrecht durchführen"* (vgl. Art. 51 Abs. 1 Satz 1 GRCh).[961] Maßgebend ist insoweit, dass das Handeln jedenfalls in gewissem Umfang unionsrechtlich determiniert ist.[962]

Aus der – hier zentralen – Vorschrift des Art. 19 Abs. 1 UnterAbs. 2 EUV leitet der EuGH die mitgliedsstaatliche Verpflichtung zu der Gewährleistung der

---

957 *Wegener*, in: *Calliess/Ruffert*, Art. 19 EUV, Rn. 68.

958 *Sodan*, in: *Sodan/Ziekow*, § 40 VwGO, Rn. 123.

959 EuGH, Urteil vom 13. März 2007, C-432/05, Rn. 39, zit. nach juris.

960 Auch Art. 47 GRCh wird über seinen Wortlaut hinaus weit i.d.S. verstanden, dass er ein Recht auf wirksamen Rechtsschutz verleiht, vgl. *Jarass*, Grundrechte-Charta, Art. 47, Rn. 13. Art. 47 Abs. 1 GRCh in seiner Wirksamkeitskomponente verlangt einerseits, für die Durchsetzung der gerichtlichen Entscheidung zu sorgen, vgl. *Jarass*, Grundrechte-Charta, Art. 47, Rn. 47. Er verpflichtet die Mitgliedsstaaten ferner zu einer zügigen und effizienten Durchführung des Verfahrens, vgl. *Jarass*, Grundrechte-Charta, Art. 47, Rn. 42.

961 Vgl. EuGH, Urteil vom 26. Februar 2013, C-617/10 (*Åkerberg Fransson*), Rn. 17 ff.

962 *Jarass*, Grundrechte-Charta, Art. 51, Rn. 16.

vollen Anwendung des Unionsrechts und des gerichtlichen Rechtsschutzes durch die Schaffung eines Systems von Rechtsbehelfen und Verfahren her.[963] Dieser in Art. 19 Abs. 1 UnterAbs. 2 EUV enthaltene Grundsatz bezieht sich, anders als Art. 47 Abs. 1 GRCh, auf die *„vom Unionsrecht erfassten Bereiche“*.

Im Übrigen hebt der EuGH in ständiger Rechtsprechung hervor, dass die mitgliedstaatlichen Prozessordnungen den gerichtlichen Schutz unionsrechtlich gewährleisteter Rechte nicht schwächer gestalten dürfen als bei entsprechenden Klagen, die innerstaatliches Recht betreffen (Gleichwertigkeitsprinzip).[964] Auch dürfen die einzelnen Prozessordnungen die Ausübung der durch die Unionsrechtsordnung verliehenen Rechte nicht praktisch unmöglich machen oder übermäßig erschweren. Für den Betroffenen muss ein *„wirksamer (effektiver) Rechtsschutz“*[965] bestehen bzw. die *„volle Wirksamkeit“*[966] des Unionsrechts sichergestellt sein (Wirksamkeitsprinzip).[967]

Art. 47 Abs. 1 GRCh ist, anders als Art. 19 Abs. 4 Satz 1 GG, ausdrücklich durch Gesetz einschränkbar.[968] Nach Art. 52 Abs. 1 GRCh dürfen Einschränkungen nur unter Wahrung des Grundsatzes der Verhältnismäßigkeit vorgenommen werden, wenn sie erforderlich sind und den von der Union anerkannten dem Gemeinwohl dienenden Zielsetzungen oder den Erfordernissen des Schutzes der Rechte und Freiheiten anderer tatsächlich entsprechen.[969] Ferner muss jede Einschränkung der Ausübung der in der Grundrechte-Charta anerkannten Rechte den Wesensgehalt dieser Rechte und Freiheiten achten.[970] Letzteres ist dann nicht mehr der Fall, wenn nationales Recht dazu führt, dass ein unionsrechtlich determiniertes Urteil bzw. eine einstweilige Anordnung ohne Wirkung bleibt, ohne dass das (Vollstreckungs-)Gericht über die Mittel verfügt, um ihm Geltung zu verschaffen.[971] Wenn

963 EuGH, Urteil vom 27. Februar 2018, C-64/16, Rn. 34.

964 *Jarass*, Grundrechte-Charta, Art. 47, Rn. 16 m.w.N.

965 EuGH, Urteil vom 05. März 1996, verb. RS C-46/93 und C- 48/93, Slg. 1996, I-01029, Rn. 82.

966 EuGH, Urteil vom 19. Juni 1990, C- 213/89, Slg. 1990, I-02433, Rn. 21.

967 EuGH, Urteil vom 13. März 2007, C-432/05, Slg. 2007, I-2271, Rn. 43. Für Art. 47 Abs. 1 GRCh: EuGH, Urteil vom 05. März 1996, C-46/93, Slg. 1996, I-1029, Rn. 72; *Jarass*, Grundrechte-Charta, Art. 47, Rn. 3. Art. 47 Abs. 1 GRCh ist das europarechtliche Pendant zu Art. 19 Abs. 4 Satz 1 GG und zu dem allgemeinen Justizgewährungsanspruch. Bei der Vorschrift handelt es sich auch um ein Leistungsgrundrecht, vgl. *Jarass*, NJW 2011, 1393 (1395); *Jarass*, Grundrechte-Charta, Art. 47, Rn. 3.

968 *Jarass*, Grundrechte-Charta, Art. 52, Rn. 52 f.

969 Vgl. EuGH, Urteil vom 02. April 2009, C-394/07, Rn. 29.

970 EGMR, Urteil vom 27. August 1991, Nr. 12750/87, 13780/88 und 14003/88, Rn. 59.

971 EuGH, Urteil vom 29. Juli 2019, C-556/17, Rn. 72.

Behörden endgültigen, vollstreckbaren gerichtlichen Entscheidungen nicht nachkommen, wird Art. 47 Abs. 1 GRCh jede praktische Wirksamkeit genommen.[972]

Im Rahmen der Anwendung des Wirksamkeits- und des Äquivalenzprinzips ist jeder Fall unter Berücksichtigung der Stellung dieser Vorschrift im gesamten Verfahren, des Verfahrensablaufs und der Besonderheiten des Verfahrens vor den verschiedenen nationalen Stellen zu prüfen.[973] Die Verfahrensautonomie steht ebenfalls unter den o.g. Vorbehalten.[974]

b) Effektive Durchführung des Unionsrechts

Nach Art. 197 Abs. 1 AEUV – die Vorschrift betrifft allerdings nicht das gerichtliche Verfahren – ist die effektive Durchführung des Unionsrechts durch die Mitgliedstaaten als Frage von gemeinsamem Interesse anzusehen, sog. Kooperationsprinzip im Verwaltungsrecht. Ziel der Regelung ist es, dem Interesse an der effektiven Durchführung des Unionsrechts Vorrang vor nationalen Interessen zu gewähren, dies vor allem in Fällen, in denen es um die Ausgestaltung und Anwendung nationalen Rechts geht.[975] In ähnlicher Weise verpflichtet Art. 4 Abs. 3 UnterAbs. 2 EUV die Mitgliedstaaten, alle geeigneten Maßnahmen allgemeiner oder besonderer Art zu ergreifen zur Erfüllung der Verpflichtungen, die sich aus den Verträgen oder den Handlungen der Organe der Union ergeben (Grundsatz der loyalen Zusammenarbeit). Erfasst ist auch die Zusammenarbeit von Union und Mitgliedsstaaten im Bereich der Rechtsprechung.[976]

3. Auswirkungen auf die §§ 167 ff. VwGO

Soweit die nationalen Vorschriften, welche die verwaltungsgerichtliche Zwangsvollstreckung regeln, die unionsrechtlichen Maßgaben – etwa wegen Verlusts des Wesensgehalts der jeweiligen Gewährleistung – nicht wahren, stellt sich die Frage, auf welche Weise das Unionsrecht seine Durchsetzung durch nationales Verfahrensrecht sicherstellt. Eine Lösung liegt im Grundsatz des Vorrangs des Unionsrechts. Der EuGH begründet diesen Grundsatz autonom unionsrechtlich.[977] Der

---

972 EuGH, Urteil vom 19. Dezember 2019, C-752/18, Rn. 36 f.; EGMR, Urteil vom 19. März 1997, 18357/91, Rn. 40 f., 45.

973 *Pechstein/Kubicki*, in: Frankfurter Kommentar, Art. 19 EUV, Rn. 57.

974 EuGH, Urteil vom 26. Juni 2019, C-723/17, Rn. 54.

975 *Hatje*, in: *Schwarze/Becker/Hatje/Schoo*, Art. 197 AEUV, Rn. 3.

976 Für die Zusammenarbeit von Union und Mitgliedsstaaten im Bereich der Rechtsprechung ist Art. 19 Abs. 1 UnterAbs. 2 EUV eine lex specialis zu Art. 4 Abs. 3 EUV, vgl. EuGH, Urteil vom 10. April 1984, C-14/83, Slg. 1984, 1891, Rn. 26. Im Fall von Klagen auf Einhaltung des Umweltrechts ergibt sich das Recht auf einen wirksamen Rechtsbehelf zusätzlich auch aus Art. 9 Abs. 4 des Aarhus-Übereinkommens.

977 EuGH, Urteil vom 15. Juli 1964, C-6/64; Slg. 1964, 1251 (1269 f.); vgl. auch *Wegener*, in: *Calliess/Ruffert*, Art. 19 EUV, Rn. 47.

Grundsatz setzt auf Rechtsanwendungsebene an und verlangt, dass die nationalen Gerichte das Recht des jeweiligen Mitgliedsstaats in dem jeweils zu entscheidenden Fall unionsrechtskonform auslegen und anwenden, so dass dessen volle Wirksamkeit sichergestellt ist.[978] Der Grundsatz findet seine Grenzen dort, wo er zu einer Auslegung des nationalen Rechts contra legem führen würde.[979] Ist eine Auslegung im genannten Sinn nicht möglich, kann das Gericht verpflichtet sein, jede nationale Vorschrift, die einer Unionsnorm[980] zuwiderläuft, unangewendet zu lassen.[981] Dabei sind die Maßgaben der o.g. unionsrechtlichen Vorschriften zu beachten.[982] Dem Unangewendetlassen einer nationalen Norm kann im Fall nationaler Vorschriften über die Vollstreckung gegen den Staat entgegenstehen, dass auf dessen Seite (ausnahmsweise) Unionsgrundrechte,[983] namentlich die von Amtsträgern, betroffen sind. Führte die Nichtanwendung zu einer Einschränkung von Unionsgrundrechten des Dritten, ist die Vereinbarkeit mit unionsrechtlichen Schranken-Schranken, etwa aus Art. 52 GRCh, zu prüfen. Dabei sind etwa Fragen der Wesensgehaltsgarantie zu beantworten und sind die gegenläufigen Grundrechte gegeneinander abzuwägen.[984] Wenn die Nichtanwendung der nationalen Vollstreckungsvorschrift das gegenläufige Unionsgrundrecht des Amtsträgers verletzen würde, ist es dem Gericht verwehrt, sie unangewendet zu lassen.[985] Darüber hinaus können auch allgemeine Rechtsgrundsätze als gegenläufige Unionsrechtsgüter zu berücksichtigen sein.[986] Hat die Prüfung zum Ergebnis, dass eine unionsrechtskonforme Auslegung in dem Sinne, dass das Gericht die nationale Norm unangewendet lassen muss, aus Rechtsgründen unzulässig ist, liegt der Ball im Feld des nationalen Gesetzgebers.[987]

---

978 EuGH, Urteil vom 24. Juni 2019, C-573/17, Rn. 55.

979 GA *Saugmandsgaard Øe*, Schlussantrag vom 14. November 2019, BeckRS 2019, 27863, Rn. 57.

980 Dabei muss die Norm des Unionsrechts unmittelbare Wirkung in dem Sinne haben, dass sie so klar, genau und unbedingt ist, dass sie den Einzelnen ein Recht verleiht, das diese vor dem nationalen Gericht geltend machen können, vgl. GA *Saugmandsgaard Øe*, Schlussantrag vom 14. November 2019, BeckRS 2019, 27863, Rn. 59.

981 EuGH, Urteil vom 24. Juni 2019, C-573/17, Rn. 58 und Rn. 60.

982 EuGH, Urteil vom 21. Dezember 2016, verb. Rs. C-154/15, C-307/15 und C-308/15, Rn. 57; EuGH, Urteil vom 13. März 2007, C-432/05, Rn. 44.

983 EuGH, Urteil vom 17. Januar 2019, C-310/16, Rn. 33 ff.; entgegenstehendes nationales Recht ist demgegenüber unbeachtlich, vgl. *Will*, NJW 2020, 963(965) und *Lind/Priebe*, ZEuS 2020, 429(449).

984 EuGH, Urteil vom 16. Dezember 2008, C-73/07, Rn. 52 f.

985 EuGH, Urteil vom 19. Dezember 2019, C-752/18, Rn. 43.

986 EuGH, Urteil vom 24. Oktober 2018, C-234/17, Rn. 53.

987 EuGH, Urteil vom 19. Dezember 2019, C-752/18, Rn. 52.

VI. Zusammenfassung

Wenige Fälle des behördlichen Nichtbefolgens führen dazu, dass § 172 VwGO mit Art. 19 Abs. 4 Satz 1 GG unvereinbar ist. Der Fehler der Verwaltung ist aus Sicht des Art. 19 Abs. 4 Satz 1 GG unbedenklich. Allerdings ist eine Vollstreckungsvereitelung durch den schuldenden Staat in Gestalt der Erledigung in Form von Zeitablauf ohne sein weiteres Zutun denkbar. Ferner kommt die Konstellation der – ohne Erledigungseintritt – sich hinziehenden, mehrmaligen Zwangsgeldfestsetzung mit im Ergebnis leerlaufender Vollstreckung in Betracht, d.h. der Vollstreckungsvereitelung ohne erledigendes Ereignis. Diese Konstellation betrifft eher die verwaltungsgerichtliche Erzwingungsvollstreckung gegen ein Land oder den Bund.

Beide genannten Fallgestaltungen beruhen auf der Konstruktion des § 172 VwGO, namentlich dem Vollstreckungsinstrumentarium. Dabei liegt der Ursprung der Problematik nicht in der Beschränkung auf ein einziges Zwangsmittel – dem Zwangsgeld – und auch nicht in der Beschränkung auf mittelbaren Beugezwang. Er liegt darin, dass es sich im Fall des § 172 VwGO um ein Zwangsgeld als alleinigem Vollstreckungsmittel handelt, das in Höhe eines vergleichsweise niedrigen Betrages (EUR 10.000,-) angesiedelt ist. Hinzu kommt, dass das festgesetzte Zwangsgeld als justizeigener Anspruch verstanden wird. Nur in Fällen von Gemeinden kommt es zu einem Vermögensabfluss, in allen anderen Fällen lediglich zu einer Umbuchung im Haushalt der Körperschaft. Relevant ist daher vor allem die betragsmäßige Zwangsgeldgrenze, um auf diese Weise – je nach Zwangsgeldadressat und Zwangsgeldbegünstigtem – unterschiedliche Stufen der Wirksamkeit der Zwangsvollstreckung zu erreichen.

Die bloße – wissentliche und willentliche – Verzögerung der Erfüllung für sich genommen begegnet unter Wirksamkeitsgesichtspunkten grundsätzlich keinen Bedenken. Es handelt sich um die Konstellation, in der – ohne Erledigung – die Verwaltung i.e.S. schon auf die erste Zwangsgeldfestsetzung der titulierten Leistung nicht nachkommt. Anders kann dies dann sein, wenn für das Vollstreckungsgericht ersichtlich wird, dass die Behörde rechtsmissbräuchlich handelt.

Daneben kann auch der Ermessensspielraum hinsichtlich der Zwangsgeldhöhe in bestimmten Fällen zu einer nicht mehr hinnehmbaren Reduktion der Wirksamkeit des § 172 VwGO führen.

Auch im Fall des § 170 VwGO geht es nie um den bloßen Fehler der Verwaltung. Wenn das behördliche Verhalten im Fall der Vollstreckung nach § 170 VwGO in der Absicht der Vereitelung der Vollstreckung erfolgt, kann dies allerdings – anders als im Fall des § 172 VwGO – wegen der Konstruktion des § 170 VwGO nie zu einer Vollstreckungsvereitelung führen. Denkbar ist hier allein die Verzögerung der Vollstreckung. Vor diesem Hintergrund begegnet § 170 VwGO am Maßstab des Art. 19 Abs. 4 Satz 1 GG keinen Bedenken. Hinsichtlich des dem Vollstreckungsgericht im Fall des § 170 VwGO in Bezug auf die Vollstreckungsmaßnahmen einerseits und den Vollstreckungsgegenstand andererseits eingeräumten Ermessens gilt: Ein vollständig freies Ermessen wäre mit Art. 19 Abs. 4 Satz 1 GG nicht vereinbar. Das Vollstreckungsgericht muss den für den Gläubiger ertragreichsten

Vollstreckungsgegenstand auswählen. Das Ermessen ist deshalb wegen der Entscheidung aus dem Erkenntnisverfahren dahin intendiert, dass es dahin ausgeübt werden muss, dass sowohl die Vollstreckungsmaßnahme als auch der Vollstreckungsgegenstand so zu wählen sind, dass die jeweils wirksamsten Maßnahmen und -gegenstände zur Befriedigung des Gläubigers führen. Erst innerhalb dieses Rahmens ist das Vollstreckungsgericht frei.

Die gleichheitsrechtliche Prüfung hat Folgendes ergeben: Für die beiden hier betrachteten Vergleichspaare – Gläubiger verwaltungsgerichtlicher Erzwingungs- und Geldleistungstitel sowie Inhaber verwaltungs- und zivilgerichtlicher Geldleistungstitel gegen den Staat – ist eine Verletzung des allgemeinen Gleichbehandlungsgrundsatzes im Ergebnis nicht gegeben. Zwar ist, soweit § 172 VwGO in bestimmten Fallgestaltungen zu einer im Ergebnis nicht hinreichend effektiven Vollstreckung oder zu einem völligen Leerlaufen führt, die Ungleichbehandlung im Vergleich mit dem Gläubiger i.S.d. § 170 VwGO nicht gerechtfertigt. Die Unvereinbarkeit mit Art. 3 Abs. 1 GG wird allerdings im Konkurrenzwege von der gleichzeitig gegebenen Unvereinbarkeit mit Art. 19 Abs. 4 Satz 1 GG verdrängt.

VII. Identifizierung und Verortung von Handlungsbedarf

Die Arbeit hat u.a. die Wirksamkeit des § 172 VwGO in Bezug auf schlichthoheitliches behördliches Handeln untersucht, welches in einem verwaltungsgerichtlichen Urteil oder einer einstweiligen Anordnung tituliert ist. Nach der hier vertretenen Auffassung ist in diesen Fällen, weil die Voraussetzungen des § 172 VwGO mangels Verwaltungsaktsbezogenheit dieser Vorschrift nicht erfüllt sind, ein Rückgriff auf § 167 Abs. 1 Satz 1 VwGO i.V.m. § 888 Abs. 1 ZPO (unvertretbare Handlungen der Behörde) oder § 167 Abs. 1 Satz 1 VwGO i.V.m. § 887 ZPO (vertretbare Handlungen der Behörde) nötig und auch ohne zusätzliche Voraussetzungen möglich.

Auf dieser Grundlage ergibt sich Handlungsbedarf vor allem auf Ebene von § 167 Abs. 1 Satz 1 VwGO i.V.m. §§ 887, 888 ZPO. Dieser folgt ebensowenig aus dem Gewaltenteilungsgrundsatz und aus dem Rechtsstaatsprinzip wie aus dem allgemeinen Gleichheitsgrundsatz. Handlungsbedarf ergibt sich allein aus den Perspektive des Vollstreckungsgläubigers, namentlich aus Art. 19 Abs. 4 Satz 1 GG. Die Konstruktion des § 172 VwGO führt dazu, dass in einzelnen, wenigen Fällen behördliches Nichtbefolgen in einer Weise möglich ist, in der es im Ergebnis zu einer nicht mehr hinreichend wirksamen verwaltungsgerichtlichen Erzwingungsvollstreckung kommt. Der Ursprung der Unwirksamkeit liegt darin, dass es sich im Fall des § 172 VwGO – erstens – um ein Zwangsgeld als alleinigem Vollstreckungsmittel handelt, das – zweitens – in Höhe eines vergleichsweise niedrigen Betrages (EUR 10.000,-) angesiedelt ist. Hinzu kommt – drittens –, dass das festgesetzte Zwangsgeld als justizeigener Anspruch verstanden wird.

F. Lösungsmöglichkeiten

Deshalb stellt sich die Frage nach den Lösungsmöglichkeiten im Bereich der verwaltungsgerichtlichen Erzwingungsvollstreckung wegen schlichthoheitlichen Handelns (§ 172 VwGO und § 167 Abs. 1 Satz 1 VwGO i.V.m. § 888 Abs. 1 Satz 1 ZPO bzw. § 887 ZPO).

Bei der Frage, auf welche Weise die soeben beschriebenen Handlungsbedarfe im Bereich der verwaltungsgerichtlichen Erzwingungsvollstreckung befriedigt werden können, ist der Gedanke des Normerhalts leitend. Lösungsansätze müssen sich rechtstechnisch daher auf zwei Ebenen bewegen – der Auslegung des § 172 VwGO bzw. § 167 Abs. 1 Satz 1 i.V.m. § 888 ZPO und deren Änderung durch den Gesetzgeber.

Die ganz herrschende Meinung sucht zu Recht zunächst eine Lösung im Wege verfassungskonformer Auslegung.[988] Eine Auslegung muss einerseits für sich genommen möglich und zulässig sein sowie andererseits mit dem Grundgesetz vereinbar sein. In dieser Hinsicht sind Vorschriften nicht verfassungswidrig, wenn eine Auslegung möglich ist, die im Einklang mit dem Grundgesetz steht. Von mehreren Auslegungsmöglichkeiten ist diejenige auszuschließen, die Art. 19 Abs. 4 Satz 1 GG zuwiderläuft.[989] Im Rahmen der verfassungskonformen Auslegung muss wiederum die Wirksamkeit der Vollstreckung nach Art. 19 Abs. 4 Satz 1 GG beachtet werden, der als objektives Gebot sowohl im Interesse des Staates liegt als auch die zentrale Grundrechtsverbürgung für den Vollstreckungsgläubiger enthält. *„Eröffnet die Rechtsweggarantie des Art. 19 Abs. 4 GG dem Betroffenen den Weg zu einem staatlichen Gericht, so bedeutet der grundrechtliche Anspruch auf effektiven Rechtsschutz, daß die Gerichte im jeweiligen Verfahren der normativen Geltung der Grundrechte tatsächliche Wirksamkeit verschaffen müssen. Bei mehreren Auslegungsmöglichkeiten ist diejenige zu wählen, die dem Gericht ermöglicht, die Grundrechte der Verfahrensbeteiligten durchzusetzen und zu verwirklichen."*[990] Daneben ist von Bedeutung, dass es sich im Ausgangspunkt um einen Grundrechtseingriff auf Seiten des Gläubigers handelt, nicht um einen Eingriff in verfassungsrechtliche Positionen des schuldenden Staates. Eine verfassungskonforme Auslegung

---

988 *Kring*, NVwZ 2019, 23 (28); *Kaerkes*, ZUR 2020, 245 (246); *Berkemann*, DÖV 2019, 761 (770); EuGH, Urteil vom 19. Dezember 2019, C-752/18, Rn. 51 i.V.m. Rn. 40; *Rennert*, Verwaltung, Verwaltungsgerichtsbarkeit und Gewaltenteilung, Fn. 89, S. 13 ff.; *Bachof*, Verwaltungsgerichtliche Klage, S. 164.

989 Vgl. *Berkemann*, DÖV 2019, 761 (770).

990 BVerfG, Beschluss vom 10. Oktober 1978 – 1 BvR 475/78 –, BVerfGE 49, 252 (257); vgl. auch BVerfG, Beschluss vom 20. April 1982 – 2 BvL 26/81 –, BVerfGE 60, 253 (297).

darf ferner nicht zu einer Unvereinbarkeit mit anderen (verfassungs-)rechtlichen Maßstäben führen.

I. Lösungsmöglichkeiten innerhalb der Verwaltungsgerichtsordnung und der Zivilprozessordnung

1. Lösungsmöglichkeiten im Anwendungsbereich von § 172 VwGO

Für den Fall, dass man entgegen der hier vertretenen Ansicht auch schlichthoheitliches Handeln als von § 172 VwGO erfasst ansieht und/oder die Vorschrift für analogiefähig hält, sind bereits hinsichtlich § 172 VwGO selbst im Rahmen einer verfassungskonformen Auslegung mehrere Lösungsmöglichkeiten denkbar.

a) Vorschlag: Steuerung über richterliches Ermessen und Adressatenbezug

Es wird vertreten, dass – im Wege der Ermessensausübung – bereits die erstmalige Androhung den Höchstbetrag von EUR 10.000,- erreichen *„darf"*.[991] Die Gegenansicht bestreitet dies.[992] Die Androhung des Betrages von EUR 10.000,- in der ersten Androhung sei regelmäßig ermessensfehlerhaft. Der vorgesehene Höchstbetrag könne nur unter besonderen Voraussetzungen, z.B. *„einer außergewöhnlich hartnäckigen Widerspenstigkeit"* der Behörde[993] und *„in der Regel"* erst nach

991 *Heckmann*, in: *Sodan/Ziekow*, § 172 VwGO, Rn. 74. *Pietzner/Möller*, in: *Schoch/Schneider*, VwGO, § 172 VwGO, Rn. 44: *„In den meisten Fällen dürfte der Zugriff auf das Höchstmaß des Zwangsgeldes gerechtfertigt sein."*. Uneinheitlich *Schmidt-Kötters*, in: *Posser/Wolff*, § 172 VwGO, Rn. 26: *„Angesichts der begrenzten Erträge dürfte die Höchstsumme allerdings in der Regel angemessen sein."*; VG Gelsenkirchen, Beschluss vom 24. Juli 2018 – 8 L 1359/18 –, Rn. 63, zit. nach juris. Jüngst im Hinblick auf Art. 19 Abs. 4 Satz 1 GG VG Sigmaringen, Beschluss vom 09. März 2022 – 5 K 377/22 –, Rn. 23, zit. nach juris.

992 Niedersächsisches OVG, Beschluss vom 12. September 2006 – 5 OB 194/06 –, NVwZ-RR 2007, 139; aus Gründen der Verhältnismäßigkeit der Zwangsgeldfestsetzung *Schink*, DVBl 2016, 1557 (1563); *Wysk*, in: *ders.*, § 172 VwGO, Rn. 12, der seine Auffassung ausdrücklich auf die erstmalige Androhung begrenzt.

993 Niedersächsisches OVG, Beschluss vom 12. September 2006 – 5 OB 194/06 –, Rn. 19, zit. nach juris.

Wiederholung des Zwangsmittels ausgeschöpft werden.[994] Teilweise wird auch auf den Grundsatz der Verhältnismäßigkeit zu Gunsten des Staates abgestellt.[995]

Es spricht hier Vieles dafür, dass in der ersten Androhung das Vollstreckungsgericht nicht nur den Höchstbetrag wählen darf, sondern hierzu im Regelfall verpflichtet ist. § 172 VwGO muss im Blick auf die Grundrechte ausgelegt und angewendet werden. Die Auslegung darf nicht zu einer Verkürzung des grundrechtlich gesicherten Anspruchs auf effektiven Rechtsschutz führen.[996] Kommt es aber zu einem Vollstreckungsantrag und zu einer Zwangsgeldandrohung, steht regelmäßig bereits fest, dass der schuldende Staat nicht leisten wird. Diesem ist bereits seit Erlass der im Erkenntnisverfahren ergangenen verwaltungsgerichtlichen Entscheidung bekannt, dass der Vollstreckungsgläubiger einen Erfüllungsanspruch hat. Zudem handelt es sich lediglich um die Androhung des Zwangsgeldes. Kommt der schuldende Staat der titulierten Leistung nach, vermeidet er selbst die Festsetzung des Zwangsgeldes. Angesichts dessen ist kein Grund dagegen ersichtlich, dass das Vollstreckungsgericht schon in der ersten Androhung den Maximalbetrag von EUR 10.000,- wählt.

Zweck des § 172 VwGO ist die Sicherung der Vollstreckung. Aus Art. 19 Abs. 4 Satz 1 GG folgt, dass im Rahmen des Vollstreckungsverfahrensdem Einzelnen tatsächlich wirksame und möglichst lückenlose – kurz gesagt: wirkungsvolle gerichtliche – Kontrolle bereitgestellt werden muss.[997] Die Gewährung effektiven Rechtsschutzes ist jeweils Aufgabe staatlicher Gerichte und einer vom Gesetzgeber mit Blick auf deren Organisation und Verfahren i.S.d. objektiven Wertentscheidung für einen wirkungsvollen Rechtsschutz[998] zu schaffenden und auszugestaltenden Prozessordnung. Das gewählte Zwangsmittel muss die Behörde ernsthaft zur Umsetzung der Handlung auffordern.[999] Dabei kann die Höhe des Zwangsgeldes die Zwangswirkung auf den Vollstreckungsschuldner wesentlich beeinflussen.[1000]

Demgegenüber diente bereits das Erkenntnisverfahren dem Schutz des schuldenden Staates vor ungerechtfertigter Zwangsvollstreckung.[1001] Die Interessenabwägung hat bereits stattgefunden, d.h. das Erkenntnisverfahren determiniert im Verwaltungsprozess auch die Ermessenserwägungen auf Vollstreckungsebene.

---

994 Niedersächsisches OVG, Beschluss vom 12. September 2006 – 5 OB 194/06 –, NVwZ-RR 2007, 139; *Bamberger*, in: *Wysk*, § 172 VwGO, Rn. 12; *Schmidt-Kötters*, in: *Posser/Wolff*, § 172 VwGO, Rn. 26; siehe aber oben Fn. 991.

995 *Schmidt-Kötters*, in: *Posser/Wolff*, § 172 VwGO, Rn. 26; siehe aber oben Fn. 991.

996 BVerfG, Beschluss vom 27. September, 1978 – 1 BvR 361/78 –, BVerfGE 49, 220 (225).

997 BVerfG, Beschluss vom 24. Juli 2018 – 2 BvR 1961/09 –, BVerfGE 149, 346 (363).

998 BVerfG, Beschluss vom 24. Juli 2018 – 2 BvR 1961/09 –, BVerfGE 149, 346 (363).

999 *Nolte*, Verwaltungsgerichtlicher Rechtsschutz, S. 369.

1000 Hessischer VGH, Beschluss vom 08. November 1999 – 8 TM 3106/99 –, Rn. 2, zit. nach juris.

1001 *Pietzner/Möller*, in: *Schoch/Schneider*, VwGO, § 167 VwGO, Rn. 106.

Auch kann der staatliche Vollstreckungsschuldner die Vollstreckung durch Erfüllung jederzeit abwenden. Ist er aber nicht leistungsbereit, so verdient er keinen Schutz. Demgegenüber besteht ein öffentliches Interesse daran, dem Vollstreckungsgläubiger, dem der Staat als Inhaber des Zwangsmonopols die Selbsthilfe verbietet, die Verwirklichung seines Anspruchs zu ermöglichen. Dieses Interesse dient der Wahrung des Rechtsfriedens und der Rechtsordnung, welche ihrerseits Grundbestandteil der rechtsstaatlichen Ordnung sind.[1002] Der Vollstreckungsgläubiger ist darüber hinaus finanziell nahezu unbeschränkt leistungsfähig.[1003]

Wie weiter oben dargestellt, ist auch der Grundsatz der Verhältnismäßigkeit nicht als Ermessensgrenze heranzuziehen. Eine Prognose des Vollstreckungsgerichts in dem Sinne, ob der schuldende Staat besonders hartnäckig ist, ob auf seiner Seite Hindernisgründe bestehen und welche Bedeutung die Sache für den Schuldner hat, verbietet sich.[1004] Deshalb ist wegen des hohen Ranges der betroffenen Rechtsgüter auf Seiten des Vollstreckungsgläubigers und der öffentlichen Interessen sowie des Rechtsstaatsprinzips im Regelfall auch bei der ersten Androhung der Zugriff auf das Höchstmaß gerechtfertigt und erforderlich, um wirksamen Beugedruck zu erzeugen. Dies gilt in allen Fällen, in denen es bei Zahlung des Zwangsgeldes nur zu einer Umbuchung und nicht zu einem Vermögensabfluss käme und erst recht in Eilfällen, in denen die Kaskade von steigenden Zwangsgeldern durch Zeitablauf wirkungslos würde. Der angebliche taktische Effekt, den Druck stufenweise zu steigern, ist der öffentlichen Hand gegenüber unangemessen.[1005] Lediglich in Ausnahmefällen kommt dem Vollstreckungsgericht ein Ermessensspielraum mit der Möglichkeit der Zwangsgeldreduktion in der ersten Androhung zu. Dies sind etwa Konstellationen, in denen Kommunen Vollstreckungsschuldner sind und die Zahlung des Zwangsgeldes darum zu einem Abfluss aus dem Kommunalvermögen führte. Hier ist allerdings einzustellen, ob es sich um einen eilbedürftigen Fall handelt. Auch hier wäre nämlich das Zuwarten der Kommune bis zum Erledigungseintritt wegen Zeitablaufs denkbar. Teilweise wird der Anwendungsbereich sogar auf „*wenig leistungsfähige öffentlich-rechtliche Vollstreckungsschuldner*" wie körperschaftlich verfasste Studierendenschaften oder sehr kleine Gemeinden erstreckt.[1006] Auch dann, wenn tatsächlich finanzielle Engpässe nachgewiesen sind oder besondere öffentliche Interessen dies erfordern, kann das Vollstreckungsgericht ausnahmsweise ein Zwangsgeld unterhalb der Höchstgrenze wählen.

1002 BVerfG, Beschluss vom 19. Oktober 1982 – 1 BvL 34/80 –, BVerfGE 61, 126 (136); GA *Saugmandsgaard Øe*, Schlussantrag vom 14. November 2019, BeckRS 2019, 27863, Rn. 40; *Kaerkes*, ZUR 2020, 245 (246).

1003 *Pietzner/Möller*, in: *Schoch/Schneider*, VwGO, § 172 VwGO, Rn. 44.

1004 Siehe hierzu unter E.II.2.

1005 *Heckmann*, in: *Sodan/Ziekow*, § 172 VwGO, Rn. 74.

1006 *Pietzner/Möller*, in: *Schoch/Schneider*, VwGO, § 172 VwGO, Rn. 44.

Nun sind auch solche Fälle denkbar, in denen selbst ein Zwangsgeld oder mehrere Zwangsgelder in Höhe von EUR 10.000,- nicht geeignet sind, die Behörde zum Einlenken zu bewegen.[1007] Eine Erhöhung des Maximalbetrags im Wege einer verfassungskonformen Auslegung ist hier wegen des eindeutigen Gesetzeswortlauts nicht möglich.[1008] In diesen Fällen stellt sich deshalb die Frage nach weiteren Möglichkeiten der verfassungskonformen Auslegung von § 172 VwGO.

b) Zeitliche Modifikationen

Das Erzwingungsverfahren nach § 172 VwGO ist schwerfällig.[1009] Zur Verbesserung der Wirksamkeit knüpft die Literatur teilweise an die Wiederholungsmöglichkeit nach § 172 Satz 2 VwGO an.

i) Wiederholungsfrequenz und Quantität

Die Wiederholungsmöglichkeit ist durchaus geeignet, den Vollstreckungsdruck zu erhöhen. Aber auch sie ist – jedenfalls in der bisher allgemein vertretenen Deutung – schwerfällig und büßt aus diesem Grund ihrerseits an Wirksamkeitspotenzial ein. Nach herkömmlicher Auffassung wird das Zwangsgeld in einem eigenständigen und in der Regel mehrere Monate dauernden Verfahren immer wieder erneut angedroht und festgesetzt. Die Wiederholungsmöglichkeit nach § 172 Satz 2 VwGO ist also zumindest nicht von vornherein zahnlos, unterliegt aber den „Grenzen des Faktischen". Denn bei herkömmlichem Verständnis des § 172 Satz 2 VwGO bringt es der Amtsbetrieb bei dem Vollstreckungsgericht mit sich, dass auch die wiederholte Androhung und Festsetzung des Zwangsgeldes den Vollstreckungsdruck im Ergebnis kaum zu erhöhen vermag. Denn die Frequenz der Zwangsgelder ist hierdurch stark beschränkt.[1010] Hinzu kommen die dem schuldenden Staat möglichen Rechtsbehelfe, die eine zusätzliche – erhebliche – Verzögerung bedingen können.

Neuerdings wird nach neuen Varianten zur Auslegung der Wiederholungsmöglichkeit des § 172 Satz 2 VwGO gesucht.[1011] Mitunter wird vertreten, dass das Vollstreckungsgericht mehrmals je ein Zwangsgeld in Maximalhöhe in kurzen Zeitabständen androhen und festsetzen könne.[1012] Der Wortlaut lasse dies zu.[1013] Dagegen sprechen allerdings schon die tatsächlichen Gegebenheiten und

---

1007 *Pietzner/Möller*, in: *Schoch/Schneider*, VwGO, § 172 VwGO, Rn. 44; *Schmidt-Kötters*, in: *Posser/Wolff*, § 172 VwGO, Rn. 2; *Hecker*, NVwZ 2018, 787 (790).

1008 *Brocker*, jM 2019, 155 (157).

1009 *Pietzner/Möller*, in: *Schoch/Schneider*, VwGO, § 172 VwGO, Rn. 49.

1010 *Will*, NJW 2020, 963 (965).

1011 Siehe hierzu unter B.IV.2.a)iii).

1012 Vgl. *Will*, NJW 2020, 963 (965).

1013 BVerfG, Beschluss vom 09. August 1999 – 1 BvR 2245/98 –, NVwZ 1999, 1330 (1331).

die Geschäftsgänge bei dem Vollstreckungsgericht. Es scheint kaum realistisch, dass das Vollstreckungsgericht in kurzen Zeitabständen Zwangsgelder androht und festsetzt, zumal es den Beteiligten jeweils rechtliches Gehör gewähren müsste und auch die Rechtsbehelfsfristen einzuhalten wären. Gerade in Eilfällen wäre ein solches Vorgehen kaum erfolgversprechend.[1014] Daher geht eine weitere Auffassung so weit, § 172 Satz 2 VwGO in der Weise auszulegen, dass die Vorschrift eine Zwangsgeldfestsetzung „auf Vorrat" ermögliche. Möglich sei die Lesart, dass das Zwangsgeld in einem Beschluss wiederholt, etwa pro Tag, festgesetzt wird.[1015] In § 172 Satz 2 VwGO finde sich keine Festlegung, nach der die wiederholte Anordnung des Zwangsgeldes durch Wiederholung der Anordnungen selbst zu erfolgen habe.

Auch wenn dieser Gedanke im Ergebnis eine deutliche Erhöhung der Wirksamkeit des § 172 VwGO bewirken würde, dürfte er über die Grenzen zulässiger Auslegung hinausgehen. Nach der Rechtsprechung des Bundesverfassungsgerichts ist der objektivierte Wille des Gesetzgebers maßgebend, wie er sich aus dem Gesetzeswortlaut und aus dem Sinnzusammenhang der Vorschrift ergibt. Wegen des Verhältnisses von § 172 VwGO und § 167 Abs. 1 Satz 1 VwGO ist hier zudem streng darauf zu achten, dass die Grenze zwischen Auslegung und der – nur unter Einhaltung von Voraussetzungen möglichen – Lückenfüllung nicht überschritten wird.[1016] Das Auslegungsergebnis muss mit einfachem Recht mit Verfassungsrecht vereinbar sein.

Nach § 172 Satz 2 VwGO kann das Zwangsgeld „*wiederholt angedroht, festgesetzt und vollstreckt werden.*" Der Bezugspunkt des Begriffs „*wiederholt*" ist nach dem Gesetzeswortlaut das – einheitliche – Verfahren der Androhung, Festsetzung und Vollstreckung. Das Gesetz geht davon aus, dass ein festgesetztes Zwangsgeld beigetrieben worden sein muss und das Verfahren erst anschließend wiederholt werden kann. Dafür spricht auch der Sinn und Zweck des Maximalbetrages von EUR 10.000,-. Würde man die Zwangsgeldandrohung/-festsetzung auf Vorrat in einem Beschluss für möglich erachten, erhöhte sich in der Sache der Maximalbetrag des Zwangsgeldes. Der schuldende Staat wäre dann faktisch anlasslos zur Zahlung von etwa 3,65 Millionen Euro verpflichtet.[1017] Dies ist zwar unter Wirksamkeitsgesichtspunkten begrüßenswert, steht aber der Begrenzung auf

---

1014 In diesem Sinn wohl auch *Lex*, VBlBW 2021, 187 (189).

1015 *Klinger*, NVwZ 2019, 1332 (1335); in diesem Sinne wohl auch *Kaerkes*, ZUR 2020, 242 (245). Vgl. auch den vor dem VG Gießen, Urteil vom 03. September 2019 – 8 K 2064/18.GI – gestellten Antrag: „*[...] bis zur Erfüllung der ihr aufgegebenen Verpflichtung für jede Stunde der Überschreitung der mit Beschluss vom [...] gesetzten Frist ein weiteres Zwangsgeld i.H.v. jeweils 10.000 Euro anzudrohen und aufschiebend bedingt festzusetzen.*"

1016 Siehe bereits unter B.IV.4.b).

1017 Vgl. *Klinger*, in: *Sehl*, LTO vom 11. Juli 2019, Fn. 551.

EUR 10.000,- entgegen. Auch der mit der Androhung verfolgte Zweck würde umgangen. Sie soll dem schuldenden Staat die Möglichkeit geben, die Vollstreckung in Gestalt der Erfüllung abzuwenden. Auch wenn die Sinnhaftigkeit der Androhung insoweit bezweifelt werden kann – dem schuldenden Staat ist bereits seit Erlass der Gerichtsentscheidung der Inhalt der titulierten Leistung bekannt – so hat der Gesetzgeber doch die Androhung mit diesem Zweck verbunden. Auch stünden die einzuhaltenden Rechtsmittelfristen und Fristen für die Gewährung rechtlichen Gehörs diesem Vorschlag entgegen oder wäre dies für die Gerichte nur schwer handhabbar. Hinzu kommt die Frage, in welcher Weise dann Rechtsbehelfe gegen den Beschluss, in dem mehrere Zwangsgelder gleichzeitig angedroht/festgesetzt werden, erhoben werden können.

In verfassungsrechtlicher Hinsicht wird vorgetragen, dass eine solche Auslegung wegen der in die Abwägung einzustellenden Rechtsgüter und der Verteidigung grundlegender Werte des Rechtsstaats[1018] oder auch deshalb zulässig sei, weil die schuldende Behörde nicht grundrechtsfähig sei.[1019] Richtig ist, dass die Wirksamkeit des § 172 VwGO sichergestellt sein muss, um eine effektive Vollstreckung im Sinne des Art. 19 Abs. 4 Satz 1 GG zu gewährleisten. Allerdings wird das staatliche Interesse jedenfalls dann zu einem Überwiegen kommen, wenn – wie teils gefordert – in einem Beschluss ein kumuliertes Zwangsgeld von solcher Höhe festgesetzt würde, das die Beitreibung die Funktionsfähigkeit der Verwaltung gefährden oder beeinträchtigen würde. Dies wird etwa bei einer Forderung der Zahlung von 3,65 Millionen Euro[1020] der Fall sein. Aus den genannten Gründen ist eine verfassungskonforme Auslegung nicht möglich.

ii) Erfolglosigkeit des zuvor festgesetzten Zwangsgeldes?

Teilweise wird – im Sinne einer Optimierung des Vollstreckungsdrucks – vertreten, dass sich das Vollstreckungsgericht in den kritischen Fällen nicht auf die bloße Wiederholung von Androhung und Festsetzung beschränken dürfe. Vielmehr müsse es unverzüglich die Beitreibung des Zwangsgeldes in die Wege leiten, um seiner Androhung Nachdruck zu verleihen. Mit anderen Worten setzt nach dieser Ansicht eine erneute Zwangsgeldandrohung die Erfolglosigkeit des vorangegangenen Zwangsgeldes voraus. Es bestünde das Gebot der vorrangigen Zwangsgeldbeitreibung. Bei einer solchen Verfahrensweise sei insbesondere der Anspruch auf effektiven Rechtsschutz gewahrt.[1021]

Ein solches Vorgehen hat den Vorteil, dass der Vollstreckungsdruck wegen des drohenden Vermögensabflusses bzw. der Umbuchung im Staatshaushalt kurzfristig

1018 *Klinger*, NVwZ 2019, 1332 (1335).

1019 *Kaerkes*, ZUR 2020, 242 (245).

1020 Vgl. *Klinger*, in: *Sehl*, LTO vom 11. Juli 2019, Fn. 551.

1021 OVG Berlin, Beschluss vom 04. November 1998 – 3 S 15.98 –, Rn. 22, zit. nach juris; *Miedtank*, Zwangsvollstreckung, S. 125.

erhöht wird. Allerdings würde die Forderung nach vorrangiger Beitreibung des ersten Zwangsgeldes vor Androhung des zweiten Zwangsgeldes das ohnehin schon schwerfällige Erzwingungsverfahren weiter verzögern. Denn Zeitpunkt und Wirkung der von Amts wegen durchzuführenden Beitreibung kann der Vollstreckungsgläubiger nicht überblicken.[1022] Durch das Gebot einer vorrangigen Beitreibung für die Androhung des nächsten Zwangsgeldes würde der Vollstreckungsgläubiger gerade in Fällen, in denen es lediglich zu einer Umbuchung des Zwangsgeldbetrages kommt sowie in Eilfällen, erhebliche Rechtsschutznachteile erleiden. Gerade in diesen Fällen ist nämlich durch die Beitreibung im Ergebnis nichts gewonnen. Vielmehr tritt Erledigung wegen Zeitablaufs ein oder wird das Vollstreckungsverfahren ohne Not verzögert, wobei das erstmals festgesetzte Zwangsgeld lediglich umgebucht wird und der schuldende Staat wegen des fehlenden Vollstreckungsdrucks seiner Leistungspflicht nicht nachkommt. Allein in Fällen, in denen es tatsächlich zu einem Vermögensabfluss aus dem (kommunalen) Haushalt kommt, mag die vorrangige Beitreibung sinnvoll sein. Unter Wirksamkeitsgesichtspunkten ist indessen eine wiederholte Androhung und Festsetzung mehrerer Zwangsgelder ohne die Notwendigkeit der zwischenzeitlichen Beitreibung des jeweiligen Zwangsgeldes sinnvoller, weil sich das jeweils zu entrichtende Zwangsgeld schneller aufsummiert und daher effektiver den Vollstreckungsdruck erhöht.

c) Personenbezogene Modifikationen

Daneben werden im Anwendungsbereich des § 172 VwGO personenbezogene Varianten verfassungskonformer Auslegung vorgeschlagen:

i) Amtsträger als Schuldner des Zwangsgeldes nach § 172 VwGO?

Es wurde in die Diskussion eingebracht, dass der handelnde bzw. anweisende Amtsträger, d.h. der leitende Verwaltungsbeamte oder der Behördenleiter, als Schuldner des Zwangsgeldes nach § 172 VwGO zur Zahlung verpflichtet sei.[1023]

Dem tritt die einhellige Meinung zu Recht entgegen.[1024] Schon der Wortlaut (vgl. § 172 Satz 1 VwGO, *„gegen sie […]“*) macht deutlich, dass das Zwangsgeld

---

1022 *Pietzner/Möller*, in: *Schoch/Schneider*, VwGO, § 172 VwGO, Rn. 49.

1023 *Rupp*, AöR 85 (1960), 301 (336); *Berkemann*, DÖV 2019, 761 (773) erstreckt diesen Vorschlag auf das Zwangsgeld nach § 888 ZPO, nicht aber auf § 172 VwGO. Missverständlich daher insoweit der Verweis bei *Lind/Priebe*, ZEuS 2020, 429 (455, Fn. 159).

1024 *Lind/Priebe*, ZEuS 2020, 429 (455 f.); *Kring*, NVwZ 2019, 23 (26); *Miedtank*, Zwangsvollstreckung, S. 116 f.; *Pietzner/Möller*, in: *Schoch/Schneider*, VwGO, § 172 VwGO, Rn. 8 f.; *Heckmann*, in: *Sodan/Ziekow*, § 172 VwGO, Rn. 18; *Brocker*, jM 2019, 155 (157); *Schmidt-Kötters*, in: *Posser/Wolff*, § 172 VwGO, Rn. 4.

gegenüber der Behörde festzusetzen ist, nicht gegenüber dem Behördenleiter oder einzelnen Amtsträgern. Die Leistungspflicht aus der verwaltungsgerichtlichen Entscheidung und die Zahlungspflicht nach § 172 VwGO treffen nur das Amt, nicht die Person.[1025] Entscheidend ist aber die Entstehungsgeschichte des § 164 VwGO a.F. In den Gesetzgebungsprozess war nämlich noch eine andere Fassung des heutigen § 172 VwGO eingebracht worden. Sie lautete: *„Kommt die Behörde in den Fällen des § 114 Abs. 4 der ihr im Urteil auferlegten Verpflichtung nicht nach, so kann das Gericht [...] eine Erzwingungsstrafe [...] festsetzen. Sie ist gegen die Behörde oder den verantwortlichen Beamten anzudrohen und festzusetzen.“*[1026] Diese, von der Vereinigung der Präsidenten der Verwaltungsgerichte stammende Entwurfsfassung hat der Gesetzgeber nicht in seinen Entwurf übernommen.[1027] Die letztlich verabschiedete Fassung des heutigen § 172 VwGO sieht allein *„die Behörde“*, nicht aber auch den Amtsträger als Zwangsgeldschuldnerin.[1028] Schon deshalb kommt es auf weitere Argumente bezüglich der Zulässigkeit des Rückgriffs auf Amtsträger im Zusammenhang mit § 172 VwGO nicht an.

ii) Erweiterung des Kreises der Zwangsgeldbegünstigten

Nach bislang praktizierter Auffassung hat das Vollstreckungsgericht nur die Möglichkeit (ggf. wiederholt bis zur Erfüllung), ein Zwangsgeld anzudrohen, dieses in der angedrohten Höhe festzusetzen und zugunsten der Staatskasse zu vollstrecken.[1029] Inzwischen wird wieder[1030] teilweise vertreten, dass der Kreis des Zwangsgeldbegünstigten erweitert werden könne und müsse. Nach in der Literatur und der neueren Rechtsprechung teilweise vertretener Auffassung enthält § 172 VwGO

1025 *Heckmann*, in: *Sodan/Ziekow*, § 172 VwGO, Rn. 18.

1026 Vgl. § 164 des Entwurfs einer Bundesverwaltungsgerichtsordnung, aufgestellt von der Vereinigung der Präsidenten der Verwaltungsgerichte des Bundesgebiets in Zusammenarbeit mit der Arbeitsgemeinschaft der Innenministerien der Länder der Bundesrepublik, DVBl 1951, nach S. 586.

1027 Vgl. BT-Drs. III/55, S. 48.

1028 Vgl. BT-Drs. III/55, S. 49.

1029 OVG Berlin, Beschluss vom 04. November 1998 – 3 S 15.98 –, Rn. 27, zit. nach juris; *Rupp*, AöR 85 (1960), 301 (336); *Miedtank*, Zwangsvollstreckung, S. 129 f.; *Berkemann*, DÖV 2019, 761 (772), der offenbar eine Gesetzesänderung für erforderlich hält; *Heckmann*, in: *Sodan/Ziekow*, § 172 VwGO, Rn. 80 ff.; *Pietzner/Möller*, in: *Schoch/Schneider*, VwGO, § 172 VwGO, Rn. 46; *Bamberger*, in: *Wysk*, § 172 VwGO, Rn. 12.

1030 Vgl. schon – wohl aber im Sinne einer Gesetzesänderung – *Remien*, Zwangsgeld, S. 284; hieran anknüpfend *Pietzner/Möller*, in: *Schoch/Schneider*, VwGO, § 172 VwGO, Rn. 62.

keine Festlegung, an wen das Zwangsgeld zu zahlen sei.[1031] Diese Ansicht wird teilweise generell – bezogen auf einstweilige Anordnungen und Urteile – vertreten.[1032] Eine restriktivere, bislang vereinzelt von der Rechtsprechung vertretene Auffassung nimmt die Auslegung, wonach das Zwangsgeld an einen Dritten zu zahlen sein soll, jedenfalls für den Fall vor, in dem sich ein Bundesland selbst weigert, rechtskräftigen Urteilen Folge zu leisten. Dann gebiete es Art. 19 Abs. 4 GG, die Zwangsgelder endgültig aus dem Landeshaushalt abfließen zu lassen.[1033] Das Bundesverfassungsgericht habe die Möglichkeit der Vollstreckung gerade im Lichte des Art. 19 Abs. 4 GG eröffnet, um eine effektive Vollstreckung gegen den Staat als Hoheitsträger zu gewährleisten. Dem würde die Festsetzung eines höheren Zwangsgeldes, welches letztlich im Landeshaushalt verbliebe, nicht gerecht.[1034] Dies führt in den Fällen, in denen die Zwangsgeldzahlung lediglich eine Umbuchung im Haushalt, nicht aber einen Vermögensabfluss bewirkt, zu einer Erhöhung des von § 172 VwGO vermittelten Vollstreckungsdrucks.

Die Vollstreckung des Zwangsgeldes i.S.d. § 172 VwGO ist in der Verwaltungsgerichtsordnung nicht geregelt. Richtig ist, dass sich im Wortlaut des § 172 VwGO keine Stütze dafür findet, dass das Zwangsgeld nach § 172 VwGO an den Staat zu zahlen sei.[1035] Ob eine Zahlung an Dritte – d.h. an den Gläubiger selbst oder sonstige Personen, etwa gemeinnützige Stiftungen – im Anwendungsbereich des § 172 VwGO denkbar ist, hängt insbesondere davon ab, ob es sich bei dem Anspruch auf Zwangsgeldzahlung um einen justizeigenen Anspruch handelt.[1036] Nach der Justizbeitreibungsordnung werden Zwangs- und Ordnungsgelder beigetrieben, soweit sie von Justizbehörden des Bundes einzuziehen sind (vgl. § 1 Satz 1 Nr. 3 JBeitrO). Die Justizbeitreibungsordnung findet auch auf die Einziehung von Ansprüchen durch Justizbehörden der Länder Anwendung, soweit die Ansprüche auf bundesrechtlicher Regelung beruhen (§ 1 Abs. 2 JBeitrO). Danach unterfallen Zwangsgelder der Justizbeitreibungsordnung.[1037] Diese werden naturgemäß an den Staat gezahlt. Dem kann nicht entgegnet werden, dass der Gerichtsvollzieher (als für die

---

1031 *Klinger*, NVwZ 2019, 1332 (1335); für § 888 ZPO VGH Baden-Württemberg, Beschluss vom 14. Mai 2020 – 10 S 461/20 –, Rn. 24, zit. nach juris; *Berkemann*, DÖV 2019, 761 (772), hält hier offenbar eine Gesetzesänderung für nötig.

1032 *Klinger*, NVwZ 2019, 1332 (1335).

1033 Für rechtskräftige Urteile im Fall eines Landes als Vollstreckungsschuldner VG Stuttgart, Beschluss vom 21. Januar 2020 – 17 K 5255/19 –, Rn. 37, zit. nach juris; bestätigt von VGH Baden-Württemberg, Beschluss vom 14. Mai 2020 – 10 S 461/20 –, Rn. 24, zit. nach juris.

1034 Für § 167 Abs. 1 Satz 1 VwGO i.V.m. § 888 ZPO: VG Stuttgart, Beschluss vom 21. Januar 2020 – 17 K 5255/19 –, Rn. 37, zit. nach juris.

1035 *Klinger*, NVwZ 2019, 1332 (1335).

1036 Siehe zu den insoweit vertretenen Auffassungen bereits unter B.IV.2.a)iii).

1037 *Heckmann*, in: *Sodan/Ziekow*, § 172 VwGO, Rn. 82.

Beitreibung zivilrechtlicher Ansprüche zuständige Person) die von ihm eingetriebenen Gelder ebenfalls nicht behalte und rechtskräftig bestehende Forderungen eintreibe sowie an den Begünstigten auskehre.[1038] Diese Überlegung setzt an der Primärforderung an und kann deshalb nicht auf Zwangsgelder i.S.d. § 172 VwGO übertragen werden, die ja erst als Reaktion auf die Nichterfüllung der ursprünglich von dem Verwaltungsgericht titulierten Forderung festgesetzt werden. Freilich soll und wird die im Erkenntnisverfahren titulierte Forderung gegenüber dem Vollstreckungsgläubiger und nicht gegenüber dem Staat erfüllt.

Es ist zutreffend, dass zwar die Festsetzung des Zwangsgeldes auf Antrag des Vollstreckungsgläubigers erfolgt. Gerade die Besonderheit des Erzwingungsverfahrens nach § 172 VwGO besteht allerdings darin, dass die Verfahrensherrschaft insgesamt bei dem Vollstreckungsgericht liegt und der Vollstreckungsgläubiger vor allem nicht mehr über die Beitreibung des Zwangsgeldes zu entscheiden hat. Denn diese wird von Amts wegen von dem Vollstreckungsgericht veranlasst.[1039] Von Bedeutung ist schließlich, dass der Gesetzgeber bei Erlass der Verwaltungsgerichtsordnung kein Verständnis eines Zwangsgeldes vor Augen hatte, wonach dieses dem Gläubiger oder einem Dritten zufließe.[1040] Zwangsgelder waren bei Erlass der Verwaltungsgerichtsordnung, anders als etwa die „*astreinte*" des romanischen Rechtskreises, die wegen ihres schadensersatzrechtlichen Ursprungs dem Gläubiger zufließt,[1041] gegenüber dem Staat zu entrichten. Aus diesem Grund erübrigen sich Fragen im Zusammenhang mit Dritten, an die das Zwangsgeld potenziell zu zahlen wäre.

Innerhalb der Ansicht, welche die Zahlung des Zwangsgeldes nach § 172 VwGO an Dritte für möglich hält, wird teilweise vertreten, dass eine Zahlung unmittelbar an den Vollstreckungsgläubiger möglich sei.[1042] Dem tritt eine andere, von dem VGH Baden-Württemberg vertretene Ansicht entgegen.[1043] Der Verwaltungsgerichtshof hält in entsprechender Heranziehung von § 153a Abs. 1 Satz 2 Nr. 2 StPO (nur) die Zahlung an eine gemeinnützige Einrichtung für denkbar, soweit ein inhaltlicher Bezug zwischen Vollstreckungsgrund und der gemeinnützigen Einrichtung bestehe.[1044] Die Entscheidung betraf dabei die Fallgestaltung, dass sich ein Bundesland selbst weigert, rechtskräftigen Urteilen Folge zu leisten. Dann gebiete es Art. 19 Abs. 4 Satz 1 GG, die Zwangsgelder endgültig aus dem

1038 *Klinger*, NVwZ 2019, 1332 (1335).

1039 Anders *Klinger*, NVwZ 2019, 1332 (1335).

1040 Vgl. BT-Drs. III/55, S. 48.

1041 *Remien*, Zwangsgeld, S. 34 ff., 197 ff.

1042 *Klinger*, NVwZ 2019, 1332 (1335).

1043 VGH Baden-Württemberg, Beschluss vom 14 Mai 2020 –10 S 461/20–, Rn. 34.

1044 VG Stuttgart, Beschluss vom 21. Januar 2020 – 17 K 5255/19 –, Rn. 37, zit. nach juris; bestätigt von VGH Baden-Württemberg, Beschluss vom 14. Mai 2020 – 10 S 461/20 –, Rn. 24, zit. nach juris. Vgl. auch *Klinger*, NVwZ 2019, 1332 (1335).

Landeshaushalt abfließen zu lassen. Der Verwaltungsgerichtshof hat seine Ansicht in Bezug auf § 167 Abs. 1 Satz 1 VwGO i.V.m. § 888 ZPO entwickelt. Die Frage wird daher im Rahmen der Erörterung von § 167 Abs. 1 Satz 1 VwGO i.V.m. § 888 ZPO aufzugreifen sein.

2. Lösungsmöglichkeiten im Wege der Vollstreckung nach § 167 Abs. 1 Satz 1 VwGO i.V.m. § 888 ZPO

Der unter Abschnitt E.VII festgestellte Handlungsbedarf bezieht sich auf die Vollstreckung aus verwaltungsgerichtlichen Entscheidungen, soweit es um schlichthoheitliches Verhalten der Behörde geht. Soweit eine verfassungskonforme Auslegung des § 172 VwGO ausscheidet, stellt sich die Frage, ob eine wirksame Vollstreckung im Wege der Anwendung der zivilprozessualen Vollstreckungsvorschriften sichergestellt werden kann. Deren Anwendung kann durch § 167 Abs. 1 Satz 1 VwGO vermittelt werden. Im Folgenden soll deshalb exemplarisch die Anwendung des § 888 ZPO – Vollstreckung wegen schlichthoheitlichen Handelns gegen den schuldenden Staat – untersucht werden.

Dabei müssen die Besonderheiten der Verweisungsanalogie des § 167 Abs. 1 Satz 1 VwGO in gebotener Weise berücksichtigt werden.[1045] Dies ist in Literatur und Rechtsprechung bislang nur nachrangig geschehen. Damit § 167 Abs. 1 Satz 1 VwGO tatbestandlich überhaupt erfüllt ist, muss in § 172 VwGO eine Regelungslücke vorhanden sein. Hierbei kommt der Planwidrigkeit entscheidende Bedeutung zu, weil die Frage des möglicherweise abschließenden Charakters der Verwaltungsgerichtsordnung geklärt wird. Die zentrale Aufgabe im Umgang mit § 167 Abs. 1 Satz 1 VwGO liegt auf der Rechtsfolgenseite, konkret in der Auslegung des „ob" und des Umfangs der entsprechenden Anwendbarkeit des § 888 ZPO. Diese Prüfung dient dem Ziel, die Modifikation von § 888 ZPO zu definieren, welche die Anwendung auch im Bereich der verwaltungsgerichtlichen Zwangsvollstreckung rechtfertigt und ermöglicht. Nachdem es hier nur um die verwaltungsgerichtliche Erzwingungsvollstreckung wegen schlichthoheitlichen Handelns geht, wird nachfolgend auch ausschließlich die Anwendbarkeit der §§ 887, 888 ZPO besprochen.

Es muss ermittelt werden, ob und in welchem Umfang § 887 und § 888 ZPO im Fall der Vollstreckung gegen den Staat anzuwenden sind. Dabei liegt das Grundproblem darin, dass die §§ 887 ff. ZPO für die Anwendung zwischen Privaten konzipiert sind, nicht für die Vollstreckung gegen den Staat als Hoheitsträger. Neben der „gewöhnlichen" Auslegung muss zusätzlich eine verfassungsrechtliche Untersuchung stattfinden. Auslegungsleitlinien sind darüber hinaus die Besonderheiten des Verwaltungsprozesses und das Ziel der Gewährleistung wirkungsvollen Schutzes. Kommt die Auslegung zu dem Ergebnis, dass die Anwendung der

1045 Siehe zum Ganzen bereits unter B.IV.3.a).

zivilprozessualen Norm bei Anwendung im Bereich der Verwaltungsgerichtsordnung verfassungswidrig wäre, führt dies zu deren Unanwendbarkeit.

a) Anwendbarkeit der modifizierten §§ 887, 888 ZPO

Als denkbare Lösungsmöglichkeiten zur Effektivierung der verwaltungsgerichtlichen Erzwingungsvollstreckung im Hinblick auf die Durchsetzung schlichthoheitlichen behördlichen Handelns kommen mehrere Varianten verfassungskonformer Auslegung der §§ 887, 888 ZPO in Betracht.

i) Stand der Diskussion

Weil nach der hier vertretenen Auffassung § 172 VwGO keinen abschließenden Charakter hat,[1046] werden in Hauptsache und Eilrechtsschutz (§ 123 VwGO) unvertretbare Handlungen, bei denen es sich nicht um den Erlass eines Verwaltungsakts handelt, nach § 167 Abs. 1 Satz 1 VwGO i.V.m. § 888 ZPO vollstreckt.[1047] Die Gegenansicht sieht demgegenüber auch in Verfahren nach § 123 VwGO als in Hauptsacheverfahren geschaffene Titel, die auf schlichthoheitliche Handlungen der Behörde lauten, als von § 172 VwGO erfasst an,[1048] wobei § 172 VwGO wegen dessen Wortlaut („*§ 123 VwGO*") insoweit unmittelbar[1049] und hinsichtlich in Hauptsacheverfahren geschaffener Titel erweiternd ausgelegt – nicht analog angewandt – wird. Ein Rückgriff auf die Zivilprozessordnung ist in allen Fällen titulierter Handlungen nicht zulässig.[1050] Auf Grundlage der Gegenansicht wird eine teleologische Reduktion notwendig, und zwar hinsichtlich des § 123 VwGO. Einstweilige Anordnungen im Vorfeld/parallel zu Leistungsklagen sind nicht von § 172 VwGO erfasst. Nachdem § 172 VwGO für diese Fälle ausscheidet, erfolgt die Vollstreckung nach dieser Ansicht insoweit nach § 167 Abs. 1 Satz 1 VwGO

1046 Siehe unter B.IV.4.b)i).

1047 VG des Saarlandes, Beschluss vom 14. Juli 2009 – 2 N 466/09 –, 2. Orientierungssatz, zit. nach juris; vgl. *Happ*, in: *Eyermann*, § 123 VwGO, Rn. 82; offen gelassen von OVG Berlin, Beschluss vom 04. November 1998 – 3 S 15.98 –, zit. nach juris; VGH Baden-Württemberg, Beschluss vom 25. Juni 2003 – 4 S 118/03 –, 1. Orientierungssatz, zit. nach juris.

1048 Siehe hierzu in Fn. 405; hinsichtlich in Hauptsacheverfahren titulierter Handlungen, Duldungen und Unterlassungen allerdings offen gelassen von Hessischer VGH, Beschluss vom 08. November 1999 – 8 TM 3106/99 –, Rn. 4 und Rn. 9, zit. nach juris.

1049 Für diese Fallgestaltung ist § 172 VwGO unmittelbar anwendbar, vgl. Hessischer VGH, Beschluss vom 08. November 1999 – 8 TM 3106/99 –, Rn. 4, zit. nach juris.

1050 *Pietzner/Möller*, in: *Schoch/Schneider*, VwGO, § 172 VwGO, Rn. 18.

i.V.m. § 888 ZPO.[1051] § 123 VwGO in § 172 VwGO bezieht sich dann nur noch auf Verpflichtungskonstellationen, soweit es um Verwaltungsakte geht. Nach beiden Ansichten ist § 172 VwGO auf Vollzugsfolgenbeseitigungsansprüche i.S.v. § 80 Abs. 5 Satz 3 VwGO, ggf. i.V.m. § 80a Abs. 3 VwGO, analog anzuwenden.[1052]

ii) Keine vorrangige analoge Anwendung von § 172 VwGO

Nach hier vertretener Auffassung ist § 172 VwGO ausschließlich verwaltungsaktsbezogen und hat keinen abschließenden Charakter.[1053] Für die Erzwingung verwaltungsgerichtlicher Leistungsurteile bzw. einstweiliger Anordnungen stellt sich auf dieser Grundlage die Frage, ob § 172 VwGO analog anwendbar ist und ob ein Rückgriff auf § 167 Abs. 1 Satz 1 VwGO mit der Folge der modifizierten Anwendung des § 888 ZPO möglich ist. Wegen der Existenz des § 167 Abs. 1 Satz 1 VwGO stellt sich die aber Vorfrage, ob § 172 VwGO überhaupt einer Analogie zugänglich ist. Ist dies der Fall und sind die Analogievoraussetzungen gegeben, stellt sich die Folgefrage, ob § 172 VwGO analog einen Rückgriff auf § 167 Abs. 1 Satz 1 VwGO i.V.m. §§ 887 ff. ZPO zulässt. In vergleichbarer Weise stellt sich die Frage, wenn man davon ausgeht, dass die Vorschrift des § 172 VwGO nicht abschließend ist und keiner Analogie zugänglich ist.

(1) Möglichkeit des Bestehens einer Regelungslücke in § 172 VwGO

Es muss also die zunächst Frage beantwortet werden, ob die Existenz einer Lücke im Sinne der Bildung einer Analogie zu § 172 VwGO möglich ist, nachdem eine Auslegung ergeben hat, dass die Vorschrift einen Sachverhalt nicht regelt. Diese Möglichkeit kann schon allein aus dem Grund zu verneinen sein, dass der Gesetzgeber mit § 167 Abs. 1 Satz 1 VwGO vorgegeben hat, dass die Zivilprozessordnung anzuwenden sei, *„soweit sich aus diesem Gesetz“*, d.h. der Verwaltungsgerichtsordnung, *„nichts anderes ergibt“*. Eine solche Sichtweise würde bedeuten, dass die vorrangig anzuwendende Regelung in der Verwaltungsgerichtsordnung mangels Regelungslücke (noch) keiner analogen Anwendung zugänglich ist,[1054] sondern versucht werden muss, die Lücke in der Verwaltungsgerichtsordnung zuerst über

---

1051 VGH Baden-Württemberg, Beschluss vom 10. Mai 1973 – IV 178/73 –, NJW 1973, 1518 (1519); OVG Münster, Beschluss vom 12. Dezember 1973 – V B 871/73 –, NJW 1974, 917 f.; *Bank*, Zwangsvollstreckung, S. 74; *Remien*, Zwangsgeld, S. 29 f.

1052 *Pietzner*, in: Festschrift *Blümel*, S. 450.

1053 Siehe hierzu unter B.IV.4.b).

1054 *Meissner/Steinbeiß-Winkelmann*, in: *Schoch/Schneider*, VwGO, § 173 VwGO, Rn. 49; Bayerischer VGH, Beschluss vom 02. April 2001 – 8 C 01.587 –, Orientierungssatz, zit. nach juris; Thüringer OVG, Beschluss vom 18. Januar 2010 – 2 VO 327/08 –, Rn. 8, zit. nach juris.

die von § 167 Abs. 1 Satz 1 VwGO inkorporierten §§ 704 bis 898 und §§ 946 bis 959 ZPO[1055] zu schließen.

Trotz der Existenz von § 167 Abs. 1 Satz 1 VwGO wird vielfach jedenfalls die Möglichkeit einer analogen Anwendbarkeit von § 172 VwGO bejaht,[1056] dies mitunter mit der Maßgabe, dass zu der entsprechend herangezogenen Regelung der Verwaltungsgerichtsordnung zugleich die größere Sachnähe besteht.[1057] Diese Ansicht beleuchtet allerdings nicht die Frage, inwieweit das Tatbestandsmerkmal *„soweit sich aus diesem Gesetz nichts anderes ergibt"* i.S.v. § 167 Abs. 1 Satz 1 VwGO der Möglichkeit einer Analogiebildung Grenzen setzt. Sie setzt vielmehr (nur) bei § 172 VwGO an und fußt dabei auf der Anerkennung des Konzepts der relativen Regelungslücke. Danach genügt für eine Analogie die Herbeiführung einer systematisch stimmigeren, sachgerechteren und sich näher am Willen des Gesetzgebers orientierenden Lösung.[1058] Für die Ermittlung der Existenz einer Lücke nimmt diese Ansicht deshalb den Zweck des Gesetzes und bereits auch die Rechtsfolgen der potenziell anwendbaren Vorschriften, hier § 172 VwGO und § 167 Abs. 1 Satz 1 VwGO i.V.m. § 888 ZPO, in den Blick.[1059] Kommt diese (Rechtsfolgen-)Ermittlung, wie für § 172 VwGO mitunter vertreten, zu dem Ergebnis, dass auch im Fall der Vollstreckung schlichthoheitlicher Handlungen § 172 VwGO zu systematisch stimmigeren und sachgerechteren Ergebnissen führt,[1060] ist nach dieser Ansicht eine analoge Anwendung des § 172 VwGO jedenfalls möglich. Eine Teilströmung der Gegenansicht lehnt eine Analogie schon wegen der Existenz des § 167 Abs. 1 Satz 1 VwGO ab.[1061] Danach ist wegen § 167 Abs. 1 Satz 1 VwGO die Bildung einer Analogie zu § 172 VwGO nicht möglich.

1055 *„Abschnitt 5 Arrest und einstweilige Verfügung"* sind von der Verweisung nicht erfasst, weil die Verwaltungsgerichtsordnung mit den §§ 80 ff., 123 VwGO besondere Regelungen getroffen hat, vgl. *Kraft*, in: *Eyermann*, § 167 VwGO, Rn. 2.

1056 VGH Baden-Württemberg, Beschluss vom 14. Mai 2020 – 10 S 461/20 –, Rn. 22, zit. nach juris: *„relative Regelungslücke"*; VGH Baden-Württemberg, Beschluss vom 24. April 2018 – 10 S 421/18 –, Rn. 3, zit. nach juris; *Waldhoff*, in: *Gärditz*, § 172 VwGO, Rn. 9; *Will*, VerwArch 110 (2019), 280 (293 ff.); *Roth*, VerwArch 91 (2000), 12 (23 f.); *Lex*, VBlBW 2021, 187 (189).

1057 Für § 173 VwGO *Wolff*, in: *Posser/Wolff*, § 173 VwGO, Rn. 4.

1058 *Roth*, VerwArch 91 (2000), 12 (23 f.) m.w.N; *Will*, VerwArch 110 (2019), 280 (293 ff.); *Lind/Priebe*, ZEuS 2020, 429 (438).

1059 Hierzu ausführlich *Will*, VerwArch 110 (2019), 280 (293 ff.).

1060 *Will*, VerwArch 110 (2019), 280 (297).

1061 Gestützt auf die – wegen § 167 Abs. 1 Satz 1 VwGO – nicht gegebene Regelungslücke in § 172 VwGO etwa die frühere Rechtsprechung des VGH Baden-Württemberg, Beschluss vom 28. Februar 2013 – 10 S 81/13 –, NVwZ-RR 2013, 541 (542). Demgegenüber legen OVG Berlin, Beschluss vom 29. August 2000 – 8 L 25/99 –, NVwZ-RR 2001, 99 (100); Bayerischer VGH, Beschluss vom 07. März 2002 – 4 C 02.188 –, Rn. 3, zit. nach juris; Thüringer OVG, Beschluss vom 18. Januar

Zwar stellt sich auf Grundlage der Ansicht der relativen Regelungslücken hinsichtlich § 172 VwGO zunächst die Frage nach der Existenz einer relativen Regelungslücke. Dabei richtet sich die Beurteilung an dem Zweck des Gesetzes sowie an den Rechtsfolgen der § 172 VwGO und § 167 Abs. 1 Satz 1 VwGO i.V.m. § 888 ZPO aus.[1062] Auf dieser Basis wird in Fällen, in denen es in der Hauptentscheidung um die Durchsetzung schlichthoheitlichen Handelns geht, die Analogie vielfach bejaht.[1063] Nach einer anderen, innerhalb der Gegenansicht vertretenen Auffassung scheitert die Analogie zwar noch nicht an der Existenz von § 167 Abs. 1 Satz 1 VwGO. Eine Regelungslücke liege allerdings aus anderen Gründen nicht vor.[1064]

Nach der hier vertretenen Ansicht scheidet eine Analogie schon wegen der Existenz des § 167 Abs. 1 Satz 1 VwGO aus. Jedenfalls liegt – mit der soeben zitierten Teilströmung – keine relative Regelungslücke in § 172 VwGO vor. Denn die Auffassung, die eine Analogie auch unter Hinweis auf den gesetzgeberischen Willen bejaht, setzt sich zumindest Zweifeln an durchweg stimmiger Argumentation aus, wenn sie im Rahmen der vorangegangenen Auslegung des § 172 VwGO zu dem Ergebnis gekommen ist, schlichthoheitliches Handeln sei von der Vorschrift

2010 – 2 VO 327/08 –, Rn. 16, zit. nach juris, § 172 VwGO zunächst aus mit dem Ergebnis, dass dieser verwaltungsaktsbezogen sei. Anschließend gehen sie – konsequent – unmittelbar auf die § 167 Abs. 1 Satz 1 VwGO ein, ohne die analoge Anwendbarkeit von § 172 VwGO überhaupt nur zu thematisieren; ferner *Bank*, Zwangsvollstreckung, S. 81, 108 f.; *Meissner/Steinbeiß-Winkelmann*, in: *Schoch/Schneider*, VwGO, § 173 VwGO, Rn. 49 ff., insb. Rn. 50; *Falk*, Anwendung der Zivilprozessordnung, S. 9.

1062 Siehe *Will*, VerwArch 110 (2019), 280 (293 ff.).

1063 VGH Baden-Württemberg, Beschluss vom 14. Mai 2020 –10 S 461/20 –, Rn. 22, zit. nach juris: *„relative Regelungslücke“*; VGH Baden-Württemberg, Beschluss vom 24. April 2018 – 10 S 421/18 –, Rn. 3, zit. nach juris; *Will*, VerwArch 110 (2019), 280 (299 f.); *Lind/Priebe*, ZEuS 2020, 429 (436). Unklar allerdings Bayerischer VGH, Beschluss vom 09. November 2018 – 22 C 18.1718 –, Rn. 56, zit. nach juris, in dessen Vorlage nicht ganz deutlich wird, ob das Gericht § 172 VwGO erweiternd auslegt oder analog anwendet. Für positive Leistungsurteile Niedersächsisches OVG, Beschluss vom 31. Oktober 2005 – 5 OB 192/05 –, Rn. 14, zit. nach juris; Hamburgisches OVG, Beschluss vom 14. Februar 2017 – 1 So 63/16 –, Rn. 24 ff., zit. nach juris.

1064 *Roth*, VerwArch 91 (2000), 12 (24, 33, 38); *Kring*, NVwZ 2019, 23 (25, 28); *Schmidt-Kötters*, in: *Posser/Wolff*, § 172 VwGO, Rn. 16. Wenn auch in der dogmatischen Begründung nicht ganz klar OVG Berlin, Beschluss vom 04. November 1998 – 3 S 15.98 –, Rn. 15, zit. nach juris; i.E. auch *Kraft*, in: *Eyermann*, § 172 VwGO, Rn. 5, wobei nicht deutlich wird, ob er eine erweiternde Auslegung des § 172 VwGO oder die Analogie verneint.

nicht erfasst.[1065] Eine Analogie kann man deshalb wohl allenfalls auf das Argument stützen, dass sich auf diese Weise sachgerechtere Ergebnisse erzielen lasse.

Unabhängig hiervon sprechen die besseren Argumente dafür, dass eine analoge Anwendung von § 172 VwGO auf schlichthoheitliches Handeln – im Vergleich zu einer Lösung über § 167 Abs. 1 Satz 1 VwGO i.V.m. §§ 887 ff. ZPO – nicht näher am Willen des Gesetzgebers liegt. Eine Analogie ist auch nicht zwingend sachgerechter.[1066] Ausweislich der Gesetzesbegründung sollte § 172 VwGO *„die Ausführung der Verpflichtungsurteile auf jeden Fall sicherstellen.“* Dies verdeutlicht, dass § 172 VwGO nach dem Willen des Gesetzgebers eben nicht auch schlichthoheitliches Handeln erfassen sollte.[1067] Zwar ist bei der Frage des Bestehens einer relativen Regelungslücke auch die Sachgerechtigkeit der Anwendbarkeit einer Norm zu berücksichtigen. Allerdings lässt der Umstand, dass § 172 VwGO einstweilige Anordnungen erfasst, nicht auf eine vergleichbare Interessenlage und damit auf eine planwidrige Regelungslücke schließen.[1068]

(2) Planwidrigkeit der relativen Regelungslücke und vergleichbare Interessenlage

Nach der hier vertretenen Ansicht stellt sich die Frage nach der Planwidrigkeit der relativen Regelungslücke deshalb nicht mehr. Demgegenüber bejaht die Ansicht, die von der Existenz einer relativen Regelungslücke ausgeht, auch deren Planwidrigkeit,[1069] dies zum Teil mit der Begründung, dass es bei Ausarbeitung der Verwaltungsgerichtsordnung noch keine Luftreinhaltepläne gab.[1070]

Geht man von dem Bestehen einer relativen Regelungslücke aus mit der Begründung, diese liege näher am Willen des Gesetzgebers, wird sich hieraus regelmäßig auch der Schluss auf die Planwidrigkeit ergeben. Ein höheres Maß an Begründung wird demgegenüber erforderlich sein, soweit man die relative Regelungslücke allein darauf stützt, dass die analoge Anwendung des § 172 VwGO die sachgerechteren Ergebnisse erziele. Jedenfalls schulden die Vertreter dieser Ansicht eine Erklärung, weshalb sie eine unmittelbare Anwendung von § 172 VwGO verneinen, anschließend aber eine Regelungslücke und deren Planwidrigkeit bejahen. Fraglich ist darüber hinaus, ob und – falls ja – in welcher Weise das Kriterium der Planwidrigkeit im Fall relativer Regelungslücken anwendbar ist.

Nach der hier vertretenen Ansicht scheidet aus den Gründen, aus denen die Existenz einer relativen Regelungslücke zu verneinen ist, auch eine Planwidrigkeit aus. Der Wille des Gesetzgebers war nicht auf die Einbeziehung schlichthoheitlichen

---

1065 *Will*, VerwArch 110 (2019), 280 (288 und 293 ff.).
1066 *Roth*, VerwArch 91 (2000), 12 (24 ff. und 33).
1067 *Kring*, NVwZ 2019, 23 (25).
1068 So aber *Lind/Priebe*, ZEuS 2020, 429 (436 f.).
1069 *Will*, VerwArch 110 (2019), 280 (299).
1070 *Will*, VerwArch 110 (2019), 280 (299).

Handelns gerichtet. Die analoge Anwendung von § 172 VwGO auf schlichthoheitliches Handeln erzielt auch nicht zwingend die sachgerechteren Lösungen. Auch das Argument, der Gesetzgeber habe bei Ausarbeitung der Verwaltungsgerichtsordnung das Institut der Luftreinhaltepläne noch nicht gekannt, wird für sich genommen die Planwidrigkeit nicht nachweisen können. Denn Gegenstand der analogen Anwendung von § 172 VwGO ist schlichthoheitliches Handeln des Hoheitsträgers; diese Handlungsform war dem VwGO-Gesetzgeber aber bekannt. Es stellt sich eher die Frage, ob der Gesetzgeber entweder positive und negative Leistungskonstellationen nicht gesehen hat oder ob er sie zwar gesehen, jedoch bewusst nicht in § 172 VwGO aufgenommen hat. Beides ist hier zu verneinen. Schlichthoheitliches Handeln war dem Gesetzgeber bei Schaffung der Verwaltungsgerichtsordnung bekannt. In Kenntnis dessen hat er bewusst geregelt, dass § 168 VwGO a.F. *„die Ausführung der Verpflichtungsurteile auf jeden Fall sicherstellen“* soll.

Nach der hier vertretenen Ansicht stellt sich auch die Frage nach der „Sperrwirkung“ von § 172 VwGO analog nicht mehr. Geht man demgegenüber davon aus, dass § 172 VwGO nicht abschließend, eine relative Regelungslücke nicht durch § 167 Abs. 1 Satz 1 VwGO ausgeschlossen sei und deren Voraussetzungen gegeben seien, stellen sich zwei Fragen: Erstens ist problematisch, ob der analog angewandte § 172 VwGO Sperrwirkung im Hinblick auf § 167 Abs. 1 Satz 1 VwGO i.V.m. § 888 ZPO entfaltet und falls ja, ob und in welcher Weise eine dogmatisch fundierte Auflösung gelingen kann.[1071]

Zwar ist der Wortlaut des § 167 Abs. 1 Satz 1 VwGO (*„soweit sich aus diesem Gesetz nichts anderes ergibt“*) unergiebig. Denkbar ist, auch analog angewandte Vorschriften der Verwaltungsgerichtsordnung als hiervon erfasst anzusehen. Es liegt allerdings nahe, dass der Gesetzgeber mit der Verweisungsanalogie des § 167 Abs. 1 Satz 1 VwGO alle in den §§ 167 ff. VwGO nicht geregelten Fälle erfassen wollte. Weil eine ausdrückliche Regelung des Gesetzgebers bereits vorhanden ist, welche die Vorschriften des Achten Buchs der Zivilprozessordnung in modifizierter Form in die Verwaltungsgerichtsordnung inkorporiert, liegt die Annahme einer Regelungslücke eher fern.

iii) Notwendigkeit zusätzlicher Voraussetzungen?

Die Literatur und vor allem die neuere Rechtsprechung stützen sich bei der Beurteilung der Frage nach der Anwendbarkeit der zivilprozessualen Vollstreckungsvorschriften maßgeblich auf eine Entscheidung des Bundesverfassungsgerichts vom 09. August 1999. In seinem Beschluss hat das Gericht sich zu dem Verhältnis von § 172 VwGO geäußert und Voraussetzungen für die Anwendung von § 888 ZPO aufgestellt. Auch diese Frage stellt sich überhaupt nur dann, wenn man § 172 VwGO als grundsätzlich abschließend ansieht in dem Sinne, dass auch

1071 Hessischer VGH, Beschluss vom 08. November 1999 – 8 TM 3106/99 –, Rn. 4, zit. nach juris.

schlichthoheitliches Handeln von der Vorschrift erfasst sei. Nur dann kommt die Problematik auf, ob und unter welchen Voraussetzungen § 167 Abs. 1 Satz 1 VwGO i.V.m. § 888 ZPO anwendbar ist. Dem soll im Folgenden nachgegangen werden.

(1) Entscheidung des Bundesverfassungsgerichts vom 09. August 1999

In der Entscheidung ging es um die Durchsetzung einer einstweiligen Anordnung, mit der das Verwaltungsgericht dem Bezirksamt die Zurverfügungstellung der damaligen Kongresshalle am Alexanderplatz in Berlin für die Durchführung eines Bundesparteitages aufgegeben hatte. Da sich das Bezirksamt weiterhin weigerte, drohte ihm das Verwaltungsgericht zwei Mal erfolglos ein Zwangsgeld von jeweils DM 2.000,- an. Nachdem das Bezirksamt auch dadurch nicht zur Überlassung der Halle bewogen worden war, entschied sich die Partei aus organisatorischen Gründen, den Parteitag zu verschieben. Aus diesem Grund verzichtete sie während des Vollstreckungsverfahrens auf ihre Rechte aus der einstweiligen Anordnung. Daraufhin erhob die Partei Verfassungsbeschwerde.

Das Bundesverfassungsgericht führte in seiner Entscheidung der Sache nach die Voraussetzung der *„Ungeeignetheit des Zwangsgeldes“* ein. Ein Rückgriff auf § 167 Abs. 1 Satz 1 VwGO i.V.m. § 888 Abs. 1 ZPO sei im Hinblick auf das Gebot wirkungsvollen Rechtsschutzes *„jedenfalls dann“* geboten, *„wenn die Androhung und Festsetzung eines auf 2.000 DM beschränkten Zwangsgeldes zum Schutz der Rechte des Betroffenen ungeeignet ist.“* Das sei *„etwa“* dann der Fall, *„wenn klar erkennbar sei, dass die Behörde unter dem Druck des Zwangsgeldes nicht einlenkt.“* Dies wiederum sei der Fall bei *„vorangegangenen Erfahrungen“*, *„auf Grund eindeutiger Bekundungen“* oder *„auf Grund mehrfacher erfolgloser Zwangsgeldandrohungen.“*[1072] In diesem Fall *„gebietet es das Gebot effektiven Rechtsschutzes, von der nach § 167 VwGO möglichen, entsprechenden‘ Anwendung zivilprozessualer Vorschriften Gebrauch zu machen und einschneidendere Zwangsmaßnahmen zu ergreifen, um die Behörde zu rechtmäßigem Handeln anzuhalten.“*[1073]

Daraus wird inzwischen überwiegend abgeleitet, dass aus Gründen effektiven Rechtsschutzes im Wege verfassungskonformer Auslegung auch weitere Maßnahmen – etwa nach § 167 Abs. 1 Satz 1 VwGO i.V.m. § 888 Abs. 1 ZPO – denkbar seien, wenn sich die Behörde der (wiederholten) Festsetzung des Zwangsgeldes nicht beugt bzw. voraussichtlich nicht beugen wird.[1074]

1072 BVerfG, Beschluss vom 09. August 1999 – 1 BvR 2245/98 –, NVwZ 1999, 1330 (1331).

1073 BVerfG, Beschluss vom 09. August 1999 – 1 BvR 2245/98 –, NVwZ 1999, 1330 (1331).

1074 BVerfG, Beschluss vom 09. August 1999 – 1 BvR 2245/98 –, NVwZ 1999, 1330 (1331); VG Stuttgart, Beschluss vom 21. Januar 2020 – 17 K 5255/19 –; zustimmend *Kaerkes*, ZUR 2020, 242 (245); *Bamberger*, in: *Wysk*, § 172 VwGO, Rn. 13; *Lex*, VBlBW 2021, 187 (189); *Lind/Priebe*, ZEuS 2020, 429 (439); *Will*, VerwArch 110 (2019), 280 (300 ff.); *Kring*, NVwZ 2019, 23 (27).

(2) Zweifel an der Übertragbarkeit des Beschlusses

Die automatische und uneingeschränkte Übertragbarkeit des Beschlusses aus dem Jahr 1999 begegnet in mehrerlei Hinsicht Bedenken. Das vorstehende Zitat des Bundesverfassungsgerichts muss zwingend vor dem Hintergrund seines (damaligen) Verständnisses von § 172 VwGO zu § 167 VwGO erfasst werden. Zwar setzt das Gericht auch bei § 167 Abs. 1 Satz 1 VwGO an und legt aus, welchen Inhalt das Tatbestandsmerkmal „*soweit sich aus diesem Gesetz nichts anderes ergibt*" hat. „*Insofern läßt zwar der Wortlaut des § 167 VwGO die Auslegung zu, daß bei der Vollstreckung einstweiliger Anordnungen ausschließlich die ein- oder mehrmalige Verhängung eines auf 2.000 DM begrenzten Zwangsgeldes gemäß § 172 VwGO möglich ist. Diese Auslegung ist aber keineswegs zwingend. Vielmehr kann § 172 VwGO auch als verwaltungsprozessuale Modifizierung der ansonsten geltenden zivilprozessualen Zwangsgeldbestimmungen verstanden und der Zweck der Begrenzung des Zwangsgeldbetrages auf 2.000 DM darin gesehen werden, daß staatliche Haushaltsmittel nicht in größerem Umfang durch Vollstreckungsmaßnahmen ihrem bestimmungsgemäßen Gebrauch entzogen werden. In diesem Fall steht die Begrenzung des Zwangsgeldes durch § 172 VwGO dem Einsatz anderer nach § 167 VwGO in Verbindung mit der Zivilprozeßordnung möglicher Zwangsmittel nicht entgegen.*"[1075]

Das Bundesverfassungsgericht sieht § 172 VwGO also als „*verwaltungsprozessuale Modifizierung der ansonsten geltenden zivilprozessualen Zwangsgeldbestimmungen*" an, ohne sich mit dem Verhältnis der Vorschriften näher auseinandergesetzt oder diese geprüft zu haben. Das Gericht hat den eigentlichen Gehalt von § 172 VwGO und dessen Verhältnis zu § 167 Abs. 1 Satz 1 VwGO nicht ermittelt.

Es geht – ohne nähere Argumentation – offenbar davon aus, dass schlichthoheitliches behördliches Handeln auch nach § 172 VwGO vollstreckt werden kann und die Möglichkeit der Vollstreckung nach § 167 Abs. 1 Satz 1 VwGO i.V.m. § 888 Abs. 1 ZPO daneben existiert. Konsequenterweise hätte es ferner die Voraussetzungen des § 167 Abs. 1 Satz 1 VwGO prüfen müssen, d.h. ermitteln, ob § 172 VwGO eine planwidrige Verweisunglücke enthält, den Rückgriff auf § 888 Abs. 1 ZPO mithin gestattet. Wie bereits herausgearbeitet, liegt gerade hier eine der wesentlichen Problematiken im Zusammenhang mit der verwaltungsgerichtlichen Zwangsvollstreckung gegen den Staat als Hoheitsträger.[1076] Unter der Annahme, § 172 VwGO und § 888 Abs. 1 wirkten hinsichtlich schlichthoheitlichen Handelns parallel, ist die Existenz einer Verweisungslücke nur schwer begründbar. Damit ist auf Grundlage der Ansicht des Bundesverfassungsgerichts der Rückgriff auf § 888 Abs. 1 ZPO an sich nicht möglich.

Auf Grundlage seines Verständnisses des Verhältnisses zwischen § 167 Abs. 1 Satz 1 VwGO und § 172 VwGO stellt das Gericht anschließend die – im Rahmen einer verfassungskonformen Auslegung denkbare – Voraussetzung der

1075 BVerfG, Beschluss vom 09. August 1999 – 1 BvR 2245/98 –, NVwZ 1999, 1330 (1331).
1076 Siehe hierzu unter B.IV.3.

Ungeeignetheit des Zwangsgeldes auf. Dies war wohl gerade deswegen erforderlich, weil es seinerzeit § 172 VwGO als abschließende Regelung mit genereller Sperrwirkung gegenüber weiteren Vollstreckungsmitteln nach der Zivilprozessordnung gesehen hatte. Deshalb stellte das Bundesverfassungsgericht fest, dass der grundsätzlich nach § 172 VwGO geltende Ausschluss der weiteren Vollstreckungsmittel der Zivilprozessordnung nicht greife.[1077] Vor allem die neuere verwaltungsgerichtliche Rechtsprechung beruft sich auf diese Entscheidung und rechtfertigt auf diese Weise die Anwendung der zivilprozessualen Zwangsvollstreckungsvorschriften im Wege des § 167 Abs. 1 Satz 1 VwGO.[1078]

Nach der hier vertretenen Ansicht ist § 172 VwGO verwaltungsaktsbezogen und hat keinen abschließenden Charakter. Auf dieser Grundlage ist der von § 167 Abs. 1 Satz 1 VwGO vermittelte Rückgriff auf § 888 Abs. 1 ZPO im Fall schlichthoheitlichen Handelns ohne Weiteres möglich. Aber auch die Entscheidung des Bundesverfassungsgerichts muss in diesen Fallgestaltungen nicht herangezogen werden, weil sie offenbar auf der – inzwischen überholten – Annahme einer grundsätzlichen Sperrwirkung des § 172 VwGO beruhte. Einer besonderen Rechtfertigung i.S. einer ungeschriebenen Voraussetzung bedarf es daher schon aus diesem Grund nicht. Aber auch für die Ansichten, die davon ausgehen, dass im Fall schlichthoheitlichen Handels § 167 Abs. 1 Satz 1 VwGO i.V.m. § 888 Abs. 1 ZPO neben § 172 VwGO (analog) anwendbar sei, ist die von dem Bundesverfassungsgericht aufgestellte Voraussetzung der Ungeeignetheit des Zwangsgeldes nicht erforderlich. Denn nach den Voraussetzungen des § 167 Abs. 1 Satz 1 VwGO reicht das Vorliegen einer planwidrigen Verweisungslücke für einen Rückgriff auf § 888 Abs. 1 ZPO aus. Geht man demgegenüber von einer Sperrwirkung des § 172 VwGO aus, ist der Rückgriff auf die Zivilprozessordnung nicht möglich. Gegen die Konstruktion des Bundesverfassungsgerichts wird daher mit Recht eingewandt, dass es an einer dogmatisch fundierten Erklärung für die Auflösung der Sperrwirkung fehlt.[1079] Letztlich ist die Konstruktion nicht notwendig. Sie widerspricht auch den geltenden Regelungen.

Im Übrigen war damals das Zwangsgeld nach § 172 VwGO noch auf DM 2.000,- begrenzt, so dass sich die Frage stellt, ob die Erwägungen auf die aktuelle Fassung des § 172 VwGO übertragbar sind. Darüber hinaus liegt es nahe, dass das Bundesverfassungsgericht seine Entscheidung gerade für einen eilbedürftigen Fall, den Fall der Durchsetzung einstweiliger Anordnungen, getroffen hat. Denn es stellt in seiner Entscheidung einleitend klar: *„Dies gilt insbesondere für die Frage, ob zur*

1077 *Hecker*, NVwZ 2018, 787 (790).

1078 Vgl. etwa VG Stuttgart, Beschluss vom 21. Januar 2020 – 17 K 5255/19 –, Rn. 31, zit. nach juris; bestätigt von VGH Baden-Württemberg, Beschluss vom 14. Mai 2020 – 10 S 461/20 –, zit. nach juris.

1079 *Lind/Priebe*, ZEuS 2020, 429 (438); *Schenke*, in: *Kopp/Schenke*, § 172 VwGO, Rn. 3; *Nolte*, Verwaltungsgerichtlicher Rechtsschutz, S. 351.

Durchsetzung einstweiliger Anordnungen neben Zwangsgeldern nach § 172 VwGO weitere Zwangsmittel zulässig sind."[1080] Es ging in der Sache offenbar – ähnlich wie dies die Vorinstanzen gesehen hatten – um das Problem der „*zeitlichen Begrenzung der Handlungspflicht*".[1081]

b) Rechtsfolge: Anwendung des modifizierten § 888 ZPO

Nach der hier vertretenen Auffassung ist im Fall der verwaltungsgerichtlichen Vollstreckung schlichthoheitlichen Handelns ein – von § 167 Abs. 1 Satz 1 VwGO vermittelter – Rückgriff auf § 888 ZPO ohne zusätzliche Voraussetzungen möglich und geboten. Sind die Voraussetzungen des § 167 Abs. 1 Satz 1 VwGO erfüllt, gilt für die Vollstreckung das Achte Buch der Zivilprozessordnung „*entsprechend*". Erforderlich ist deshalb eine Auslegung und Prüfung, ob und – falls ja – inwieweit und mit welchen Modifikationen § 888 ZPO in der jeweiligen Fallgestaltung anwendbar ist. Maßstab ist das einfache Recht und insbesondere das Verfassungsrecht.[1082]

i) Zwangsgeldbezogene Modifikationen

In Bezug auf denkbare – durch verfassungskonforme Auslegung zu ermittelnde – Modifikationen des Zwangsgeldes nach § 167 Abs. 1 Satz 1 VwGO i.V.m. § 888 ZPO stellt sich hier jeweils die Frage, inwieweit die Erwägungen, die zu dem Zwangsgeld nach § 172 VwGO gemacht wurden,[1083] gleichermaßen gelten und inwieweit eine abweichende Beurteilung geboten ist.

(1) Vorschlag: Steuerung über richterliches Ermessen. Insbesondere: Höhe des Zwangsgeldes

Zwar findet in dem Verfahren nach § 888 ZPO eine Androhung nicht statt (vgl. § 888 Abs. 2 ZPO). Dennoch spricht Vieles dafür, dass auch im Anwendungsbereich von § 167 Abs. 1 Satz 1 VwGO i.V.m. § 888 Abs. 1 ZPO das Vollstreckungsgericht das ihm zustehende Ermessen aus den bereits genannten Gründen im Regelfall in der Weise ausüben muss, dass sofort ein Zwangsgeld i.H.v. EUR 25.000,- festgesetzt

---

1080 BVerfG, Beschluss vom 09. August 1999 – 1 BvR 2245/98 –, NVwZ 1999, 1330 (1331).

1081 Vgl. BVerfG, Beschluss vom 09. August 1999 – 1 BvR 2245/98 –, NVwZ 1999, 1330 (1331); OVG Berlin, Beschluss vom 04. November 1998 – 3 S 15.98 –, Rn. 22, zit. nach juris: „*Das schließt nicht aus, dass in Einzelfällen ein befristetes Handlungsgebot nicht durchgesetzt werden kann. Dies wäre aber in der zeitlichen Begrenzung der Handlungspflicht begründet und nicht in der Unzulänglichkeit des gesetzlichen Vollstreckungsinstrumentariums.*"

1082 Siehe hierzu unter B.IV.3.a)ii).

1083 Siehe hierzu vorstehend unter F.I.1.

werden muss.[1084] Begründet ist dies in dem hohen Rang der betroffenen Rechtsgüter[1085] auf Seiten des Vollstreckungsgläubigers und der betroffenen öffentlichen Interessen, insbesondere des Rechtsstaatsprinzips.[1086] Zweck des § 172 VwGO ist die Sicherung der Vollstreckung. Aus Art. 19 Abs. 4 Satz 1 GG folgt, dass im Rahmen des Vollstreckungsverfahrens dem Einzelnen tatsächlich wirksame und möglichst lückenlose Kontrolle bereitgestellt werden muss. Kommt es zu einem Vollstreckungsantrag und zu einer Zwangsgeldandrohung, steht regelmäßig bereits fest, dass der schuldende Staat nicht leisten wird. Auch ist diesem bereits seit Erlass der im Erkenntnisverfahren ergangenen Gerichtsentscheidung bekannt, dass der Vollstreckungsgläubiger einen Erfüllungsanspruch hat. Die Pflicht des Vollstreckungsgerichts, den Höchstbetrag von EUR 25.000,- bereits bei der ersten Säumnis festzusetzen, gilt in allen Fällen, in denen es bei Zahlung des Zwangsgeldes nur zu einer Umbuchung und nicht zu einem Vermögensabfluss käme und erst recht in Eilfällen, in denen die „Kaskade“ von steigenden Zwangsgeldern durch Zeitablauf wirkungslos würde. Lediglich in Ausnahmefällen kommt dem Vollstreckungsgericht ein Ermessensspielraum mit der Möglichkeit der Zwangsgeldreduktion in der ersten Festsetzung zu.[1087]

(2) Wiederholungsfrequenz und Quantität

Auch im Fall der Vollstreckung nach § 167 Abs. 1 Satz 1 VwGO i.V.m. § 888 Abs. 1 ZPO ist die wiederholte Zwangsgeldfestsetzung zulässig.[1088] Nach herkömmlicher Auffassung wird das Zwangsgeld in einem eigenständigen und in der Regel mehrere Monate dauernden Verfahren immer wieder erneut festgesetzt. Im Gegensatz zu § 172 Satz 2 VwGO ist hier eine Androhung nicht erforderlich. Darin liegt eine Stärke der Vollstreckung nach § 167 Abs. 1 Satz 1 VwGO i.V.m. § 888 Abs. 1 ZPO;

1084 Anders VG Stuttgart, Beschluss vom 21. Januar 2020 – 17 K 5255/19 –, Rn. 37, zit. nach juris, bestätigt von VGH Baden-Württemberg, Beschluss vom 14. Mai 2020 –10 S 461/20–, Rn. 26, zit. nach juris: Androhung eines Betrags von EUR 25.000,- im Fall eines rechtskräftigen verwaltungsgerichtlichen Urteils nach zwei bereits vorangegangenen Vollstreckungsverfahren hinausreichende und beharrlicher Weigerung des Vollstreckungsschuldners. Darüber hinaus handelte es sich in dem entschiedenen Fall um einen unionsrechtlich determinierten Sachverhalt. Vgl. auch *Kaerkes*, ZUR 2002, 245 (246).

1085 In diesem Sinne wohl auch VGH Baden-Württemberg, Beschluss vom 14. Mai 2020 – 10 S 461/20 –, Rn. 17, 24, zit. nach juris; *Kaerkes*, ZUR 2020, 245 (246).

1086 GA *Saugmandsgaard Øe*, Schlussantrag vom 14. November 2019, BeckRS 2019, 27863, Rn. 40; *Kaerkes*, ZUR 2020, 245 (246).

1087 Siehe zum Ganzen bereits unter F.I.1.a).

1088 *Gruber*, in: Münchener Kommentar zur ZPO, § 888 ZPO, Rn. 28; *Berkemann*, DÖV 2019, 761 (772).

das Verfahren ist weniger schwerfällig. Die Wiederholungsmöglichkeit ist eher als § 172 Satz 2 VwGO geeignet, den Vollstreckungsdruck zu erhöhen.

Aber auch dieses Verfahren unterliegt – ähnlich wie die Wiederholung nach § 172 Satz 2 VwGO – den „Grenzen des Faktischen". Denn auch hier bringt es der Amtsbetrieb bei dem Vollstreckungsgericht mit sich, dass auch die wiederholte Zwangsgeldfestsetzung den Vollstreckungsdruck im Ergebnis kaum zu erhöhen vermag. Denn die Frequenz der Zwangsgelder ist hierdurch stark beschränkt. Hinzu kommen die dem schuldenden Staat möglichen Rechtsbehelfe, die eine zusätzliche Verzögerung bedingen können. Auch dieses Verfahren büßt also – jedenfalls in der bisher allgemein vertretenen Deutung – an Wirksamkeitspotenzial ein.

Deshalb wird auch auf Ebene des § 167 Abs. 1 Satz 1 VwGO i.V.m. § 888 Abs. 1 ZPO neuerdings nach weiteren Varianten einer verfassungskonformen, im Sinne des Art. 19 Abs. 4 Satz 1 GG wirksameren Auslegung der Wiederholungsmöglichkeit gesucht. Eine im Vordringen befindliche Auffassung möchte etwa das Zwangsgeld in Maximalhöhe festsetzen, wobei dieses periodisch – zum Beispiel täglich – fällig wird.[1089] Dagegen sprechen allerdings auch hier die tatsächlichen Gegebenheiten und die Geschäftsgänge bei dem Vollstreckungsgericht. Es scheint kaum realistisch, dass dieses in kurzen Zeitabständen Zwangsgelder festsetzt, zumal es den Beteiligten jeweils rechtliches Gehör gewähren müsste und auch die Rechtsbehelfsfristen einzuhalten wären. Gerade in Eilfällen wäre ein solches Vorgehen wenig erfolgversprechend.

(3) Personenbezogene Modifikationen

Im Fall des § 172 VwGO ist die Zwangsgeldfestsetzung ausschließlich gegen den Rechtsträger der Behörde möglich.[1090] Bei juristischen Personen des Privatrechts wird das Zwangsgeld gegen diese festgesetzt.[1091] Für das Zwangsgeld nach § 888 ZPO ist umstritten, ob es auch gegen das Organ einer juristischen Person des Privatrechts festgesetzt werden kann.[1092]

Dieser Streit setzt sich im Anwendungsbereich des § 167 Abs. 1 Satz 1 VwGO i.V.m. § 888 ZPO fort. Hier stellt sich die Frage, ob eine Zwangsgeldfestsetzung gegen einen Amtsträger, d.h. gegen den Behördenleiter oder den handelnden

---

1089 *Will*, NJW 2020, 963 (965); *Brockmann/Lücke*, DÖV 2021, 392 (394); VG Stuttgart, Beschluss vom 21. Januar 2020 – 17 K 5255/19 –; *Kaerkes*, ZUR 2020, 242 (245).

1090 Siehe hierzu unter B.IV.2.b)ii).

1091 *Gruber*, in: Münchener Kommentar zur ZPO, § 888 ZPO, Rn. 26; *Bartels*, in: *Stein/Jonas*, § 888 ZPO, Rn. 43; *Lackmann*, in: *Musielak/Voit*, § 888 ZPO, Rn. 10.

1092 Für eine Zwangsgeldfestsetzung gegen das Organ *Bartels*, in: *Stein/Jonas*, § 888 ZPO, Rn. 43 („*je nachdem, wessen Willen zu beugen ist*"); OLG Frankfurt, Beschluss vom 09. April 2015 – 6 W 32/15 –; *Lackmann*, in: *Musielak/Voit*, § 888 ZPO, Rn. 10; dagegen *Gruber*, in: Münchener Kommentar zur ZPO, § 888 ZPO, Rn. 26.

Beamten, möglich ist. Dies wird teilweise bejaht,[1093] mitunter aber auch verneint.[1094] Lehnt man die Möglichkeit einer Zwangsgeldfestsetzung unmittelbar gegen den Amtsträger ab, verbleibt lediglich der (interne) Rückgriff des Dienstherrn auf den handelnden Beamten.

Anders als im Fall des § 172 VwGO ist der Wortlaut des § 888 Abs. 1 Satz 1 ZPO offener. Danach ist im Fall einer unvertretbaren Handlung, wenn sie ausschließlich von dem Willen des Schuldners abhängt, auf Antrag von dem Prozessgericht des ersten Rechtszuges zu erkennen, dass der Schuldner zur Vornahme der Handlung durch Zwangsgeld anzuhalten sei. § 888 Abs. 1 Satz 1 ZPO wählt – im Gegensatz zu § 172 VwGO – nicht den Begriff der *„Behörde"*, sondern den des *„Schuldners"*.

Aber auch im Anwendungsbereich des § 167 VwGO i.V.m. § 888 ZPO kommt man zu der Problematik, dass Schuldner i.S.d. § 888 ZPO der Rechtsträger der Behörde[1095] ist, nicht aber der einzelne Amtsträger. Hier setzt die Literaturmeinung an, die eine Zwangsgeldzahlung durch den jeweils in Betracht kommenden Amtsträger verneint. Dieser sei lediglich Funktionsträger. Pflicht und Schuld beträfen nur das Amt, nicht die Person.[1096]

Die Argumentation mit dem Wortlaut des § 888 Abs. 1 ZPO kann dahinstehen, denn jedenfalls ist die Zwangsgeldfestsetzung gegenüber dem handelnden Amtsträger unter dem Aspekt der hinreichenden Bestimmtheit von § 167 VwGO i.V.m. § 888 Abs. 1 ZPO bedenklich. Zwar folgen besonders erhöhte Bestimmtheitsanforderungen, anders als im Fall der Zwangshaft, hier nicht aus grundrechtlichen Gewährleistungen.[1097] Der rechtsstaatliche Grundsatz ausreichender Bestimmtheit von Gesetzen verlangt aber gleichwohl, gesetzliche Tatbestände so präzise zu formulieren, dass ein Normadressat sein Handeln kalkulieren kann, weil die Folgen der Regelung für ihn voraussehbar und berechenbar sind.[1098] *„Je bedeutsamer die Norm ist, insbesondere je intensiver die damit verbundene Freiheitseinschränkung des Bürgers ausfällt, und je eindeutiger, abgrenzbarer und vorhersehbarer der Regelungsgegenstand ist, desto höher ist das Maß der gebotenen inhaltlichen Bestimmtheit der Norm. Ist dagegen die Norm von geringer Bedeutung, vor allem weil sie nicht oder nur in geringem Maße in die Freiheit der Bürger eingreift, und ist der Regelungsgegenstand vielgestaltig, unübersichtlich und raschen Änderungen unterworfen, fällt*

1093 *Pietzner/Möller*, in: *Schoch/Schneider*, VwGO, § 172 VwGO, Rn. 11, 13; *Berkemann*, DÖV 2019, 761 (773); *Lind/Priebe*, ZEuS 2020, 429 (455 f.); *Kring*, NVwZ 2019, 23 (25). Offen gelassen von *Lex*, VBlBW 2021, 187 (190).

1094 *Heckmann*, in: *Sodan/Ziekow*, § 172 VwGO, Rn. 17 f.; *Waldhoff*, in: *Gärditz*, § 172 VwGO, Rn. 13.

1095 Siehe hierzu unter B.IV.2.b)ii).

1096 *Heckmann*, in: *Sodan/Ziekow*, § 172 VwGO, Rn. 18; *Waldhoff*, in: *Gärditz*, § 172 VwGO, Rn. 13.

1097 *Lind/Priebe*, ZEuS 2020, 429 (456).

1098 BVerwG, Urteil vom 16. Juni 1994 – 4 C 2/94 –, BVerwGE 96, 110.

das Maß der gebotenen Bestimmtheit geringer aus.“[1099] Zwar ist das Vermögen des Amtsträgers nicht von Art. 14 Abs. 1 GG geschützt. Allerdings ist für die Zwangsgeldfestsetzung gegen einen Amtsträger auf Grundlage von § 167 Abs. 1 Satz 1 VwGO i.V.m. § 888 Abs. 1 Satz 1 ZPO bislang keine einschlägige Rechtsprechung ergangen. Angesichts der Vielzahl der vertretenen Meinungen ist für den Betroffenen nicht klar, dass, wann und unter welchen Voraussetzungen er mit einer Zwangsgeldfestsetzung unmittelbar gegen ihn selbst zu rechnen hat. Auch ist unklar, ob und unter welchen Voraussetzungen ein Rückgriff von § 172 VwGO auf § 888 Abs. 1 ZPO erfolgen würde. Bei § 167 Abs. 1 Satz 1 VwGO i.V.m. § 888 Abs. 1 Satz 1 ZPO handelt es sich auch insoweit nicht um eine hinreichend bestimmte Rechtsgrundlage.

Deshalb rückt der Zwangsgeldbegünstigte als weitere personenbezogene Modifikation des § 167 Abs. 1 Satz 1 VwGO i.V.m. § 888 Abs. 1 ZPO in den Blick. Ohne dass dies in § 888 ZPO ausdrücklich geregelt wäre, entspricht es allgemeiner Auffassung, dass das darin vorgesehene Zwangsgeld zu Gunsten der Staatskasse festzusetzen und beizutreiben ist.[1100] Inzwischen wird mitunter vertreten, den Kreis der Zwangsgeldbegünstigten im Anwendungsbereich von § 172 VwGO zu erweitern.[1101] Insoweit wird etwa eine Zahlung an den Vollstreckungsgläubiger selbst erwogen,[1102] teilweise wird dies aber für nicht zulässig gehalten.[1103] Gegenstand der Überlegungen ist auch die Zahlung an eine gemeinnützige Einrichtung, soweit ein inhaltlicher Bezug zwischen Vollstreckungsgrund und gemeinnütziger Einrichtung bestehe.[1104]

Auch im Rahmen des § 167 Abs. 1 Satz 1 VwGO i.V.m. § 888 Abs. 1 ZPO scheidet ein Abfluss des Zwangsgeldes aus dem Haushalt aus den bereits genannten Gründen[1105] aus. Daher erübrigen sich auch an dieser Stelle Fragen im Zusammenhang mit dem Dritten, an den das Zwangsgeld potenziell zu zahlen wäre.

Folgte man der Auffassung, dass auch andere Personen als der Staat Empfänger des Zwangsgeldes i.S.d. § 167 Abs. 1 Satz 1 VwGO i.V.m. § 888 Abs. 1 ZPO sein können, stellt sich die Frage, ob die Zahlung an den Vollstreckungsgläubiger

---

1099 *Grzeszick*, in: *Dürig/Herzog/Scholz*, Art. 20 GG, Rn. 60.

1100 Siehe hierzu unter B.IV.2.b)ii).

1101 VGH Baden-Württemberg, Beschluss vom 14. Mai 2020 – 10 S 461/20 –, Rn. 24, zit. nach juris; wohl auch *Lex*, VBlBW 2021, 187 (190); vgl. auch *Klinger*, NVwZ 2019, 1332 (1335).

1102 *Lex*, VBlBW 2021, 187 (190).

1103 VGH Baden-Württemberg, Beschluss vom 14. Mai 2020 – 10 S 461/20 –, Rn. 24, zit. nach juris.

1104 VG Stuttgart, Beschluss vom 21. Januar 2020 – 17 K 5255/19 –, Rn. 37, zit. nach juris; bestätigt von VGH Baden-Württemberg, Beschluss vom 14. Mai 2020 – 10 S 461/20 –, Rn. 24, zit. nach juris. Vgl. auch *Klinger*, NVwZ 2019, 1332 (1335).

1105 Siehe hierzu bereits unter F.I.1.c)ii).

selbst oder etwa eine gemeinnützige Stiftung zulässig wäre. Dahinter steht der Gedanke, eine im Sinne des Art. 19 Abs. 4 Satz 1 GG möglichst wirksame verwaltungsgerichtliche Zwangsvollstreckung zu gewährleisten. Dem würde die Festsetzung eines höheren Zwangsgeldes, welches im Landeshaushalt verbliebe, nicht gerecht.[1106] Nach der bislang vereinzelt gebliebenen Rechtsprechung ist in entsprechender Heranziehung von § 153a Abs. 1 Satz 2 Nr. 2 StPO ausschließlich die Zahlung an eine gemeinnützige Einrichtung als mögliche Zwangsgeldempfängerin denkbar, wenn ein inhaltlicher Bezug zwischen Vollstreckungsgrund und der gemeinnützigen Einrichtung besteht.[1107] Dieses Kriterium wird als *„Konnexität“*[1108] bezeichnet.

Der Verweis auf § 153a Abs. 1 StPO ist indessen wenig naheliegend. Nach § 153a Abs. 1 Satz 1 StPO kann mit Zustimmung des für die Eröffnung des Hauptverfahrens zuständigen Gerichts und des Beschuldigten die Staatsanwaltschaft bei einem Vergehen vorläufig von der Erhebung der öffentlichen Klage absehen und zugleich dem Beschuldigten Auflagen und Weisungen erteilen, wenn diese geeignet sind, das öffentliche Interesse an der Strafverfolgung zu beseitigen, und die Schwere der Schuld nicht entgegensteht. Nach Satz 2 Nr. 2 kommt als Auflage oder Weisung insbesondere in Betracht, einen Geldbetrag zugunsten einer gemeinnützigen Einrichtung oder der Staatskasse zu zahlen. Die Wertung dieser strafprozessualen Vorschrift dürfte nicht, jedenfalls nicht ohne eingehende Begründung, auf die Verwaltungsgerichtsordnung – und insbesondere auf die verwaltungsgerichtliche Erzwingungsvollstreckung – übertragbar sein. Jedenfalls kann die – von dem VGH Baden-Württemberg in dem entschiedenen Fall herangezogene – Vorschrift des § 153a Abs. 1 StPO nicht rechtfertigen, weshalb eine Zahlung an eine gemeinnützige Stiftung, nicht aber die Zahlung an den privaten Vollstreckungsgläubiger möglich sein soll. Zu Recht wird daher dieser Ansatz der Rechtsprechung als *„kryptisch“* bewertet.[1109]

(4) Kombinationsansätze

Geht man mit einem Teil der Literatur und der Rechtsprechung davon aus, dass im Anwendungsbereich des § 167 Abs. 1 Satz 1 VwGO i.V.m. § 888 Abs. 1 Satz 1 ZPO die Zwangsgeldzahlung an Dritte zulässig ist, sind Kombinationen aus den

---

1106 Für § 167 Abs. 1 Satz 1 VwGO i.V.m. § 888 ZPO: VG Stuttgart, Beschluss vom 21. Januar 2020 – 17 K 5255/19 –, Rn. 37, zit. nach juris.

1107 Die Entscheidung betraf die Fallgestaltung, dass sich ein Bundesland selbst weigert, rechtskräftigen Urteilen Folge zu leisten. Dann gebiete es Art. 19 Abs. 4 Satz 1 GG, die Zwangsgelder endgültig aus dem Landeshaushalt abfließen zu lassen.

1108 *Lex*, VBlBW 2021, 187 (190).

1109 VG Stuttgart, Beschluss vom 21. Januar 2020 – 17 K 5255/19 –, Rn. 37, zit. nach juris; bestätigt von VGH Baden-Württemberg, Beschluss vom 14. Mai 2020 – 10 S 461/20 –, Rn. 24, zit. nach juris. Vgl. auch *Klinger*, NVwZ 2019, 1332 (1335).

vorstehend genannten Auslegungsmöglichkeiten denkbar, sofern man diese ihrerseits als zulässig erachtet. Dies sind etwa mehrere hohe Zwangsgelder in kurzen Zeitabständen, die nicht wieder demselben Haushalt zufließen.[1110] Weitergehend wird vertreten, dass ein Zwangsgeld in Höhe des Maximums (EUR 25.000,-) an eine gemeinnützige Einrichtung zu zahlen wäre.[1111] Mitunter wird aber bezweifelt, dass allein die Festsetzung eines Zwangsgeldes in Höhe von EUR 25.000,-, das etwa an eine gemeinnützige Einrichtung zu zahlen wäre, hinreichende Beugewirkung entfalte. Deshalb wird postuliert, dass Vollstreckungsgerichte noch drastischere Auslegungsvarianten in Erwägung ziehen werden. Hier sei an gemeinnützige Zwangsgelder gedacht, die periodisch, zum Beispiel täglich, fällig werden.[1112]

ii) Zwangshaft gegen Amtsträger

Zwangshaft wird im Fall juristischer Personen des Privatrechts naturgemäß gegen deren Organe festgesetzt.[1113] Dieser Gedanke lässt sich wegen der Existenz des § 167 Abs. 1 Satz 1 VwGO und angesichts der bisherigen Erkenntnisse nicht ohne Weiteres auf die verwaltungsgerichtliche Zwangsvollstreckung nach § 167 Abs. 1 Satz 1 VwGO i.V.m. § 888 Abs. 1 ZPO übertragen. Vielmehr bedarf es auch hier einer eigenständigen Auslegung des Verweisungsobjektes, also des § 888 ZPO.[1114] Der Bayerische Verwaltungsgerichtshof und der EuGH halten eine Zwangshaft (derzeit) für nicht zulässig.[1115] Dem schließen sich Teile der Literatur an,[1116] wobei dies mit jeweils unterschiedlichen Erwägungen – einfachgesetzlichen und/oder verfassungsrechtlichen Argumenten – begründet wird. Die inzwischen wohl herrschende Meinung in der Literatur hält demgegenüber eine Zwangshaft gegen

---

1110 EuGH, Urteil vom 19. Dezember 2019 – C-752/18 –, Rn. 51 i.V.m. Rn. 40.

1111 VGH Baden-Württemberg, Beschluss vom 14. Mai 2020 – 10 S 461/20 –, Rn. 22, zit. nach juris.

1112 *Will*, NJW 2020, 963 (965); *Brockmann/Lücke*, DÖV 2021, 392 (394).

1113 *Gruber*, in: Münchener Kommentar zur ZPO, § 888 ZPO, Rn. 26; *Lackmann*, in: *Musielak/Voit*, § 888 ZPO, Rn. 10; BGH, Urteil vom 16. Mai 1991 – I ZR 218/89 –.

1114 Siehe hierzu unter B.IV.3; anders aber offenbar *Klinger*, NVwZ 2019, 1332 (1334).

1115 Bayerischer VGH, Beschluss vom 09. November 2018 – 22 C 18.1718 –, Rn. 142 ff., zit. nach juris; EuGH, Urteil vom 19. Dezember 2019, C-752/18.

1116 EuGH, Urteil vom 19. Dezember 2019, C-752/18; Bayerischer VGH, Beschluss vom 09. November 2018 – 22 C 18.1718 –, Rn. 142 ff., zit. nach juris; jüngst; VGH Baden-Württemberg, Beschluss vom 12. Januar 1995 – 10 S 488/94 –, NVwZ-RR 1995, 619; Thüringer OVG, Beschluss vom 18. Januar 2010 – 2 VO 327/08 –, Rn. 21, zit. nach juris; *Bank*, Zwangsvollstreckung, S. 89 f.; *Heckmann*, in: *Sodan/Ziekow*, § 172 VwGO, Rn. 4; *Waldhoff*, in: *Gärditz*, § 172 VwGO, Rn. 13; wohl auch *Rennert*, jM 2019, 174 (175); *Lind/Priebe*, ZEuS 2020, 429 (452).

Amtsträger für denkbar.[1117] Zu kurz gegriffen wäre es allerdings, von der zivilprozessualen Möglichkeit der Zwangshaft für Organe juristischer Personen des Privatrechts auf die Zulässigkeit der Zwangshaft von Amtsträgern zu schließen.[1118]

Die Zulässigkeit hinsichtlich des „Ob" der Zwangshaft gegen Amtsträger bemisst sich danach, ob eine solche Auslegung nach einfachem Recht und Verfassungsrecht zulässig ist.

(1) Vorbehalt des Gesetzes und Bestimmtheit

Auf die Vorlage des Bayerischen Verwaltungsgerichtshofs hat der EuGH die Frage nach der Zwangshaft für Politiker als solche des nationalen Rechts eingeordnet.[1119] Er stützt dies – soweit es um das nationale Recht geht – im Wesentlichen auf zwei Gesichtspunkte: den Gesetzesvorbehalt und Grundrechte des betroffenen Amtsträgers. Was die Rechtsgrundlage für die Zwangshaft angehe, so müsse diese angesichts der Art. 2 Abs. 2 Satz 2 GG, 104 GG – nach Auffassung des EuGH wie nach jener des vorlegenden Bayerischen Verwaltungsgerichtshofs – hinreichend präzise und vorhersehbar sein. Dies sei bei § 167 Abs. 1 Satz 1 VwGO i.V.m. § 888 ZPO nicht der Fall.[1120] § 888 ZPO genüge nicht den Anforderungen, die das Bundesverfassungsgericht[1121] an Normen stelle, die zu Freiheitsentziehungen ermächtigen.[1122] Art. 2 Abs. 2 Satz 2 GG, 104 GG fordere, dass eine Freiheitsentziehung „*in berechenbarer, messbarer und kontrollierbarer Weise*" geregelt sein müsse.[1123] Dem schließt sich ein nicht unbeträchtlicher Teil der Literatur an.[1124] Die Gegenauffassung hält, auch soweit es um die Zulässigkeit der Zwangshaft von Amtsträgern

1117 *Nolte*, Verwaltungsgerichtlicher Rechtsschutz, S. 369; *Kaerkes*, ZUR 2020, 242 (245); *Klinger*, NVwZ 2019, 1332 (1334); *Roth*, VerwArch 91 (2000), 12 (39); *Pietzner/Möller*, in: *Schoch/Schneider*, VwGO, § 172 VwGO, Rn. 13; *Berkemann*, DÖV 2019, 761 (773); *Kring*, NVwZ 2019, 23 (28); *Brockmann/Lücke*, DÖV 2021, 392 (394 ff.); *Lex*, VBlBW 2021, 187 (193); *Will*, NJW 2020, 963 (965).

1118 In diesem Sinne wohl *Klinger*, NVwZ 2019, 1332 (1334).

1119 *Ruffert*, JuS 2020, 700 (702).

1120 EuGH, Urteil vom 19. Dezember 2019, C-752/18 –, Rn. 45 ff.; Bayerischer VGH, Beschluss vom 09. November 2018 – 22 C 18.1718 –, Rn. 150, zit. nach juris.

1121 Vgl. BVerfG, Beschluss vom 13. Oktober 1970 – 1 BvR 226/70 –, BVerfGE 29, 183 (195 f.).

1122 Bayerischer VGH, Beschluss vom 09. November 2018 – 22 C 18.1718 –, Rn. 131, zit. nach juris.

1123 Vgl. BVerfG, Beschluss vom 13. Oktober 1970 – 1 BvR 226/70 –, BVerfGE 29, 183 (196).

1124 *Bamberger*, in: *Wysk*, § 172 VwGO, Rn. 13; *Will*, NJW 2020, 963 (965); *Will*, VerwArch 110 (2019), 280 (310, 320 ff.); *Lind/Priebe*, ZEuS 2020, 429 (452).

geht, § 167 Abs. 1 Satz 1 VwGO i.V.m. § 888 Abs. 1 ZPO für hinreichend bestimmt und für den Betroffenen hinreichend vorhersehbar.[1125]

Tatsächlich bestehen erhebliche Zweifel daran, dass die Eingriffsvoraussetzungen für eine Zwangshaft von § 167 Abs. 1 Satz 1 VwGO i.V.m. § 888 ZPO hinreichend klar und bestimmt geregelt werden. Die Hautproblematik liegt darin, dass für den Betroffenen nicht von vornherein erkennbar ist, ob und dass gerade er möglicherweise von einer Zwangshaft betroffen ist. In seinem Beschluss aus dem Jahr 1970 führt das Bundesverfassungsgericht aus: „*Aus der Verschärfung des schon in Art. 2 Abs. 2 Satz 3 GG enthaltenen Gesetzesvorbehalts durch Art. 104 Abs. 1 GG, der noch unterstützt wird durch die formalen Garantien in Art. 104 Abs. 2 GG, ist zu entnehmen, daß es dem Grundgesetz im Bereich der Freiheitsentziehungen auf eine besonders rechtsstaatliche, förmliche Regelung ankommt. Der Gesetzgeber soll gezwungen werden, Freiheitsentziehungen in berechenbarer, meßbarer und kontrollierbarer Weise zu regeln. Ebenso wie aus diesem Grunde Gewohnheitsrecht als 'gesetzliche Grundlage' ausscheidet, gilt dies auch für die analoge Heranziehung von Normen. Denn diese sind nach der Intention des Gesetzgebers zur Zeit ihres Erlasses nicht auf die Fälle gerichtet gewesen, auf die sie durch Analogie angewendet werden sollen. Nur der Gesetzgeber aber soll nach Art. 2 Abs. 2 und Art. 104 Abs. 1 GG darüber entscheiden, in welchen Fällen Freiheitsentziehungen zulässig sein sollen.*“[1126]

Bei § 167 Abs. 1 Satz 1 VwGO handelt es sich um eine Verweisungsanalogie. Im Fall von § 167 Abs. 1 Satz 1 VwGO i.V.m. § 888 ZPO ist bereits nicht klar, ob und zu welchem Zeitpunkt das Gericht auf Vollstreckungsmaßnahmen nach § 167 Abs. 1 Satz 1 VwGO i.V.m. § 888 Abs. 1 ZPO umschwenkt. Bereits der Anwendungsbereich des § 172 VwGO ist umstritten. Ferner ist unklar, ob § 172 VwGO analog anwendbar ist und inwieweit die Vorschrift eine Sperrwirkung gegen § 167 Abs. 1 Satz 1 VwGO entfaltet. Selbst wenn ein Vollstreckungsgericht die Rechtsprechung des Bundesverfassungsgerichts zur Anwendbarkeit des § 167 Abs. 1 Satz 1 VwGO heranzöge, stünde weiter im Unklaren, wann eine beharrliche Weigerung gegeben ist, mithin zu welchem Zeitpunkt § 167 Abs. 1 Satz 1 VwGO angewandt wird. Selbst für diesen Fall müsste sich das Vollstreckungsgericht zunächst auf die Festsetzung eines Zwangsgeldes nach § 888 Abs. 1 ZPO – angenommen dessen Festsetzung unmittelbar gegen den Amtswalter wäre zulässig – beschränken. In welchem Stadium auf eine Zwangshaft übergegangen würde, ist auch hier wiederum gesetzlich nicht präzise geregelt. Darüber hinaus ist die Auswahl des konkreten Amtsträgers unvorhersehbar.[1127] Wenn das Vollstreckungsgericht – etwa wegen Immunität

1125 *Lex*, VBlBW 2021, 187 (191); im Ergebnis *Berkemann*, DÖV 2019, 761 (772); in diesem Sinne wohl auch *Brockmann/Lücke*, DÖV 2021, 392 (397). Siehe hierzu auch *Will*, NJW 2020, 963 (965).

1126 Vgl. BVerfG, Beschluss vom 13. Oktober 1970 – 1 BvR 226/70 –, BVerfGE 29, 183 (195 f.).

1127 Zutreffend *Lind/Priebe*, ZEuS 2020, 429 (452).

der dem Staatsleitungsorgan angehörenden Person – auf nachgeordnete Amtsträger zurückgreifen möchte und hier eine Vielzahl möglicher, von der Zwangshaft potenziell Betroffener identifiziert, macht dies den Adressatenkreis unüberschaubar und die konkrete Anwendung der Zwangshaft unvorhersehbar.

Dem Vorschlag des Bayerischen Verwaltungsgerichtshofs, die Zwangshaft zuvor anzudrohen,[1128] steht der Wortlaut des § 888 Abs. 2 ZPO entgegen.[1129] Der Vorschlag führte zu der weiteren Unsicherheit, ob – je nach Vollstreckungsgericht – eine Androhung zu erwarten ist oder nicht. Für eine Bestimmtheit im Sinne der Vorhersehbarkeit für den Betroffenen wäre also die einheitliche Handhabung in Bezug auf die Androhung von Zwangshaft erforderlich. Rechtsprechungsänderungen müssen sich im Rahmen einer vorhersehbaren Entwicklung halten.[1130] Dies ist aktuell nicht der Fall und ist – gerade wegen des entgegenstehenden Wortlauts von § 888 Abs. 2 ZPO – auch für die Zukunft zweifelhaft.[1131] Nötig wäre, dass sich eine insoweit gefestigte Rechtsprechung bildet, so dass der Betroffene damit rechnen kann, dass ihm Zwangshaft droht.[1132] Dies mag dazu beitragen, dass die betroffenen Amtsträger auch die Möglichkeit einer Anwendung von § 888 Abs. 1 ZPO als Grundlage von Zwangshaft objektiv vorhersehen können.[1133] Derzeit ist eine solche Sachlage allerdings nicht gegeben und auch in naher Zukunft nicht zu erwarten. Selbst wenn die Rechtsprechung sich im Sinne einer Vorhersehbarkeit änderte, bestünden weiterhin Zweifel – dies insoweit, als die vorherige Androhung nichts daran ändert, dass § 888 Abs. 1 ZPO selbst das Kriterium der Vorhersehbarkeit erfüllen muss.[1134]

Soweit eingewandt wird, es sei fernliegend, dass der Gesetzgeber bei seiner klaren Wortwahl in § 167 Abs. 1 Satz 1 VwGO nicht intendierte, als *ultima ratio* auch die Zwangshaft anzuwenden,[1135] lässt dies den Charakter des § 167 Abs. 1 Satz 1 VwGO als Verweisungsanalogie außer Acht. Eigenschaft von Verweisungsanalogien ist die – in jedem Einzelfall – erforderliche Prüfung, ob das Verweisungsobjekt – hier die Vorschrift des § 888 Abs. 1 ZPO – angewandt werden kann und, falls ja, mit welchen Modifikationen.[1136] Selbst wenn der Gesetzgeber die Einbeziehung

---

1128 Bayerischer VGH, Beschluss vom 09. November 2018 – 22 C 18.1718 –, Rn. 152, zit. nach juris; zustimmend offenbar *Will*, NJW 2020, 963 (965) und *Will*, VerwArch 110 (2019), 280 (310 f.).

1129 *Lind/Priebe*, ZEuS 2020, 429 (451 f.).

1130 BVerfG, Nichtannahmebeschluss vom 18. Oktober 2012 – 1 BvR 2366/11 –.

1131 *Lind/Priebe*, ZEuS 2020, 429 (451 f.).

1132 In diesem Sinne wohl *Will*, NJW 2020, 963 (965); *Lind/Priebe*, ZEuS 2020, 429 (451 f.).

1133 *Will*, NJW 2020, 963 (965).

1134 In diesem Sinne offenbar auch *Will*, NJW 2020, 963 (965); *Will*, VerwArch 110 (2019), 280 (320 ff.).

1135 *Lex*, VBlBW 2021, 187 (191).

1136 Siehe hierzu unter B.IV.3.

der Zwangshaft gegen Amtsträger gewollt hätte, so ändert dies nichts an dem Umstand, dass die Zwangshaft für den Betroffenen vorhersehbar sein muss. Gerade dies ist allerdings nicht der Fall.

(2) Grundrechte des Amtswalters und Verhältnismäßigkeit

Erachtet man demgegenüber einen Zugriff auf den handelnden Amtswalter/den Behördenleiter in Gestalt der Zwangshaft als zulässig, stellt sich nach einhelliger Meinung die Frage nach der Vereinbarkeit der Zwangshaft mit den Grundrechten des betroffenen Amtsträgers, namentlich Art. 2 Abs. 2 Satz 2, Satz 3 i.V.m. Art. 104 GG.[1137] Dabei wird die Zulässigkeit der Zwangshaft jedenfalls aus grundrechtlicher Perspektive nicht verneint. Dies wird mitunter damit begründet, dass das gewählte Zwangsmittel die Behörde *„ernsthaft"* zu der Umsetzung der Handlung auffordern muss.[1138] Nach allgemeiner Meinung ist die Zwangshaft gegen einen Amtsträger aus Gründen der Verhältnismäßigkeit zu Recht nur als letztes Mittel zulässig, wenn alle milderen Maßnahmen nicht zu einer wirksamen Vollstreckung geführt haben.[1139] Der Grundsatz der Verhältnismäßigkeit gebiete es, trotz der dem Vollstreckungsgericht zustehenden Wahl zwischen den beiden Zwangsmitteln des § 888 ZPO, die Haft solange nicht als Zwangsmittel zu verhängen, wie noch ein Zwangsgeld ausreichend erscheint, um den Willen des Vollstreckungsschuldners zu beugen.[1140] Es müsse feststehen, dass die Verhängung von Zwangsgeld nicht zu einem Einlenken des Vollstreckungsschuldners führt.[1141]

(3) Verhältnis von Judikative zu Exekutive

Derzeit nicht abschließend geklärt ist, ob der Schwerpunkt der Problematik der Zulässigkeit der Zwangshaft in den Grundrechten des jeweiligen Amtsträgers liegt,[1142] oder ob es sich im Kern um eine Problematik des Verhältnisses zwischen

---

1137 EuGH, Urteil vom 19. Dezember 2019, C-752/18, Rn. 50; Bayerischer VGH, Beschluss vom 09. November 2018 – 22 C 18.1718 –, Rn. 150, zit. nach juris; *Lind/Priebe*, ZEuS 2020, 429 (452); so wohl auch *Berkemann*, DÖV 2019, 761 (772); *Kaerkes*, ZUR 2020, 242 (245); *Will*, NJW 2020, 963 (964); *Nolte*, Verwaltungsgerichtlicher Rechtsschutz, S. 369. So auch *Ruffert*, JuS 2020, 700 (702); *Lex*, VBlBW 2021, 187 (191), nach denen der Schwerpunkt des Problems allerdings in der Überprüfung am Maßstab des Grundsatzes der Gewaltenteilung liegt.

1138 *Nolte*, Verwaltungsgerichtlicher Rechtsschutz, S. 369.

1139 EuGH, Urteil vom 19. Dezember 2019, C-752/18, Rn. 40; *Lind/Priebe*, ZEuS 2020, 429 (452); *Berkemann*, DÖV 2019, 761 (773); *Will*, NJW 2020, 963 (964).

1140 OLG Rostock, Beschluss vom 12.10.2005 – 6 W 53/05 –, Rn. 24, zit. nach juris.

1141 VG Stuttgart, Beschluss vom 21. Januar 2020 – 17 K 5255/19 –, Rn. 35, zit. nach juris.

1142 In diesem Sinne EuGH, Urteil vom 19. Dezember 2019, C-752/18, Rn. 50; Bayerischer VGH, Beschluss vom 09. November 2018 – 22 C 18.1718 –, Rn. 150, zit. nach juris;

Judikative und Exekutive handelt.[1143] Richtigerweise sind beide Maßstäbe gleichermaßen betroffen. Geht es um die Frage der Zwangshaft, sind automatisch die Grundrechte der Privatperson – die zugleich Amtsträger ist – zu berücksichtigen. Daneben stellt sich die Frage, ob der zeitweilige Entzug des Funktionsträgers unter dem Aspekt des Grundsatzes der Gewaltenteilung zulässig ist. Mittelbar betrifft die Frage der Zulässigkeit der Zwangshaft immer auch das Verhältnis der Gewalten zueinander.

(a) Mögliche Adressaten der Zwangshaft

Die Frage des Adressaten der Zwangshaft wird sich regelmäßig in Bezug auf leitende Verwaltungsbeamte stellen, die keine Immunität genießen. Denn soweit Amtsträger gleichzeitig Parlamentsmitglieder sind, genießen sie landesverfassungsrechtlichen Schutz durch Immunität. Es ist einhellige Meinung, dass Zwangshaft für sie ausscheidet.[1144] Immunität verbietet alle Aufhebungen der persönlichen Freiheit.[1145] Die Aufhebung der Immunität ist schon aus politischen Gründen unrealistisch.[1146] Zwangshaft gegen die Behördenspitze oder Mitglieder des Staatsleitungsorgans kommt daher grundsätzlich nicht in Betracht. Denkbar ist sie nur im Fall des Nichtbefolgens durch eine Gemeinde; ein (Ober-)Bürgermeister könnte Adressat der Zwangshaft sein.

Umgekehrt wird in Fällen beharrlichen Nichtbefolgens nie ein einzelner Amtsträger eigenverantwortlich, sondern immer auf Weisung hin handeln.[1147] Der handelnde Beamte wird wegen seiner Weisungsgebundenheit deshalb immer als Zwangshaftadressat ausscheiden.[1148] Die Frage nach der Zulässigkeit von Zwangshaft für Amtsträger stellt sich deshalb in aller Regel nur in Bezug auf leitende Verwaltungsbeamte, die nicht gleichzeitig Parlamentsmitglieder sind und die ihre Weisung ihrerseits von der Behördenleitung erhalten haben. Diese kann ihrerseits auf Grund von Immunität nicht Zwangshaftadressatin sein. Aber auch in diesem Fall wäre die Ausübung von Zwang deshalb unzulässig, wenn und weil der leitende Verwaltungsbeamte die titulierte Handlung nur deshalb nicht vornimmt, weil sie

---

Lind/Priebe, ZEuS 2020, 429 (452); *Kaerkes*, ZUR 2020, 242 (245); *Will*, NJW 2020, 963 (964); so wohl auch *Berkemann*, DÖV 2019, 761 (772).

1143 *Ruffert*, JuS 2020, 700 (702); *Lex*, VBlBW 2021, 187 (191); so wohl auch *Roth*, VerwArch 91 (2000), 12 (39).

1144 *Lind/Priebe*, ZEuS 2020, 429 (443); VGH Baden-Württemberg, Beschluss vom 14. Mai 2020 – 10 S 461/20 –, Rn. 32, zit. nach juris; wohl auch *Lex*, VBlBW 2021, 187 (192).

1145 VGH Baden-Württemberg, Beschluss vom 14. Mai 2020 – 10 S 461/20 –, Rn. 32, zit. nach juris.

1146 *Lex*, VBlBW 2021, 187 (192).

1147 Siehe hierzu bereits unter C.II.2.

1148 So auch *Lind/Priebe*, ZEuS 2020, 429 (442).

nicht allein von seinem Willen abhängt. „*Adressat einer Zwangshaft oder eines persönlich zu entrichtenden Zwangsgelds kann nur der verantwortliche Amtsträger sein, der rechtlich und tatsächlich in der Lage ist, die geschuldete Handlung vorzunehmen. Beruht die Nichtumsetzung des Urteils auf der Weisung einer übergeordneten Stelle, so ist ein solches Zwangsmittel gegen den für diese Weisung verantwortlichen Leiter der übergeordneten Stelle zu richten.*"[1149] Nur die – Immunität genießende – Behördenspitze wäre rechtlich und tatsächlich in der Lage, die Weisung zurückzuziehen und anzuordnen, dass der titulierten Leistung nachzukommen sei. Deshalb kann auch der Ansicht des Bayerischen Verwaltungsgerichtshofs, wonach der Rückgriff auf die in der Behördenhierarchie jeweils nachfolgenden Amtsträger im Wege der Zwangshaft denkbar sei,[1150] nicht gefolgt werden. Hinzu kommt, dass der einzelne Amtsträger, der seinerseits auf Weisung handelt, zum „*Spielball zwischen Exekutive und Justiz*" würde.[1151]

(b) Funktionsfähigkeit der Verwaltung und Staatsleitung

Ginge man demgegenüber davon aus, dass die Zwangshaft gegen einen Amtsträger oder die – nicht Immunität genießende – Verwaltungsspitze zulässig ist, stellt sich die Frage, ob der zeitweilige Entzug des Funktionsträgers zu einer Beeinträchtigung der Funktionsfähigkeit der Verwaltung führt. Verwandt mit diesem Gedanken ist die mögliche Beeinträchtigung der Staatsleitung. Bei dieser Frage geht es nicht im Kern um das Verhältnis der Judikative zur Exekutive in dem Sinn, ob der Zugriff der Judikative auf die Exekutive zulässig ist.[1152] Auch liegt in einem punktuellen Entzug eines Funktionsträgers kein Verstoß gegen den Grundsatz der Gewaltenteilung.[1153] Vielmehr liegt das staatsrechtliche Problem in der möglichen Einwirkung einer vollstreckungsgerichtlichen Zwangshaftanordnung auf die in Rede stehende Behörde. Es geht weniger um das Verhältnis der Gewalten zueinander im Sinne der Gefahr einer Verschiebung des Gewichts der Exekutive zu Gunsten der Judikative. Vielmehr stellt sich die Frage, ob die Funktionsfähigkeit der Verwaltung weiterhin gewährleistet wäre. Zu klären ist – erstens –, ob es in dem jeweils konkreten Fall überhaupt zu einer Beeinträchtigung der Funktionsfähigkeit der Behörde käme und, falls ja, ob diese – zweitens – nicht im Sinne eines Überwiegens des Ziels einer wirksamen verwaltungsgerichtlichen Zwangsvollstreckung hinzunehmen ist.

1149 VGH Baden-Württemberg, Beschluss vom 14. Mai 2020 – 10 S 461/20 –, Rn. 32, zit. nach juris; vgl. auch *Will*, VerwArch 110 (2019), 280 (305 f.).

1150 Anders Bayerischer VGH, Beschluss vom 09. November 2018 – 22 C 18.1718 –, Rn. 171, zit. nach juris.

1151 *Lind/Priebe*, ZEuS 2020, 429 (456).

1152 In diesem Sinne wohl *Lex*, VBlBW 2021, 187 (192).

1153 Siehe zu den Anforderungen bereits unter D.II.4.

Dass es im Fall der Zwangshaftanordnung gegen einen Amtsträger zu einer Beeinträchtigung der Funktionsfähigkeit der Verwaltung kommt, wird mitunter bejaht.[1154] Die Gegenansicht verneint dies.[1155] Richtigerweise handelt es sich um eine empirische Fragestellung.[1156] Darüber hinaus kann diese Frage nicht abstrakt, sondern nur für den jeweils konkreten Fall beantwortet werden. Vieles spricht indessen dafür, dass – jedenfalls in den aus vollstreckungsrechtlicher Sicht problematischen Fällen – eine Beeinträchtigung der Funktionsfähigkeit der Verwaltung nicht auszuschließen ist.

Nähme man den einzelnen, handelnden Amtswalter in Zwangshaft, so wäre dies mit großer Wahrscheinlichkeit über die Vertretungsregeln kompensierbar. In den vollstreckungsrechtlich problematischen Fällen beträfe die Zwangshaft jedoch, wie gesehen, leitende Verwaltungsbeamte. Damit erlangte die Möglichkeit der Beeinträchtigung der Funktionsfähigkeit der Verwaltung ein anderes Gewicht. Darüber hinaus kann gleichzeitig die Beeinträchtigung des Staatsleitungsorgans in Rede stehen. In diesem Fall wäre nicht nur der Bereich der Verwaltung betroffen, sondern steht auch eine Beeinträchtigung der verfassungsrechtlich geschützten Regierungstätigkeit in Rede. Eine Zwangshaft ist nicht automatisch mit Erkrankung oder Erholungsurlaub vergleichbar.[1157] Erfahrungsgemäß sind leitende Verwaltungsbeamte auch im Erholungsurlaub jedenfalls für Notfälle erreichbar und können sie diesen ggf. auch unter- oder abbrechen. Dies ist im Fall einer Zwangshaft nicht denkbar. Richtig ist zwar, dass der Vertretungsfall eintritt.[1158] Gerade im Fall einer Zwangshaft, deren Dauer maximal sechs Monate betragen kann, liegt eine Beeinträchtigung der Funktionsfähigkeit nahe. Denn der Vertreter oder die Vertreterin wird im Fall einer leitenden Verwaltungsposition zwei Ressorts parallel führen müssen. Bisher – soweit ersichtlich – nicht betrachtet ist auch die Frage der Funktionsfähigkeit in einem weiter verstandenen Sinn. Es wäre zumindest zu untersuchen, welche Auswirkungen die Möglichkeit der Zwangshaft für Amtsträger auf die Personalstruktur hat und ob sich, gerade für leitende Positionen,

---

1154 Thüringer OVG, Beschluss vom 18. Januar 2010 – 2 VO 327/08 –, Rn. 21, zit. nach juris; VGH Baden-Württemberg, Beschluss vom 12. Januar 1995 – 10 S 488/94 –, NVwZ-RR 1995, 619; *Heckmann*, in: *Sodan/Ziekow*, § 172 VwGO, Rn. 4; *Bank*, Zwangsvollstreckung, S. 89 f.; *Pietzner/Möller*, in: *Schoch/Schneider*, VwGO, § 172 VwGO, Rn. 11.

1155 *Berkemann*, DÖV 2019, 761 (769); *Lind/Priebe*, ZEuS 2020, 429 (439); *Lex*, VBlBW 2021, 187 (191 f.); *Kring*, NVwZ 2019, 23 (28); *Will*, VerwArch 110 (2019), 280 (298 f.); *Roth*, VerwArch 91 (2000), 12 (39).

1156 *Berkemann*, DÖV 2019, 761 (769).

1157 In diesem Sinne aber wohl *Lind/Priebe*, ZEuS 2020, 429 (439); *Lex*, VBlBW 2021, 187 (191 f.); *Will*, VerwArch 110 (2019), 280 (298 f.); *Roth*, VerwArch 91 (2000), 12 (39).

1158 *Berkemann*, DÖV 2019, 761 (769); *Lind/Priebe*, ZEuS 2020, 429 (439); *Lex*, VBlBW 2021, 187 (191 f.); *Kring*, NVwZ 2019, 23 (28); *Will*, VerwArch 110 (2019), 280 (298 f.).

in ausreichendem Maße qualifizierte Personen finden lassen. Dahinter steht die – rechtspolitische – Frage ist, ob die Umsetzung der Zwanghaft politisch sinnvoll ist.[1159]

Auf einer zweiten Stufe muss das Vollstreckungsgericht in dem konkreten Fall die Folgen für die Funktionsfähigkeit der Verwaltung und/oder die Staatsleitung mit dem Ziel der möglichst wirksamen Vollstreckung abwägen. Insoweit wird mitunter vertreten, dass das Ziel der wirksamen Vollstreckung überwiege.[1160] Denn das gewählte Zwangsmittel müsse geeignet sein, die Behörde ernsthaft zur Umsetzung der Handlung aufzufordern. Unvermeidbar sei dabei, dass die Funktionsfähigkeit der Behörde unter Umständen beeinträchtigt wird.[1161]

iii) Ersatzvornahme und Einschreiten der Kommunalaufsicht

Denkbar ist schließlich die Ersatzvornahme durch das Vollstreckungsgericht oder durch die Kommunalaufsichtsbehörde. Während die Ersatzvornahme im Fall vertretbarer Handlungen kaum Schwierigkeiten bereitet, stellt sich die Frage nach der Zulässigkeit dieses Zwangsmittels im Falle von der Behörde geschuldeter unvertretbarer Handlungen.

(1) Ersatzvornahme durch das Vollstreckungsgericht

Im Fall vertretbarer Handlungen – etwa Zurverfügungstellung einer Stadthalle oder Folgenbeseitigungsansprüchen – ist das Zwangsmittel der Ersatzvornahme (§ 167 Abs. 1 S. 1 VwGO i.V.m. § 887 ZPO) auch gegenüber dem schuldenden Staat ohne Weiteres denkbar.[1162] Die Beschränkung auf mittelbaren Beugezwang würde den Rechtsschutz des Vollstreckungsgläubigers ohne Not verkürzen. Insbesondere werden der Behörde nicht die ihr zustehenden Entscheidungsspielräume genommen.[1163] Welche Form der Ersatzvornahme zur Anwendung kommt (etwa Ersetzung der behördlichen Zustimmung zu einer Saalvermietung, Besitzeinweisung durch den Gerichtsvollzieher), entscheidet das Vollstreckungsgericht.[1164] Im Fall der Beauftragung eines Dritten ist § 887 ZPO in der Weise zu modifizieren, dass nicht der Gläubiger den Dritten beauftragt, sondern das Vollstreckungsgericht selbst.[1165]

1159 Vgl. *Klinger*, in: *Sehl*, LTO vom 11. Juli 2019, Fn. 551.

1160 *Pietzner/Möller*, in: *Schoch/Schneider*, VwGO, § 172 VwGO, Rn. 13; *Nolte*, Verwaltungsgerichtlicher Rechtsschutz, S. 369; *Roth*, VerwArch 91 (2000), 12 (39 f.).

1161 *Nolte*, Verwaltungsgerichtlicher Rechtsschutz, S. 369; *Berkemann*, DÖV 2019, 761 (769); *Lind/Priebe*, ZEuS 2020, 429 (439); *Lex*, VBlBW 2021, 187 (191 f.).

1162 BVerfG, Beschluss vom 09. August 1999 – 1 BvR 2245/98 –, NVwZ 1999, 1330 (1331); *Heckmann*, in: *Sodan/Ziekow*, § 172 VwGO, Rn. 49 ff.; *Lex*, VBlBW 2021, 187 (193).

1163 *Heckmann*, in: *Sodan/Ziekow*, § 172 VwGO, Rn. 49 ff.

1164 BVerfG, Beschluss vom 09. August 1999 – 1 BvR 2245/98 –, NVwZ 1999, 1330 (1331).

1165 *Heckmann*, in: *Sodan/Ziekow*, § 172 VwGO, Rn. 49 ff.

Schwieriger ist demgegenüber die Beantwortung der Frage, ob im Fall titulierter unvertretbarer schlichthoheitlicher Handlungen der Verwaltung i.e.S., etwa der Fortschreibung eines Luftreinhalteplans, die Ersatzvornahme durch das Vollstreckungsgericht denkbar ist. Dies wird zu Recht verneint.[1166] Dagegen spricht bereits, dass das Vollstreckungsgericht nicht über die erforderlichen (Personal-) Ressourcen verfügt. Schon in tatsächlicher Hinsicht scheitert die Aufstellung speziell eines Luftreinhalteplans und auch sonstigen – an sich behördlichen – schlichthoheitlichen Handelns durch das Gericht. Ferner stellen sich Fragen der demokratischen Legitimation. Schließlich verstößt es gegen den Grundsatz der Gewaltenteilung, wenn die Rechtspflege[1167] in Fällen titulierten schlichthoheitlichen Verwaltungshandelns die Umsetzung dieser Maßnahmen selbst übernimmt. Schutzwürdige Interessen der Verwaltung, insbesondere die allein ihr zustehenden Gestaltungs- und Entscheidungsspielräume, würden faktisch umgangen. Damit würde die Rechtspflege ein im Grundgesetz nicht vorgesehenes Übergewicht über die Verwaltung erlangen.

(2) Maßnahmen der Kommunalaufsicht, insbesondere Ersatzvornahme

Im Fall des Nichtbefolgens durch Kommunen kommt die Ersatzvornahme als repressive Maßnahme der kommunalen Aufsichtsbehörde in Betracht. Daneben sind weitere kommunale Aufsichtsmaßnahmen denkbar. Im Rahmen der repressiven Kommunalaufsicht hat die Aufsichtsbehörde die Möglichkeit der Weisung, der Beanstandung, der Aufhebung oder Anordnung von Maßnahmen, der Ersatzvornahme oder des Selbsteintritts.

Soweit es um die Pflicht der Behörde zu schlichthoheitlichem Handeln geht, ist die Ersatzvornahme zwar denkbar. Allerdings muss ihr eine vollziehbare Grundverfügung vorausgegangen sein. Geht die Gemeinde jedoch ihrerseits gegen die Grundverfügung vor, kann sie damit die Ersatzvornahme verhindern. Gerade in Eilfällen wird die Ersatzvornahme daher nicht den gewünschten Effekt erzielen. Das Verfahren kann mitunter mehrere Wochen, wenn nicht gar Monate, in Anspruch nehmen. Hinzu kommt, dass die Kommunalaufsichtsbehörde von dem Nichtbefolgen durch die Kommune überhaupt – vor allem rechtzeitig – Kenntnis erlangt haben muss. Selbstverständlich ist dies nicht.[1168] Auch stehen der Kommunalaufsichtsbehörde bei dem Erlass der Grundverfügung und auch im Rahmen der Vollstreckung Ermessensspielräume zu. Die Beschränkungen der Kommunalaufsicht zeigen sich gerade dann, wenn die zuständige Behörde „*verständnisvoll*“

1166 *Lex*, VBlBW 2021, 187 (193).

1167 Siehe hierzu unter D.I.1.

1168 Vgl. dazu etwa im Fall der Stadthallte Wetzlar Pressemitteilung des Bundesverfassungsgerichts Nr. 26/2018 vom 20. April 2018, Fn. 59, sowie im Fall der Gemeinde Niemegk Der Tagesspiegel vom 09. April 2009, Fn. 23.

agiert.[1169] Das Mittel der kommunalaufsichtlichen Ersatzvornahme ist daher nicht geeignet, eine wirksame Vollstreckung schlichthoheitlichen Handelns zu ersetzen.

Erst recht gilt dies in Fällen, in denen sich der Vollstreckungsantrag des Gläubigers wegen Zeitablaufs erledigt hat. Die Beugewirkung eines möglichen kommunalaufsichtlichen Einschreitens nach Erledigung des Vollstreckungsantrages wird den schuldenden Staat noch weniger dazu anhalten, der titulierten Handlung nachzukommen. Hier ist eine Ersatzvornahme nicht mehr denkbar, die Kommunalaufsicht muss sich, wenn sie überhaupt handelt, auf weniger wirksame Maßnahmen – etwa eine Beanstandung – beschränken. So hat im Fall der Stadthalle Wetzlar das Bundesverfassungsgericht erst im Nachgang die Kommunalaufsicht eingeschaltet, die zuvor nicht tätig geworden war.[1170] Der Vorsitzende des Ersten Senats hat in einem Schreiben an den Regierungspräsidenten angeregt, kommunalaufsichtlich sicherzustellen, dass gerichtliche Entscheidungen künftig befolgt werden, etwa durch Anzeigepflichten bei Ablehnung einer Hallenvergabe oder durch synchrones Monitoring.[1171]

Auch im Nachgang wurde das Regierungspräsidium jedenfalls in dem konkreten Fall nicht tätig. Vielmehr kam die Kommunalaufsicht zu dem Ergebnis, dass die Stadtverwaltung den Beschluss des Bundesverfassungsgerichts nicht willentlich missachtet habe, sondern dass sich die Verantwortlichen in einem „*Dilemma*" befunden hätten. Die Stadt habe situationsbedingt den nach den richterlichen Entscheidungen noch verbleibenden Handlungsspielraum anders eingeschätzt.[1172] Insofern mag es zwar theoretisch zutreffen, dass der Kommunalaufsicht eine „*wichtige Rolle bei der Gewährleistung eines effektiven Rechtsschutzes und zur Bewährung des Rechtsstaats*" zukomme.[1173] Aus rechtsstaatlicher Sicht steht diesem Argument nichts entgegen. Bezieht man aber die Merkmale für den Erlass kommunalaufsichtlicher Maßnahmen und die Verfahrensbesonderheiten gerade in Bezug auf den individuellen Anspruch auf wirksame Zwangsvollstreckung ein, wird ersichtlich, dass eine Ersatzvornahme wie auch weitere kommunalaufsichtliche Maßnahmen kein tauglicher Ersatz für eine wirksame Vollstreckung auf Grundlage des § 172 VwGO sein können.

1169 Vgl. *Augsberg*, DRiZ 2018, 254 (257).

1170 Vgl. dazu etwa im Fall der Stadthallte Wetzlar die Pressemitteilung des Bundesverfassungsgerichts Nr. 26/2018 vom 20. April 2018, Fn. 59.

1171 Pressemitteilung des Bundesverfassungsgerichts Nr. 26/2018 vom 20. April 2018, Fn. 59.

1172 Vgl. *Hecker*, NVwZ 2018, 787 (790 f.) und Pressemitteilung des Bundesverfassungsgerichts Nr. 26/2018 vom 20. April 2018, Fn. 59.

1173 *Hecker*, NVwZ 2018, 797 (791); Pressemitteilung des Bundesverfassungsgerichts Nr. 26/2018 vom 20. April 2018, Fn. 59.

3. Zusammenfassung

Für den Fall, dass man entgegen der hier vertretenen Ansicht auch schlichthoheitliches Handeln als von § 172 VwGO erfasst ansieht, ist die Lösung auf Ebene der Ermessensausübung des Vollstreckungsgerichts zu suchen. Im Regelfall ist auch bei der ersten Androhung der Zugriff auf das Höchstmaß des Zwangsgeldes gerechtfertigt und erforderlich, um auf diese Weise wirksamen Beugedruck zu erzeugen. Lediglich in Ausnahmefällen kommt dem Vollstreckungsgericht ein Ermessensspielraum mit der Möglichkeit der Zwangsgeldreduktion in der ersten Androhung zu. Dies sind etwa Konstellationen, in denen es sich um kommunale Vollstreckungsschuldner handelt und die Zahlung des Zwangsgeldes darum zu einem Abfluss aus dem kommunalen Haushalt führte. Eine Lösung über die Wiederholungsmöglichkeit nach § 172 Satz 2 VwGO im Sinne einer erhöhten Festsetzungsfrequenz eines Zwangsgeldes jeweils in Maximalhöhe von EUR 10.000,- oder eine Zwangsgeldfestsetzung auf Vorrat kommen nicht in Betracht. Ebenfalls lässt § 172 VwGO eine Zwangsgeldzahlung direkt an den anweisenden Amtswalter und die Erweiterung des Kreises der Zwangsgeldbegünstigten – dann käme es zu einem tatsächlichen Vermögensabfluss – nicht zu.

Nach der hier vertretenen Auffassung ist, weil § 172 VwGO schlichthoheitliches Handeln nicht erfasst, ohne zusätzliche Voraussetzungen der Rückgriff auf § 167 Abs. 1 Satz 1 VwGO i.V.m. § 888 Abs. 1 Satz 1 VwGO möglich und geboten. Auch im Bereich dieser Vorschrift spricht Vieles dafür, dass das Vollstreckungsgericht das ihm zustehende Ermessen im Regelfall in der Weise ausüben muss, dass sofort ein Zwangsgeld i.H.v. EUR 25.000,- festgesetzt werden muss. Eine Erhöhung des Beugezwangs im Wege der Zwangsgeldfrequenz scheidet aus. Insbesondere scheidet die Zwangsgeldzahlung durch den Amtsträger mangels hinreichender Bestimmtheit von § 167 VwGO i.V.m. § 888 Abs. 1 ZPO aus.

Auch kann ein vollstreckungsrechtliches Vorgehen gegen die Behördenspitze – regelmäßig gegen den leitenden Verwaltungsbeamten, der die Anweisung zum Nichtbefolgen erteilt – nicht über die Zwangshaft gelöst werden. Eine Zwangshaft gegen Amtsträger scheidet mangels hinreichender Bestimmtheit aus. Zudem liegt es nahe, dass durch den Entzug des Amtswalters die Funktionsfähigkeit der Verwaltung in dem konkret in Rede stehenden Fall beeinträchtigt ist.

Im Fall vertretbarer schlichthoheitlicher Handlungen (§ 167 Abs. 1 Satz 1 VwGO i.V.m. § 887 ZPO) ist eine Ersatzvornahme ohne Weiteres denkbar. Sie ist allerdings aus Gründen der Gewaltenteilung im Fall unvertretbarer Handlungen unzulässig. Speziell im Fall kommunalen Handelns ist eine – rechtzeitige – Ersatzvornahme durchaus denkbar. Diese Möglichkeit kann allerdings nicht die verwaltungsgerichtliche Erzwingungsvollstreckung ersetzen.

II. Surrogate und vergleichbare Institute

Möglicherweise können andere Rechtsinstitute als Ersatz oder Ausgleich für eine im Ergebnis nicht hinreichend wirksame verwaltungsgerichtliche Erzwingungsvollstreckung dienen.

1. Kompensation

Als mögliches Surrogat kommt zunächst das Amtshaftungsrecht in Betracht: Teilweise wird für die Fallgestaltungen, in denen ein Schaden bei der Anstellungskörperschaft eingetreten ist, eine Lösung über den amtshaftungsrechtlichen Anspruch auf Regress gegen den handelnden oder anweisenden Amtsträger vorgeschlagen.[1174] Die hier zentrale Problematik liegt dabei in der Frage, ob – denkt man die Vollstreckung gegen Behörden gemeinsam mit dem Amtshaftungsanspruch nach § 839 Abs. 1 Satz 1 BGB i.V.m. Art. 34 Satz 1 GG – dieser Schadensersatzanspruch die Vollstreckung jedenfalls teilweise ersetzen oder ergänzen kann.

Für die Beurteilung, ob eine solche ergänzende Funktion in Betracht kommt, muss jedenfalls ein Amtshaftungsanspruch bestehen. Denkbar sind zwei Ansprüche mit unterschiedlichen Anspruchsgegnern: der Anspruch des Vollstreckungsgläubigers gegen die Anstellungskörperschaft einerseits und deren Regressanspruch gegen den handelnden Amtsträger andererseits. Insbesondere der Regressanspruch hat wegen seines möglichen Beugeeffektes Bedeutung für die verwaltungsgerichtliche Erzwingungsvollstreckung. Denkbar sind die genannten Ansprüche parallel zur verwaltungsgerichtlichen Vollstreckung. Nachdem es hier aber um die Frage geht, ob das Amtshaftungsrecht geeigneter Ersatz für eine nicht hinreichend wirksame verwaltungsgerichtliche Erzwingungsvollstreckung sein kann, wird den nachfolgenden Überlegungen die Vorschrift des § 172 VwGO zu Grunde gelegt, ohne dass die insoweit vertretenen Auslegungsvarianten einbezogen werden.

Gegenstand der Betrachtung ist zunächst ein möglicher Schadensersatzanspruch des Vollstreckungsgläubigers aus § 839 Abs. 1 Satz 1 BGB i.V.m. Art. 34 Satz 1 GG. Wählt man als Anknüpfungspunkt der Amtspflichtverletzung das Nichtbefolgen der Verwaltungsgerichtsentscheidung, ist zwischen rechtskräftigen und nicht rechtskräftigen, aber vorläufig vollstreckbaren Entscheidungen zu differenzieren. Für diese beiden Entscheidungskategorien kommen im Wesentlichen zwei Grundkonstellationen in Betracht.[1175] Erstens ist es möglich, dass die Behörde die Entscheidung nicht befolgt, der Vollstreckungsgläubiger einen Vollstreckungsantrag stellt, die Vollstreckung erfolgreich durchgeführt wird und der Vollstreckungsgläubiger anschließend (nur) den – durch die mit der Weigerung der

---

1174 *Miedtank*, Zwangsvollstreckung, S. 129 f.

1175 Die Einordnung erfolgt auf Grundlage der hier vertretenen Ansicht, dass die Behörde bereits mit Erlass der Verwaltungsgerichtsentscheidung zur Erfüllung verpflichtet ist, siehe hierzu unter C.I.2.a)iii).

Behörde verbundene Verzögerung entstandenen – Schaden amtshaftungsrechtlich geltend macht. Zweitens kann es vorkommen, dass die Behörde die Entscheidung nicht befolgt, der Vollstreckungsgläubiger einen Vollstreckungsantrag stellt, die Vollstreckung nicht erfolgreich durchgeführt wird[1176] und der Vollstreckungsgläubiger anschließend den Schaden im Wege des Amtshaftungsrechts gewissermaßen als Ersatz für die missglückte Vollstreckung geltend zu machen versucht. Nachdem das System der §§ 167, 172 VwGO Lücken in der Vollstreckung aufweist, wird der amtshaftungsrechtliche Schadensersatzanspruch für die zuletzt genannte Konstellation beleuchtet.

a) Funktion des amtshaftungsrechtlichen Schadensersatzanspruchs

Bei dem Amtshaftungsanspruch nach § 839 Abs. 1 Satz 1 BGB i.V.m. Art. 34 Satz 1 GG handelt es sich um ein Instrument des Sekundärrechtsschutzes.[1177] Für einen amtshaftungsrechtlichen Schadensersatzanspruch besteht nach der gesetzgeberischen Konzeption daher dann keine Rechtfertigung, wenn der Schadensentstehung im Wege des Primärrechtsschutzes vorgebeugt werden kann. Der Amtshaftungsanspruch bezweckt keine Eingriffsbereinigung, sondern nur die Eingriffskompensation.[1178] Dieser Befund lässt ein Rangverhältnis erkennen, das eine erste Präzisierung auch der Beziehung von § 839 Abs. 1 Satz 1 BGB i.V.m. Art. 34 Satz 1 GG zu den §§ 167, 172 VwGO zulässt. Die Durchsetzung der Rechte des Bürgers und rechtmäßigen staatlichen Handelns werden vorrangig durch den Primärrechtsschutz gewährleistet, zu dem auch die §§ 167, 172 VwGO zählen. Ein amtshaftungsrechtlicher Schadensersatzanspruch kommt erst nachrangig in Betracht. An dieser generellen Vorrangstellung ändert auch nichts, dass man in den Fallgestaltungen der nicht hinreichenden Effektivität der Vollstreckung gem. § 172 VwGO den Standpunkt einnehmen kann, der Primärrechtsschutz sei ausgeschöpft und damit der Rückgriff auf das Amtshaftungsrecht möglich. Denn das Amtshaftungsrecht dient der Eingriffskompensation und damit auch nicht der Füllung von Lücken, die im Primärschutz hinsichtlich der Eingriffsbereinigung bestehen.

b) Schadensersatzanspruch gegen die Anstellungskörperschaft

Gleichwohl soll untersucht werden, inwieweit der Amtshaftungsanspruch nach § 839 Abs. 1 Satz 1 BGB i.V.m. Art. 34 Satz 1 GG in den Fällen nicht hinreichender Effektivität der Vollstreckung nach § 172 VwGO eine Auffangfunktion erfüllen könnte.

1176 Hiermit sind jene Fälle gemeint, in denen die Vollstreckung wegen der Eigenart des § 172 VwGO ins Leere geht.

1177 *Papier/Shirvani*, in: Münchener Kommentar zum BGB, § 839 BGB, Rn. 4 f.

1178 *Papier/Shirvani*, in: Münchener Kommentar zum BGB, § 839 BGB, Rn. 4 f.

§ 839 BGB gewährt im Fall einer schuldhaften Verletzung einer drittgerichteten Amtspflicht Schadensersatz gegen den handelnden Beamten im haftungsrechtlichen Sinn. Art. 34 Satz 1 GG leitet den Anspruch, soweit er besteht, auf die Anstellungskörperschaft über. Angesicht der Vielgestaltigkeit der möglichen Fallgestaltungen kann hier nicht ausführlich beschrieben werden, in welchen der oben schematisch dargestellten Konstellationen,[1179] in denen eine Vollstreckung aus verwaltungsgerichtlichen Entscheidungen gegen Behörden möglich ist, ein Amtshaftungsanspruch gegen die Anstellungskörperschaft grundsätzlich besteht. Hinsichtlich der relevanten Konstellationen sollen aber die wesentlichen Eckpunkte skizziert werden.

i) Verletzung einer Amtspflicht

Im Fall des Nichtbefolgens verwaltungsgerichtlicher Entscheidungen durch Behörden und der gegen sie gerichteten Vollstreckung kommen als Amtspflichtverletzung mindestens zwei Anknüpfungspunkte in Betracht: das schlichthoheitliche Handeln der Behörde, das Gegenstand des nachfolgenden verwaltungsgerichtlichen Verfahrens ist, sowie das Nichtbefolgen[1180] der zu dieser Maßnahme ergangenen, jedenfalls teilweise stattgebenden verwaltungsgerichtlichen Entscheidung. Anknüpfungspunkt für eine Amtspflichtverletzung kann die vorangegangene Maßnahme der Verwaltung sein. Denn der Amtsträger muss die für die Ausübung seines Amtes einschlägige Gesetzgebung und Rechtsprechung beachten. Er darf sich zu ihnen nicht in Widerspruch setzen. Dies kennzeichnet seine Pflicht zu rechtmäßigem Verwaltungshandeln.[1181] Es liegt nahe, dass diese durch Erlass einer nicht dem Gesetz entsprechenden Entscheidung verletzt wird.[1182] Eine unrichtige Gesetzesauslegung und Rechtsanwendung kann eine Amtspflichtverletzung dann begründen, wenn die Auslegung gegen den klaren, bestimmten und eindeutigen Wortlaut des Gesetzes verstößt.[1183]

Ob der Amtswalter die Pflicht zu rechtmäßigem Verwaltungshandeln verletzt hat, prüft das Amtshaftungsgericht grundsätzlich selbst in vollem Umfang nach.[1184] Für die Fälle der Vollstreckung verwaltungsgerichtlicher Entscheidungen gegen Behörden lassen sich in Bezug auf die Verletzung der Amtspflicht zu

1179 Siehe hierzu unter C.II.

1180 Zur Vielgestaltigkeit und zu den Facetten des Begriffs des „Nichtbefolgens“ siehe unter C.II.

1181 OLG Stuttgart, Urteil vom 27. Juli 2011 – 4 U 78/08 –, Rn. 137, zit. nach juris.

1182 Vgl. LG Paderborn, Urteil vom 07. April 2016 – 3 O 314/15 –, Rn. 46, zit. nach juris; in Ausnahmefällen kann trotz rechtswidrigen Handelns eine Amtspflichtverletzung zu verneinen sein, etwa dann, wenn der Bereich, der Gegenstand der Amtspflichtverletzung ist, nicht in den Pflichtenkreis des konkreten Amtsträgers fällt.

1183 *Wöstmann*, in: *Staudinger*, § 839 BGB, Rn. 204.

1184 BGH, Urteil vom 29. Januar 2019 – VI ZR 113/17 –, Rn. 10 ff.

rechtmäßigem Verhalten folgende Leitlinien formulieren. Ist im Zeitpunkt der Entscheidung über die Amtshaftungsklage bereits ein rechtskräftiges verwaltungsgerichtliches Urteil ergangen, führt jedenfalls dessen materielle Rechtskraftwirkung dazu, dass das Amtshaftungsgericht an die Entscheidung – beschränkt auf den Streitgegenstand[1185] gebunden ist,[1186] die Pflicht zu rechtmäßigem Verwaltungshandeln also verletzt ist. Beschlüsse nach § 123 VwGO entfalten eine solche Bindungswirkung nach allgemeiner Meinung nicht. Knüpft man die Bindungswirkung für den Amtshaftungsprozess an die materielle Rechtskraft der verwaltungsgerichtlichen Vorentscheidung und geht gleichzeitig davon aus, dass Beschlüsse nach § 123 VwGO der Rechtskraft nicht fähig sind, fehlt es schon deshalb an einer Bindungswirkung. Dies hätte zur Folge, dass das Zivilgericht im Fall von Beschlüssen nach § 123 Abs. 1 VwGO selbständig eine Prüfung durchführt.[1187] Allerdings sind Eilentscheidungen nach § 123 Abs. 1 VwGO der eingeschränkten materiellen Rechtskraft fähig.[1188] Im Fall rechtskräftiger Beschlüsse nach § 123 Abs. 1 VwGO besteht jedoch immer noch die Möglichkeit der Abänderung des Beschlusses analog § 80 Abs. 7 VwGO. Dies spricht gegen eine Bindung des Amtshaftungsgerichts.[1189] Darüber hinaus spricht der Umstand, dass das Verwaltungsgericht im Beschlussverfahren eine summarische Prüfung durchführt, gegen dessen Bindung.[1190] Hinzu kommt, dass auch der rechtskräftige Beschluss nach § 123 VWGO nur einen vorläufigen Zustand (abschließend) regelt.[1191] Eine Bindungswirkung des Amtshaftungsgerichts besteht erst recht nicht im Fall von nicht rechtskräftigen Beschlüssen.

Auch im Fall noch nicht in Rechtskraft erwachsener Urteile prüft demnach das Amtshaftungsgericht die mögliche Verletzung der Amtspflicht zu rechtmäßigem Verhalten selbst. Die Frage, ob es insoweit an nicht rechtskräftige Entscheidungen des Verwaltungsgerichts gebunden ist, wird sich in der Praxis allerdings kaum stellen. Denn das Zivilgericht wird den Rechtsstreit, wenn es für die Entscheidung auf die Pflicht zu rechtmäßigen Amtshandeln ankommt, zur Vermeidung divergierender Entscheidungen aussetzen (§ 148 ZPO).

In Fällen, in denen Behörden verwaltungsgerichtlichen Entscheidungen nicht nachkommen und das Amtshaftungsgericht anschließend über die Klage des

---

1185 BGH, Urteil vom 12. Juni 2008 – III ZR 38/07 –, Rn. 14 ff., zit. nach juris.

1186 Siehe hierzu unter C.I.2.

1187 *Mayen*, in: *Erman*, § 839 BGB, Rn. 107.

1188 Siehe hierzu unter C.I.2.a)i).

1189 *Zimmerling*, in: *Herberger/Martinek/Rüßmann/Weth*, juris-PK-BGB, § 839 BGB, Rn. 290, der allerdings in diesem Zusammenhang unter Fn. 1639 auf OLG München, Urteil vom 03. August 2000 – 1 U 1903/00 –, Rn. 105 ff., zit. nach juris, verweist.

1190 OLG Rostock, Urteil vom 13. April 2000 – 1 U 106/98 –, Rn. 70 ff., zit. nach juris.

1191 So offenbar *Zimmerling*, in: *Herberger/Martinek/Rüßmann/Weth*, juris-PK-BGB, § 839 BGB, Rn. 290: „*gerichtliche Entscheidung*".

Vollstreckungsgläubigers entscheidet, kommt neben der möglicherweise vorangegangenen, rechtswidrigen behördlichen Maßnahme eine weitere, selbständige Amtspflichtverletzung in Betracht.[1192] Den zuständigen Amtswalter trifft die Pflicht zu rechtmäßigem Verwaltungshandeln, diesmal in Gestalt der Pflicht zur Umsetzung der Entscheidung des Verwaltungsgerichts. Soweit das Verwaltungsgericht die – in Gestalt der vorangegangenen rechtswidrigen Verwaltungsmaßnahme liegende – Rechtsverletzung bestätigt und die Behörde diese verwaltungsgerichtliche Entscheidung anschließend nicht befolgt, kann darin ein erneuter Verstoß gegen dieselbe Rechtspflicht liegen. Die Entscheidung des Verwaltungsgerichts ist in diesem Fall jedenfalls nicht unmittelbar Anknüpfungspunkt für die zweite Pflichtverletzung. Zentraler Anknüpfungspunkt für die Amtspflichtverletzung wird regelmäßig das Nichtbefolgen der im Erkenntnisverfahren ergangenen Entscheidung des Verwaltungsgerichts – in Gestalt der bereits herausgearbeiteten Fallgruppen – sein.[1193] In Bezug auf die vorangegangene Pflichtverletzung der Behörde wird dann die haftungsbegründende Kausalität zu verneinen sein.

Die Pflicht der Behörde, die verwaltungsgerichtliche Entscheidung zu befolgen und sie umzusetzen, gilt für rechtskräftige Urteile des Verwaltungsgerichts und für rechtskräftige einstweilige Anordnungen. In ihrem Umfang erstreckt sich die Bindung auf den Streitgegenstand, also den Tenor und den Subsumtionsschluss. Hierin zeigt sich, dass es sich bei dem Nichtbefolgen der verwaltungsgerichtlichen Entscheidung um einen eigenständigen Anknüpfungspunkt für die Verletzung der Pflicht zu rechtmäßigem Verwaltungshandeln handelt. Demgegenüber stellt sich im Fall vorläufig vollstreckbarer Entscheidungen[1194] die Frage nach dem Zeitpunkt der Entstehung der Amtspflicht. Die Behörde ist bereits im Zeitpunkt des Erlasses des für vorläufig vollstreckbar erklärten Urteils bzw. des Beschlusses i.S.v. § 123 Abs. 1 VwGO zu deren Erfüllung verpflichtet.[1195]

1192 Vgl. BGH, Urteil vom 19. März 2008 – III ZR 49/07 –, Rn. 13, zit. nach juris.

1193 Siehe unter C.II.2.a).

1194 Vorläufig vollstreckbare Entscheidungen sind in diesem Zusammenhang für vorläufig vollstreckbar erklärte Urteile und Beschlüsse nach § 123 Abs. 1 VwGO, vgl. unter C.I.2.a). Anders als bei der Frage der Bindungswirkung vorangegangener verwaltungsgerichtlicher Entscheidungen können vorläufig vollstreckbare Entscheidungen im Rahmen der Amtspflichtverletzung sehr wohl relevant werden, wenn der Amtshaftungsprozess nach Rechtskraft der verwaltungsgerichtlichen Entscheidung geführt wird und in diesem Rahmen die möglichen Amtspflichtverletzungen zu prüfen sind.

1195 Siehe hierzu unter C.I.2.a)iii). Von dem Bestehen einer Befolgenspflicht ab dem Erlasszeitpunkt geht offenbar auch der Bundesgerichtshof in seinem Urteil vom 17. März 1994 – III ZR 27/93 –, Rn. 19, zit. nach juris, aus, wenn er zu den Voraussetzungen der Fahrlässigkeit in einem Fall ausführt, in dem der Vollstreckungsgläubiger keinen Vollstreckungsantrag gestellt hatte.

Die Verletzung dieser Pflicht besteht in der Nichtumsetzung[1196] der gerichtlichen Entscheidung. Ein gänzliches Unterlassen kann nur eine Amtspflichtverletzung darstellen, wenn eine konkrete Pflicht zum Tätigwerden der Behörde besteht. Diese Pflichtverletzung in Gestalt des vollständigen Unterlassens der Umsetzung der verwaltungsgerichtlichen Entscheidung wird sich dann regelmäßig von jener „vorangegangenen" Pflichtverletzung, die zu der verwaltungsgerichtlichen Entscheidung geführt hat, unterscheiden. Anders kann die ausnahmsweise dann sein, wenn das Verhalten der Behörde durchweg in einem schlichten Unterlassen liegt.

Teilweise ist im Zusammenhang mit dem Nichtbefolgen verwaltungsgerichtlicher Entscheidungen von einem „*Amtsmissbrauch*" die Rede. Soweit die Verwaltungsspitze[1197] – etwa (auch) aus politischen Erwägungen heraus – ihr nachgeordnete Stellen zu einem Nichtbefolgen anweist, liegt darin ein amtshaftungsrechtlich relevanter Anknüpfungspunkt. Es besteht Einigkeit, dass nicht jede fehlerhafte Amtshandlung als Amtsmissbrauch qualifiziert werden kann. An die Pflichtverletzung in Gestalt des Amtsmissbrauchs werden vielmehr äußerst hohe Anforderungen gestellt.[1198] Er liegt erst bei einer im Widerspruch mit den Forderungen von Treu und Glauben und guter Sitte stehenden Amtshandlung vor, wie sie in der Regel nur bei der Verwirklichung der Tatbestandsmerkmale des § 826 BGB zu bejahen ist.[1199] Amtsmissbräuchlich ist ein Verhalten also etwa dann, wenn eine Amtstätigkeit aus sachfremden, rein persönlichen Gründen erfolgt, unterbleibt, verzögert oder mangelhaft ausgeführt wird.[1200] Das Vorliegen dieser Voraussetzungen muss der Kläger beweisen. Diese Voraussetzungen sind im Fall eines die Verwaltung anweisenden politischen Beamten wohl nicht gegeben.

ii) Kausalität und Verschulden

Der Schadenseintritt muss kausal auf der Amtspflichtverletzung beruhen, wobei auch insoweit auf das Adäquanzkriterium zurückgegriffen wird.[1201] Die Beurteilung des Vorliegens des Kausalzusammenhangs hängt von dem konkreten Einzelfall ab und kann nicht abstrakt-generell umrissen werden. Zu beachten sind jedenfalls die beiden verschiedenen Anknüpfungspunkte für die Amtspflichtverletzung, nämlich das vorangegangene Verhalten der Verwaltung und das anschließende

---

1196 Diese verstanden als vollständige Nichtumsetzung, Schlechterfüllung (Minus oder Aliud) oder Verzögerung, vgl. hierzu unter C.II.2.

1197 (Bundes-)Minister und Ministerpräsidenten sind Beamte im haftungsrechtlichen Sinn, weil sie in einem besonderen öffentlich-rechtlichen Amtsverhältnis stehen, vgl. § 1 Bundesministergesetz und z.B. Art. 1 des Bayerischen Ministergesetzes.

1198 OLG Koblenz, Urteil vom 30. Juli 2015 – 1 U 232/15 –, Rn. 15, zit. nach juris.

1199 OLG Koblenz, Urteil vom 30. Juli 2015 – 1 U 232/15 –, Rn. 15, zit. nach juris.

1200 *Papier/Shirvani*, in: Münchener Kommentar zum BGB, § 839 BGB, Rn. 272.

1201 *Papier/Shirvani*, in: Münchener Kommentar zum BGB, § 839 BGB, Rn. 333.

Nichtbefolgen der verwaltungsgerichtlichen Entscheidung. Das Vorliegen des Kausalzusammenhangs muss der Vollstreckungsgläubiger beweisen.[1202]

Die Klärung der Frage, ob der Beamte im haftungsrechtlichen Sinn schuldhaft gehandelt hat, ist einer der zentralen Gesichtspunkte bei der Feststellung des Bestehens eines Amtshaftungsanspruchs. Hinsichtlich des Verschuldens in Bezug auf das vorangegangene Verhalten der Verwaltung gilt Folgendes: Dass das Verwaltungsgericht dessen Rechtswidrigkeit festgestellt hat, sagt weder über das Bestehen eines Verschuldens noch über die Verschuldensform etwas aus.[1203] Beides überprüft darum (allein) das Amtshaftungsgericht. Vorsätzlich handelt ein Amtsträger, wenn er die Amtshandlung willentlich und in Kenntnis der die Amtspflichtwidrigkeit objektiv begründenden Tatsachen – hiervon ausgenommen ist der eingetretene Schaden – vornimmt.[1204] Erforderlich ist neben der Tatsachenkenntnis also das Bewusstsein des Verstoßes; der Beamte muss mit der Möglichkeit eines Verstoßes rechnen und ihn billigend in Kauf nehmen. Dabei lässt das objektive Vorliegen einer Pflichtverletzung allein keinen Rückschluss auf das Vorhandensein von Vorsatz zu.[1205] Fahrlässig ist eine Amtspflichtverletzung begangen, wenn der Amtsträger die in dem betreffenden amtlichen Verkehr erforderliche Sorgfalt außer Acht gelassen hat.[1206] Es ist auf die im Verkehr erforderliche – nicht auf die in der betreffenden Verwaltung übliche – Sorgfalt abzustellen. Maßgebend sind die Kenntnisse, die für die Führung des übernommenen Amtes im Durchschnitt erforderlich sind. Dies bedeutet: Es kommt nicht auf den konkreten, sondern auf einen durchschnittlich sorgfältigen Amtsträger an, der den Anforderungen seines Amtes entspricht.[1207] Der Sorgfaltsmaßstab ist also objektiv-abstrakt, nicht individuell-subjektiv zu bestimmen. Für den Fall der objektiv unrichtigen Gesetzesauslegung oder Rechtsanwendung hat die Rechtsprechung die Anforderungen an die Fahrlässigkeit konkretisiert. Gesetzesauslegung oder Rechtsanwendung erfolgen in fahrlässiger Weise, wenn sie gegen den klaren, bestimmten und eindeutigen Wortlaut der Norm verstoßen.[1208] Der Amtsträger muss sich sorgsam über die Rechtslage unterrichten, und er muss die für sein Amt erforderlichen Rechts- und Verwaltungskenntnisse besitzen oder sie sich verschaffen. Dabei können die Sorgfaltsanforderungen, die zur Vermeidung „unrichtiger" Rechtsanwendung zu stellen sind, im Einzelfall je nach konkreter Amtsstellung verschieden sein.[1209] Umgekehrt handelt der Amtswalter nicht fahrlässig, wenn seine objektiv

---

1202 *Papier/Shirvani*, in: Münchener Kommentar zum BGB, § 839 BGB, Rn. 276.
1203 BGH, Urteil vom 02. April 1998 – III ZR 111.97 –, Rn. 13, zit. nach juris.
1204 *Papier/Shirvani*, in: Münchener Kommentar zum BGB, § 839 BGB, Rn. 284.
1205 BGH, Urteil vom 19. März 1992 – III ZR 117/90 –, NVwZ 1992, 911 (912).
1206 *Papier/Shirvani*, in: Münchener Kommentar zum BGB, § 839 BGB, Rn. 288.
1207 *Voßkuhle/Kaiser*, JuS 2015, 1076 (1077).
1208 *Papier/Shirvani*, in: Münchener Kommentar zum BGB, § 839 BGB, Rn. 289.
1209 *Wöstmann*, in: *Staudinger*, § 839 BGB, Rn. 208.

unrichtige Normauslegung eine Vorschrift betrifft, deren Inhalt zweifelhaft sein kann und durch eine höchstrichterliche Rechtsprechung und/oder Vorhandensein widersprechender Gerichtsentscheidungen noch nicht klargestellt ist.[1210] Es genügt, wenn er sich seine Meinung nach gewissenhafter Prüfung unter Heranziehung der ihm zu Gebote stehenden Hilfsmittel gebildet hat, dass diese vertretbar, d.h. mit dem Gesetzeswortlaut vereinbar und von vernünftigen, sachgemäßen Überlegungen getragen ist.[1211]

Hinsichtlich des Verschuldens in Bezug auf das Nichtbefolgen der Entscheidung des Verwaltungsgerichts gilt Folgendes: Die Behörde, die durch rechtskräftiges Urteil bzw. rechtskräftige einstweilige Anordnung zur Vornahme einer Amtshandlung verurteilt wurde, muss der Entscheidung wegen der materiellen Rechtskraftwirkung nachkommen. Tut sie dies nicht, handelt der zuständige Beamte bzw. der Anweisende in aller Regel vorsätzlich (etwa *„politisch gewollter Rechtsbruch“*[1212]). Eine andere Frage ist es, ob vorsätzliches Verhalten, selbst wenn gegeben, beweisbar ist.

Schwieriger zu beantworten ist demgegenüber die Rechtsfrage, unter welchen Voraussetzungen ein Verschulden der Behörde im Falle von für vorläufig vollstreckbar erklärten Urteilen und von einstweiligen Anordnungen überhaupt in Betracht kommt.[1213] Für den Fall eines – zum Zweck des von der schuldenden Behörde angestrengten Rechtsmittelverfahrens – bewussten und gewollten Unterlassens der Umsetzung eines nicht rechtskräftigen, für vorläufig vollstreckbar erklärten Urteils eines Kollegialgerichts hat der Bundesgerichtshof nicht Vorsatz, sondern Fahrlässigkeit in Betracht gezogen. Der Bundesgerichtshof hat ausgeführt, ein solches Verhalten sei nicht stets fahrlässig, sondern bedürfe der Beurteilung im konkreten Einzelfall. Eine Behörde, die ihre vertretbare, wenn auch in einem späteren Rechtsstreit missbilligte Rechtsmeinung aufgrund sorgfältiger rechtlicher und tatsächlicher Prüfung gewonnen hat, handele nicht ohne Weiteres fahrlässig, *„wenn sie sich in der Folgezeit einer gegen sie ergangenen nicht rechtskräftigen Entscheidung nicht beugt. Ob die Rechtslage durch das ihr nachteilige Urteil so eindeutig geklärt worden ist, daß ein Festhalten an ihrer ablehnenden Haltung nicht mehr vertretbar erscheint“*, müsse stets der Beurteilung des Einzelfalles vorbehalten bleiben.[1214] Es

---

1210 *Wöstmann*, in: *Staudinger*, § 839 BGB, Rn. 207.

1211 BGH, Urteil vom 09. Dezember 2004 – III ZR 263/04 –, Rn. 12, zit. nach juris.

1212 Bayerischer VGH, Beschluss vom 9. November 2018 – 22 C 18.1718 –, ZUR 2019, 108 (108); EuGH, Urteil vom 19. Dezember 2019 , C-752/18, Rn. 18, zit. nach juris; GA *Saugmandsgaard Øe*, Schlussantrag vom 14. November 2019, BeckRS 2019, 27863, Rn. 40, 49.

1213 Zum Bestehen einer Befolgenspflicht im Fall von nicht rechtskräftigen, für vorläufig vollstreckbar erklärten Urteilen und nicht rechtskräftigen Beschlüssen vgl. unter C.I.2.a)iii).

1214 BGH, Urteil vom 17. März 1994 – III ZR 27/93 –, Rn. 19, zit. nach juris.

gebe keinen „*Rechtssatz des Inhalts, daß eine Behörde, die durch ein nicht rechtskräftiges Urteil eines Kollegialgerichts verurteilt worden ist, fahrlässig handelt, wenn sie sich der Entscheidung nicht beugt, sondern ihren abweichenden Standpunkt im Rechtsmittelwege weiterverfolgt, hiermit aber nicht durchdringt.*"[1215] In der der Entscheidung zu Grunde liegenden Fallgestaltung hatte der Amtshaftungskläger allerdings offenbar keinen Vollstreckungsantrag gestellt. In seiner Entscheidung ging der Bundesgerichtshof auf die Frage, ob die Behörde eine Amtspflicht zum Befolgen des nicht rechtskräftigen, für vorläufig vollstreckbar erklärten Urteils trifft, nicht ein, sondern thematisierte unmittelbar das Merkmal des Verschuldens i.S.v. Fahrlässigkeit. Die höchstrichterliche Entscheidung betraf also ausschließlich das Fahrlässigkeitsmerkmal gerade im Fall der Amtshaftungsanspruchs bei Nichtbefolgen eines nicht rechtskräftigen, für vorläufig vollstreckbar erklärten Urteils, ohne dass der Kläger einen Vollstreckungsantrag gestellt hatte.

Für die Vollstreckung aus verwaltungsgerichtlichen, nicht rechtskräftigen, aber für vorläufig vollstreckbar erklärten Entscheidungen gegen Behörden und für den in diesen Fällen zu prüfenden Schadensersatzanspruch lässt sich daraus die folgende Erkenntnis gewinnen: Der Bundesgerichtshof setzt in seiner Entscheidung das Bestehen einer Amtspflicht zum Befolgen nicht rechtskräftiger, für vorläufig vollstreckbar erklärter Urteile voraus. Dies gilt im Übrigen unabhängig davon, ob ein Vollstreckungsantrag gestellt wurde.

Es stellt sich allerdings die Frage, ob die Entscheidung fruchtbar gemacht werden kann für die Präzisierung des amtshaftungsrechtlichen Fahrlässigkeitsmaßstabs bei gestelltem Vollstreckungsantrag. Folge einer Übertragung der Entscheidung auf die Vollstreckungsfälle wäre das – in dem konkreten Einzelfall unter Umständen gegebene – Auseinanderfallen von behördlicher Erfüllungspflicht[1216] und (fehlendem) Amtshaftungsanspruch. Konkret geht es dabei um die Fälle, in denen die Behörde die nicht rechtskräftige, vorläufig vollstreckbare Verwaltungsgerichtsentscheidung nicht befolgt, der Vollstreckungsgläubiger einen Vollstreckungsantrag stellt, die Vollstreckung nicht erfolgreich durchgeführt wird und der Gläubiger einen ihm entstanden Schaden amtshaftungsrechtlich geltend macht.[1217] Innerhalb dieser Konstellation wird sich die Frage nach den Anforderungen an die Fahrlässigkeit jedoch nur in Fällen stellen, in denen die letzte Verwaltungsgerichtsinstanz die erstinstanzliche Gerichtsentscheidung – und damit das Bestehen einer behördlichen Pflicht gemäß der erstinstanzlichen Entscheidung – bestätigt. Denn es erscheint nicht sachgerecht, in dem behördlichen Nichtbefolgen der erstinstanzlichen Verwaltungsgerichtsentscheidung fahrlässiges Verhalten zu sehen, wenn nach Abschluss des verwaltungsgerichtlichen Verfahrens dem

1215 BGH, Urteil vom 17. März 1994 – III ZR 27/93 –, Rn. 19, zit. nach juris.

1216 Siehe hierzu unter C.I.2.a)iii).

1217 Siehe zu dieser zweiten Konstellation unter F.II.1.b).

Amtshaftungsgericht bekannt ist, dass die erstinstanzliche verwaltungsgerichtliche Entscheidung unzutreffend war, und es hieran gebunden ist.[1218]

Mit dem Hinweis des Bundesgerichtshofs auf die erforderliche Einzelfallbetrachtung ist für die Rechtsanwendung in der Praxis freilich noch nicht viel gewonnen, weil das Gericht sich hier offenbar einen Ausweg belässt. Bemerkenswert sind allerdings die Aussage, dass nicht stets Fahrlässigkeit vorliege, sowie die zu Grunde liegenden Wertungen des Senats. Aus seinen Ausführungen wird keine Einschränkung dahingehend deutlich, dass die – die aus seiner Sicht gebotene Einzelfallbetrachtung stützenden – Wertungen nicht für die Fälle gelten sollen, in denen der Gläubiger einen Antrag auf Vollstreckung nach § 172 VwGO gestellt hat. Hiervon zu unterscheiden ist die Frage, ob diese Wertungen und die auf ihnen fußende Befürwortung einer Einzelfallbetrachtung auch sachgerecht sind. Denn fraglich ist, ob nicht in diesen Fällen dem Grundsatz nach jedenfalls fahrlässiges Verhalten des verantwortlichen Amtswalters vorliegt. Besteht auch im Fall vorläufig vollstreckbarer Verwaltungsgerichtsentscheidungen die behördliche Erfüllungspflicht, ist kein Grund ersichtlich, weshalb das Nichtbefolgen dieser Entscheidung bis zu deren Rechtskrafteintritt nicht jedenfalls fahrlässig sein sollte. Hinsichtlich des Verschuldensnachweises gilt, dass fahrlässiges Verhalten dann naheliegend ist, wenn der Kläger eine Sorgfaltspflichtverletzung beweisen kann.[1219]

iii) Besonderheiten im Fall von Weisungen und allgemeinen Verwaltungsvorschriften

Die haftungsbegründenden Tatbestandmerkmale müssen in der Person des handelnden Beamten im haftungsrechtlichen Sinn erfüllt sein.[1220] Oftmals werden im Rahmen des vorausgehenden, verwaltungsinternen Entscheidungsprozesses allerdings mehrere Amtswalter oder gar Behörden beteiligt sein.

1218 Siehe zu der Bindung des Amtshaftungsgerichts an rechtskräftige verwaltungsgerichtliche Entscheidungen unter F.II.1.b)i).

1219 Nach *Miedtank*, Zwangsvollstreckung, S. 130, bedarf es *„keiner Begründung, dass die Nichtausführung eines gerichtlichen Urteils einen grob fahrlässigen Pflichtenverstoß darstellt.*" Diese Behauptung trifft schon angesichts der erforderlichen Differenzierung zwischen Urteilen und Beschlüssen sowie zwischen Rechtskraft und vorläufiger Vollstreckbarkeit nicht zu. Weshalb das Verhalten des Beamten stets grob fahrlässig – weder mehr noch weniger – sein soll, ist begründungsbedürftig.

1220 *Desens*, S. 469. (Bundes-)Minister und Ministerpräsidenten sind Beamte im haftungsrechtlichen Sinn, weil sie in einem besonderen öffentlich-rechtlichen Amtsverhältnis stehen, vgl. § 1 Bundesministergesetz und etwa Art. 1 des Bayerischen Ministergesetzes. Dies gilt auch für Bürgermeister, vgl. BGH, Urteil vom 17. Dezember 1992 – III ZR 114/91 –, zit. nach juris.

Es stellt sich deshalb die Frage, wie sich Weisungen auf den Amtshaftungsanspruch auswirken. Weisungen können auf unterschiedliche Art erteilt werden. Dies hat Auswirkungen auf die Rechtsnatur der jeweiligen Weisung. Im Rahmen der Amtshaftung kommen naturgemäß nur rechtswidrige Weisungen in Betracht, auf Grundlage derer sich der handelnde Beamte im Außenverhältnis rechtswidrig verhält. Auf die Rechtswidrigkeit der Weisung begründenden Fehler kommt es an dieser Stelle nicht an.

Im Fall der Vollstreckung aus verwaltungsgerichtlichen Entscheidungen gegen die Verwaltung i.e.S. kommen nur Einzelweisungen in Betracht. Es ist erstens möglich, dass die übergeordnete der ihr nachgeordneten Behörde eine für diese verbindliche Weisung erteilt hat, sie den bei ihr tätigen, nach außen handelnden Beamten entsprechend anweist und dieser, nachdem er seiner Remonstrationspflicht nachgekommen ist bzw. eine Remonstrationspflicht nicht bestand,[1221] im Außenverhältnis eine rechtswidrige Maßnahme trifft. Zweitens ist denkbar, dass innerhalb einer Behörde der Dienstvorgesetzte dem zuständigen Beamten eine rechtswidrige Weisung mit dem genannten Inhalt erteilt und er auf dieser Grundlage im Außenverhältnis eine rechtswidrige Maßnahme trifft. In diesen Fällen ist nach herrschender Meinung der Haftungstatbestand in der Person des handelnden Amtswalters nicht erfüllt. Denn dessen Handeln oder Unterlassen im Innenverhältnis zu seinem Vorgesetzten bzw. zu seinem Dienstherrn ist nicht amtspflichtwidrig. Es fehlt schon an einer Amtspflichtverletzung.[1222] Die herrschende Meinung löst die entstehende Haftungslücke durch eine Haftungsverschiebung auf den die Weisung erteilenden Amtswalter.[1223]

Im Fall rechtswidriger Einzelweisungen kann dann ein Amtshaftungsanspruch in der Person des die Weisung erteilenden Amtswalters begründet sein. Dessen Amtspflichtverletzung liegt nämlich in der Erteilung einer rechtswidrigen Einzelweisung. Die Amtspflicht, keine dem Gesetz widersprechenden Verwaltungsvorschriften oder Einzelweisungen zu erteilen,[1224] muss allerdings auch drittgerichtet sein. Insbesondere im Zusammenhang mit allgemeinen Verwaltungsvorschriften – etwa dem Nichtanwendungserlass im Fall Natrium-Pentobarbital – ist Vieles

---

1221 Ein Verschulden in Bezug auf das Unterlassen der Remonstration wird man erst bei offensichtlich rechtswidrigen Weisungen annehmen können, vgl. *Desens*, S. 470.

1222 H.M., vgl. BGH, Beschluss vom 11. Dezember 2008 – III ZR 216/07 –, Rn. 5, zit. nach juris; anders *Papier*, in: *Dürig/Herzog/Scholz*, Art. 34 GG, Rn. 167; ähnlich wohl nun auch *Ossenbühl/Cornils*, Staatshaftungsrecht, 6. Auflage 2013, III. 2 d); dagegen *Papier/Shirvani*, in: Münchener Kommentar zum BGB, § 839 BGB, Rn. 11.

1223 BGH, Beschluss vom 11. Dezember 2008 – III ZR 216/07 –, Rn. 5, zit. nach juris; a.A. inzwischen *Ossenbühl/Cornils*, Staatshaftungsrecht, 6. Auflage 2013, III. 2 d) einerseits und VI. 3 d) andererseits, dort mit bloßem Hinweis auf die Auffassung der Rechtsprechung.

1224 *Papier/Shirvani*, in: Münchener Kommentar zum BGB, § 839 BGB, Rn. 210.

nicht abschließend geklärt.[1225] Denn unter dem Blickwinkel der Drittgerichtetheit unterscheidet die Rechtsprechung zwischen Erlassen, die der nachgeordneten Behörde allgemein eine bestimmte Gesetzesauslegung vorschreiben, also eine unbestimmte Vielzahl von Einzelfällen regeln, denen zudem unterschiedliche Sachverhalte zugrunde liegen,[1226] und Weisungen, die einen Einzelfall bzw. einen überschaubaren Kreis bestimmter Personen betreffen.[1227] Erstere führen danach nicht zu einer Haftungsverlagerung auf die übergeordnete Behörde.[1228]

Die rechtliche Behandlung eines Amtshaftungsanspruchs bei erteilter rechtswidriger Einzelweisung ist demnach vergleichsweise einfach gelagert. In diesem Fall handelt der Angewiesene lediglich als „verlängerter Arm" des anweisenden Amtswalters, lässt dem Angewiesenen also keinen Raum für eine eigene Entschließung.[1229] Zur Vermeidung einer Rechtsschutzlücke wird das im Außenverhältnis rechtswidrige Verhalten des mit der Sache betrauten Amtswalters demjenigen zugerechnet, der die innerdienstliche Weisung erteilt bzw. die Verwaltungsvorschrift erlassen hat. Dies wird in den kritischen Fällen des Nichtbefolgens verwaltungsgerichtlicher Entscheidungen die Behördenleitung sein.[1230] Mit der Weisung geht „ein Stück Zuständigkeit" und ein Teil von Amtspflichten, die generell bei einem bestimmten Beamten liegen, auf die anweisende Behörde und auf einen Beamten dieser Behörde über.[1231]

iv) Schaden des Vollstreckungsgläubigers

Im Falle, dass der Gläubiger durch die – faktische – Verweigerung der Vollstreckung einen Vermögensschaden erleidet, trifft den Staat die Haftung.[1232] Der Vollstreckungsgläubiger kann Ersatz des durch die Amtspflichtverletzung zurechenbar verursachten Schadens in Geld verlangen (vgl. §§ 249 ff. BGB). Die begehrte Handlung selbst kann er allerdings nicht über den Amtshaftungsanspruch realisieren. Darüber hinaus muss der Vollstreckungsgläubiger das Vorliegen der

---

1225 Vgl. *Desens*, S. 470 ff.

1226 BGH, Urteil vom 16. April 2015 – III ZR 333/13 –, Rn. 19 f., zit. nach juris.

1227 BGH, Urteil vom 12. Dezember 1974 – III ZR 76/70 –, Rn. 24, zit. nach juris.

1228 Vgl. *Reinert*, in: *Hau/Poseck*, § 839, Rn. 126; nach *Ossenbühl/Cornils*, Staatshaftungsrecht, 6. Auflage 2013, III. 3. b. aa) ist auch im Fall rechtswidriger Verwaltungsvorschriften eine Haftungsverlagerung möglich, wenn der *„von der Vorschrift erfasste Personenkreis individualisierbar ist"*.

1229 BGH, Urteil vom 16. April 2015 – III ZR 204/13 –, Rn. 14, zit. nach juris; BGH, Urteil vom 12. Dezember 1974 – III ZR 76/70 –, Rn. 25, zit. nach juris; BGH, Urteil vom 07. Februar 1985 – III ZR 212/83 –, Rn. 22, zit. nach juris.

1230 Vgl. hierzu unter C.III.

1231 H.M., vgl. BGH, Beschluss vom 16. April 2015 – III ZR 333/13 –, Rn. 18, zit. nach juris.

1232 *Stamm*, S. 9.

haftungsausfüllenden Kausalität, also die kausale Verknüpfung zwischen Rechtsverletzung und Schadenseintritt, nachweisen.

c) Regress des handelnden oder des anweisenden Beamten

Für die Frage, ob die Amtshaftung taugliches Beugemittel sein kann, um den anweisenden bzw. handelnden Amtsträger zu der Erfüllung der titulierten Leistung zu bringen, ist vor allem der Regressanspruch gegen den Beamten im haftungsrechtlichen Sinn (§ 75 Abs. 1 BBG bzw. § 48 BeamtStG i.V.m. den jeweiligen Vorschriften des Landesrechts und Art. 34 Satz 2 GG) von Bedeutung. Dieser Anspruch wurde und wird als das „*eigentliche Beugepotenzial*" bezeichnet.[1233]

Art. 34 Satz 2 GG sieht im Innenverhältnis des Staates zu seinem Amtswalter eine Regressmöglichkeit vor, soweit der Amtswalter vorsätzlich oder grob fahrlässig gehandelt hat. Obwohl § 172 VwGO einen Rückgriff auf den Amtsträger nicht gestattet, wird es als allgemein zulässig erachtet, dass ein solcher Regressanspruch denkbar ist.[1234] In Fällen der verwaltungsgerichtlichen Zwangsvollstreckung wird sich ein solcher Regressanspruch in aller Regel gegen den anweisenden, nicht gegen den handelnden Amtsträger richten. In den kritischen Fällen liegt vorsätzliches Verhalten des Beamten im haftungsrechtlichen Sinn vor[1235] mit der Folge, dass die Subsidiaritätsklausel des § 839 Abs. 1 Satz 2 BGB einen Anspruch nicht ausschließt.

Die Kernproblematik bewegt sich vielmehr auf Ebene des haftungsausfüllenden Tatbestandes, konkret bei der Frage, ob der jeweiligen Anstellungskörperschaft des Beamten ein Vermögensschaden entstanden ist. Insoweit sind zwei Anknüpfungspunkte denkbar: entweder der Betrag, welchen die Anstellungskörperschaft auf einen gegen diese von dem Vollstreckungsgläubiger geltend gemachten Amtshaftungsanspruch entrichtet hat, oder ein Schaden in Folge der Zahlung des Zwangsgeldes nach § 172 Abs. 1 VwGO.

Weder ist ausgemacht noch wird es in einer Vielzahl von Fällen vorkommen, dass der Vollstreckungsgläubiger einen Amtshaftungsanspruch geltend macht. Selbst wenn er ihn geltend machte, müssten dessen Voraussetzungen vorliegen und bewiesen sein. In Bezug auf die Zahlung eines Zwangsgeldes wären diese Voraussetzungen nicht zu erfüllen. Ein Schaden der Anstellungskörperschaft kommt jedoch hier nur in jenen Fällen in Betracht, in denen es tatsächlich zu einem Vermögensabfluss aus dem Haushalt kommt. Dies betrifft allein Kommunen. Ein Regressanspruch gegen den anweisenden Beamten im haftungsrechtlichen Sinn

---

1233 *Miedtank*, Zwangsvollstreckung, S. 129; offenbar auch *Sahl*, Aufrechnung, S. 82.

1234 Vgl. *Klinger*, in: *Sehl*, LTO vom 11. Juli 2019, Fn. 551, für rechtskräftige Entscheidungen *Brocker*, jM 2019, 155 (157); *Pietzner/Möller*, in: *Schoch/Schneider*, VwGO, § 172 VwGO, Rn. 9 f.; *Miedtank*, Zwangsvollstreckung, S. 130; *Kring*, NVwZ 2019, 23 (26); *Lind/Priebe*, ZEuS 2020, 429 (455).

1235 Vgl. hierzu unter C.III.

scheitert also in den meisten Fällen an dem fehlenden Schadenseintritt bei der Anstellungskörperschaft.[1236]

d) *Beurteilung unter dem Gesichtspunkt der Wirksamkeit der Vollstreckung*

Gegenstand der vorstehenden Ausführungen war die Frage nach den Voraussetzungen und Rechtsfolgen eines gegen die Anstellungskörperschaft gerichteten Amtshaftungsanspruchs des Vollstreckungsgläubigers sowie eines Regressanspruchs der Anstellungskörperschaft gegen den anweisenden Amtsträger. Art. 19 Abs. 4 Satz 1 GG gewährleistet dem Bürger einen *„substantiellen Anspruch auf eine möglichst wirksame gerichtliche Kontrolle“* bzw. *„möglichst lückenlosenrichterlichen Rechtsschutz“*.

Denkbar ist das Bestehen der genannten Ansprüche parallel zu der verwaltungsgerichtlichen Vollstreckung. Nachdem es hier aber um die Frage geht, ob das Amtshaftungsrecht ein geeigneter Ersatz für eine nicht hinreichend wirksame Vollstreckung sein kann, wird den nachfolgenden Überlegungen die Vorschrift des § 172 VwGO zu Grunde gelegt, ohne dass die insoweit vertretenen Auslegungsvarianten des § 172 VwGO und des § 167 Abs. 1 Satz 1 VwGO i.V.m. § 888 Abs. 1 ZPO einbezogen werden.

Ein denkbarer Schadensersatzanspruch des Vollstreckungsgläubigers gegen den schuldenden Staat kann in den Fällen, in denen eine verwaltungsgerichtliche Zwangsvollstreckung im Ergebnis versagt, diese unter Wirksamkeitsgesichtspunkten nicht ersetzen.[1237] Dies zeigt sich schon darin, dass der Anspruch nur auf Ersatz eines Vermögensschadens gerichtet sein kann. Das begehrte schlichthoheitliche Handeln des schuldenden Staates kann der Vollstreckungsgläubiger hiermit also nie realisieren. Amtshaftung ist Sekundärrechtsschutz, mit dem rechtsstaatswidriges Handeln ausgeglichen werden soll. Ist aber rechtsstaatswidriges Handeln strukturell im Primärschutz – hier in § 172 VwGO – angelegt, muss dort angesetzt und kann nicht auf den subsidiären Sekundärrechtsschutz zurückgegriffen werden. Hinzu kommt, dass der Anspruch die Erfüllung von Tatbestandsmerkmalen voraussetzt, die ihrerseits mitunter hohe Anforderungen bereithalten. Zudem muss der Gläubiger dies nachweisen. Dies gilt auch und insbesondere für den Schadenseintritt und die haftungsausfüllende Kausalität. Auch hier wird wieder erkennbar, dass der Amtshaftungsanspruch kein Ersatz für eine leerlaufende Vollstreckung sein kann. Erschwerend fällt auch die Dauer eines ggf. zu führenden Amtshaftungsprozesses ins Gewicht. Es geht dem Betroffenen nicht um einen zeitlich nachgelagerten Vermögensausgleich in einem zweiten Erkenntnisverfahren,

---

1236 Vgl. *Miedtank*, Zwangsvollstreckung, S. 130; *Kring*, NVwZ 2019, 23 (26); *Lind/Priebe*, ZEuS 2020, 429 (455).

1237 So schon *Bachof*, Verwaltungsgerichtliche Klage, S. 150.

das sich ggf. über mehrere Instanzen erstreckt, sondern um schnelle und wirksame Erfüllung des titulierten Anspruchs auf schlichthoheitliches Handeln der Behörde. Dem kann auch nicht eine ggf. präventive Vorbildwirkung eines geführten Amtshaftungsprozesses im Hinblick auf künftige Nichtbefolgensfälle entgegengehalten werden. Denn in jedem konkreten Fall des behördlichen Nichtbefolgens muss eine wirksame Vollstreckung sichergestellt sein.

Für den Innenregress ergibt sich nichts anderes. Weder ist ausgemacht noch wird es in einer Vielzahl von Fällen vorkommen, dass der Vollstreckungsgläubiger einen Amtshaftungsanspruch geltend macht. Selbst wenn er einen solchen Anspruch geltend machte, müssten dessen Voraussetzungen vorliegen und bewiesen werden. Ein Schaden der Anstellungskörperschaft wird insoweit schon nicht vorliegen. Soweit es um die Zwangsgeldzahlung geht, wird ebenfalls in dem überwiegenden Teil der Fälle kein Schaden eingetreten sein. Soweit ein solcher vorliegt, wären auch hier wiederum die Voraussetzungen des Regressanspruchs nachzuweisen und müsste der Dienstherr tatsächlich im Wege des Regresses gegen den Amtsträger – den (Ober-)Bürgermeister – vorgehen. Diese Hürden werden in den wenigen Fällen, in denen es wegen des Vermögensabflusses bei dem Dienstherrn zu einem Schadenseintritt kommt, den anweisenden Amtsträger nicht zu einem Befolgen einer verwaltungsgerichtlichen Entscheidung motivieren. Damit ergibt sich: Aus Sicht des Art. 19 Abs. 4 Satz 1 GG ist das Amtshaftungsrecht in keinem Fall tauglicher Ersatz für eine nicht wirksame verwaltungsgerichtliche Erzwingungsvollstreckung.

2. Sanktionenrecht

Die Nichtumsetzung von Gerichtsentscheidungen durch Amtsträger ist im deutschen Recht grundsätzlich nicht strafbar. Eine Ausnahme besteht nur für strafgerichtliche Entscheidungen, deren absichtliche oder wissentliche Nichtumsetzung durch hierzu berufene Amtsträger eine strafbare Vollstreckungsvereitelung im Amt darstellen kann (§§ 258 Abs. 2, 258a Abs. 1 Fall 2 StGB). Auch wenn in Bezug auf die verwaltungsgerichtliche Zwangsvollstreckung gegen den Staat als Hoheitsträger mitunter von *„politisch gewollte[m] Rechtsbruch“*[1238] die Rede ist, scheidet eine Strafbarkeit wegen Rechtsbeugung (339 StGB) aus, weil der Amtsträger nicht über eine Rechtssache entscheidet.

Demgegenüber sind disziplinarrechtliche Maßnahmen gegenüber dem anweisenden Amtsträger durchaus denkbar.[1239] In Betracht kommt hier insbesondere ein Schadensersatzanspruch nach § 75 Abs. 1 BBG bzw. § 48 BeamtStG. Den

---

1238 Bayerischer VGH, Beschluss vom 9. November 2018 – 22 C 18.1718 –, ZUR 2019, 108 (108); EuGH, Urteil vom 19. Dezember 2019, C-752/18, Rn. 18, zit. nach juris; GA *Saugmandsgaard Øe*, Schlussantrag vom 14. November 2019, BeckRS 2019, 27863, Rn. 40, 49.

1239 Vgl. auch *Brocker*, jM 2019, 155 (157); vgl. *Hofmann*, NVwZ 2020, 530 (532).

verantwortlichen Beamten kann das Zwangsgeld allerdings mittelbar treffen, wenn der Dienstherr wegen des gezahlten Zwangsgeldes von ihm Schadensersatz wegen schuldhafter Verletzung von Dienstpflichten fordert. Theoretisch denkbar sind aber auch eine Geldbuße, die Kürzung der Dienstbezüge oder ggf. die Degradierung.

Nach § 75 Abs. 1 BBG bzw. § 48 BeamtStG haben Beamtinnen und Beamte, die vorsätzlich oder grob fahrlässig die ihnen obliegenden Pflichten verletzt haben, dem Dienstherrn den daraus entstehenden Schaden zu ersetzen. Zwar wird die Nichterfüllung der titulierten Leistung regelmäßig eine Dienstpflichtverletzung darstellen, für die der Verantwortliche haftet. Abzustellen ist auf den anweisenden Amtsträger. Hat der auf Weisung hin handelnde Amtsträger remonstriert und genügt die Remonstration den gesetzlichen Voraussetzungen, führt dies zu seiner disziplinarrechtlichen Entlastung. Nach dem Wortlaut von § 75 Abs. 1 BBG bzw. § 48 BeamtStG werden ausschließlich Beamte im Sinne von Art. 33 Abs. 4 und Abs. 5 GG erfasst. Abgeordnete, Minister und Mitglieder kommunaler Vertretungskörperschaften sind nicht inbegriffen.[1240] Damit scheiden disziplinarrechtliche Maßnahmen für anweisende Amtsträger regelmäßig aus.

Daher kann auch die Gefahr eines disziplinarrechtlichen Schadensersatzanspruchs keine mittelbare Beugewirkung gegenüber dem anweisenden Amtsträger entfalten und kompensierend i.S.d. Art. 19 Abs. 4 Satz 1 GG wirken.

Im Übrigen müssten auch die weiteren Voraussetzungen des § 75 Abs. 1 BBG bzw. § 48 BeamtStG erfüllt sein und müsste der Dienstherr seinen Anspruch auch geltend machen. Die Entscheidung über eine Disziplinarmaßnahme ergeht nach pflichtgemäßem Ermessen (§ 13 BDG). Dass dies mehr als zweifelhaft ist, zeigt – für die Bundesebene – eine aktuelle Statistik des Bundesministeriums des Innern und für Heimat. Danach sind, gemessen an der Gesamtzahl der Beamtinnen und Beamten des Bundes (ohne Soldaten), von gemeldeten Dienstpflichtverletzungen seit Jahren weniger als 0,5% aller Beamtinnen und Beamten betroffen.[1241] Ferner scheidet eine mittelbare Beugewirkung auch hier deshalb aus, wenn der Rechtsträger des vollstreckenden Gerichts und der des Vollstreckungsschuldners derselbe ist und es lediglich zu einer Umbuchung im Haushalt kommt.[1242] Ein Schaden liegt in diesen Fällen nicht vor. Es verbleiben deshalb auf dieser Ebene allenfalls die Fälle des Nichtbefolgens einer Gemeinde.

Allgemein wirkt das Disziplinarrecht ausschließlich repressiv; es ist vom Schuldprinzip beherrscht. Unter dem Aspekt des Art. 19 Abs. 4 Satz 1 GG verfehlt es schon deshalb das Ziel, eine wirksame und schnelle verwaltungsgerichtliche Erzwingungsvollstreckung sicherzustellen. Art. 19 Abs. 4 Satz 1 GG bezweckt die

---

1240 *Hense*, in: *Epping/Hillgruber*, Art. 33 GG, Rn. 36.

1241 Vgl. *https://www.bmi.bund.de/DE/themen/oeffentlicher-dienst/beamtinnen-und-beamte/disziplinarrecht/disziplinarrecht-node.html*, zuletzt abgerufen am 22. Juli 2022.

1242 Siehe hierzu unter B.IV.2.b)i) und E.II.1.a)i).

wirksame Vollstreckung. Das Disziplinarrecht deckt – selbst wenn es eine mittelbare Beugewirkung entfalten würde – dieses Ziel nicht ab.

3. Verfahrensrechtliche Lösungen und informelle Instrumente

Teilweise wird für den Fall, dass die verwaltungsgerichtliche Erzwingungsvollstreckung auch unter den erweiterten Auslegungsvarianten des § 172 VwGO und des § 167 Abs. 1 Satz 1 VwGO i.V.m. § 888 Abs. 1 Satz 1 ZPO leerläuft, die Erhebung einer Verfassungsbeschwerde vorgeschlagen.[1243] Kommt die Behörde einer rechtskräftigen Entscheidung nicht nach, verletze dieses Verhalten Art. 2 Abs. 1 und Art. 19 Abs. 4 i.V.m. Art. 20 Abs. 3 GG. Erweise sich der fachgerichtliche Rechtsschutz als ineffektiv, so scheitere die Verfassungsbeschwerde zumindest nicht schon an der fehlenden Erschöpfung des Rechtsweges.[1244] Dieser Vorschlag ist sicher zielführend im Sinne einer höchstrichterlichen Überprüfung. Zu der eigentlichen Problematik, nämlich der Wirksamkeit der verwaltungsgerichtlichen Erzwingungsvollstreckung, verhält er sich jedoch nicht.

Im Übrigen stellt sich auch in Bezug auf Entscheidungen des Bundesverfassungsgerichts die Frage nach deren Vollstreckbarkeit.[1245] Diese war auch im Fall der Stadthalle Wetzlar nicht möglich. Das Nichtbefolgen des schuldenden Staates im Bereich der verwaltungsgerichtlichen Erzwingungsvollstreckung kann und darf daher nicht erst auf verfassungsrechtlicher Ebene gelöst werden.[1246] Im Fall der Stadthalle Wetzlar hatte das Bundesverfassungsgericht schon in seiner einstweiligen Anordnung die Kommunalaufsichtsbehörde aufgefordert, den Vorfall aufzuklären und dem Bundesverfassungsgericht zu berichten.[1247] Es hat ferner den hessischen Ministerpräsidenten, den Innen- und den Justizminister des Landes sowie den Oberbürgermeister der Stadt Wetzlar über das Schreiben informiert. Unabhängig von der Frage, ob der Rückgriff auf derart informelle Mittel zulässig ist,[1248] sind diese unter dem Gesichtspunkt der Vollstreckung nicht hinreichend effektiv. Sie können allenfalls zusätzliche beugende Wirkung entfalten, ersetzen eine wirksame Vollstreckung jedoch nicht.

1243 *Kaerkes*, ZUR 2020, 242 (245).

1244 *Kaerkes*, ZUR 2020, 242 (245).

1245 Vgl. BVerfG, Einstweilige Anordnung vom 24. März 2018 – 1 BvQ 18/18 –, NVwZ 2018 (819) und Pressemitteilung des Bundesverfassungsgerichts Nr. 26/2018 vom 20. April 2018, Fn. 59.

1246 *Brocker*, jM 2019, 155 (157).

1247 BVerfG, Einstweilige Anordnung vom 24. März 2018 – 1 BvQ 18/18 –, NVwZ 2018 (819).

1248 In diesem Sinne *Hecker*, NVwZ 2018, 787 (790).

Auch eine parlamentarische Kontrolle käme überhaupt nur in Betracht, soweit es sich bei dem Nichtbefolgen um Regierungshandeln handelt. Die vollziehende Gewalt obliegt in der parlamentarischen Demokratie einer von dem Vertrauen des Parlaments abhängigen Regierung und den ihr nachgeordneten Verwaltungsbehörden. Allerdings ist die Kontrolltätigkeit eingeschränkt, soweit der Kernbereich exekutiver Eigenverantwortung betroffen ist. Zudem vermag auch eine etwaige parlamentarische Kontrolle nichts an der fehlenden Wirksamkeit der Vollstreckung zu ändern. Hiermit in Zusammenhang steht der Vorschlag, eine *„intensive Öffentlichkeitsarbeit mit Erläuterung der Entscheidungen“* zu leisten, um die *„Deutungshoheit der Judikative“* zu behalten.[1249] Hinter den beschriebenen Überlegungen steht der richtige – rechtspolitische – Gedanke, die *„härtere Gangart“* des Rechts überflüssig zu machen, indem die *„strikte Umsetzung verbindlicher Gerichtsentscheidungen für alle Behörden in jeder Situation (wieder) als unverbrüchlicher Bestandteil rechtsstaatlicher Verwaltungskultur behandelt wird“*.[1250] Diese Überlegungen verdienen Zustimmung. Auch sie setzen jedoch in erster Linie auf staatsrechtlicher Ebene an und können die Fälle, in denen es in dem konkreten Fall doch zu einer nicht hinreichend wirksamen verwaltungsgerichtlichen Erzwingungsvollstreckung kommt, nicht beantworten.

4. Widerstandsrecht

Vereinzelt wird auch das Widerstandsrecht aus Art. 20 Abs. 4 GG ins Feld geführt.[1251] Nach Art. 20 Abs. 4 GG haben alle Deutschen gegen jeden, der es unternimmt, die verfassungsmäßige Ordnung i.S.d. Art. 20 Abs. 3 GG zu beseitigen, das Recht zum Widerstand, wenn andere Abhilfe nicht möglich ist.

Art. 20 Abs. 4 GG spielt allerdings im Zusammenhang mit der verwaltungsgerichtlichen Erzwingungsvollstreckung keine Rolle. Dessen Voraussetzungen sind schon nicht erfüllt. Im Übrigen ist die Verfassungsvorschrift nur subsidiär anwendbar (*„wenn andere Abhilfe nicht möglich ist“*). Das Widerstandsrecht greift erst, wenn *„alle von der Rechtsordnung zur Verfügung gestellten Rechtsbehelfe so wenig Aussicht auf wirksame Abhilfe bieten, dass die Ausübung des Widerstandes das letzte Mittel zur Erhaltung oder Wiederherstellung des Rechts ist.“* Es handelt sich um ein *„subsidiäres Ausnahmerecht“*, das als *ultima ratio* nur unter den genannten Voraussetzungen in Betracht kommt.[1252]

In den bislang aufgetretenen Nichtbefolgensfällen liegen die Konstellation nicht derart, dass ein Amtsträger es unternehmen würde, die verfassungsmäßige Ordnung i.S.d. Art. 20 Abs. 3 GG zu beseitigen. In Bezug auf dieses Tatbestandsmerkmal bestehen *„beträchtliche Interpretations- und Realisierungsschwierigkeiten“*.

1249 *Brandts*, jM 2019, 261 (262).

1250 *Schmidt-Aßmann*, in: *Dürig/Herzog/Scholz*, Art. 19 Abs. 4 GG, Rn. 288.

1251 *Kring*, NVwZ 2019, 23 (28).

1252 BVerfG, Urteil vom 30. Juni 2009 – 2 BvE 2/08 –, BVerfGE 123, 267 (333).

Die Verfassungsgrundsätze, die das Widerstandsrecht schützen soll, können nur aus dem Kontext der näheren Regelungen interpretiert werden, welche die reale Gestalt der demokratischen, rechts-, sozial- und bundesstaatlichen Ordnung ausmachen. Typische Widerstandslagen sind vor allem jede unrechtmäßige Beseitigung der geltenden Verfassungsordnung.[1253] Dabei löst nicht jeder Verstoß gegen die Kernprinzipien des Grundgesetzes das Widerstandsrecht aus, sondern nur ein auf die Beseitigung der ganzen Verfassungsordnung oder ihrer essentiellen Teile gerichtetes Unternehmen.[1254] Mitunter wird insoweit vertreten, der Verfassungsfeind müsse erkennbare Beseitigungsabsicht haben, sein Handeln sich zu einem objektiven Unternehmen verdichtet haben, das den erstrebten Erfolg herbeiführen kann, und es müsse eine konkrete Gefahr für die Verfassungsordnung heraufbeschworen sein.[1255] Teilweise wird auch ein offenkundiges Unternehmen verlangt.[1256] In Bezug auf das Nichtbefolgen verwaltungsgerichtlicher Entscheidungen liegt ein „*Unternehmen*" i.S.d. Art. 20 Abs. 4 GG nicht vor. So geht auch die Literaturmeinung, die den Gedanken des Art. 20 Abs. 4 GG in die Diskussion eingebracht hat, davon aus, dass ein solcher Zustand „*noch lange nicht erreicht*" sei.[1257]

5. Zusammenfassung

Den besprochenen Instrumenten außerhalb des vollstreckungsrechtlichen Systems – Amtshaftung, Sanktion und Disziplinarmaßnahmen, verfahrensrechtliche Ansätze – ist gemein, dass sie die Realisierung des primären Ziels des Vollstreckungsgläubigers – das titulierte schlichthoheitliche Handeln der Behörde – nicht bewirken können. Schon deshalb reichen sie unter dem Gesichtspunkt des Art. 19 Abs. 4 Satz 1 GG nicht aus, um dem Vollstreckungsgläubiger zu seinem Recht zu verhelfen.

Bei dem Amtshaftungsrecht handelt es sich in keinem Fall um tauglichen Ersatz für eine im Ergebnis nicht wirksame Vollstreckung. Gegenstand der Arbeit war insoweit die Frage nach den Voraussetzungen und Rechtsfolgen eines gegen die Anstellungskörperschaft gerichteten Amtshaftungsanspruchs des Vollstreckungsgläubigers sowie eines Regressanspruchs der Anstellungskörperschaft gegen den anweisenden Amtsträger. Es ist bereits unsicher, dass das Vorliegen der Voraussetzungen auch nachgewiesen werden kann. Was den gegen die Anstellungskörperschaft gerichteten Amtshaftungsanspruch betrifft, so ist dieser allein auf Ersatz des Vermögensschadens gerichtet. Sein primäres Ziel kann der Vollstreckungsgläubiger darum auf diesem Wege nie erreichen. Auch der Regressanspruch der Anstellungskörperschaft gegen den handelnden Amtsträger ist nicht dazu geeignet,

1253 *Kröger*, Widerstandsrecht, S. 11.

1254 *Kröger*, Widerstandsrecht, S. 13.

1255 Vgl. hierzu insgesamt *Kröger*, Widerstandsrecht, S. 13 f.

1256 *Schneider*, Widerstand im Rechtsstaat, S. 13.

1257 *Kring*, NVwZ 2019, 23 (28).

die Unwirksamkeit der Vollstreckung zu kompensieren. Dessen Realisierung ist äußerst unsicher, zumal in den meisten Fällen mangels Vermögensabflusses aus dem Haushalt bei der Körperschaft kein Schaden vorliegen wird.

Das Strafrecht und das Disziplinarrecht wirken repressiv. Die „Drohung mit Sanktion" wird regelmäßig keinen Druck bei dem anweisenden Amtswalter in dem Sinne entfalten, dass er verwaltungsgerichtliche Entscheidungen befolgt. Denn Abgeordnete, Minister und Mitglieder kommunaler Vertretungskörperschaften sind nicht von dem Beamtenbegriff i.S. des Disziplinarrechts erfasst. Ferner wird es auch hier regelmäßig an einem Schaden bei der Anstellungskörperschaft fehlen. Disziplinarrechtliche Maßnahmen gegen anweisende Amtsträger scheiden somit in aller Regel aus.

Andere Instrumente – „Rüge" durch das Bundesverfassungsgericht, parlamentarische Kontrolle oder intensive Öffentlichkeitsarbeit mit Erläuterung der Verwaltungsgerichtsentscheidungen – sind zu befürworten. Auch sie setzen jedoch in erster Linie auf staatsrechtlicher und rechtspolitischer Ebene an und können die Fälle, in denen es doch zu einer nicht hinreichend wirksamen verwaltungsgerichtlichen Erzwingungsvollstreckung kommt, nicht lösen. Unter dem Aspekt des Art. 19 Abs. 4 Satz 1 GG verfehlen sie das Ziel, eine wirksame und schnelle verwaltungsgerichtliche Erzwingungsvollstreckung sicherzustellen.

III. Ausblick: Novellierung von § 167 VwGO und § 172 VwGO

Die Arbeit hat gezeigt, dass – soweit es um die verwaltungsgerichtliche Vollstreckung von schlichthoheitlichem Handeln der Behörde geht – eine verfassungskonforme Auslegung des § 172 VwGO und des § 167 Abs. 1 Satz 1 VwGO i.V.m. § 888 Abs. 1 ZPO nur in engen Grenzen – nämlich auf Ermessensebene – möglich ist. Sie hat zu der Erkenntnis geführt, dass eine Novellierung des § 172 VwGO und/oder von § 167 Abs. 1 Satz 1 VwGO erforderlich ist. Diese Auffassung entspricht einem Teil der Literatur, die schon länger eine Änderung der Verwaltungsgerichtsordnung fordert.[1258] Hier wird u.a. vertreten, dass die Androhung

1258 *Schenke*, in: *Kopp/Schenke*, § 172 VwGO, Rn. 3; *Nolte*, Verwaltungsgerichtlicher Rechtsschutz, S. 351. Auch der Bund deutscher Verwaltungsrichter und Verwaltungsrichterinnen fordert in seiner Stellungnahme vom 15. April 2020, den Höchstbetrag in § 172 VwGO auf EUR 100.000,- zu erhöhen und als möglichen Empfänger auch eine gemeinnützige Einrichtung vorzusehen: *BDVR*, Effektiver Rechtsschutz durch wirkungsvolle Vollstreckung – wenn nötig auch gegen den Staat, Stellungnahme vom 15. April 2020, abrufbar unter *https://www.bdvr.de/index.php/id-20202021.html?file=files/bdvr-site/content/stellungnahmen/st_2020-04-15_%20Durchsetzung_gerichtlicher_%20Entscheidungen_verbessern.pdf*, zuletzt abgerufen am 22. Juli 2022; dagegen *Brocker*, jM 2019, 155 (159): *„verfrüht und überzogen"*.

bei der Erzwingungsvollstreckung i.S.d. § 172 VwGO entfallen solle.[1259] Teilweise wird auch die Erweiterung des Zwangsmittelinstrumentariums vorgeschlagen, so etwa die Aufnahme des Zwangsmittels der Ersatzvornahme durch das Vollstreckungsgericht.[1260]

Die Konstruktion des § 172 VwGO führt dazu, dass in einzelnen, wenigen Fällen behördliches Nichtbefolgen in einer Weise möglich ist, in der es im Ergebnis zu einer nicht mehr hinreichend wirksamen verwaltungsgerichtlichen Erzwingungsvollstreckung kommt. Der Ursprung liegt nach hier vertretener Auffassung darin, dass es sich im Fall des § 172 VwGO um ein Zwangsgeld als alleiniges Vollstreckungsmittel handelt, das in Höhe eines vergleichsweise niedrigen Betrages angesiedelt ist. Hinzu kommt, dass das festgesetzte Zwangsgeld als justizeigener Anspruch verstanden wird. Ferner ist nach der hier vertretenen Auffassung im Fall schlichthoheitlichen Handelns ein Rückgriff auf § 167 Abs. 1 Satz 1 VwGO i.V.m. § 888 Abs. 1 ZPO (unvertretbare Handlungen der Behörde) nötig und auch ohne zusätzliche Voraussetzungen möglich.

Denkbar wäre deshalb einerseits eine Änderung des § 172 VwGO in dem Sinne, dass die Vorschrift ausdrücklich auch schlichthoheitliches Handeln erfasst. Sinnvoll wäre ferner eine Differenzierung zwischen den Zwangsgeldadressaten, namentlich Kommunen einerseits und Ländern sowie Bund andererseits. Für Bund und Länder wäre der Maximalbetrag des Zwangsgeldes zu erhöhen, weil es hier nicht zu einem Vermögensabfluss kommt. Bei Kommunen wird regelmäßig schon ein geringeres Zwangsgeld die gewünschte Beugewirkung entfalten.

Die Arbeit hat ferner gezeigt, dass eine der Kernproblematik der verwaltungsgerichtlichen Erzwingungsvollstreckung in der Verweisungsanalogie des § 167 Abs. 1 Satz 1 VwGO liegt, weil die Vorschrift auf Rechtsfolgenseite u.a. eine umfassende verfassungsrechtliche Prüfung erfordert. Für den Fall, dass auch nach Novellierung des § 172 VwGO der Rückgriff auf § 888 Abs. 1 ZPO möglich bleiben soll – dies wäre aus Gründen einer möglichst wirksamen Vollstreckung zu befürworten – müsste § 167 Abs. 1 Satz 1 VwGO geändert werden. Hier sollte ausdrücklich geregelt werden, dass eine Zwangsgeldzahlung durch den betroffenen Amtsträger ebensowenig zulässig ist wie eine Zwangshaft.

Ferner wäre eine Regelung erforderlich, die es dem Vollstreckungsgericht auch in Fällen der Erledigung wegen Zeitablaufs ermöglicht, dass Zwangsgeld zu vollstrecken. Dies ist auf Grundlage der bislang geltenden Vorschriften nicht möglich.

1259 *Hecker*, NVwZ 2018, 787 (790); *Durner*, NVwZ 2015, 841 (845) unter Verweis auf den Grundsatz der prozessualen Waffengleichheit.

1260 *Podolski, Tanja*: „Wenn die Politik die Gerichte ignoriert“, Aussage von *Robert Seegmüller*, Legal Tribune Online vom 29. März 2018, abrufbar unter *https://www.lto.de/recht/hintergruende/h/wetzlar-weigerung-politik-entscheidung-gerichte-npd-vollstreckung-verwaltung/* , zuletzt abgerufen am 22. Juli 2022.

So hat denn auch der Bundesrat im Mai 2022 auf Initiative des Landes Nordrhein-Westfalen, dem die Freie und Hansestadt Hamburg und das Land Hessen beigetreten sind, beschlossen, einen entsprechenden Gesetzentwurf beim Bundestag einzubringen.[1261]

Aus Sicht der Bundesregierung erscheint eine Novellierung der Vorschriften zwar nicht zwingend geboten. Es bestehe kein systematisches oder grundlegendes Problem, wonach Behörden Entscheidungen der Verwaltungsgerichtsbarkeit missachteten. Gegen den Gesetzentwurf bestünden aber grundsätzlich keine Bedenken. Allein den Vorschlag, wonach eine Fortsetzung des Vollstreckungsverfahrens nach § 172 VwGO auch dann möglich bleiben soll, wenn die Behörde nach Androhung des Zwangsgeldes die Unerfüllbarkeit der sie treffenden Verpflichtung verursacht hat, lehnt die Bundesregierung ab.[1262]

1261 BR-Drs. 135/22; BT-Drs. 20/2533.

1262 BT-Drs. 20/2533, S. 27 ff.

G. Zusammenfassung in Thesen

Die wesentlichen Erkenntnisse der Arbeit sollen abschließend in Form der nachfolgenden Thesen zusammengefasst werden.

I. Grundsätzliches

(1) Zwangsvollstreckung ist das Verfahren zur Verwirklichung von Gläubigeransprüchen im Wege staatlichen Zwangs. Die Abgrenzung zwischen zivilgerichtlicher und verwaltungsgerichtlicher Zwangsvollstreckung richtet sich nach dem zu vollstreckenden Titel, nicht nach der Rechtsnatur des darin verbrieften materiellen Anspruchs. Verwaltungsgerichtliche Zwangsvollstreckung ist die Vollstreckung aus von einem Verwaltungsgericht geschaffenen, jedenfalls vorläufig vollstreckbaren Titel i.S.d. § 168 Abs. 1 VwGO.

(2) Gegenstand dieser Arbeit war ausschließlich die Vollstreckung aus Gerichtsentscheidungen gegen den Staat als Hoheitsträger, und zwar auf nationaler Ebene. Ferner ging es nur um Entscheidungen von Verwaltungs-, nicht auch um jene von Finanz- und Sozialgerichten. Die Vollstreckung aus verwaltungsgerichtlichen Titeln zu Gunsten des Staates als Hoheitsträger und „zwischen öffentlichen Händen" war nicht Gegenstand der Untersuchung.

(3) Aus der Gesamtheit der in § 168 Abs. 1 VwGO genannten Titel griff die Arbeit ausschließlich Urteile und einstweilige Anordnungen i.S.v. § 123 Abs. 1 VwGO als Anknüpfungspunkte heraus. Diese Entscheidungen können entweder in Rechtskraft erwachsen sein oder noch nicht rechtskräftig und vorläufig vollstreckbar sein.

(4) In allen Fällen verwaltungsgerichtlicher Zwangsvollstreckung schafft die Gerichtsentscheidung als Titel innerprozessuale Bindungswirkung nur zwischen den Prozessbeteiligten. Nicht Gegenstand ist deshalb die Frage der Bindungswirkung verwaltungsgerichtlicher Entscheidungen auf an dem vorangegangenen Erkenntnisverfahren nicht beteiligte „Vierte".

(5) Die verwaltungsgerichtliche Zwangsvollstreckung richtet sich nach § 170 VwGO (Geldleistungstitel) und nach § 172 VwGO (Handlungen, Duldungen und Unterlassungen). Bei § 167 Abs. 1 Satz 1 handelt es sich um eine Verweisungsanalogie, welche die Vorschriften des Achten Buchs der Zivilprozessordnung für entsprechend anwendbar erklärt.

(6) Hauptanwendungsfall in der Praxis ist die verwaltungsgerichtliche Erzwingungsvollstreckung nach § 172 VwGO. Auch die verwaltungsgerichtliche Zwangsvollstreckung aus Geldleistungstiteln im Wege der

Einzelzwangsvollstreckung (§ 170 VwGO) ist denkbar, insbesondere im Fall von Kommunen als Vollstreckungsschuldnerinnen.

(7) Die verwaltungsgerichtliche Zwangsvollstreckung hat ihre Grundlage im allgemeinen Justizgewährungsanspruch oder dessen spezialgesetzlicher Ausformung, dem Grundrecht aus Art. 19 Abs. 4 Satz 1 GG. Diese Arbeit nahm ausschließlich Art. 19 Abs. 4 Satz 1 GG zum Maßstab.

II. Beteiligte und Rechtsverhältnisse

(8) Die verwaltungsgerichtliche Zwangsvollstreckung ist gekennzeichnet durch das Antragsverhältnis – der Rechtsbeziehung zwischen privatem Vollstreckungsgläubiger und vollstreckendem Staat –, das Eingriffsverhältnis – der Rechtsbeziehung zwischen vollstreckendem Staat und schuldendem Staat – und durch das Vollstreckungsverhältnis – der Rechtsbeziehung zwischen dem privaten Vollstreckungsgläubiger und schuldendem Staat –.

(9) Im Antragsverhältnis aktiviert der Vollstreckungstitel den Vollstreckungsanspruch des Gläubigers gegen den vollstreckenden Staat. Der Vollstreckungsanspruch ist eine konkretere Ausformung von Art. 19 Abs. 4 Satz 1 GG. Er gewährt dem Gläubiger das Recht, von dem vollstreckenden Staat die Durchsetzung des vollstreckbaren Anspruchs zu verlangen. Umgekehrt entsteht eine Vollstreckungspflicht des Staates. Bei alledem besteht die materielle Pflicht des staatlichen Vollstreckungsschuldners fort. Der öffentlich-rechtliche Vollstreckungsanspruch tritt neben den gegen den Schuldner gerichteten materiellen Anspruch und den vollstreckbaren Anspruch.

III. Stufenverhältnis in der verwaltungsgerichtlichen Zwangsvollstreckung

(10) Die Problematik um die verwaltungsgerichtliche Vollstreckung muss zwei Ebenen untersuchen, das Nichtbefolgen der verwaltungsgerichtlichen Entscheidung durch den Staat und die sich anschließende Vollstreckung.

(11) Die Frage der Vollstreckung wird in der Regel durch das Nichtbefolgen erst der rechtskräftigen Gerichtsentscheidung aufgerufen werden. Anknüpfungspunkt für die Vollstreckung in diesen Fällen ist allein die rechtskräftige Gerichtsentscheidung. Denkbar ist allerdings auch, dass die Verwaltung „nur" die nicht rechtskräftige (für vorläufig vollstreckbar erklärte) Entscheidung nicht befolgt.

(12) Das Nichtbefolgen setzt begriffsnotwendig voraus, dass der schuldende Staat zu dem Befolgen der Verwaltungsgerichtsentscheidung verpflichtet ist, also eine Erfüllungspflicht besteht. Diese Pflicht besteht sowohl im Fall

rechtskräftiger als auch im Fall nicht rechtskräftiger verwaltungsgerichtlicher Entscheidungen.

IV. Nichtbefolgen durch die Verwaltung

(13) Der Fehler der Verwaltung – hier mag auch ein einzelner Amtsträger ohne Kenntnis und Mitwirkung der Behördenspitze handeln – ist weder im Fall der Vollstreckung aus Geldleistungs- noch aus Erzwingungstiteln problematisch. Er kann mit dem Instrumentarium, das die §§ 167 ff. VwGO bereitstellen, gut bewältigt werden.

(14) Im Fall der Erzwingungsvollstreckung sind eine Erfüllungsverzögerung, die Vereitelung durch Erledigung in Form von Zeitablauf ohne weiteres Zutun des schuldenden Staates und die Vollstreckungsvereitelung ohne erledigendes Ereignis denkbar.

(15) Bei dem Nichtbefolgen handelt es sich üblicherweise um Weisungssituationen, wobei die Weisung in aller Regel durch die Behördenleitung erteilt wird.

(16) Im Fall der Erzwingungsvollstreckung kann das Nichtbefolgen als graduell ansteigende Skala mit unterschiedlichen Intensitätsstufen und einer langen Dauer verstanden werden. Innerhalb dieses Rahmens bestehen mitunter deutliche Unterschiede in Bezug auf die Intensität des Nichtbefolgens.

(17) Im Fall der Vollstreckung von Geldleistungstiteln führen Nichtleistung oder die nur teilweise Zahlung nicht zu einer Vollstreckungsvereitelung. Es kommt das Nichtbefolgen allein in Gestalt der – wissentlichen und willentlichen – Verzögerung der Vollstreckung in Betracht. Die Einordnung erfolgt weniger über die Intensität des behördlichen Verhaltens als über dessen Dauer.

(18) Eine Verzögerung der Vollstreckung kann im Fall von Geldleistungstiteln jedoch in einer Vollstreckungsvereitelung aufgehen, wenn sich die Sache wegen Zeitablaufs erledigt.

(19) Der Begriff des Nichtbefolgens beschreibt nur einen kleinen Teilbereich des Verhaltens des vollstreckenden Staates. Er verstellt den Blick darauf, dass die Reaktion des Staates sich in den kritischen Fällen nicht in bloß passivem Nichthandeln erschöpft. Der Begriff des Nichtbefolgens erfasst gerade nicht die kritischen Fallgestaltungen, in denen der Staat die Vollstreckung vereitelt. Auch der von Rechtsprechung und Literatur gewählte Begriff der „*Säumnis*" ist irreführend.

V. Verfassungsmäßigkeit von § 170 VwGO

(20) Hinsichtlich des dem Vollstreckungsgericht in Bezug auf die Vollstreckungsmaßnahmen einerseits und den Vollstreckungsgegenstand andererseits eingeräumten Ermessens gilt: Ein vollständig freies Ermessen wäre mit Art. 19 Abs. 4 Satz 1 GG nicht vereinbar. Das Vollstreckungsgericht muss den für den Gläubiger ertragreichsten Vollstreckungsgegenstand auswählen. Das Ermessen muss dahin ausgeübt werden, dass sowohl die Vollstreckungsmaßnahme als auch der -gegenstand in der Weise zu wählen sind, dass die jeweils wirksamsten Maßnahmen und Gegenstände zu der Befriedigung des Gläubigers führen. Erst innerhalb dieses Rahmens ist das Vollstreckungsgericht frei.

VI. Verfassungsmäßigkeit der §§ 170, 172 VwGO am Maßstab von Art. 3 Abs. 1 GG

(21) Für die beiden untersuchten Vergleichspaare – Gläubiger verwaltungsgerichtlicher Erzwingungs- und Geldleistungstitel sowie Inhaber verwaltungs- und zivilgerichtlicher Geldleistungstitel gegen den Staat – ist der allgemeine Gleichbehandlungsgrundsatz im Ergebnis nicht verletzt.

VII. Staatsrechtliche Betrachtung der verwaltungsgerichtlichen Erzwingungsvollstreckung (§ 172 VwGO)

(22) Die verwaltungsgerichtliche Erzwingungsvollstreckung wegen schlichthoheitlichen Handelns auf Grundlage des § 172 VwGO ist im Kern auch ein staatsrechtliches Problem. Es geht um die Frage des Verhältnisses von Exekutive und Judikative.

(23) Die verwaltungsgerichtliche Erzwingungsvollstreckung wegen schlichthoheitlichen Handelns auf Grundlage des § 172 VwGO ist mit dem Grundsatz der Gewaltenteilung vereinbar. Eine für einen Verstoß erforderliche – von den Regeln des Grundgesetzes abweichende – strukturelle Gewichtsverschiebung von der Judikative hin zur Exekutive ist nicht gegeben. Das Nichtbefolgen in Dreipersonenkonstellationen geschieht, auch wenn es für sich genommen eine Vollstreckungsvereitelung darstellt, allein in der zwischen den Beteiligten jeweils konkret entschiedenen Verwaltungsstreitsache und hat damit im Ausgangspunkt stets Einzelfallcharakter.

(24) Aus demselben Grund ist das Rechtsstaatsprinzip unter dem Aspekt der Justizgewährung und der Sicherung von Rechtsfrieden nicht verletzt.

VIII. Verfassungswidrigkeit des § 172 VwGO am Maßstab des Art. 19 Abs. 4 Satz 1 GG

(25) Wegen der Konstruktion des § 172 VwGO ist diese Vorschrift im Fall schlicht-hoheitlichen behördlichen Handelns, welches in einem verwaltungsgerichtlichen Urteil oder einer einstweiligen Anordnung tituliert ist, mitunter nicht hinreichend wirksam.

(26) Es handelt sich um die Vereitelung durch Erledigung in Form von Zeitablauf ohne weiteres Zutun des schuldenden Staates und um die Vollstreckungsvereitelung ohne erledigendes Ereignis. Für diese Fallgestaltungen hat der Gesetzgeber die gegenläufigen Verfassungsgüter nicht in einer Weise einander zugeordnet, dass sie jeweils zu optimaler Wirksamkeit gelangen.

(27) Hiervon abzugrenzen sind Fälle der Erfüllungsverzögerung in dem Sinne, dass der schuldende Staat die von ihm geschuldete Erfüllung hinauszögert, es aber zu einem gewissen Zeitpunkt zu einer Erfüllung kommt. Die Verzögerung der Erfüllung begegnet unter Wirksamkeitsgesichtspunkten grundsätzlich keinen Bedenken. Lediglich dann, wenn für das Vollstreckungsgericht ersichtlich wird, dass die Behörde rechtsmissbräuchlich handelt, kommt eine Unvereinbarkeit mit Art. 19 Abs. 4 Satz 1 GG in Betracht.

(28) Die Ursache für eine nicht hinreichend wirksame Erzwingungsvollstreckung liegt darin, dass es sich im Fall des § 172 VwGO um ein Zwangsgeld als alleiniges Vollstreckungsmittel handelt, dessen Höhe auf maximal EUR 10.000,- begrenzt ist.

(29) Hinzu kommt, dass das festgesetzte Zwangsgeld als justizeigener Anspruch verstanden wird. Eine Gemeinde wird sich – anders als etwa ein Land oder der Bund – tendenziell eher durch die Höhe des Zwangsgeldes motivieren lassen, weil der Betrag aus dem Kommunalvermögen abfließt. Im Fall eines Landes oder des Bundes kann demgegenüber auch ein Zwangsgeld in Höhe des Maximalbetrages ohne Wirkung bleiben. Insbesondere hier stellt sich die Wirksamkeitsfrage.

(30) In eilbedürftigen Fällen – hier wird es sich um einstweilige Anordnungen handeln – besteht die Gefahr, dass das verwaltungsgerichtliche Erzwingungsverfahren zu viel Zeit beansprucht und Erledigung eintritt, bevor ein Zwangsgeld nur angedroht oder festgesetzt ist. Selbst wenn das Vollstreckungsgericht den Maximalbetrag i.H.v. EUR 10.000,- androhte und die Verwaltung voraussieht, dass das Zwangsgeld nach Erledigungseintritt festgesetzt werden wird, wäre die Androhung auch des Maximalbetrages nicht hinreichend wirksam. Die Unwirksamkeit des § 172 VwGO ist hier insofern problematischer, als die Erledigung zu einem vollständigen Rechteverlust führt.

IX. Lösungen mit Blick auf die Verfassungswidrigkeit von § 172 VwGO

(31) Eine verfassungskonforme Auslegung des § 172 VwGO ist nicht nötig, weil die Vorschrift schlichthoheitliches Handeln der Behörde nicht erfasst. Der Rückgriff auf § 167 Abs. 1 Satz 1 VwGO i.V.m. § 888 Abs. 1 ZPO ist ohne Weiteres und ohne zusätzliche Voraussetzungen zulässig.

(32) Ein wesentliches Problem der verwaltungsgerichtlichen Erzwingungsvollstreckung liegt auf Ebene des § 167 Abs. 1 Satz 1 VwGO. Bei der Vorschrift handelt es sich um eine Verweisungsanalogie. Sie zwingt zu einer Auslegung des Verweisungsobjektes in der Zivilprozessordnung, hier des § 888 Abs. 1 ZPO. § 172 VwGO ist Auslöser dieser – im Kern auf Ebene des § 167 Abs. 1 Satz 1 VwGO liegenden – Problematik.

(33) Denn hinter jeder Anwendung des Verweisungsobjektes steht eine umfängliche verfassungsrechtliche Prüfung des „Ob“ und des „Wie“ dessen Anwendbarkeit. Bei der verwaltungsgerichtlichen Erzwingungsvollstreckung handelt es sich, soweit nicht § 172 VwGO einschlägig ist, um eine im Kern verfassungsrechtliche, ggf. auch unionsrechtliche Problematik.

(34) Die Auslegung des Verweisungsobjekts ist auch deshalb komplex, weil die §§ 887 ff. ZPO nicht für die Vollstreckung gegen den Staat konzipiert sind.

(35) Wegen der Existenz des § 167 Abs. 1 Satz 1 VwGO darf keine verdeckte Analogiebildung in Gestalt einer Auslegung des § 172 VwGO erfolgen. Aus der Existenz des § 167 Abs. 1 Satz 1 VwGO darf umgekehrt nicht geschlossen werden, dass § 172 VwGO restriktiv auszulegen sei.

(36) Das Ermessen des Vollstreckungsgerichts hinsichtlich des Zwangsgeldes i.S.v. § 167 Abs. 1 Satz 1 VwGO i.V.m. § 888 Abs. 1 Satz 1 VwGO ist wegen Art. 19 Abs. 4 Satz 1 GG dahin intendiert, dass grundsätzlich sofort der Zugriff auf das Höchstmaß (EUR 25.000,-) gerechtfertigt und erforderlich ist. Lediglich in Ausnahmefällen kommt dem Vollstreckungsgericht ein Ermessensspielraum mit der Möglichkeit der Zwangsgeldreduktion zu. Dies sind etwa Konstellationen, in denen die Zahlung des Zwangsgeldes zu einem Abfluss aus dem Kommunalvermögen führte.

(37) Weitere Möglichkeiten der verfassungskonformen Auslegung des § 167 Abs. 1 Satz 1 VwGO i.V.m. § 888 Abs. 1 Satz 1 VwGO – Zwangsgeldzahlung durch den Amtsträger oder an Dritte, Modifikation der Zwangsgeldfrequenz, Zwangshaft und Ersatzvornahme im Fall unvertretbarer Handlungen – sind nicht zulässig.

(38) Instrumente außerhalb des vollstreckungsrechtlichen Systems, die in Fällen nicht hinreichend wirksamer verwaltungsgerichtlicher Erzwingungsvollstreckung als Surrogat dienen könnten – Amtshaftung, Sanktion und

Disziplinarmaßnahmen, verfahrensrechtliche Ansätze – scheiden, gemessen am Maßstab des Art. 19 Abs. 4 Satz 1 GG, aus.

(39) Es bedarf der Novellierung von § 172 VwGO und ggf. auch des § 167 Abs. 1 Satz 1 VwGO.

(a) Denkbar wäre eine Erhöhung des Zwangsgeldbetrages nach § 172 VwGO bei gleichzeitiger Differenzierung nach der verpflichteten Körperschaft. In Fällen von Ländern und Bund erscheint eine Erhöhung sachgerecht, während für Kommunen ein geringerer Maximalbetrag ausreicht.

(b) Für den Fall, dass auch nach Novellierung des § 172 VwGO der Rückgriff auf § 888 Abs. 1 ZPO möglich bleiben soll – dies wäre aus Gründen einer möglichst wirksamen Vollstreckung zu befürworten – wäre in § 167 Abs. 1 Satz 1 VwGO vorzusehen, dass eine Zwangsgeldzahlung durch den betroffenen Amtsträger ebensowenig zulässig ist wie eine Zwangshaft.

(c) Ferner wäre eine Regelung nötig, die es dem Vollstreckungsgericht auch in Fällen der Erledigung wegen Zeitablaufs ermöglicht, das Zwangsgeld zu vollstrecken.

www.ingramcontent.com/pod-product-compliance
Ingram Content Group UK Ltd.
Pitfield, Milton Keynes, MK11 3LW, UK
UKHW021930290926
8980IPUK00016B/1557

9 783631 895986